Dr. Hans-Jürgen Stein

suhrkamp taschenbuch 415

Hermann Hesse, am 2. 7. 1877 in Calw/Württemberg als Sohn eines baltendeutschen Missionars und einer württembergischen Missionarstochter geboren, 1946 ausgezeichnet mit dem Nobelpreis für Literatur, starb am 9. 8. 1962 in Montagnola bei Lugano.

Seine Bücher, Romane, Erzählungen, Betrachtungen, Gedichte, politischen und kulturkritischen Schriften sind mittlerweile in mehr als 50 Millionen Exemplaren in aller Welt verbreitet und haben ihn zum meistgelesenen europäischen Autor des 20. Jahrhunderts in den USA und in Japan gemacht.

Kaum ein anderer Schriftsteller hat so viel gelesen wie Hermann Hesse und zugleich den zeitgenössischen wie auch den Büchern der Weltliteratur so viele Leser geworben und zugeführt. Zeugnis davon geben, neben den mehr als dreitausend Buchbesprechungen dieses Autors, auch zahlreiche seiner weniger speziellen Essays, Betrachtungen und Aufsätze über sinnvolle und unsinnige Bildung, über das Buch als Schlüssel zum Verständnis, zur Bereicherung und Intensivierung des eigenen Lebens und Erlebens.

Dieser Band versammelt erstmals sämtliche grundsätzlicheren Schriften Hesses zur Literatur, ergänzt um zahlreiche Stücke, die er selbst nicht in die Ausgabe seiner *Gesammelten Schriften* von 1957 aufgenommen hat und die folglich größtenteils auch in der Hesse-Werkausgabe von 1970 fehlen.

»Die Bücher sind nicht dazu da, lebensunfähigen Menschen ein wohlfeiles Trug- und Ersatzleben zu liefern. Im Gegenteil, Bücher haben nur einen Wert, wenn sie zum Leben führen und dem Leben dienen und nützen, und jede Lesestunde ist vergeudet, aus der nicht ein Funke von Kraft, eine Ahnung von Verjüngung, ein Hauch neuer Frische sich für den Leser ergibt.«   *Hermann Hesse*

Hermann Hesse
Die Welt der Bücher

Betrachtungen und Aufsätze
zur Literatur

Suhrkamp

Zusammengestellt von Volker Michels

suhrkamp taschenbuch 415
Erste Auflage 1977
© Suhrkamp Verlag Frankfurt am Main 1977
Quellennachweis am Ende des Bandes
Druck: Nomos Verlagsgesellschaft, Baden-Baden
Printed in Germany
Umschlag nach Entwürfen von
Willy Fleckhaus und Rolf Staudt

2 3 4 5 6 7 - 87 86 85 84 83 82

Inhalt

Romantik und Neuromantik 9
Zu einer Ausstellung moderner Drucke 17
Eine Rarität 21
Über neuere Erzählungsliteratur 24
Der Umgang mit Büchern 29
Unbekannte Schätze 48
Billige Bücher 50
Übersetzungen 53
Bücherlesen und Bücherbesitzen 54
Vom Schriftsteller 57
Aus dem Briefwechsel eines Dichters 62
Exzentrische Erzählungen 72
Der junge Dichter 78
Ferienlektüre 82
Über das Lesen 84
[Aus der Vorrede zu einer lyrischen Anthologie] 88
Die Lyrik der Jüngsten 91
Deutsche Erzähler 97
Ein Bibliotheksjahr 123
Jüngste deutsche Dichtung 128
Zu »Expressionismus in der Dichtung« 134
Künstler und Psychoanalyse 140
Sprache 146
Über Gedichte 152
Eine Bücherprobe 157
Über einige Bücher 159
Phantastische Bücher 163
Variationen über ein Thema von Wilhelm Schäfer 167
Die jüngste deutsche Dichtung 172
Gespräch über die Neutöner 176
Vom Bücherlesen 188
Vorrede eines Dichters zu seinen ausgewählten
Werken 194
Die Offizina Bodoni in Montagnola 199
Deutsches Volk und deutsche Dichtung 203
Verkannte Dichter 205
Geist der Romantik 207

Bekenntnis des Dichters   214
Eine Bibliothek der Weltliteratur   216
Eine Arbeitsnacht   247
Abstecher in den Schwimmsport   252
Lektüre im Bett   257
Notizen zum Thema Dichtung und Kritik   262
Brief an einen jungen Dichter   276
Magie des Buches   280
Bücher-Ausklopfen   290
Beim Lesen eines Romans   295
Weltkrise und Bücher   300
[Widerstand gegen Duden]   301
Lieblingslektüre   302
Literarischer Alltag   306
Der Autor an einen Korrektor   311
Danksagung und moralisierende Betrachtung   317
Worte zum Bankett anläßlich der Nobel-Feier   320
Das gestrichene Wort   322
An einen jungen Kollegen in Japan   326
Stunden am Schreibtisch   331
Das junge Genie   337
Lieblingsgedichte   342
Über das Wort »Brot«   344
Dankadresse zur Friedenspreis-Verleihung   347
Das Wort   351
Schreiben und Schriften   353

Personenregister   361
Quellennachweis   368

Bücher

Alle Bücher dieser Welt
Bringen dir kein Glück,
Doch sie weisen dich geheim
In dich selbst zurück.

Dort ist alles, was du brauchst,
Sonne, Stern und Mond,
Denn das Licht, danach du frugst,
In dir selber wohnt.

Weisheit, die du lang gesucht
In den Bücherein,
Leuchtet jetzt aus jedem Blatt –
Denn nun ist sie dein.

Romantik und Neuromantik

Was das Wort »romantisch« eigentlich bedeute, weiß niemand. Unsere Umgangssprache wendet es auf unzählige Dinge an, auf Bücher, auf Musik, auf Gemälde, Kostüme, Landschaften, auf Freundschaften und Liebesverhältnisse, sie versteht es bald tadelnd, bald anerkennend, bald ironisch. Eine romantische Landschaft – das heißt eine Landschaft mit Schluchten, Felsstürzen und Ruinen, deren Anblick zugleich Wohlgefallen und Beklemmung verursacht. Romantische Musik – das ist ein Stück, worin mehr Stimmung als Klarheit, mehr Weichheit als feste Tektonik, worin etwas Verhaltenes, Verschleiertes ist, eine Musik mit vielen halb gelösten Dissonanzen und scheuen, verwehten, rubato zu spielenden Takten. Schließlich denkt man an ähnliches, wenn man von einer romantischen Liebe, einem romantischen Lebenslauf spricht – man meint etwas zugleich Unvernünftiges und Berückendes, etwas bizarr Abenteuerliches mit der Tendenz ins Blaue hinaus, etwas, was Backfische begeistert und bei klugen Leuten Kopfschütteln erregt, jedenfalls aber apart und interessant ist. Romantisch nennt man im Leben alles, was form- und gesetzlos erscheint, was auf keinem erkennbaren Fundament ruht und wolkenartig flüchtige Umrisse hat.

Uns interessiert das Wort nur von der Zeit an, da es der Name jener deutschen Dichterschule wurde, deren rasche Blüte und langsames Welken mehr als ein Drittel des 19. Jahrhunderts füllt und deren Geschichte sich in allen maßgebenden europäischen Literaturen merkwürdig wiederholt hat. Da nun diese Schule ihren Namen weder von Zeitgenossen noch Literarhistorikern erhielt, sondern ihn selber mit Stolz auf ihre Fahne schrieb, ist es von Interesse zu fragen: was bedeutet der Ausdruck »romantisch« für die ersten Romantiker selber?

Die Antwort lautet: etwas anderes für August Wilhelm als für Friedrich Schlegel, für Novalis etwas anderes als für Tieck. Während Schiller mit der Bezeichnung »romantische Tragödie« für seine Jungfrau von Orleans nur den in ihr mitwirkenden mystischen Elementen gerecht werden wollte, bedeutet auf den Büchertiteln Schlegels und Tiecks das Wort genau dasselbe wie für ein heutiges Werk das Prädikat »modern«. Novalis gebraucht das Wort selten mit Absicht und nie als klare Formel, sondern schlägt es wie einen magischen Mantel um seine zutiefst persönlichen Gedanken; Tieck, das fröhliche Kind, spielt gern damit und läßt es sich anmerken, daß das dunkle klangvolle Wort ihm Freude macht. Von dem Tag an, da das »Athenäum« eine romantische Doktrin begründet hatte, beklebt er fast alle seine Novitäten mit der neuen Etikette. Die Brüder Schlegel waren bewußter und übereinstimmender in ihrer Auffassung – so zwar, daß der Ältere mehr formale, Friedrich dagegen mehr philosophische Werte damit benannte. Ihnen, sowie Novalis schwebte dabei, freilich zugleich mit anklingender Erinnerung an »romantisch«, hauptsächlich der Begriff des Romans vor.

»Der Roman« aber, das war Goethes Wilhelm Meister, dessen erster und wichtigster Teil soeben erschienen war. Er war der erste deutsche Roman im modernen Sinn und das große Ereignis jener Jahre. Kein anderes deutsches Buch hat seine zeitgenössische Literatur so beeinflußt wie dieses. Mit W. Meister war der Roman als Ausdruck für eine Reihe bisher unsagbarer Dinge erschienen. Das was von ihm so neu, so wunderbar und tief und kühn war, das ist im Grunde das »Romantische« für die Schlegel gewesen, namentlich für Friedrich. Er und Tieck wandten nun das Wort auf ihre eigenen Bücher als Titelbezeichnung an, worüber es schon bald wieder aufhörte, etwas Deutliches zu sagen. Statt »romantisch« hätten sie ebensowohl »Wilhelm Meister-artig« sagen können, und tatsächlich sind alle wichtigeren Prosadichtungen jener Jahre, der »Titan« so gut wie »Sternbald« und die »Lucinde«, direkte und bewußte Nachahmungen jenes großen Musters.

Das schließt nicht aus, daß »romantisch« schon damals nebenher auch soviel wie unklassisch, ja antiklassisch bedeutet habe, denn Goethe war damals noch nicht vom kühlen Heiligenschein des Klassikers umgeben. Was in der Geschichte der Malerei die Wendung zum Alleininteresse an Licht und Luft bedeutet, das bedeutet in der Geschichte der Dichtung diese bewußte Wendung vom Stilisierten zum Regellosen, vom Vers zur rhythmischen Prosa, vom gerundeten

Aufsatz zum »Fragment«. Man suchte nicht mehr Form und Kontur, sondern Duft und Stimmung. Man strebte nicht mehr aus dem Allgemeinen ins künstlerisch begrenzte Einzelne, sondern drängte umgekehrt nach der Quelle zurück, nach der Ureinheit der Dinge und Künste. Man verweilte mit Schleiermacher im Anschauen des Universums.

Wir wollen nun statt des Wortes die Sache betrachten. Hier fällt sogleich ins Auge, daß es zwei Arten von Romantik gibt – eine tiefere und eine äußerliche, eine echte und eine, die nur Maske ist. Im Geschmack des Publikums hat seinerzeit die letzere, die falsche, gesiegt. Novalis ward rasch vergessen, während der Romanschmierer Fouqué Erfolg um Erfolg erzielte. Daran ging jene erste Romantik zunächst innerlich, dann auch sichtbar unter und verschwand unter Zischen und Pfeifen vom Schauplatz. Eigentlich war sie schon tot, als Fouqué seine ersten Sachen schrieb. Sie blühte und starb mit Novalis. Wohl hat die Spätromantik noch in Eichendorff ein lyrisch anmutiges, in Hoffmann ein dämonisch tiefes Talent gezeigt, doch sind dies Ausläufer und hängen mit dem alten romantischen Prinzip nur noch lose zusammen. Die echte Romantik dürfen wir allein bei Novalis suchen, denn die Schlegel waren beide, trotz tiefer Einsichten und sublimen Verständnisses, dichterisch impotent.

Novalis ist 28jährig gestorben. Im Andenken seiner Freunde lebt er verehrt in unwiderstehlicher Jugendschönheit fort, der Vielgeliebte, Unersetzliche, über dessen unvollendeter Dichtung ein ganz einzigartiger Duft geheimen Liebreizes liegt. Von alle den Flittern und Kostümen, deren seine Nachfolger bedurften, finden wir bei ihm nichts, es sei denn jene in einem seltsamen Essay niedergelegte jugendliche Apologie des Katholizismus, die im Munde des durch und durch protestantischen Denkers wie ein mißglücktes Paradoxon klingt. Aber, wendet man mir ein, sein Hauptwerk spielt doch im Mittelalter, in jenem berüchtigten Mittelalter der Romantik! Ich kann dies nicht zugeben. Der »Ofterdingen« ist zeitlos, er spielt heute, nie und immer, er ist die Geschichte nicht einer Seele, sondern der Seele überhaupt. Als Dichtwerk ist er vielfach anfechtbar, mit Ausnahme des wundervollen ersten Teiles ist er unvollendet und die skizzenhafte

Fortsetzung verläuft in unmögliche Perspektiven. Als Gedanke, als Plan, als schöpferischer Wurf aber ist der »Ofterdingen« unschätzbar – nicht das Werk eines Jünglings, sondern ein träumendes Sichbesinnen der Menschenseele, ein Flügelschlag aus Not und Dunkel heraus, den Höhen der Idee, der Ewigkeit, der Erlösung entgegen.

Wörtlich greifbarer als aus jenem tiefen Dichtertraum tritt die romantische Grundidee uns aus Novalis' Aufsätzen und Aphorismen entgegen, welche viel mehr als Paraphrasen zu Fichtes Philosophie bedeuten. Ihre Losung und ihr Resultat ist, Vertiefung durch Verinnerlichung. Daß über den Bannkreis von Zeit und Ort hinweg ewige Gesetze walten, daß der Geist dieser ewigen Gesetze in jeder Seele schlummernd wohnt, daß alle Bildung und Vertiefung des Menschen darauf beruht, diesen Geist im eigenen Mikrokosmos zu kennen, sich seiner bewußt zu werden und aus ihm den Maßstab für jede neue Erkenntnis zu nehmen, das ist in kurzen Worten die Lehre Novalis'. Daß diese Grundidee in der späteren Romantik mehr und mehr verklang und erlosch, ist kein Wunder. Sie paßte weder für Modeschreiber noch für Formkünstler, sie war zunächst überhaupt eine Lehre ohne literarische Beziehung. Es ist nicht die Schuld der Romantik, daß die Dichtung jener Jahrzehnte dem Leben fremd blieb, eine unselige Sonderexistenz führte. Darunter litt schon das Schaffen der großen Weimarer, es lag im Wesen der Zeit begründet. Daß Novalis eine Ausnahmeerscheinung blieb, war begreiflich. Die Frage aber war: Wie wird die Literatur einer neuen, anderen Epoche sich zu seiner Lehre stellen?

Damit beginnt die Geschichte einer »Neuromantik«. – Jene neue, andere Epoche ist gekommen. Die Literatur wurde vom Thron gestoßen, dessen sie längst nimmer würdig war, – gleichzeitig mit der Philosophie, deren Schicksale sie ein halbes Jahrhundert lang treu geteilt hatte. Und ebenso wie jene wurde auch sie revolutionär, demokratisch und bissig. Das »junge Deutschland«, dessen einziges großes Talent Heine war, trug die alte Generation und ihre Dichtung unter lärmender Musik zu Grabe. Mit Ausnahme von ein paar schönen Versen und guten Witzen Heines hat jenes »junge Deutschland« uns wenig Erfreuliches hinterlassen. So war es kein Wunder, daß die kaum erst für tot erklärte Romantik sich wieder erhob – freilich nicht die echte, sondern jene unselige Maske à la Fouqué. In der Zeit, da in Deutschland alles Romantische verpönt war, wurde unter allerlei Etiketten fortwährend die billigste Romantik produziert und fand Absatz. Verdankte doch selbst Heine dem alten Mäntelchen, das er je und je wieder umhängte, viele Bewunderer. Es war aber nicht immer nur das Mäntelchen. Gerade er, der Tempelschänder, der geniale Ironiker, kannte mit heimlicher Sehnsucht die blaue Blume wohl und das Beste, was er als Poet geschaffen hat, ist ein Nachklingen Ofterdingenscher Töne.

Zunächst aber mußte auch Heines Romantik untergehen. Er fand keine nennenswerten Nachfolger. Die nächste große literarische Bewegung fegte alle Spuren der Vergangenheit hinweg. Der Naturalismus übte ein strenges Regiment und brachte in die verbummelte Literatur plötzlich Schule und Disziplin. Wir brauchen bei ihm nicht zu verweilen – jedermann weiß, wie durchgreifend erzieherisch er auf Sprache und Poetik gewirkt hat. Und nun, da er sein Werk getan hat, brauchen wir Jungen ihn weder totzuschlagen noch zu schmähen. Wie einen altgewordenen, strengen Lehrer sehen wir ihn dem Ende nah, zwar ohne Tränen, aber doch voll Dankbarkeit und willens, ihm ein gutes Andenken zu bewahren. Er hinterläßt uns als Erbe eine verfeinerte, wohl ausgebildete Beobachtungsart, Psychologie und Sprache. Er hinterläßt uns sehr wenige überragende und durch ihre Größe bedrückende Werke, dafür Massen von wertvollen Studien, Versuchen und Vorarbeiten. Wie hat sich nun das romantische Element in der seiner Schule entwachsenen jüngern Generation zu ihm verhalten?

Es widerstrebt mir, Beispiele aus der deutschen Dichtung von heute zu wählen. Das tut auch nicht not, denn wir haben als typische Beispiele für die Entwicklungsstufen der neuromantischen Poesie zwei große ausländische Dichter, über welche sich sachlicher reden läßt als über mitstrebende Genossen. Der eine ist tot, ist vor der Zeit gestorben, und weckt unsere Teilnahme schon durch die Tragik seines Geschickes. Es ist der Däne Jacobsen. An ihm haben wir das früheste und edelste Beispiel eines Dichters, der mit einer mächtigen

Phantasie und einem träumerisch weichen Gemüt alles Raffinement der entwickeltsten Realistik verband. Er findet Worte voll prägnanter Plastik für jede Erscheinung der Natur, für jeden Halm am Wege, für jede sichtbare Schönheit. Und er versucht nun in dunklem Drang diese mächtige Darstellungsgabe, diese verfeinertste Technik des Ausdrucks auf das seelische Leben zu übertragen. Nicht als realistischer Psycholog, sondern als Träumer und Entdecker auf dem pfadlosen Meer des Unbewußten. Mit rührender Bemühung vertieft er sich in alle tiefsten Falten einer Frauenseele (Marie Grubbe). Und im Niels Lyhne unternimmt er tastend und feinfühlig die Entdeckung der Kindesseele. Wohl hatte dies schon Keller in seinem unsterblichen »grünen Heinrich« getan. Jacobsen aber hat eine neue Technik, er verzichtet bewußt oder unbewußt auf alles Zusammenfassen und Stilisieren, und baut seine Darstellung aus winzigen Einzelheiten langsam und mühsam auf. Und es gelingt ihm als Erstem, dabei stets Dichter zu bleiben, auch im scheinbar Kleinsten stets das Wichtige, Bezeichnende zu wählen und seiner Filigranarbeit die Festigkeit und den Stil eines einheitlich angelegten Werkes zu geben. Seine beiden größeren Werke sind echt romantische Dichtungen. In beiden ist eine einzelne, schwache Seele Mittelpunkt alles Geschehens und Träger aller Lösungen. Und beidemal ist nicht so sehr ein individuelles Leben mit strenger Analyse geschildert, als vielmehr ein neutraler Boden gewonnen, auf welchem mit tiefer Resonanz alles Menschliche mächtig anklingt. Und man merkte bald, daß dies nicht mehr Studien eines Forschers waren; der geheimnisvolle Schleier wahrer Poesie lag über ihnen wie ein unfaßbarer, aber mächtiger Duft. In Jacobsen war der Realist, ohne auf die Errungenschaften seiner Schule zu verzichten, zum Dichter geworden. Es ist nicht zu sagen, welch großen Anteil sein Beispiel am Entstehen einer deutschen Neuromantik gehabt hat.

Betrachten wir uns zum Schluß noch einen Romantiker von heute, einen lebenden, noch jungen, der schon abseits vom naturalistischen Bekenntnis aufwuchs und zur Zeit als Typus des Neuromantikers gelten kann. Ich rede von M. Maeterlinck. Bei ihm finden wir scheinbar keine Spur von Naturalismus mehr. Er stilisiert, er komponiert, er schmückt seine

Dichtungen scheinbar mit der freien Willkür eines Brentano oder Hoffmann. Doch nur scheinbar. Auch er hat realistisch sehen und darstellen gelernt, man bemerkt das nur nicht sofort, weil er fast nur von unsichtbaren Dingen spricht. Im Eifer des Neuerers begann er seine Bahn als weltabgewandter Träumer und Einsiedler. Seither aber ist er mitten in seine Zeit und in ihr Leben getreten. Aber er als erster hält unbeirrt an der Lehre des Novalis fest. Ihm spielen sich alle wichtigen Ereignisse im Innern ab, er entdeckte die »Tragik des Alltags«. Er sieht in jedem Menschen verborgen und verschüchtert die Seele wohnen, und er lockt sie mit zarten, schonenden Worten hervor, spricht ihr Mut ein und versucht ihr die verlorene Herrschaft zurückzugeben.

Es ist überflüssig, auf seine Werke hier einzeln einzugehen. Seit einigen Jahren kennt ihn Deutschland mindestens so gut wie seine Heimat. Nur eines seiner Bücher, das merkwürdigste, sei hier erwähnt. Es beweist, daß Maeterlinck so gut wie Jacobsen dem Kult der schlichten Natur und Wahrheit huldigt. Dies Buch ist seine »vie des abeilles«. Eine sorgfältige, wissenschaftlich einwandfreie Darstellung des Bienenlebens, sachlich, schlicht und zuverlässig wie ein Handbuch, und doch in jedem Satz das Werk eines Dichters! Hier, nicht im Kostüm seiner Märchen, suche man die wahre Neuromantik. Ob Novalis die »princesse Maleine« gefallen würde, weiß ich nicht, aber an der »vie des abeilles« hätte er seine Freude gehabt. Ein kleines, abgegrenztes Stück Natur mit Forscherliebe behandeln und innerhalb dieses engen Kreises mit frohem Erstaunen das Universum wiederfinden, das ist romantische Frömmigkeit. Auch in einem Bienenkorb die tiefen Gesetze alles Lebens und den Spiegel des Ewigen erkennen, das ist Novalischer Geist.

Hier liegt das Geheimnis und die tiefere Aufgabe des neuen romantischen Geistes. Es handelt sich nicht darum, ein paar hübsche neue Gedichte zu schaffen, sondern für die Vertiefung des Lebens und Erkennens auf allen Gebieten zu wirken. Daß ein Buch wie jenes »Leben der Bienen« möglich war, ist ein Fortschritt – nicht nur im Schaffen Maeterlincks. Möchte doch auch die große Menge der Leser allmählich einsehen, daß ein Buch niemals durch Stoff und Sprache, sondern lediglich durch jenen Geist »romantisch« sein kann.

Die Verfasser von Romanen aus dem Mittelalter, von Märchendramen und Vagantenlyrik stehen als solche dem Geist der Romantik um keinen Schritt näher als Zola oder Dostojewski. Jeder Dichter aber, der etwas von der Seele des Ofterdingen in sich hat, sei uns von Herzen willkommen!

(1900)

Zu einer Ausstellung moderner Drucke

Das vergangene Jahrhundert hat, mit Ausnahme der beiden letzten Jahrzehnte, sehr wenige hervorragend schöne Drucke und fast gar keine wirklich künstlerisch ausgestatte Bücher produziert. Dasselbe Jahrhundert aber hat die graphische Technik unendlich entwickelt und bereichert. Eben das rasche Aufeinanderfolgen neuer Erfindungen, die rastlose Konkurrenz der neuen Techniken und eine gewisse eitle Freude an den gewaltigen Fortschritten verhinderte ein ruhiges Wachstum der künstlerischen Elemente des Buchdrucks. Man häufte gern recht viele neue Herstellungsweisen in einem und demselben Buche, man druckte Prachtwerke, die den Musterkatalogen einer großen Druckerei glichen und in denen Proben von Farbdrucken, Zinkätzungen, Lithographien, Photogravüren usw. in bunter Reihe sich ablösten. Man kann heute fast alle jene stolzen Prachtbände zu stark reduzierten Preisen in jedem größeren Buchladen haben. Schlimmer aber als diese Stillosigkeiten, die einem in starken Umwälzungen begriffenen Gewerbe zu verzeihen sind, war das rasche Aufkommen der Holzpapiere, deren Billigkeit schnell jede Konkurrenz besiegte. Neben vielem, dessen Untergang kein Verlust ist, sind auch manche wichtige Werke der letzten Jahrzehnte auf dieses Papier gedruckt worden. Schon heute fehlt es nicht an Büchern dieser Periode, neben welchen gute Drucke des 15. und 16. Jahrhunderts neu und unvergilbt aussehen, und eine Reihe von Büchern unserer Zeit wird in hundert, ja in fünfzig Jahren unleserlich und vermodert sein.

Es war natürlich, daß im Publikum und im Buchgewerbe selbst der Wunsch nach solider gedruckten und edler ausgestatteten Büchern erwachen mußte. Das erste Bedürfnis galt einem besseren Papiermaterial und führte zunächst zu manchen neuen Verirrungen. Man begann die Papiere so zu glätten und zu satinieren, daß sie wie Glanzkarton aussahen. Diese Papiere mit ihrem intensiven, blendenden Weiß waren kein Fortschritt – einmal sind sie Gift für die Augen, dann aber ist auch noch nicht erwiesen, ob ihre chemische Zusammensetzung fähig ist, lange Zeit auszuhalten. Es mag auffal-

len, daß wir so viel Wert auf die Garantie des langen Weiß-
bleibens unserer Bücher legen. Die Frage ist aber von Wichtigkeit. Wenn zu den Drucken der früheren Jahrhunderte das
Papier verwendet worden wäre, aus dem fast alle Bücher der
siebziger und achtziger Jahre bestehen, so besäßen wir vermutlich nur höchstens den dritten Teil jener Literatur und all
die schönen Aldinen und Elzeviere wären längst vermodert,
während sie jetzt frisch und unverwüstlich auf uns gekommen sind und an Lesbarkeit viele noch ganz neue Produkte
übertreffen.

Heute sind fast alle deutschen Verleger, die mehr als Fabrikanten sind, zum holzfreien Papier zurückgekehrt. Schwieriger war es, dem Bedürfnis nach künstlerischer Buchausstat-
tung Genüge zu tun. Auf diesem Gebiete kamen die gesun-
desten und fruchtbarsten Anregungen und Vorbilder von
England herüber. Dort hatte inzwischen die kunstgewerb-
liche Bewegung, die sich an die Ideen Ruskins und des
rastlos fleißigen W. Morris anschloß, auch das Buchgewerbe
stark und wohltätig beeinflußt. Wenn Künstler von Ruf sich
mit Zeichnungen zu Möbeln, Tapeten und Hausgerät abga-
ben, warum sollten sie sich nicht auch der Bücher annehmen?

Wohlverstanden! – ein Buch kann künstlerisch ausgestattet
sein, ohne eine einzige Zeichnung oder »Illustration« zu
enthalten. Die Anordnung der Zeilen, das Verhältnis der
weißen Ränder zum bedruckten Blattraum, die Fassung des
Titels und namentlich die Harmonie zwischen Papierfarbe
und Druckfarbe – dies alles ist für den ästhetischen Eindruck
wichtiger als die »Illustration«, welche sehr künstlerisch sein
und doch, da mit dem Druck nicht zusammengedacht und
-gestimmt, störend wirken kann. Einem ohne Feinheit und
Sorgfalt gedruckten Buch können auch Klingersche oder
Böcklinsche Illustrationen nicht aushelfen, im Gegenteil
wird das Mißverhältnis zwischen Buch und Bildern peinlich
wirken.

Ein neues, wichtiges Element der modernen buchkünstleri-
schen Bestrebungen sind die Versuche, neue Typen zu schaffen, die in den letzten Jahren mehrere hervorragende Künstler beschäftigt haben.

Sehen wir uns nun die ausgestellten Werke des Verlags

Diederichs nach diesen Hauptgesichtspunkten an! – Wir finden vor allem ausnahmslos holzfreies, rauhes Papier und können uns davon überzeugen, daß diese Rauheit nicht nur für die anfühlenden Finger, sondern auch für das Auge erquickend und sympathisch ist. Betrachten wir die Typen (Lettern) der einzelnen Bücher, so finden wir neben den von jeher üblichen gotischen und Antiqua-Lettern mehrere Versuche neuer Schrift- und Zahlformen. Sichtlich ist das Ideal dieser neuen Typen eine Verschmelzung der strengen, klaren »lateinischen« Buchstabenbilder mit den freieren, elastischeren »deutschen«. Sichtlich auch ist dieses Ideal, welchem die als »Triumphgotisch« bezeichnete Schrift vielleicht am nächsten kommt, noch nicht erreicht. Eine moderne Type, die an Schönheit und schlichtem Adel den lateinischen Lettern der (namentlich venezianischen) Renaissance-Drucke gleichkäme, existiert nicht.

Wir verzichten darauf, über die Buchumschläge eingehender zu reden. Der Umschlag eines broschierten Buches hat mit dem Buche selbst kaum einen inneren Zusammenhang, denn das Buch ist dazu bestimmt eingebunden zu werden, – der Papierumschlag dient lediglich als provisorische Schutzdecke und seine Ausstattung kann nur den Zweck haben, das Auge zu reizen und dadurch im Schaufenster oder Laden unsere Aufmerksamkeit auf das Buch zu lenken. Auch von den Einbänden, die in einigen sehr schönen Exemplaren ausgestellt sind, genüge es zu sagen, daß sie in Material (meist rauhe Leinwand) und Farbe echt und tüchtig erscheinen, ohne durch übertriebenen Prunk sich aufzudrängen. Daß dabei einigemal sehr starke, helle Farben verwendet sind, ist vielleicht Folge der Erwägung, daß dunkle und sehr delikate Farben weniger haltbar sind und sich an den dem Lichte zugewandten Stellen leicht verändern.

Die innere Ausstattung der Diederichsschen Bücher verdient und verträgt eine sehr genaue Betrachtung. Wer die Bücherreihen auch nur flüchtig überblickt, muß den Eindruck gewinnen, daß die Herstellung dieser Drucke nicht dem Zufall und auch nicht nur dem jeweils mit der Ausstattung betrauten Künstler überlassen war, sondern das Resultat einer persönlichen, künstlerisch bewußten Arbeit des Verlegers ist. Wirklich hat Herr Diederichs nicht nur Geschmack, sondern eine durch lange liebevolle Studien erworbene Kennerschaft des guten Alten, der Drucke und Holzschnitte aus den besten Werkstätten der früheren Jahrhunderte. Wir wissen, daß die Erwägung, mit welcher Type und auf was für Papier ein neues Werk zu drucken sei, ihn jedesmal lange und ernsthaft beschäftigt. Er weiß wohl, weshalb er die Werke des Mystikers Maeterlinck mit anderen Lettern druckte als die des naturwissenschaftlichen Plauderers Bölsche usw. Er bemüht sich, etwas von der Stimmung des Textes auch im Drucke mitzuteilen. Er faßt die Seiten und Buchstaben eines Buches nicht als gleichgültige Vermittler, sondern als die Wohnung oder das Kleid des geistigen Inhaltes auf, und er sucht das Kleid dem Inhalt möglichst passend und stilverwandt zu machen. Daß er bei diesem Bestreben zuweilen zu weit geht, ist bei der noch jungen Bewegung begreiflich und verzeihlich. Bedauerlicherweise sind die Bücher sämtlich im Glaskasten ausgestellt, statt auf das Risiko einiger Entwendungen hin offen aufzuliegen. Vielleicht wird mancher beim Anblick der ausgestellten offenen Seiten den Wunsch haben, einige der Bücher zu durchblättern – ohne Zweifel wird ihm sein Buchhändler gerne ein Exemplar zum genaueren Anschauen überlassen.

Die mit dem künstlerischen Schmuck der einzelnen Bände beauftragten Künstler sind fast ohne Ausnahme Träger wohlbekannter Namen und bedürfen hier keiner Charakteristik. Neben Peter Behrens, der mit einer neuen Type vertreten ist, nennen wir B. Pankok, H. Vogeler, J. V. Cissarz, Fidus, R. Engels und Melchior Lechter. Unter ihnen ist als Illustrator Pankok der eigenartigste und kräftigste, doch nicht ohne Aufdringlichkeit, Vogeler der zarteste, duftigste und Cissarz der liebenswürdigste und glücklichste.

(1901)

Eine Rarität

Vor einigen Jahrzehnten schrieb ein junger deutscher Dichter sein erstes Büchlein. Es war ein süßes, leises, unüberlegtes Gestammel von blassen Liebesreimen, ohne Form und auch ohne viel Sinn. Wer es las, der fühlte nur ein schüchternes Strömen zärtlicher Frühlingslüfte und sah schemenhaft hinter knospenden Gebüschen ein junges Mädchen lustwandeln. Sie war blond, zart und weiß gekleidet, und sie lustwandelte gegen Abend im lichten Frühlingswalde, – mehr bekam man nicht über sie zu hören.

Dem Dichter schien dieses genug zu sein, und er begann, da er nicht ohne Mittel war, unerschrocken den alten, tragikomischen Kampf um die Öffentlichkeit. Sechs berühmte und mehrere kleinere Verleger, einer nach dem andern, sandten dem schmerzlich wartenden Jüngling sein sauber geschriebenes Manuskript höflich ablehnend zurück. Ihre sehr kurz gefaßten Briefe sind uns erhalten und weichen im Stil nicht wesentlich von den bei ähnlichen Anlässen den heutigen Verlegern geläufigen Antworten ab; jedoch sind sie sämtlich von Hand geschrieben und ersichtlich nicht einem im voraus hergestellten Vorrat entnommen.

Durch diese Ablehnungen gereizt und ermüdet, ließ der Dichter seine Verse nun auf eigene Kosten in vierhundert Exemplaren drucken. Das kleine Buch umfaßt neununddreißig Seiten in französischem Duodez und wurde in ein starkes, rotbraunes, auf der Rückseite rauheres Papier geheftet. Dreißig Exemplare schenkte der Autor an seine Freunde. Zweihundert Exemplare gab er seinem Buchhändler zum Vertrieb, und diese zweihundert Exemplare gingen bald darauf bei einem großen Magazinbrande zugrunde. Den Rest der Auflage, hundertsiebzig Exemplare, behielt der Dichter bei sich, und man weiß nicht, was aus ihnen geworden ist. Das Werkchen war totgeboren, und der Dichter verzichtete, vermutlich vorwiegend aus Erwägungen ökonomischer Art, einstweilen völlig auf weitere poetische Versuche.

Etwa sieben Jahre später aber kam er zufällig einmal dahinter, wie man zügige Lustspiele macht. Er legte sich eifrig darauf, hatte Glück und lieferte von da an jährlich seine Komödie, prompt und zuverlässig wie ein guter Fabrikant. Die Theater waren voll, die Schaufenster zeigten Buchausgaben der Stücke, Bühnenaufnahmen und Porträts des Verfassers. Dieser war nun berühmt, verzichtete aber auf eine Neuausgabe seiner Jugendgedichte, vermutlich weil er sich ihrer nun schämte. Er starb in der Blüte der Mannesjahre, und als nach seinem Tode eine kurze, seinem literarischen Nachlaß entnommene Autobiographie herauskam, wurde sie begierig gelesen. Aus dieser Autobiographie aber erfuhr die Welt nun erst von dem Dasein jener verschollenen Jugendpublikation.

Seither sind jene zahlreichen Lustspiele aus der Mode gekommen und werden nicht mehr gegeben. Die Buchausgaben findet man massenhaft und zu jedem Preise, meist als Konvolute, in den Antiquariaten. Jenes kleine Erstlingsbändchen aber, von welchem vielleicht – ja sogar wahrscheinlich – nur noch die dreißig seinerzeit vom Autor verschenkten Exemplare vorhanden sind, ist jetzt eine Seltenheit ersten Ranges, die von Sammlern hoch bezahlt und unermüdlich gesucht wird. Es figuriert täglich in den Desideratenlisten; nur viermal tauchte es im Antiquariatshandel auf und entfachte jedesmal unter den Liebhabern eine hitzige Depeschenschlacht. Denn einmal trägt es doch einen berühmten Namen, ist ein Erstlingsbuch und überdies Privatdruck, dann aber ist es für feinere Liebhaber auch interessant und rührend, von einem so berühmten eiskalten Bühnenroutinier ein Bändchen sentimentaler Jugendlyrik zu besitzen.

Kurz, man sucht das kleine Ding mit Leidenschaft, und ein tadelloses, unbeschnittenes Exemplar davon gilt für unbezahlbar, namentlich seit auch einige amerikanische Sammler danach fahnden. Dadurch wurden auch die Gelehrten aufmerksam, und es existieren schon zwei Dissertationen über das rare Büchlein, von welchen die eine es von der sprachlichen, die andere von der psychologischen Seite beleuchtet. Ein Faksimiledruck in fünfundsechzig Exemplaren, der nicht neu aufgelegt werden darf, ist längst vergriffen, und in den Zeitschriften der Bibliophilen sind schon Dutzende von Aufsätzen und Notizen darüber erschienen. Man streitet namentlich über den mutmaßlichen Verbleib jener dem Brand entgangenen hundertsiebzig Exemplare. Hat der Autor sie vernichtet, verloren oder verkauft? Man weiß es nicht; seine Erben leben im Auslande und zeigen keinerlei Interesse für die Sache. Die Sammler bieten gegenwärtig für ein Exemplar weit mehr als für die so seltene Erstausgabe des »grünen Heinrich«. Wenn zufällig irgendwo einmal die fraglichen hundertsiebzig Exemplare auftauchen und nicht sofort von einem Sammler *en bloc* vernichtet werden, dann ist das berühmte Büchlein wertlos und wird höchstens noch zuweilen neben andern lächerlichen Anekdoten in der Geschichte der Bücherliebhaberei flüchtig und mit Ironie erwähnt werden.

(1902)

Über neuere Erzählungsliteratur

Ein Vorwort zu künftigen literarischen Monatsberichten

Seit einigen Jahren ist Deutschland und die deutsche Presse so literarisch geworden, daß es zur Mode ward, die jeweils neuesten »Richtungen« unserer Literatur unheimlich ernst zu nehmen und aufs peinlichste zu analysieren und unsrer Dichtung allstündlich den Puls zu fühlen wie einem Schwerkranken. Exakt wie Börsenbewegungen wurde jede kleine Schwankung vom Realismus zum Neoromantismus, vom Aesthetentum zum »neuen Glauben«, von Nietzsche zu Haeckel usw. beobachtet und dargestellt. Man könnte meinen, unsere Dichter säßen streng in »Schulen«, abgeteilt hinter ihrer Arbeit und es sei für den einzelnen von unendlicher Wichtigkeit, welcher Richtung er sich angeschlossen habe.

Es sieht in Wirklichkeit zum Glück ziemlich anders aus. Die Dichter, soweit sie etwas taugen, kümmern sich nicht um alle diese Richtungen und Gemeinschaften, heute so wenig wie je, und die Anführer und Hauptredner all der neuen Literatursekten sind meistens gar keine Dichter, sondern Unternehmer, und haben ihren Ruhm dahin, wenn sie ein paar Monate oder Jahre lang von sich haben reden machen. Tüchtige alte Leute wie etwa der Meister Wilhelm Raabe und andere lebten alle die Jahre hindurch gemächlich draußen, sahen eine alleinseligmachende Schule um die andere aufkommen und vom Plan verschwinden und schufen unbekümmert ihre guten Werke fort. Und unter den bildenden Künstlern, unter welchen ein ähnliches Sektenwesen floriert, haben die besten sich noch energischer und ausdrücklicher zurückgezogen. Wenn ich irgendeinen Menschen kennenlerne, suche ich doch natürlicherweise aus Blick, Rede, Miene und Gebärden sein wahres Wesen, seine Art von Temperament, Gemüt und Charakter herauszulesen und frage nicht in erster Linie nach seiner Konfession und politischen Gesinnung, nach dem Verein, dem er etwa angehört usw. Weshalb soll man es mit Dichtern und ihren Büchern anders halten? Was sie auszeichnet und wertvoll macht, ist ja gerade nicht die »Richtung« und Manier, die sie mit so und soviel andern gemein haben, sondern das Neue, Eigene, Persönliche. Was hilft es mir zu wissen, daß der und der ein Symbolist, ein Naturalist, ein Schüler Maeterlincks oder ein Freund Stefan George's ist?! Ich will wissen, ob er eine eigene Art zu leben und zu sehen hat, ob er ein Künstler ist oder nur ein Virtuos, ob er lebendige Wesen schafft oder nur Seifenblasen, ob seine Sprache einen persönlichen Duft und Rhythmus hat. Ich will wissen, ob er mir etwas Wertvolles zu sagen hat, ob sein Buch mir ein Freund und Tröster oder nur ein Zeitvertreiber sein kann, ob es Blut und Seele hat oder nur eben ein Buch ist.

So werden wir am besten tun, das Klassifizieren nach Modeschlagwörtern den Parisern und Berlinern zu überlassen und damit auch die Schar von gewandten Virtuosen und Spezialisten, deren Kunst darin besteht, Worte wie Goldstaub zu wägen und geringen Wein in kostbare Gefäße zu tun. Wir verzichten damit nicht auf Zusammenstellungen und Vergleiche, auch nicht auf das gelegentliche Beobachten auffallender Einflüsse, das oft vom höchsten Interesse sein kann. Mit Mißtrauen begegnen wir ferner jenen Autoren, die statt eines Parteiprogramms die unechte Biederkeit der Heimatkünstler sehen lassen und sich mit stolzer Bescheidenheit Mecklenburger, Hessen oder Schwaben nennen. Man wird bei einem wirklichen Dichter ohne sein bewußtes Zutun meist leicht seine Nationalität herausfinden können, im ganzen aber wird er das Provinziale und Lokale selten zur Hauptsache machen, vielmehr auf das tiefere Menschliche gehen und jene Besonderheiten als feine Reize, als Nuance und Mittel zur Erhöhung der Wahrscheinlichkeit zur Geltung bringen.

Von diesen Gesichtspunkten aus betrachtet, verliert vielleicht manche literarische Berühmtheit an Bedeutung und Wert, alles in allem aber ist unsere erzählende Literatur – von welcher hier allein die Rede sein soll – nicht arm an erfreulichen neuen Erscheinungen. Die einzelnen Namen und Werke mögen den nächsten Monatsberichten aufgespart bleiben. Hier seien nur einige allgemeine Betrachtungen notiert.

Als Ergebnis der beiden jüngsten Hauptströmungen unserer Dichtung, der naturalistischen und der ästhetisch-artistischen, bemerken wir in der neuesten Erzählungsliteratur neben einer Erweiterung des Stoffgebietes namentlich eine gesteigerte Sorgfalt im Technischen, zunächst in der Sprache und in der Kunst des Komponierens. Der Durchschnitt des Könnens ist erheblich gestiegen – im ganzen ein erfreuliches Ergebnis, mit welchem aber freilich unser Überreichtum an technisch guten, menschlich und kulturell gehaltlosen Erzählungen wieder eng zusammenhängt.

Die Erweiterung des Stoffgebietes bedeutet keinen geringeren Vorteil. Namentlich im Roman ist es erfreulich, wahrzunehmen, daß die Alleinherrschaft der Liebesgeschichten im Wanken begriffen ist. Man wagt es wieder häufiger, ganze Lebensläufe zu erzählen und Romane zu schreiben, die nicht eine »Geschichte«, sondern die Entwickelung einer Persönlichkeit, ein ganzes Menschenleben, das Wachsen und Kämpfen einer Seele zum Inhalt haben. Ein fast ganz neues Gebiet ist auch die psychologisch vertiefte Kindergeschichte. Zu allen Zeiten haben große Dichter Freude an diesem wundervollen Stoff gehabt, doch waren es einzelne und sie beschränkten sich meistens aufs Autobiographische. Seit das Leben des Kindes mit soviel Sorgfalt und Hingabe von den Pädagogen und Psychologen beobachtet wird (Preyer, Sully usw.), hat auch die Dichtung mit neuer Freude das ahnungsvolle Kinderland betreten.

Ästhetiker hörte man in letzter Zeit zuweilen davon reden, der Roman als Kunstform beginne zu altern und habe sich nächstens überlebt. Solche Orakelsprüche scheinen die Theoretiker zu lieben und je und je nötig zu haben. Tatsächlich wüßte ich kein Jahrzehnt der Literaturgeschichte, in dem soviel gute Romane entstanden wären wie im letztvergangenen. Und auch ohne das, und auch wenn das Wort Roman aus der Mode kommt, was liegt daran? Vielleicht findet ein anderer Theoretiker in Bälde, das Bücherlesen überhaupt sei etwas Veraltetes und müsse in Kürze vollends aufhören. Immer zu! Aber daß Menschen einander erzählen, was sie erlebt haben und was ihnen aus dem Erlebten an innerem Besitze blieb, das wird nie aufhören, solange ein Leben auf der Erde ist. Und immer wieder werden unter diesen Menschen solche sein, denen das Erlebte zum Ausdruck und Symbol uralter Weltgesetze wird, die im Zeitlichen das

26

Ewige und im Wandelbaren und Zufälligen die Spur des Göttlichen und Vollkommenen sehen, und ob diese Dichter ihre Werke Romane oder Offenbarungen oder Seelengeschichten oder sonstwie nennen, wird nicht sonderlich wichtig sein.

Wenn man freilich unter »Roman« hauptsächlich den Unterhaltungsroman versteht, die willkürlich erfundene Geschichte, so wäre der Satz vom Veralten weniger sinnlos. Hierin ist wirklich vieles besser geworden. Wir haben, verglichen etwa mit den achtziger Jahren, vielleicht nicht eine bessere Literatur, aber ein besser gebildetes, literarischeres Publikum. Reine Unterhaltungsromane mit Riesenerfolgen haben wir in den letzten Jahren kaum erlebt. Die erfolgreichen Erzählungen waren vielmehr ziemlich alle von literarischem wie menschlichem Wert. Daß Frenssen und Beyerlein zehnmal mehr Auflagen haben als Keller und Mörike, steht wieder auf einem anderen Blatt. Das große Publikum will seine Bücher nicht suchen, es nimmt lieber das Neue, das ihm von selber ins Haus kommt, und schätzt ein Buch desto eher, je mehr es dasselbe als zeitgenössisch empfindet.

Und an solchen Werken war in jüngster Zeit kein Mangel. Die Mehrzahl der neuesten guten Romane trug den Zeitströmungen und zeitgenössischen Kulturfragen ausgiebig Rechnung, und manche Bucherfolge dürften die Verfasser sogar zum größten Teil ihrem temperamentvollen Eingehen auf diese Zeitfragen und Zeitbedürfnisse verdanken. Es waren auch Bücher mit ausgesprochener Tendenz darunter, und sie waren nicht die schlechtesten. Erfreulicher allerdings und edler waren jene paar, deren Verfasser weniger das Zeitgemäße suchten als das ewig Menschliche. Wer nur Literat, nur Beobachter und Schilderer ist, tut wohl daran, den Kreis des Zeitgemäßen, Interessanten nicht zu überschreiten; der echte Dichter wird uns immer am tiefsten ergreifen und am meisten bereichern, wenn er das uralte Lied der Schöpfung und der Menschensehnsucht anklingen läßt.

Verhältnismäßig selten waren in der neuesten Romanproduktion die reinen Phantasiewerke, jene so schöne wie gefährliche Art von Dichtungen, die auf den direkten Zusammenhang mit dem Leben des Tages, ja in gewissem Sinn auf Zeit und Ort verzichtet und deren Meister unsere früheren

Romantiker waren. Es scheint, als sei nach einer Zeit der Überschätzung des reinliterarischen Elementes eine neue Freude am Tatsächlichen, Realen aufgekommen, die sich sehr spürbar auch in einer Neigung zum Volkstümlichen kundgibt.

Auf dem Gebiete der Novelle und kleinen Erzählung lassen sich leicht zwei im innersten Wesen verschiedene Grundrichtungen nachweisen. Die eine neigt zum Auflösen der strengen Novellenform, zur Stimmungsmalerei der Skizze, des Fragments, des Augenblicksbildes. Die andere legt im Gegenteil Wert auf Rundung, auf Beibehaltung und Weiterbildung der klassischen Novellentechnik, auf strenges Haushalten mit den Mitteln der Spannung, kurz auf Komposition. In beiden Gattungen können wir hervorragende Sprachkünstler bewundern, doch liegt hier die Gefahr des virtuosen Artistentums bedenklich nahe und verdirbt manche tüchtige Begabung. Es gibt einige Meister auf diesem delikaten Gebiet, einige gute Novellisten und zwei oder drei gute Anekdotenerzähler, aber es sind wenige. Der Durchschnitt steht hier nicht sonderlich hoch und das meiste, was in dieser Art heute gemacht wird, ist nicht mehr als Feuilleton. –

Möge diese Skizze als Vorwort zu den künftigen Monatsberichten gelten. Ich möchte in diesen nicht kritisieren, nicht Worte wägen, sondern jeweils das Beste vom Neuen auswählen und charakterisieren. Soweit es möglich sein wird, soll dies Bestreben durch gleichzeitigen Abdruck von Leseproben unterstützt werden. Und ich beginne diese Tätigkeit mit der fröhlichen Überzeugung, daß jahraus jahrein durchaus nicht so wenig gute Dichtungen erscheinen, als man häufig annimmt, und daß in unserem Volk die Freude am Echten, wahrhaft Guten in sichtbarem Wachsen begriffen ist.

(1903)

Der Umgang mit Büchern

Vom Lesen

Seit nahezu fünf Jahrhunderten ist das gedruckte Buch einer der eigenartigsten und mächtigsten Faktoren im europäischen Kulturleben. Es dürfte kaum eine andere verhältnismäßig so junge Kunst geben, ohne die wir uns das heutige Leben so gar nicht vorzustellen vermögen, wie den Buchdruck. Dabei spielt Deutschland, wie so oft, eine tragikomische Doppelrolle, indem es der Welt die Erfindung der Druckkunst und zugleich einige der besten und edelsten Drucke geschenkt, dann aber sogleich auf weitere Lorbeeren verzichtete und im Drucken sowohl wie im Kaufen schöner Bücher seit etwa drei Jahrhunderten hinter anderen Ländern, namentlich England und Frankreich, weit zurückblieb. Neuestens regen sich aber bei uns auf diesem lange verwahrlosten Gebiet sichtlich starke neue Kräfte, welchen ohne Zweifel ein Verlangen und Bedürfnis des ganzen Volkes zugrunde liegt. Das »Haus ohne Bücher« hört allmählich auf, die Regel zu sein, und wird hoffentlich bald zu immer selteneren Ausnahmen.

Geschrieben, gedruckt und gelesen freilich wurde in Deutschland gewiß zu allen Zeiten viel, ja wohl mehr als im Ausland, wir haben den bestorganisierten Buchhandel und die zuverlässigste Bibliographie aller Länder; aber die Pflege des Buches und die Freude am Sammeln und Besitzen einer schönen, mit persönlichem Geschmack gewählten Hausbibliothek ist bei uns, wenigstens in den Kreisen der Nichtgelehrten, noch lang keine allgemeine und selbstverständliche Sache. Sie gehört aber als unentbehrlicher und wichtiger Teil zu jeder kultivierten Lebensführung, und so lohnt es sich wohl, ein wenig darüber zu reden. Der Umgang mit Büchern, die Kunst des Lesens ist einer klugen, freundlichen Pflege so würdig und so bedürftig wie jeder andere Zweig der Lebenskunst.

Häufig hat der Nichtgelehrte vor Büchern, soweit sie ihm nicht von der Tagesmode empfohlen und aufgedrängt werden, dieselbe grundlose Scheu wie vor den Werken der bildenden Kunst. Er hat das Gefühl, »nichts davon zu verstehen«, er traut sich kein Urteil zu und meidet mit Mißtrauen die Läden der Buchhändler, um entweder gar keine Bücher zu kaufen und zu lesen – oder, was häufiger ist, um desto sicherer bei Gelegenheit einem aufdringlichen Kolporteur in die Hände zu fallen und sich eines Tages gegen schweres Geld im Besitz schönvergoldeter Prachtbände zu sehen, mit denen er wenig anzufangen weiß und die ihn in Bälde ärgern, so oft er sie ansieht.

Einer gewissen Erziehung und gelegentlicher Belehrung wird wohl keiner, der nicht schon unter Büchern aufgewachsen ist, ganz entraten können. Die Hauptsache ist hier wie überall nicht Wissen, sondern Wollen, nicht fertiges Urteil, sondern Empfänglichkeit, Ehrlichkeit, Unbefangenheit. Von einer gewissen Lebenshöhe aus, die keinem Strebenden unerreichbar ist, zerrinnen die Grenzlinien der Künste und Wissensgebiete. Von da aus gesehen, gibt es nicht Historien- und Genrebilder, nicht Trauerspiele und Schauspiele mehr, sondern nur noch Kunstwerke. Von da aus wird keiner mehr die oftgehörten faulen Phrasen gebrauchen, wie »Ich lese grundsätzlich keine modernen Romane« oder »Ich gehe prinzipiell in keine Pantomime« usw. Vielmehr wird jeder, er sei nun im engeren Sinne kunstverständig oder nicht, alle Dinge unbefangen nur daraufhin ansehen, ob sie ihm etwas Schönes sagen und bedeuten, ob sie seinem Leben, Empfinden und Denken eine Bereicherung bringen, ob sie ihm neue Quellen der Kraft, des Wohlseins, der Freude und des Nachdenkens erschließen. Er wird im Lesen eines Buches ebenso wie beim Anhören einer Musik oder beim Betrachten einer Landschaft keine Absicht kennen als die, sich etwas Neues, Erfreuendes, Unvergeßliches daraus mitzunehmen, dadurch ein wenig reicher, froher oder klüger zu werden; und er wird wenig Unterschied darin sehen, ob er dies Neue, diese Bereicherung und Vertiefung einem Versdichter, einem Philosophen, einem Tragiker oder einem geistreichen Plauderer verdankt.

Dieser Standpunkt ist viel leichter zu finden, als man meistens glaubt. Es gilt nur jene unnütze, verlegene oder verächtliche Scheu abzulegen, ebenso aber auch das blasierte Aburteilen und Alleswissen. Damit ist der entschiedene

Schritt zum wirklichen »eigenen Urteil« schon zur größeren Hälfte getan. Es gibt keine Liste von Büchern, die man unbedingt gelesen haben müßte und ohne welche kein Heil und keine Bildung ist! Aber es gibt für jeden einzelnen Menschen eine beträchtliche Zahl von Büchern, in welchen gerade er, dieser Eine, Befriedigung und Genuß erleben kann. Diese Bücher allmählich zu finden, sich mit ihnen in ein dauerndes Verhältnis zu setzen, sie womöglich nach und nach zu ständigem äußerem und innerem Besitz sich anzueignen, das ist für jeden Einzelnen eine eigene, persönliche Aufgabe, die er nicht vernachlässigen kann, ohne den Kreis seiner Bildung und seiner Genüsse und mithin den Wert seines Daseins wesentlich zu verringern. Aber wie soll jeder Einzelne dahin gelangen? Wie soll er aus den Bücherbergen der Weltliteratur die paar oder paar Dutzend Autoren und Werke herausfinden, die für ihn besonders wertvoll und erfreulich sind? Diese Frage – man kann sie tagtäglich hören, klingt beängstigend und unheimlich, und Viele werfen lieber daher von Anfang an die Flinte ins Korn und verzichten auf ein Stück Bildung, das den Anschein hat, so mühsam zugänglich zu sein.

Aber dieselben Leute finden täglich Zeit und Kraft zum Lesen einer oder mehrerer Zeitungen! Und sie lesen neunzig Prozent dieser Zeitungsartikel nicht aus Neigung, nicht aus Bedürfnis, nicht zum Vergnügen, sondern einfach aus alter schlechter Gewohnheit. »Man muß doch Zeitungen lesen!« Der Verfasser dieser Zeilen hat seit seinen Schülerzeiten niemals eine Zeitung gelesen, höchstens einmal auf Reisen eine einzelne Nummer, und ist dadurch weder ärmer noch dümmer geworden, sondern hat viele hundert und tausend Stunden für Besseres frei behalten. Jene Zeitungsleser wissen nicht, daß schon die Hälfte ihrer täglichen Leseleistung, planmäßiger vorgenommen, hinreichen würde, sie mit dem in den Büchern der Gelehrten und Dichter aufgespeicherten Schatz von Leben und Wahrheit in fruchtbare Bekanntschaft zu bringen.

Sowenig du den Baum oder die Blume, die du besonders liebst, aus einem Lehrbuch der Botanik kennen gelernt hast, so wenig wirst du deine Lieblingsbücher aus einer Literaturgeschichte und aus einem theoretischen Studium kennenler nen und finden. Wer sich nur erst angewöhnt hat, möglichst bei jeder Handlung des täglichen Lebens ihres eigentlichen Zweckes bewußt zu sein (und das ist die Grundlage aller Bildung), der wird sehr bald auch aufs Lesen, selbst wenn er vorerst nur Zeitungen und Zeitschriften ansieht, die wesentlichen Gesetze und Unterscheidungen anwenden lernen.

Das in Büchern niedergelegte Denken und Wesen der Autoren aller Zeiten ist nichts Totes, sondern eine lebendige, durchaus organische Welt. Es ist sehr wohl möglich, daß ein Mensch ohne alles literarische Wissen, wenn er nur ein aufmerksamer und etwas feinfühliger Leser ist, von seiner Tageszeitung weg von selber den Weg bis zu Goethe findet. So merkwürdig sicher du in einer Menge von zweihundert Bekannten die paar Menschen herausfindest, die du zu Freunden brauchen kannst, so merkwürdig sicher wirst du im Durcheinander und Vielerlei einer Zeitung oder Zeitschrift die paar Töne und Stimmen entdecken, die dir etwas zu sagen haben und welche dich dann, wenn du ihnen folgst, zu weiteren befreundeten Namen und Werken führen. Unter den vielen tausend Lesern des *»Jörn Uhl«* haben gewiß manche das Wesentliche dieses Buches entdeckt und haben alsdann weiter entdeckt, daß dieses selbe Wesentliche von einigen anderen größeren Dichtern noch reiner und köstlicher zum Ausdruck gebracht worden ist, zum Beispiel von *Wilhelm Raabe*. Die große Masse weiß von Raabe nur, er sei etwas breit und gelegentlich mühsam zu lesen. Nun ist aber Raabe in Wirklichkeit nicht halb so breit und nicht halb so mühsam zu lesen wie Frenssen, nur ist er leider nicht Mode. Und so ist es mit vielen beliebten Büchern des Tages, daß sie weniger bekannte, aber wertvollere Vorbilder haben. Diesen gehe man nach, so wird man bald ein Gefühl für die höheren Gesetze aller Literatur bekommen.

Ich kenne einen kleinen Handwerker, der ein Regal voll Bücher besitzt und darunter Werke von *Raabe, Keller, Mörike* und *Uhland*. Und wie kam er zu diesen Dichtern, die er nun mit Freude besitzt und häufig liest? Er fand eines Tages zufällig ein paar Verse und eine kleine Prosaskizze von einem heutigen Dichter im Feuilleton einer Berliner Zeitung, die ihm als Einwickelpapier zugegangen war. Die Worte dieses Dichters gingen ihm nach, er las von da an solche

Blätter mit begierigen und geschärften Sinnen, und ohne daß jemand ihm half, führte ihn diese einmal erweckte Lust und Sehnsucht im Laufe der Jahre weiter bis zu Uhland und Keller.

Das ist ein Beispiel und vielleicht eine Ausnahme. Es soll nur zeigen, daß es auch vom Niveau des Zeitungslesers aus Wege zum Höheren gibt. Im allgemeinen freilich ist die Zeitung einer der gefährlichsten Feinde des Buches, nicht nur weil sie für wenig Geld scheinbar viel bietet und Zeit und Kräfte über Gebühr in Anspruch nimmt, sondern noch mehr, weil sie durch charakterloses Vielerlei den Geschmack und das feinere Lesevermögen bei Tausenden verdirbt. Eine durch die Zeitungen eingeführte, nicht genug zu tadelnde Geschmacklosigkeit und moderne Unsitte ist namentlich auch das Lesen von Abhandlungen und Romanen »in Fortsetzungen«. Einem Autor, den man schätzt, sollte man niemals die Schmach antun, ihn so zu lesen. Man kaufe seine Werke in Buchform oder warte mindestens ab, bis man die Nummern, welche seine Arbeit stückweise brachten, beisammen hat und das Ganze in einem Zuge lesen kann.

Wem es nicht einerlei ist, mit was für Menschen er verkehrt, wer in seiner Umgebung die ihm sympathischen Persönlichkeiten auswählt und bevorzugt, wer ferner etwas hält auf die Art, wie er lebt, wohnt, sich kleidet, auf den Charakter und Stil seiner wichtigeren Lebensgewohnheiten, der sollte notwendig auch zur Welt der Bücher selbständige, freundschaftlich vertraute Beziehungen haben und seine Lektüre nach unabhängigem, individuellem Geschmack und Bedürfnis auswählen. Hier herrscht noch zu viel Unfreiheit und Nachlässigkeit, sonst könnte nicht, wie es alljährlich vorkommt, von zwei gleichwertigen Büchern das eine völlig unbeachtet bleiben, während das andere durch den Zufall einer Mode zu Hunderttausenden verkauft wird.

Für den Wert, den ein Buch für mich haben kann, kommt seine Berühmtheit und Beliebtheit so gut wie garnicht in Betracht. Der wundervolle »Freund Hein« von Emil Strauß ist berühmt und allbekannt, desselben Verfassers mindestens ebenso herrlicher »*Engelwirt*« bleibt ewig in der ersten Auflage stecken. Das ist gelinde gesagt, eine Schande. Man liest also den »*Freund Hein*« nicht, weil Strauß ein bedeutender

Dichter ist, sondern weil gerade dies Buch von ihm zufällig bekannter wurde als seine anderen. Aber Bücher sind nicht dazu da, eine Zeitlang von jedermann gelesen zu werden und ein gangbares Unterhaltungsthema zu bilden und dann vergessen zu werden, wie der neueste Sportbericht oder Raubmord, sondern sie wollen still und ernsthaft genossen und geliebt werden. Erst dann erschließen sich ihre innersten Schönheiten und Kräfte.

Überraschend steigert sich auch die Wirkung vieler Bücher, wenn sie laut vorgelesen werden. Doch dürfte dies nur für Gedichte, kleinere Erzählungen, formschöne kurze Essays und ähnliches unbedingt gelten. Man mache etwa die Probe mit *Gottfried Kellers »Legenden«,* den *»Bildern aus der deutschen Vergangenheit« von Freytag,* mit *Stormschen Novellen* oder mit den beiden besten modernen Sammlungen von kleinen Geschichten, den *»Phantasien eines Realisten« von Lynkeus* und der *»Prinzessin des Ostens« von Paul Ernst.* Umfangreichere Werke, namentlich große Romane, können beim Vorlesen durch das Zerlegen in allzuviele Fortsetzungen sehr verlieren und ermüdend werden. Bei gutem Vorlesen geeigneter Dichtungen lernt man ungemein viel, namentlich schärft sich dabei der Sinn für den geheimen Rhythmus der Prosa, der die Grundlage jedes persönlichen Stiles ist.

Das bloße einmalige, pflichtmäßige oder neugierige Lesen bringt nie wirkliche Freude und tieferen Genuß, sondern höchstens eine flüchtig erregende, schnell vergessene Spannung. Hat aber irgendein Buch dir beim ersten, vielleicht ganz zufälligen Kennenlernen einen tieferen Eindruck hinterlassen, so versäume nicht, es nach einiger Zeit wieder zu lesen! Es ist erstaunlich, wie beim zweiten Lesen der Kern eines Buches herausspringt, wie beim Wegfall des rein äußerlich Spannenden der innere Lebenswert, die eigentümliche Schönheit und Kraft einer Darstellung zur Geltung kommt. Und ein Buch, das man zweimal mit Genuß gelesen hat, muß man unbedingt auch kaufen, selbst wenn es nicht billig sein sollte. Einer meiner Freunde kauft nie ein Buch, das er nicht vorher ein- oder zweimal mit Befriedigung gelesen hat, und doch besitzt er eine ganze Wand voll Bücher und hat sie fast ohne Ausnahme seither wieder mehrmals ganz oder teilweise genossen. Er hat die *Novellen* des Florentiners Sacchetti, den er besonders liebt, mehr als zehnmal gelesen. Ich selbst habe *Gottfried Kellers* »Grünen Heinrich« bis heute viermal, *Mörikes* »Schatz« siebenmal, *Justinus Kerners* »Reiseschatten« dreimal, *Eichendorffs* »Taugenichts« sechsmal, die meisten Erzählungen im *türkischen* »Papageienbuch« vier- und fünfmal gelesen, und bei jedem dieser Bücher freue ich mich, so oft ich es im Fache stehen sehe, auf den Tag, da ich es wieder lesen werde. Solche Bücher muß man notwendig in eigenen Exemplaren besitzen, und damit kommen wir dann auf das Bücherkaufen zu sprechen. Dieses wird ja glücklicherweise neuestens nicht mehr für einen Sonderlingssport und nutzlosen Luxus gehalten, und man sieht mehr und mehr ein, daß der Besitz von Büchern etwas Erfreuliches und Edles ist, daß es ungleich mehr Genuß bereitet, ein Werk eigen zu besitzen, und nach Belieben zur Hand nehmen zu können, statt es für Stunden oder Tage zu entlehnen. Jene Nachlaßinventare, die für tausend Mark Silbergeschirr und für zwanzig Mark Bücher verzeichnen, kommen aber noch täglich vor. Keine Bücherei zu haben, muß für einen Wohlhabenden mindestens dieselbe Schande sein, als kein Porzellan und keine Teppiche zu besitzen. Ich pflege in jedem wohlhabenden Hause, das der Besitzer mir zeigt, zu fragen: Wo haben Sie denn Ihre Bücher? und ich pflege Leuten, die mehr Geld haben als ich, ausnahmslos keine Bücher zu leihen. Wer mit mäßigen Mitteln zu rechnen hat, wird im allgemeinen wohl daran tun, nur solche Werke zu kaufen, die ihm von sehr nahestehenden Freunden dringend empfohlen sind oder die er schon kennt und schätzt und von denen er weiß, daß er sie mehr als einmal wieder zur Hand nehmen wird. Zum Kennenlernen und erstmaligen Lesen kann man sich überall der öffentlichen Bibliotheken bedienen, außerdem sind fast alle neueren Bücher in jeder Buchhandlung zur Einsichtnahme erhältlich. Auch sonst empfiehlt es sich sehr, selbst bei mäßigem Bedarf in regelmäßiger Verbindung mit einem tüchtigen Buchhändler zu bleiben. Die häufig sehr ungerechterweise geschmähten deutschen Sortimentsbuchhändler leisten tatsächlich durch Ratgeben, Auskünfte, Auswahlsendungen, Feststellen ungenau oder falsch mitgeteilter Büchertitel und hundert andere kleine Dienste den Leserkreisen und damit unserem geistigen Leben einen sehr anerkennenswerten Vorschub.

Bestimmte Ratschläge darüber, was der Einzelne lesen und kaufen sollte, sind natürlich nicht zu geben. Hier muß jeder seinem eigenen Kopf und Geschmack folgen. Man hat öfters versucht, eine Liste von tausend oder der hundert »besten« Bücher aufzustellen – das ist für Privatbibliotheken natürlich durchaus wertlos. Es sei hier nochmals betont, daß Unbefangenheit und Vorurteilslosigkeit die ersten Tugenden des Lesers sein müssen. Man hört oft ganz gescheite Leute sagen, Verse lesen sei ein Zeitvertreib und höchstens für Backfische gut; dieselben Leute sind meist der Ansicht, man solle nur belehrende, wissenschaftliche Bücher lesen. Nun haben aber ganze Völker und Zeiten ihren Schatz von Belehrung und Wissen ausschließlich in Form von Versen niedergelegt! Es gibt eine Menge von Gedichten, Märchen und Dramen, in welchen Tieferes und Wertvolleres, ja fürs tägliche Leben Brauchbareres steht als in unzähligen Lehrbüchern, und andererseits gibt es wissenschaftliche Werke, deren Stil und Vortrag so persönlich, frisch und lebensvoll ist wie die beste Dichtung. Man kann Bücher von *Dante und Goethe* lesen wie philosophische Werke und kann einen philosophischen Essay von *Diderot* lesen wie ein formvollendetes Gedicht.

Sowohl der übertriebene Respekt vor akademischer Wissenschaftlichkeit wie das einseitige Lobpreisen rein poetischer Werke sind inhaltslos und wertlos. Wir erleben es fast alljährlich, daß ein paar der allerbesten Begabungen Akademie und Lehrstuhl verlassen, um sich aufatmend der freien Literatur mit ihrem weiteren Wirkungskreis zuzuwenden, und umgekehrt sehen wir oft genug geborene Dichter, sich mit heißem Bemühen auf rein wissenschaftliche Arbeiten konzentrieren. Wer etwas Gutes zu sagen hat und eine neue, schöne, eigenartige Form dafür zu schaffen vermag, soll uns mit Dank willkommen sein, er möge nun einen »*Wilhelm Meister*« oder eine »*Kultur der italienischen Renaissance*« schreiben.

Es ist merkwürdig, wie verschämt und schüchtern oft sogar tüchtig gebildete Leute mit ihrem literarischen Geschmack hinterm Berge halten. Einer meiner Bekannten, der in anderen Dingen gern frei von der Leber weg redet, rückte mir gegenüber erst nach längerem Zögern damit heraus, daß ein Roman von *C. F. Meyer,* den ich ihm geliehen hatte, ihm gar nicht zusage. Er fürchtete sich dadurch zu blamieren, weil er wußte, daß Meyer eine anerkannte Berühmtheit ist. Aber es kommt beim Lesen doch nicht darauf an, daß man im Einklang mit dem allgemeinen Urteil bleibe, sondern lediglich darauf, daß man Freude erlebt und seinem inneren Besitz einen neuen, lieben Schatz hinzufügt! Und ein anderer gestand mir einst so zaghaft, als hätte er ein Verbrechen zu beichten, daß er nichts lieber lese als die für ganz veraltet geltenden Schriften von *Jean Paul.* Aber eben daß er seine innige Freude an ihm hat, selbst wenn er damit allein stünde, beweist doch hinlänglich, daß Jean Paul eben nicht tot und veraltet ist, sondern noch immer lebt und Wirkung tut.

   Alle diese Ängstlichkeit, dieses Mißtrauen in den eigenen Geschmack, diese grenzenlose Hochachtung vor dem Urteil der Kenner und Sachverständigen ist fast immer von Übel. Es gibt keine hundert besten Bücher oder Autoren! Es gibt keine allgemein zutreffende, unumstößlich richtige Kritik! Ein leichtfertiger Obenhinleser mag einmal auf ein Buch hereinfallen und es begeistert loben, um nachher bei einem späteren Wiedersehen sich selber nicht mehr zu begreifen und beschämt zu schweigen. Aber wer zu irgendeinem Buche in traulichem Verhältnis steht, es wieder und wieder lesen kann und jedesmal eine neue Freude und Sättigung daran empfindet, der vertraue ruhig seinem Gefühl und lasse sich seine Freude durch keine Kritik verderben. Es gibt Menschen, die ihr Leben lang nichts lieber lesen als *Märchenbücher,* und andere, die schon ihren Kindern alle Märchenlektüre entziehen und fernhalten. Recht hat immer nur der, der nicht einer fixen Norm und Schablone, sondern seinem Gefühl und Herzensbedürfnisse folgt. Damit rede ich keineswegs den Alleslesern das Wort. Es gibt ja solche Unersättliche, denen kein Zeitungsfetzen aus den Händen kommt, ohne daß sie ihn gelesen haben, und welche weiter und weiter lesen, einerlei was, als gössen sie Wasser in ein Sieb. Diesen krankhaft Gefräßigen ist mit Ratschlägen nicht zu helfen, bei ihnen sitzt der Fehler nicht nur in der Art, wie sie lesen, sondern tiefer, im ganzen Charakter; sie sind auch als Menschen minderwertig. Aus solchen wird auch die feinste

Lesemethode keine brauchbaren und liebenswerten Menschen machen. Aber ernsthafte Männer und Frauen, denen es in Dingen der Kunst und Literatur an Rat und Hilfe fehlt und welche durch eine schlichte, aber liebevolle Pflege ihrer Lektüre an Lebensfreude und innerem Wert wachsen können, solche gibt es genug. Und diese werden, wenn sie unbeirrt ihrem inneren Bedürfnis folgen und, um die Mode unbekümmert, dem ihnen Zusagenden treu bleiben, schneller und sicherer zu echter literarischer Bildung gelangen, als wenn sie überängstlich auf jede imponierende Kritik hören. Sie werden den Ton, der ihnen im Werk eines Jungen, eines Schülers oder Nachahmers lieb wurde, mit Freuden da und dort wiederfinden und mit geschärftem Verständnis die Richtung einschlagen, wo er reiner und voller tönt, bis sie beim Meister selbst ankommen. Und mit Erstaunen werden sie dann vielleicht entdecken, daß den Meister Wenige kennen, während irgendeiner seiner Nachfolger, vielleicht ein geringer Nachahmer, durch zufällige Erfolge in jedermanns Händen ist. Wer so durch eigenes Suchen zu originalen Meistern, wie *G. Keller, Mörike, Storm, Jens Peter Jacobsen, Verhaeren, Walt Whitman*, gekommen ist, der kennt und besitzt diese besser als der gelehrteste Kenner. Ein solches Entdecken festigt nicht nur das Vertrauen auf den eingeschlagenen Weg und in die eigene Urteilskraft, sondern ist an sich eine der köstlichsten und reinsten Freuden, die man erleben kann.

Es ist mit dem Lesen wie mit jedem anderen Genusse: er wird stets desto tiefer und nachhaltiger sein, je inniger und liebevoller wir uns ihm hingeben. Man muß seine Bücher als Freunde und Lieblinge behandeln, jedes in seiner Eigenart schätzen und nichts von ihm verlangen, was dieser Eigenart fremd ist. Man muß sie auch nicht wahllos zu jeder beliebigen Zeit, nicht zu rasch und nicht allzu schnell hintereinander lesen, sondern in guten Stunden der Empfänglichkeit; mit Muße und Behagen. Liebe Bücher, deren Sprache uns besonders zart und sympathisch anmutet, sollte man je und je laut lesen.

Die Werke fremdsprachlicher Literaturen müßte man natürlich womöglich in der Ursprache genießen und sich die Übung darin, soweit es ohne viel Opfer geschehen kann, zu erhalten suchen. Doch darf man hierin nicht rigoros und peinlich sein. Bücher einer fremden Literatur, deren Sprache uns Mühe macht und nicht geläufig ist, liest man meistens in guten Übersetzungen besser und mit größerem Gewinn als im Original. Sehr Wenige können *Dante* oder auch *Shakespeare* und *Cervantes* in der Ursprache lesen, und doch haben Tausende ihre Freude an ihnen. Fruchtlos und gefährlich ist nur das hastige Herumsuchen in vielen Literaturen, das gierige Stöbern nach immer neuen, unerhörten Reizen, die man sich heute von einem persischen Märchen, morgen von einer nordischen Sage, übermorgen von einer modernen amerikanischen Groteske verspricht. Wer ungeduldig und ruhelos liest, überall herum nippt und immer nur das Pikanteste, Delikateste, Exquisite haben möchte, verdirbt sich bald den Sinn für Stil und Schönheit der Darstellung. Solche Leser, die nicht selten den Eindruck raffiniert ausgebildeter Kunstgenießer machen, enden fast alle beim roh Stofflichen oder bei minderwertigen Spezialitäten. Lieber das Gegenteil dieser Unrast und ewigen Jagd, lieber für längere Zeit bei den Werken desselben Verfassers, derselben Zeit, derselben Schule verweilen! Was man gründlich kennt, besitzt man wirklich. Wer etwa drei, vier von unseren besten Autoren vollständig und wiederholt gelesen hat, ist reicher und hat mehr gelernt, als wer in unruhiger Neugierde eine Menge von Proben und Bruchstücken aus den Literaturen aller Zeiten und Länder verschlungen hat. Eine kleine Zahl von Büchern durch und durch zu kennen, so daß man sie nur in die Hand zu nehmen braucht, um ein Nachempfinden der ungezählten Lesestunden zu haben, das ist edler und befriedigender als ein ganzer Kopf voll vager Erinnerungen an tausend Büchertitel und Dichternamen.

Immerhin gibt es eine Art von literarischer Bildung, ein Vertrautsein mit dem Besten, ein Fundament für das Urteil, das nur aus dem Verständnis der Gesamtliteratur als eines organischen Ganzen erwachsen kann und dennoch jedem, der sich darum bemühen will, zugänglich ist. Mit dem Durchlesen einer Geschichte der Weltliteratur wird dies aber freilich nicht erreicht, sondern einzig durch das Kennenlernen der besten älteren Autoren selber, wenn auch nur in Übersetzungen und in gedrängter Auswahl. Es ist nicht nötig, viele Griechen und Römer zu kennen, aber einige Wenige sollte man desto aufmerksamer lesen. Wenigstens eines der *Homerischen Gedichte,* wenigstens ein Werk des *Sophokles,* sorgfältig gelesen, mag als erste Grundlage genügen. Ebenso müßte man eine kleine Auswahl aus *Horaz* und den *römischen Elegikern* und *Satirikern* kennen (hier sei *Geibels* »*Classisches Liederbuch*« sehr empfohlen) und etwa einige *lateinische Briefe und Reden.* Von der Literatur des frühen Mittelalters eigne man sich in erster Linie das *Nibelungenlied und Gudrun,* dann einige der Sammlungen von *Fabeln, Sagen, Volkspoesien* und die eine oder andere *Chronik* an. Sodann *Wolfram von Eschenbach (Parsifal), Gottfried von Strassburg (Tristan)* und *Walter von der Vogelweide. Altfranzösische Sagen* hat *A. v. Keller* gesammelt und übersetzt. Von *Dante,* dessen *Göttliche Komödie* Wenige wirklich genießen können, gibt die kleine nicht allzu schwer lesbare *Vita nuova,* die Erzählung seines Verhältnisses zu Beatrice, einen zugänglicheren Begriff. Die *alten italienischen Novellisten,* an sich schön und amüsant und als Vorbilder und Grundlage aller seitherigen Erzählungskunst wichtig, bietet in vortrefflicher Auswahl und Übertragung *Paul Ernst* in seinen »*Altitalienischen Novellen*« dar.

Mit den sogenannten »*Klassikern*« wird gar viel Heuchelei und äußerlicher Kultus getrieben. Aber die ganz Großen gut zu kennen, ist unumgänglich, obenan *Shakespeare* und *Goethe.* Von *Schiller* mit einer gewissen Geringschätzigkeit zu reden, ist neuerdings eine törichte Modekrankheit, auf die man nicht achten möge. Auch Lessing ist unverdient etwas in den Hintergrund geschoben worden. Über diese Großen lese man nichts oder wenig, wenigstens nicht, ehe man sie aus ihren eigenen Werken kennt. Durch vieles Lesen von Monographien und Lebensbeschreibungen verdirbt man sich leicht den wundervollen Genuß, das Wesen eines großen Menschen aus seinen Werken selber herauszulesen, sein Bild sich selber aufzubauen. Und nächst den Werken lasse man sich die Briefe, Tagebücher, Gespräche, zum Beispiel *Goethes,* nicht entgehen! Wo die Quellen so nahe und bequem zugänglich sind, darf man nicht aus zweiter Hand sich beschenken lassen. Jedenfalls lese man nur die allerbesten Biographien, die Zahl der schlechten ist Legion. Damit kommen wir auf das Gebiet der »Lebensbücher«. Man versteht darunter im weitesten Sinne Bücher, in welchen ohne Umwege ein bedeutender, wertvoller, vorbildlicher Mensch uns über die Kunst des Lebens, die großen ewigen Fragen persönliche Aufschlüsse gibt, sei es in Form der theoretischen Belehrung oder durch Aufzeichnung seines eigenen Erlebens und seiner Gedanken darüber. Zu letzterer Gattung gehören also alle Bücher, deren Inhalt *Briefe, Tagebücher, Erinnerungen* bedeutender, guter und kluger Menschen bilden. Es gehört dahin vielleicht fast ein Drittel der wertvollsten Werke aller Zeiten. Von neueren Erscheinungen dieser Art sind etwa zu nennen die *Familienbriefe Bismarcks,* die *»Praeterita« von Ruskin,* die *Briefwechsel Gottfried Kellers,* die Herzfeldsche Auswahl von Aufzeichnungen des *Leonardo da Vinci,* die Briefe *Nietzsches,* der Briefwechsel *Robert Brownings und Elizabeth Barretts.* Wer angefangen hat und weitersucht, wird Schätze in Menge finden.

Daran schließen sich wissenschaftliche und essayistische Einzelwerke bedeutender Verfasser an, in welchen die Persönlichkeit und Eigenart der Auffassung und des Vortrags das Interesse verdoppeln und bei deren Lektüre man nicht nur den dargestellten Gegenstand, sondern nicht weniger die bedeutende und wertvolle Eigenart des Verfassers kennenlernt. Werke dieser Art sind zum Beispiel Burckhardts *»Kultur der Renaissance in Italien«,* Ruskins *»Steine von Venedig«* und *»Sesam und Lilien«,* Paters *»Renaissance«,* Carlyles *»Helden und Heldenverehrung«,* Taines *»Philosophie der Kunst«,* Rohdes *»Psyche«,* Brandes' *»Hauptströmungen«.*

Schließlich gehört in diese Kategorie als besonderes Kleinod noch die nicht große Zahl wahrhaft tiefer, meisterhafter Biographien. Es gibt einige Lebensbeschreibungen, in welchen der darzustellende Held einen kongenialen Darsteller gefunden hat, in welchen das Lebendige und innerst Persönliche, statt unter der Bearbeitung zu verlieren, noch an Wucht und Wirkung gewinnt, indem der Verfasser durch tiefes Verständnis und kluges Ordnen des Materials seinen Gegenstand, wie der tüchtige Juwelier einen edlen Stein durch Folie und Fassung, in die einzig wahre, klarste, edelste Beleuchtung stellt. Derartige Werke, um einige Namen zu nennen, sind *»Velasquez«* von Justi, *»Franz von Assisi«* von

Sabatier, Wölfflins »Dürer«, »Gedanken über Goethe« von Hehn; auch die Charakteristiken in *»Blütezeit der Romantik« von Ricarda Huch* und in der *»Literaturgeschichte des achtzehnten Jahrhunderts« von Hettner* sind hierzu zu rechnen.

Es hat immer auch Dichter gegeben, deren Persönlichkeit stärker und temperamentvoller als ihre Lust am Stilisieren und Objektivieren war, so daß alle ihre Bücher wie persönliche Anreden, Gespräche, Bekenntnisse anmuten. Diese Art von Schriften, wenn auch zuweilen als Kunstwerke nicht durchaus einwandfrei, hat besonderen Reiz und Wert, ihre Verfasser sind meist Kernnaturen mit allerlei Ecken und Knorren, denen man den Schliff der letzten künstlerischen Objektivität durchaus nicht wünschen möchte. Etwas von dieser erquickenden Art haben *Wilhelm Raabe* und *Peter Rosegger,* auch *Fritz Lienhard* an sich. Typische Beispiele dafür sind aber vor allem *Fr. Th. Vischer* in seinem knorrig kühnen, grimmig humorvollen Roman *»Auch Einer«, und Multatuli* (der Holländer E. D. Dekker) im *»Max Havelaar«.* Diese Bücher sind hervorragende Kunstwerke, aber noch mehr sind sie Dokumente kraftvoller, in keine Schablone passender Charaktere von originalem Wuchs.

Allen diesen *»Lebensbüchern«,* von welchen manche abseits der allgemein gekannten Literatur stehen und gesucht sein wollen, mit liebendem Eifer nachzugehen, ist gewiß eine der kostbarsten Freuden und Aufgaben gebildeter Bücherleser. Und nach dem Bestand an solchen Büchern beurteilt man am sichersten den persönlichen Charakter einer Bibliothek und ihres Besitzers.

Das Buch

Die eigentliche »Bücherliebhaberei« beginnt erst jenseits der Linie der bisherigen Betrachtungen und kann hier nur eben als ein überaus delikater Sport erwähnt werden. Sie setzt ausgebreitete Kenntnisse und eine ganz spezielle Begabung voraus. Die meisten Liebhaber und Sammler beschränken sich darauf, etwa die Bücher gewisser Autoren oder einer bestimmten, genau begrenzten Zeit und Richtung möglichst vollständig zusammenzubringen, oder alles zu sammeln, was im Laufe der Jahrhunderte über ein bestimmtes

Thema geschrieben wurde, wobei es an tollen Sonderlings-launen, auch an lächerlichem Ehrgeiz und Wetteifer nicht fehlt.

Spezielle Liebhabereien sind zum Beispiel das Sammeln der frühesten Erzeugnisse der Buchdruckerkunst (bis etwa 1500), das Sammeln von Büchern mit Vignetten und Zeichnungen bestimmter Künstler oder Kupferstecher und Holzschneider, das Sammeln von Büchern kleinsten Formates (mikroskopische Drucke), kostbarer alter Einbände. Andere sammeln Schriften mit handschriftlichen Widmungen der Verfasser usw. Wen nicht besondere Neigung einem solchen Einzelgebiet zuführt, der enthalte sich am besten aller Gelüste, in diesem von weltberühmten Sammlern und großen Antiquaren mit fast übertriebenem Raffinement zur Kunst entwickelten Sport als Dilettant aufzutreten.

Eine feine und nicht nur auf die eigentlichen Bibliophilenkreise beschränkte Liebhaberei ist es, die Werke seiner Lieblingsschriftsteller in frühen, womöglich ersten Ausgaben zu sammeln. Für wirkliche überzart genießende Bücherfreunde ist es ein überaus inniges, sinnvolles Vergnügen, ein geliebtes Buch in der ersten Ausgabe zu lesen und zu besitzen, in welchem nicht nur Papier, Lettern und Einband den stimmungsvollen Altersduft haben und schon durch den Anblick an die Zeit der Entstehung eines Dichterwerkes erinnern, sondern auch der Gedanke Freude bereitet, daß ganze Generationen dies Büchlein in Händen hielten und verehrten.

Ein weiterer, ganz besonders anmutender Reiz liegt im Besitze alter Bücher, über deren frühere Besitzer man unterrichtet ist, die sich etwa in des Inhabers eigener oder einer ihm nahestehenden Familie vererbt haben, vielleicht auch mit Namenseintragungen und Notizen von alter Hand versehen sind, so daß das Exemplar seine eigene Geschichte hat und erzählt und einem pietätvollen heutigen Besitzer ein Stück Tradition und vergangener Kultur übermittelt. Wer etwa eine frühe Ausgabe von Eichendorff oder Hoffmann oder einem alten Almanach besitzt, den sein Großvater kaufte, den seine Großmutter und nach ihr seine Mutter einst las und liebte, in welchem von der Hand wohlbekannter Verstorbener Lieblingsstellen angestrichen oder durch eingelegte, vergilbte Lesezeichen markiert sind, der wird dies Bändchen gewiß gegen keine noch so kostbare moderne Ausgabe vertauschen.

Genug davon. Bibliophilie und Büchersammelsport lassen sich nicht in Kürze darstellen und erfordern ein eigenes Studium. Wen dies Gebiet anzieht, dem sei Mühlbrechts vorzügliche »Geschichte der Bücherliebhaberei« empfohlen. – Aber es ist nun noch davon zu reden, wie wir unsere Bücher behandeln und pflegen sollen.

Wenn aus dem Ankauf von Werken, die wir genügend schätzen, um sie zu eigen und ständig um uns haben zu wollen, allmählich eine Hausbibliothek entsteht, wird der Besitzer meistens bald auch in Bezug auf das Äußere seiner Bücher etwas sorgsamer und verwöhnter werden. Für das einmalige Lesen ist ja schließlich jede Ausgabe gut genug. Aber Bücher, zu denen man häufiger zurückzukehren denkt, möchte man doch gerne in möglichst hübschen, gefälligen und auch praktischen, dauerhaften Ausgaben besitzen. Man überlege daher bei Werken, von welchen vielerlei Ausgaben existieren, welche davon man sich kaufen soll. Nächst der Garantie für unverdorbene, namentlich ungekürzte Texte wird der Käufer vor allem auf lesbaren, klaren und schönen Druck sehen. Er überzeuge sich aber auch davon, daß das Papier solide ist! Es sind in Deutschland in den letzten Jahrzehnten, namentlich bei wohlfeilen Klassikerausgaben, vielfach unverantwortlich schlechte Papiere verwendet worden, die einem fast unter den Händen gelb und brüchig werden, sobald sie aus der Verpackung des Büchermagazins an Licht und Luft und den Gebrauch kommen. Neuestens ist darin endlich eine erwünschte Besserung eingetreten. Wo man von älteren Autoren keine guten modernen Ausgaben finden kann, wende man sich an die Antiquare und kaufe wohlerhaltene ältere Ausgaben, die meist in Papier und Druck solider sind. Von einzelnen bedeutenden älteren Dichtern, zum Beispiel von Jean Paul, gibt es trotz der Rührigkeit unserer Verleger keine brauchbaren Neuausgaben.

Alsdann achte man auf die Formate und Einbände! Weder die protzigen Riesenformate noch die winzigen, spielerischen Miniaturbändchen sind brauchbar. Auch gibt es Werke, welche dadurch nahezu unleserlich und unbrauchbar wurden, daß der Verleger, um sie nur wohlfeiler geben zu können, viel zu viele Bogen in einen einzigen Band gepreßt hat. Namentlich bei aller poetischen Literatur, die man doch möglichst unbeschwert genießen will, halte man darauf, nur leichte, handliche, bequem zu haltende und zu öffnende Bände zu haben. Und nötigenfalls spare man die geringen Kosten nicht und lasse sich, was der Verleger in einen Band gehäuft hat, nach Bequemlichkeit in zwei, drei oder mehr Einzelbände umbinden. Mir sind, um nur ein Beispiel zu nennen, die vier dicken Bände der von Grisebach herausgegebenen Werke E. T. A. Hoffmanns seinerzeit so lange ungenießbar geblieben, bis ich sie in zwölf leichten Bändchen verteilte.

Fertig gebundene Bücher, soweit es sich nicht um ganz billige Ausgaben handelt, kaufe man ausnahmslos nur, wenn sie nicht mit Draht, sondern mit Faden geheftet sind. Die Drahtheftung ist eines der ärgerlichsten Laster der modernen Fabrikbuchbindereien und sollte noch viel mehr, als es schon geschieht, vom kaufenden Publikum abgelehnt werden. Es wird darin von manchen Verlegern, und oft selbst bei sehr teuren Büchern viel gesündigt. Ist der Originalband mit Draht geheftet oder gefällt dem Käufer seine Zeichnung und Farbe nicht, so läßt er das Buch selber binden, was dasselbe um eine Kleinigkeit verteuert. Aber wer Freude an seiner Bücherei hat, wird es meistens vorziehen, seine Bücher nach eigenem Belieben einbinden zu lassen. Er kann dabei jedes Buch eigens auszeichnen, kenntlich machen, individualisieren, ihm eine Ehre und Liebe antun, indem er es möglichst hübsch, bequem und eigenartig binden läßt, nach eigener Angabe oder Zeichnung, nach persönlicher Wahl der Farben, der Buntpapiere, des Materials. Er kann den Titel beliebig fassen und in beliebigen Lettern aufdrucken lassen. Darin liegt ein eigener Reiz, der die Freude am Besitz erheblich steigert, indem durch die wohlüberlegte liebevolle Behandlung des Einbandes der Besitzer am einzelnen Buch gewissermaßen zum Mitschöpfer wird und sein Exemplar von allen in der Welt vorhandenen übrigen Exemplaren ausdrücklich unterscheidet – eine feinere und reizvollere Art der Kennzeichnung, als das Einstempeln des Namens oder das Einkleben eines Besitzerzeichens (Exlibris). Ein Sammler, der seine Bücher alle selbst binden läßt, kennt sein Exemplar, falls es ihm etwa abhanden käme, am Einband sicherer wieder als an allen Monogrammen und Exlibris.

Im Anschluß hieran beginnt nun die eigentliche Pflege des Bücherbesitzes. Was man liebt, will man bequem und nahe zur Hand haben, aber auch schonen und nicht verderben sehen. Die beste Aufbewahrung von Büchern ist und bleibt die in schlichten, an der Wand aufgebauten Ständern mit einfachen Regalen, ohne Glastüren, höchstens gegen starkes Sonnenlicht durch leichte Vorhänge zu schützen. Die Ständer oder Kasten werden am besten so gebaut, daß unten ein festes Fach von besonderer Höhe und Tiefe angebracht wird, darüber bewegliche Regalbretter zum Einstellen in beliebigen Distanzen. Wer ein eigenes Bücher- oder Studierzimmer hat, kann den Wandschmuck darin entbehren oder sollte jedenfalls die Reihe der Bücherrücken als Hauptschmuck wirken lassen. Den Raum suche man möglichst staubfrei zu halten; ein noch gefährlicherer Bücherfeind als der Staub ist die Feuchtigkeit und der aus Mangel an Lüftung entstehende Moder. Vor den Einflüssen des Staubes schützt man die Bücher dadurch, daß man sie zuzeiten leicht ausklopft und daß man sie, jedoch ohne starke Pressung, im Regal so dicht stellt, daß sie nicht aufklaffen. Beim Gebrauch ist Reinlichkeit und Sorgfalt selbstverständlich; besonders hüte man sich vor der üblen Gewohnheit, in Lesepausen die offenen Bücher umgeklappt auf den Tisch zu legen. Auch lege man als Merkzeichen nicht dicke Gegenstände (Falzbein, Lineal, Bleistift usw.) sondern nur Buchzeichen aus Papier, Tuch oder Seide ein. Für kostbare Einbände, die man besonders schonen möchte, lassen sich aus dünner Pappe leicht Futterale herstellen, die man durch Überziehen mit Buntpapier, Leinwand, Stickereien, Seide beliebig mannigfaltig schmücken kann.

Eine eigene Freude gewährt das Ordnen einer Bibliothek und das Einhalten und Ausbauen dieser Ordnung. Man trenne etwa wissenschaftliche und schöngeistige, ältere und moderne Literatur, bringe Unterabteilungen nach Sprachen und Wissensgebieten an und ordne dann jede Abteilung in sich genau und sorgfältig durch. Meistens geschieht dies nach dem Alphabet der Verfassernamen; diese Methode ist einfach und sicher. Feiner ist das Ordnen nach inneren Grundsätzen und Zusammengehörigkeiten, etwa nach Chronologie und Geschichte, oder nach durchdachtem persönlichen Geschmack. Ich kenne eine Privatbibliothek von mehreren tausend Bänden, die weder alphabetisch noch chronologisch geordnet ist, wo vielmehr der Besitzer die Nachbarschaft und Rangordnung sämtlicher Bände nach rein persönlicher Schätzung bestimmt und gegliedert hat – und doch braucht er nach jedem beliebigen Werke, das man von ihm wünscht, nur blindlings zu greifen, so organisch ist das Ganze eingeteilt und so genau übersieht er seine ganze stattliche Sammlung. Wenn nun eine solche allmählich entstandene Bibliothek, sei sie noch so bescheiden, ein paar Wandfächer füllt, und Band an Band jeder vom Tag des Einkaufs und des ersten Lesens an eine kleine kostbare Reihe lieber Erinnerungen in sich trägt, wird in jedem irgend Empfänglichen eine zärtliche Besitzerfreude täglich wachsen und er wird nicht mehr begreifen, wie er früher ohne eigene Büchersammlung leben mochte. Mag auch das Buch, rein stofflich betrachtet, eine fabrikmäßig angefertigte Markenware von geringem Wert sein, es ist doch eben ein Stück vom Geist geadelter Materie, ein kleines Wunder und Heiligtum, das eine ehrenvolle Stätte in jedem guten Hause verdient und als still wartende Quelle der Lust und Erhebung jederzeit dem Wunsche bereit stehen muß. Ein Haus ohne Bücher ist arm, auch wenn schöne Teppiche seine Böden und kostbare Tapeten und Bilder die Wände bedecken. Und nur wer selbst Bücher kennt, besitzt und lieb hat, ist in der Lage der Leselust seiner heranwachsenden Kinder mit Verständnis und wirklicher Hilfeleistung nachgehen zu können, sie vor Schund wie vor verfrühtem Naschen am Besten zu bewahren und in ruhiger Entwicklung es mitzuerleben, wie sich vor ihren jungen Seelen das Reich des Geistes und der Schönheit auftut. Er wird den »Faust« oder den »Grünen Heinrich« oder den »Hamlet« als etwas Neues, doppelt Herrliches genießen, wenn er ihn zum ersten Male seinem Sohn in die Hand gibt und diesen als Mitbesitzer und liebsten Gast in sein Bücherzimmer einläßt.

(1907)

Unbekannte Schätze

In den letzten Jahren geschah wiederholt das Erstaunliche, daß deutsche Dichtungen hohe Auflagenzahlen erreichten und binnen kurzer Zeit in Zehntausenden von Exemplaren verkauft wurden. So erfreulich das war und ist, so wenig wäre es zu wünschen, daß es beim lesenden Volke dauernd zur Mode würde, Jahr für Jahr ein oder zwei Modebücher ausschließlich zu rühmen, zu kaufen und zu lesen. Unsere heutige Erzählungsliteratur, die hier fast allein in Betracht kommt, bringt jährlich mehr als nur ein oder zwei beachtenswerte neue Werke hervor.

Wie unberechenbar die Launen des Zufalls und die Gunst der Menge ist, kann jeder Buchhändler und jeder Kritiker nahezu täglich beobachten. Es erscheinen gleichzeitig zwei Romane, beide bei guten Verlegern, beide gleich gut ausgestattet und gleich teuer, beide werden in vielen Zeitungen lobend besprochen – und der eine bleibt ungekauft, während der andere Auflage um Auflage erlebt. Warum? Das weiß niemand. Der literarische und menschliche Wert des Buches ist jedenfalls nicht ausschlaggebend, denn bekanntlich »gehen« ja gerade sehr gute Werke oft am langsamsten. Und wie kommt es, daß ein Dichter durch ein einziges Buch bekannt, ja berühmt werden kann, während er andere Werke herausgegeben hat, die ebenso gut sind und doch ganz unbekannt bleiben?

Der Berufskritiker muß immer wieder mit Schmerzen zusehen, wie wenig Resultate seine Arbeit zeitigt. Bücher, gegen welche die gesamte vornehmere Kritik Stellung genommen hat, kommen durch Reklame und andere kaufmännische Vertriebskünste trotzdem zu Erfolg. Und andere Werke, über die in großen Zeitungen von bekannten Kritikern das Rühmendste geschrieben wurde, bleiben trotzdem fast unbeachtet.

Nun hat der Berufsrezensent, den allwöchentlich neue Bücher erwarten, selten Zeit und Gelegenheit, auf solche unverdienterweise vom Publikum vernachlässigte Werke zurückzukommen und von neuem ein Wort für sie einzulegen. Und doch wäre das notwendig. Wenn über jede beliebige

Neuerscheinung oft allzu ausführlich berichtet und geurteilt wird, warum soll man nicht hie und da auch über ein Buch schreiben, das vor fünf oder zehn Jahren erschienen, aber für die großen Leserkreise noch unbekannt, also neu ist? Wenn damals die empfehlenden Urteile überhört wurden, so werden sie vielleicht heute beachtet. Darum soll in unserer Zeitschrift zuweilen auf solche guten Bücher, speziell aus der Romanliteratur, hingewiesen werden – nicht für Kenner und enge literarische Kreise, sondern für jedermann. Dabei sollen weder poetische Delikatessen für verwöhnte Feinschmecker, noch erste Versuche von jungen Anfängern sonderlich beachtet werden. Erstere kommen ohne unsere Hilfe zu ihren Käufern, für letztere arbeitet die Tageskritik.

Als einzelner eine Liste von guten Büchern neuerer Zeit aufzustellen, an denen unser Volk eine Unterlassungssünde gutzumachen hat, wage ich nicht. Aber je und je an solche Werke zu erinnern, ist erlaubt und kann nichts schaden. Beginnen wir heute mit einigen!

Die Bücher, von denen hier die Rede war, habe ich »unbekannte Schätze« genannt, weil sie noch nicht vom Publikum erkannt und in Besitz genommen sind. Es gibt noch andere Schätze, an deren Verborgenbleiben oder Vergessenwerden nicht das Publikum schuld trägt, sondern die Verleger. Es gibt Dichter älterer Zeit, von denen teils gar keine, teils nur ungenügende Ausgaben vorhanden sind. Wie lang wird es noch dauern, bis wir einen Jean Paul erhalten? Novalis, Hölderlin und Hoffmann sind erst ganz neuerdings brauchbar wieder herausgegeben worden. Außer Jean Paul fehlt Arnim, fehlt Waiblinger, fehlt eine gute neue Redaktion der deutschen Volksbücher und noch manches andere. Ferner besitzen wir, während unsere Verleger in Papieren, Typen, Buchschmuck und Einbänden soviel erfreulichen Luxus treiben, von manchen lieben und großen Dichtern zwar vollständige, aber nur ganz billige und gering gedruckte Ausgaben. Warum kann ich meiner Frau nicht einen schön gedruckten Eichendorff, einen gut ausgestatteten Lenau, einen gefällig aussehenden (aber nicht »illustrierten«) Grimm schenken? Ich kenne viele, die dafür auf die Bütten- und Pergamentexemplare zahlreicher Novitäten von heutigen Dichtern gerne verzichten würden. *(1907)*

Billige Bücher

Billige Bücher gibt es allmählich recht viele, und von denen, die selber Bedarf nach wohlfeiler Lektüre haben, werden sie meistens auch gefunden und benutzt. Etwas anderes ist es mit dem Schenken. Wohlhabende Leute schenken wohl hie und da Bücher an Kinder, Verwandte und Freunde, oft teure Sachen und oft unnötige Sachen, wie die Jungmädchenliteratur zur Konfirmation und so weiter. Das Büchergeben an Ärmere, namentlich an Angestellte und Dienstboten, ist aber noch wenig Sitte. Denn das Verteilen religiöser oder politischer Werbeschriften, frommer erziehlicher Belletristik und dergleichen ist zwar sehr beliebt und gewiß sehr gut gemeint, verfehlt aber fast überall seinen Zweck, wenn es nicht gar Hohn weckt und böses Blut macht. Man verfolgt neuerdings die Schund- und Hintertreppenliteratur mit Eifer und vielleicht nicht ganz ohne Erfolg. Die »fromme« Traktätchenliteratur ist aber häufig wenig besser, vom ästhetischen Standpunkt aus sogar mindestens ebenso übel wie jene mit Recht verrufenen Schauer- und Detektivdichtungen der Kolporteure. Jedenfalls ist sie für Vorurteilslose langweilig, reizlos und widerwärtig, wirkt durch die allzu deutlich unterstrichene Absicht verstimmend und schadet dadurch wohl mehr, als sie nützt. Wenn ich meinem Dienstmädchen ein erbauliches Heftchen »Die fromme Ida oder Gottes Segen in einem Dienstbotenleben« gebe, so wird sie erstens denken, ich wolle sie schulmädchenhaft in Erziehung nehmen, und das Ding nie oder widerwillig lesen. Zweitens wird sie mit Recht sagen: Er selber liest so was sicher nicht. Gebe ich ihr aber ein Buch von Gotthelf, von Keller, von Raabe, so wird sie zumindest keine aufdringliche Absicht dabei spüren, es wahrscheinlich lesen und sich dann nicht erzogen und bevormundet, sondern unter die Mündigen gerechnet fühlen.

Gerade an Weihnachten liegt es nahe, den Dienstboten so etwas zu schenken. Man gibt ihnen Kleider, Wäsche, Zigarren und spart vielleicht nicht daran; und für ein paar Pfennige könnte man ihnen irgendein Büchlein dazulegen, das schlimmstenfalls unbeachtet bleiben, gutenfalls aber viel Freude machen und Früchte tragen kann. Das Leihen von

Büchern tut nicht denselben Dienst. Einmal fühlt der Entleiher die Verpflichtung, die Sachen in einer nicht allzu langen Frist zu lesen oder doch zurückzugeben, und dann hat man doch an Dingen, die einem gehören, stets mehr Freude als an entliehenen. Wem ich ein Buch schenke, der liest es weit eher, als wem ich es leihweise aufnötige.

Und das Bücherschenken ist uns heute wirklich leicht gemacht. Man kann gute Sachen für Pfennige haben. Freunde von mir haben die hübsche Gewohnheit (die ich auch manchmal übe), auf Reisen und an Orten, wo sie zu Gast weilen, ihre Reiselektüre, soweit sie aus wohlfeilen Bändchen besteht, einfach liegen zu lassen. Die Dienstboten, die dann so ein Reclambändchen in die Hände bekommen, sehen es nicht bloß mit Finderneugier an, sondern haben auch die Gewißheit, daß das Ding nicht minderwertig und eigens auf sie gemünzt, sondern die Lektüre der Herrschaft ist . . .

Man stößt immer wieder auf den Einwand, Sachen von großen Dichtern gehören nicht vor die »Vielzuvielen«, wie Perlen nicht vor die Säue. Aber das ist Geschwätz. Die etwaige Gefahr der Wirkung einer guten Dichtung auf Naive ist zumindest nicht halb so groß als die der Zeitung, die jeder in die Hand bekommt, ja als die der Bibel. Und wenn ein wenig gebildeter Leser etwa im »Fähnlein der sieben Aufrechten« nicht alle Schönheiten erfühlt und alle Reize kapiert, so genießt er desto unbefangener und interessierter das Gegenständliche, freut sich und lernt, und am Ende bleibt auch von der unmeßbar feinen Wirkung des eigentlich Dichterischen etwas übrig. Der Robinson und gar der Gulliver, den unsre Kinder lieben und lesen, ist seinerzeit ein rein literarisches Buch für literarisch gebildete Leser gewesen! Auch täuscht man sich leicht über das Verständnis einfacher Menschen für Schönes. Im Hausbau und der Gartenanlage sind wir nach allen Raffinements schließlich dankbar in hundert Fällen zu bäuerlichen Vorlagen zurückgekehrt und räumen damit ein, daß das Gefühl fürs Schöne anderswo sitzt als in dem, was man »Bildung« heißt. So können wir auch einen Dichter ruhig einfachen Lesern überlassen. Mancher Besitzer einer großen Bibliophilenbibliothek genießt seine Dichter mit weniger Wonne und Herzlichkeit als irgendein einfacher Mann, dem der Faust oder der Don Quixote in die

Hände gerät. Die Hebelschen Kalendergeschichten im »Hausfreund« haben sich im Volk, wenigstens in des Dichters Heimat, zäh am Leben erhalten, während mancher sehr Gebildete nicht weiß, daß diese Geschichten vielleicht das Beste sind, was je ein deutscher Erzähler gemacht hat.

Auch Kindern sollte man mehr Bücher schenken. Hier ist die Gefahr, sie möchten nur gezwungen lesen, noch geringer; denn ein halbwegs gesundes Kind halbwegs vernünftiger Eltern legt alles, was ihm fremd bleibt und nicht zu ihm paßt, sehr schnell und entschieden wieder weg. Ich meine nicht, daß man Kinder mit Lesestoff überfüttern soll. Man soll ihnen nur geben, wenn das Bedürfnis und Verlangen sich regt. Da gibt man einem Knaben oft an Weihnachten oder am Geburtstag ein oder zwei Bücher, teure illustrierte Sachen, die nun für Monate oder gar für ein Jahr ausreichen sollen. Statt dessen kann man mit Hilfe wohlfeiler Volksausgaben dem Bedürfnis jeweils gerecht werden. Freilich muß bei Kindern doppelt vorsichtig darauf gesehen werden, daß die von ihnen gelesenen Drucke kein Augenverderb sind.

(1908)

Übersetzungen

Die schöne Idee einer Weltliteratur in Übersetzungen scheint bei uns allmählich zur Karikatur zu werden. Sowohl bei den Fabrikanten für den Massenbedarf wie auch bei den Ästheten und Bibliophilen wird es mehr und mehr Mode, recht entlegene und meist minderwertige ausländische Produkte aller Zeiten mit Getöse und Entdeckermanieren auf den Markt zu bringen. Manche dieser Übersetzungen haben gewiß ihren Wert und Sinn, und es ist sehr begreiflich, daß es Dichter von starker, formaler Begabung reizen kann, Proben französischer, spanischer, italienischer Poesie in deutsche Verse zu bringen. Unter den zahlreichen Übertragungen aus Verlaine, Baudelaire, Carducci, Heredia, Verhaeren, Browning sind manche von großem Reiz, wennschon solche Arbeiten beinahe nur wieder von Dichtern zu genießen sind, da ihr ganzer Wert ein formaler ist und ihr Reiz im Augenblick des Kampfes zweier Sprachen liegt, dessen Verwicklungen und Spannungen nur der eigentlich versteht, der selbst sprachlich arbeitet. Das Wesentliche eines Gedichtes in Versen geht bei Übersetzungen, namentlich aus romanischen Sprachen, auch bei der besten Übertragung regelmäßig verloren; und im besten Fall entsteht etwas Neues, das mit dem Original nur noch eine Stimmungsverwandtschaft hat. Ein gutes italienisches Sonett zum Beispiel ins Deutsche zu übersetzen, so daß die strenge Form bleibt und den Worten nicht Gewalt angetan wird, ist schlechthin unmöglich. Ein Dichter kann dabei viel lernen, und vielleicht entsteht Gutes dabei, aber das Original hat sein Wesentliches eingebüßt.

Zu diesen Künstlerübersetzungen kommen die unnützen, viel zuvielen Übersetzungen mäßiger französischer und anderer ausländischer Romane, die in jeder Hinsicht schaden und vom Übel sind. Die Fabel von der »Weltliteratur« wird einem lächerlich, wenn man die Bibliographie unserer Übersetzungen ansieht und zwar Massen von Schund und Halbkunst, aber keinen guten und kompletten Gogol, Flaubert, Turgenjew und so weiter findet. Das kommt auf Rechnung unserer Verleger, die gerade auf diesem Gebiete erstaunlich unberaten und planlos arbeiten.

(1908)

Daß jedes Stück bedruckten Papiers einen Wert darstellt, daß alles Gedruckte geistiger Arbeit entspringt und Respekt verdient, ist bei uns eine veraltete Anschauung. Nur selten findet man noch am Meer oder hoch in den Bergen vereinzelte Menschen, deren Leben von der Papierflut noch nicht erreicht worden ist und denen ein Kalender, ein Traktätlein, ja eine Zeitung wertvolle und des Aufbewahrens würdige Besitztümer sind. Wir sind gewohnt, unentgeltlich eine Menge Drucksachen ins Haus zu bekommen und lächeln über den Chinesen, dem alles beschriebene oder bedruckte Papier heilig ist.

Trotzdem ist die Hochachtung vor dem Buch geblieben. Erst ganz neuerdings werden gratis Bücher verteilt und beginnt da und dort das Buch zur Schleuderware zu werden. Im übrigen scheint gerade in Deutschland die Freude am Besitz von Büchern im Wachsen begriffen zu sein.

Freilich, am Verständnis für Bücherbesitz im rechten Sinn fehlt es noch sehr. Unzählige scheuen sich, für Bücher auch nur den zehnten Teil dessen zu geben, was sie für Bier und Tingeltangel übrig haben, und für andere, altmodischere Leute ist das Buch ein Heiligtum, das in der guten Stube auf der Plüschdecke verstaubt.

Im Grunde ist jeder rechte Leser auch ein Bücherfreund. Denn wer ein Buch mit dem Herzen aufzunehmen und liebzuhaben weiß, will es womöglich auch eigen haben, wieder lesen, besitzen, immer in der Nähe und erreichbar wissen. Ein Buch entlehnen, durchlesen und zurückgeben ist eine einfache Sache, meistens geht das Gelesene kaum minder rasch verloren, als das Buch aus dem Hause verschwindet. Es gibt ja Leser, die täglich einen Band zu verschlingen vermögen, namentlich unter beschäftigungslosen Frauen, und für diese bleibt am Ende die Leihbibliothek die richtige Quelle, da sie doch nicht Schätze sammeln, Freunde gewinnen und ihr Leben reicher machen, sondern eben nur ein Gelüst befriedigen wollen. Diese Gattung von Lesern, von denen Gottfried Keller einmal ein gutes Bild gezeichnet hat, muß ihrem Laster überlassen bleiben.

Ein Buch lesen, heißt für den guten Leser: eines fremden Menschen Wesen und Denkart kennenlernen, ihn zu verstehen suchen, ihn womöglich zum Freund gewinnen. Besonders beim Lesen der Dichter ist es ja nicht nur der kleine Kreis von Personen und Begebnissen, den wir kennenlernen, sondern vor allem der Dichter, seine Art zu leben und zu sehen, sein Temperament, sein inneres Aussehen, schließlich noch seine Handschrift, seine künstlerischen Mittel, der Rhythmus seiner Gedanken und Sprache. Wen nun ein Buch irgendwie gefesselt hat, wer den Autor zu kennen und zu verstehen beginnt, wer ein Verhältnis zu ihm gewann, für den fängt erst jetzt die rechte Wirkung des Buches an. Er wird es darum nicht weggeben und vergessen, sondern behalten, das heißt kaufen, um nach Bedürfnis wieder darin zu lesen und zu leben. Wer so kauft, wer sich jeweils nur die Bücher erwirbt, deren Ton und Seele ihm einmal das Herz bewegt hat, der wird bald nicht mehr wahllos und ziellos Lektüre verschlingen, sondern mit der Zeit einen Kreis lieber, ihm wertvoller Werke um sich sammeln, in dem er Freude und Erkenntnis findet und der unter allen Umständen wertvoller ist, als ein unberatenes, zufälliges Durcheinanderlesen alles dessen, was ihm in die Hände kommt.

Es gibt keine tausend oder hundert »beste Bücher«, es gibt für jeden einzelnen Menschen eine besondere Auswahl dessen, was ihm verwandt und verständlich, lieb und wertvoll ist. Darum kann eine gute Bibliothek nicht auf Bestellung geschaffen werden, es muß jeder seinem Bedürfnis und seiner Liebe folgen und sich selber allmählich eine Büchersammlung erwerben, genau so wie er sich seine Freunde erwirbt. Dann kann eine kleine Sammlung ihm wohl die Welt bedeuten. Es waren immer gerade die ganz guten Leser, deren Bedürfnis sich auf sehr wenige Bücher beschränkte, und manche Bauersfrau, die nur die Bibel besitzt und kennt, hat aus ihr mehr herausgelesen und mehr Wissen, Trost und Freude geschöpft, als irgendein verwöhnter Reicher je aus seiner kostbaren Bibliothek holen kann.

Es ist eine geheimnisvolle Sache mit der Wirkung von Büchern. Jeder Vater oder Erzieher kennt die Erfahrung, daß er einem Knaben oder Jüngling zur rechten Zeit ein recht gutes und feines Buch in die Hand zu geben meinte, um dann zu sehen, daß es doch verfehlt war. Es muß eben jeder, ob alt oder jung, seinen eigenen Weg in die Bücherwelt finden, wenn auch Beratung und freundliche Überwachung manches vermag. Mancher fühlt sich schon früh bei den Dichtern heimisch, indessen andere lange Jahre brauchen, bis sie erfahren, wie süß und wunderlich es ist, solche Dinge zu lesen. Man kann bei Homer anfangen und bei Dostojewski aufhören oder umgekehrt, man kann mit den Dichtern aufwachsen und am Ende zu den Philosophen übergehen oder umgekehrt, da gibt es hundert Wege. Es gibt aber nur ein Gesetz und einen einzigen Weg, sich zu bilden und geistig durch Bücher zu wachsen, das ist die Achtung vor dem, was man liest, die Geduld des Verstehenwollens, die Bescheidenheit des Geltenlassens und Anhörens. Wer nur zum Zeitvertreib liest, und sei es noch so viel und sei es das Beste, der wird lesen und vergessen und nachher so arm sein wie zuvor. Wer aber Bücher liest wie man Freunde anhört, dem werden sie sich erschließen und zu eigen werden. Was er liest, wird nicht verfließen und verloren sein, sondern bei ihm bleiben und ihm angehören und ihn freuen und trösten, wie es nur Freunde können.

(1908)

Vom Schriftsteller

Wer durch einen der tausend Zufälle des Lebens dahin gebracht worden ist, von einer angebornen literarischen Begabung leben zu müssen oder leben zu können, der mag sich mit seinem zweifelhaften »Berufe«, der keiner ist, abzufinden suchen. Die Tätigkeit eines sogenannten freien Schriftstellers gilt heutzutage, wofür sie in der Weltgeschichte nie gegolten hat, für einen »Beruf«, vermutlich weil sie von vielen, die gar keinen Beruf dazu haben, gewerbsmäßig ausgeübt wird. Tatsächlich scheint mir das gelegentliche, unerzwungen geübte Verfassen hübscher Dinge, deren Gesamtheit man Literatur nennt, keine Lebensarbeit zu sein und den Namen eines Berufes im üblichen Sinne nicht zu verdienen. Der »freie« Schriftsteller, sofern er ein anständiger Mensch und einigermaßen Künstler ist, hat keinen Beruf, sondern ist im Gegenteil ein Müßiggänger und Privatmann, der eben nur gelegentlich und nach Laune und Gunst der Stunde produziert.

Es fällt denn auch jedem freien Schriftsteller recht schwer, sich in seine zwitterhafte Stellung zwischen Privatier und unfreien Schriftsteller (das heißt Journalist) zu finden. Einen Beruf zu haben, der keiner ist, macht nicht immer Freude. Mancher steigert, im Bedürfnis nach fortlaufender Tätigkeit, seine Produktion über die Grenzen seiner natürlichen Begabung hinaus und wird zum Vielschreiber. Andre verführt Freiheit und Müßiggang zur Bequemlichkeit, weil eben der Mann ohne Beruf leicht verkommt. Und alle miteinander, die fleißigen und die faulen, leiden an der Neurasthenie und Empfindlichkeit ungenügend beschäftigter, zu viel auf sich selbst angewiesener Menschen.

Davon wollte ich jedoch nicht reden, diese Dinge muß jeder mit sich allein ausmachen. Wie die Schriftsteller selbst ihren sogenannten Beruf auffassen wollen, das muß ihnen selber überlassen bleiben. Etwas ganz anderes als die oft so bitter mit Selbstironie gemischten Gedanken der Dichter und Literaten über ihre Arbeit ist die Auffassung des Schriftstellerberufes in der Öffentlichkeit.

Die Öffentlichkeit nämlich, die Presse, das Volk, die Vereine, kurz jedermann, der nicht gerade selbst Schriftsteller ist, faßt dessen Beruf und seinen Pflichtenkreis weit einfacher auf. Und so geschieht es dem Literaten genau wie jedem Arzt oder Richter oder Beamten, daß er über Wesen und Charakter seines Berufes aufgeklärt wird durch die Art der Ansprüche, die man von außen her an ihn stellt. Jeder einigermaßen bekannt gewordene Schriftsteller erfährt jeden lieben Tag durch die einlaufende Post, was Publikum, Verleger, Presse und Kollegen von ihm wollen und von ihm denken.

Publikum und Verleger sind dabei in ihren Ansprüchen meist durchaus einig und sehr bescheiden. Vom Verfasser eines erfolgreichen Lustspieles erwarten sie abermals erfolgreiche Lustspiele, vom Dichter eines Bauernromans wieder Bauernromane, vom Autor eines Buches über Goethe neue Bücher über Goethe. Zuweilen denkt und wünscht der Autor selbst nichts andres, dann herrscht für alle Zeit Einigkeit und gegenseitige Zufriedenheit. Der Urheber des »Tirolerbua« fährt mit dem »Tirolermadl« fort, der Dichter der »Rekrutenbilder« mit »Kasernenbildern«, und auf »Goethe im Studierzimmer« folgen »Goethe bei Hofe« und »Goethe auf der Straße«.

Die Autoren, die es so machen, haben wirklich einen Beruf, treiben wirklich ein Gewerbe. Sie wuchern mit ihrem Pfunde und besitzen das Attribut und geheime Zunftzeichen der wirklich zünftigen Schriftsteller, nämlich die »geschätzte Feder«.

Die »geschätzte Feder« ist eine Erfindung jenes leider anonym gebliebenen Redakteurs, der schon vor Jahrzehnten das sogenannte »persönliche Element« als den Krebsschaden des Journalismus erkannte. An Stelle der Persönlichkeit schob er bekanntlich den »Namen«, und belehnte jeden brauchbaren »Namen« mit einer »geschätzten Feder«, von welcher er nun unter aller Schonung der Autoreneitelkeit bestellte Arbeit zu beziehen wußte. Diese Technik beherrscht heute das ganze Zeitungsfeuilleton, soweit es dem Kultus des Unpersönlichen nicht unter der nobleren Form absoluter Anonymität huldigt.

So ist es gekommen, daß zum Beispiel der Dichter eines erfolgreichen Romans durch folgende Depesche eines Welt-

blattes überrascht werden kann: »Erbitte umgehend Plauderei aus Ihrer geschätzten Feder über mutmaßliche Entwicklung der Flugtechnik; Höchsthonorar garantiert.« Für den
Redakteur nämlich kommt jeder halbwegs bekannte Autor
nur als »Name« in Betracht, und er kalkuliert so: die Leser
wollen interessante und aktuelle Überschriften, sie wollen
ferner berühmte Namen, also kombinieren wir beides! Was
dann eigentlich in dem bestellten Artikel steht, ist ganz
einerlei: man kann ja, wenn man eine geschätzte Feder hat,
ganz wohl eine Plauderei über Gerhart Hauptmann durch
einen dekorativen Einleitungssatz über Zeppelin eröffnen.
Es gibt überaus geschätzte Federn, die bequem von diesem
Schwindelbetrieb leben.

Damit sind ungefähr die Ansprüche der Presse an freie
Schriftsteller gekennzeichnet. Dazu gehören auch noch die
»Rundfragen«, in welchen nach Art einer maskierten Gesellschaft sich Professoren übers Theater, Schauspieler über
Politik, Dichter über Volkswirtschaft, Gynäkologen über
Denkmalspflege äußern. Alles in allem ein harmloser und
spaßhafter Betrieb, den niemand ernst nimmt und der wenig
schadet. Schlimmer sind die Ansprüche der Presse, die auf
die Eitelkeit und das Reklamebedürfnis der Literaten rechnen unter dem Motto »Manus manum lavat». Zu diesen
unfeinen Dingen rechne ich auch die bildnisgeschmückten
kleinen Reklameartikel und Autobiographien in vielen Jour-
nalen und Sonntagsbeilagen.

Der Schriftsteller lernt diesen Angeboten und Aufforde-
rungen gegenüber allmählich seinen Beruf erkennen, und
wenn er sonst gerade nichts zu arbeiten hat, so kann er mit
Erledigung aller dieser im Grunde unnützen Korrespondenzen immerhin seinen Tag ausfüllen. Es kommen dann, mit
den Jahren wachsend und wechselnd, noch gar viele unerwartete private Korrespondenzen hinzu. Von den Bettelbriefen will ich nichts sagen, die bekommt jedermann. Aber daß
mir einst ein eben entlassener Sträfling mit 35 Vorstrafen die
Mitteilung seines Lebenslaufes zu beliebiger literarischer
Verwertung gegen eine einmalige Entschädigung von tausend Mark anbot, überraschte mich doch. Daß jede kleine
Bibliothek und mancher mittellose Student annimmt, ein
Autor mache sich ein Vergnügen daraus, seine Bücher in

Menge wegzuschenken, ist weniger erfreulich. Und daß alljährlich sämtliche Vereine Deutschlands zu ihrem Jahresfest und sämtliche muli Deutschlands zu ihrer Abiturientenfeier literarische Beiträge aller deutschen Dichter haben müssen, ist auch merkwürdig. Daneben spielen die Wünsche der Autographensammler, selbst wenn sie durch beigelegtes Rückporto zur Antwort nötigen, kaum eine Rolle.

Alle Verleger, Redaktionen, Abiturienten, Backfische, Vereine der Welt zusammen aber geben einem Schriftsteller noch nicht so viel zu tun wie die Kollegen, von dem sechzehnjährigen Schüler, der einige hundert schwer leserliche Gedichte zu recht ausführlicher Prüfung und Beurteilung einschickt, bis zu dem routinierten alten Literaten, der aufs höflichste um eine günstige Rezension seines neuen Buches bittet und dabei so deutlich wie vorsichtig zu verstehen gibt, er werde es, im guten wie im bösen Falle, an Gegendiensten nicht fehlen lassen. Man kann den Verlegern und Zeitungen, den Bettlern und allzu Naiven gegenüber ruhig und bei Humor bleiben – aber den schamlosen Geschäftsbetrieb und die eigennützige Zudringlichkeit entbehrlicher Auchschreiber kann man oft nur mit Ekel und Ärger ansehen. Der überhöfliche Jüngling, der dir heute mit einem bombastischen Schmeichelbrief seine Gedichte sendet und sich ganz deinem Urteil und Rate fügen will, kann übermorgen auf deinen wohlüberlegten, freundlichen aber ablehnenden Brief mit einem wilden Schmähartikel im heimischen Wochenblatt antworten. Ich bin mit einer großen Zahl von Schriftstellern, die ich hochschätze, persönlich bekannt und befreundet und jeder hat dieselben Erfahrungen gemacht und keiner von uns allen hat selber einst diesen Bettler- und Erpresserweg genommen. So darf man wohl schließen, jene nie aussterbenden Kollegen von der Schmeichler- und Bettlersorte seien eben doch die Minderwertigen, und man darf annehmen, es werde keinem Ehrenmann und keinem Genie unrecht geschehen, wenn man die Menge der täglich sich erneuernden Zudringlichkeiten sich selber überläßt und schlechthin in denselben Korb steckt, wohin auch die nichtliterarischen Bettelbriefe kommen.

Und am Ende des Kreislaufes sieht man dann, daß das, was wie Berufs- und Amtsarbeit aussieht, beim Dichter auf lauter

Torheiten und unnütze Schreibereien hinausläuft, während seine eigentliche Arbeit, trotz aller entgegengesetzten Meinungen, eben doch nicht zu regeln und zum Beruf zu machen ist. Unser Beruf heißt Stillesein, Augenaufmachen und Warten bis die guten Stunden kommen – und dann ist die Arbeit, auch wenn sie Schweiß und schlaflose Nächte fordert, köstlich und keine »Arbeit« mehr.

(1909)

Aus dem Briefwechsel eines Dichters

Hans Schwab an den Verlagsbuchhändler E. W. Mundauf

Hochgeehrter Herr Verleger!   B., 15. April 06
Dieses Paket enthält ein Werk von mir, den Roman »Paul
Weigel«. Ich weiß nicht, ob die Bezeichnung »Roman«
eigentlich recht paßt; das Buch ist weniger erzählend als
idyllisch-lyrisch. Fürs große Publikum wird es keine Speise
sein, und erhebliche Geschäfte werden sich nicht damit
machen lassen; aber eine kleine bescheidene Leserzahl findet sich vielleicht doch zusammen, namentlich wenn das
Buch in einem guten Verlage wie dem Ihren erscheint. Das
wäre mir eine große Freude und Ehre. Ich habe bisher nur
ein Bändchen Gedichte herausgegeben, die ganz unbeachtet
geblieben sind.
  Um ganz ehrlich zu sein, muß ich gestehen, daß das Manuskript bereits einem andern Verleger zur Prüfung vorgelegen
hat. Ich sandte es an die Firma L. Biersohn und bekam die
Antwort, die Arbeit sei brauchbar und habe Aussicht auf
gute Aufnahme, doch sei Herrn Biersohn das Risiko des
Druckes immerhin zu groß, und er schlage mir daher vor,
drei Viertel der Druckkosten selber zu tragen. Ich war dazu
nicht in der Lage und möchte das auch Ihnen im voraus
mitteilen, falls Sie mir ähnliche Vorschläge zu machen gesonnen wären.
  Auf Ihre Antwort bin ich nun sehr gespannt. Die Sonntage
und stillen Nachtstunden, in denen das Büchlein entstanden
ist, liegen hinter mir und sind mir fremd und wesenlos
geworden, während das Manuskript daliegt und mich un-
glücklich anschaut, wie ein illegitim Geborenes den leichtsin-
nigen Vater. Auf alle Fälle möchte ich Sie herzlich bitten,
mir über die Arbeit Ihr Urteil recht offen mitzuteilen; ich
kann Kritik vertragen und bin, wie ich hoffe, ziemlich frei
von Autoreneitelkeit.
      In Hochachtung Ihr sehr ergebener Hans Schwab

Hans Schwab an die Redaktion der Zeitschrift »Dichterlust«

Hochgeschätzter Herr Redakteur!   B., 25. April 06
Vor zwei Jahren waren Sie so freundlich, in Ihrem Blatt ein
Gedicht von mir abzudrucken. Sie schrieben mir damals, daß
Sie Gutes von mir erwarteten, und machten mir Hoffnung,
ich könnte später etwa auch Honorar für meine Mitarbeit
erhalten, während Sie jenes Gedicht als Talentprobe hono-
rarlos abdrucken wollten.
  Ich wagte es nicht, Sie schon bald wieder zu belästigen.
Jetzt aber glaube ich, manche Fehler der Anfängerschaft
überwunden zu haben und sicherer, namentlich aber einfacher und knapper in der Form geworden zu sein. Ich habe
inzwischen eine Art von Roman geschrieben (er liegt zur
Prüfung bei einem Berliner Verleger) und glaube durch die
intensive Beschäftigung mit der Prosa und einer andern
Kunstform etwas gelernt zu haben. Wenigstens bin ich, nachdem ich längere Zeit gar keine Verse mehr gemacht hatte,
mit neuer Lust und hoffentlich bereichert zur Lyrik zurück-
gekommen.
  Hier sind nun drei Gedichte, alle aus der letzten Zeit, die
ich Ihnen anbieten möchte. Es würde mich freuen, wenn sie
Ihren Beifall fänden. Doch möchte ich, falls Sie noch nicht
geneigt sind, die Sachen zu honorieren, lieber um Rücksen-
dung bitten, da ich in ziemlich mageren Umständen lebe und
zur Zeit weniger auf Ehre als auf Geld bedacht sein muß.
Auch ein bescheidenes Honorar wäre mir willkommen, da
jede Mark für mich einen ersehnten und wertvollen Verdienst bedeutet.
                    In Hochschätzung ergebenst Hans Schwab

Die Redaktion der »Dichterlust« an Hans Schwab

Sehr geehrter Herr!   L., 4. Mai 06
Anbei senden wir Ihnen die eingesandten Gedichte mit
Dank zurück. Gerne hätten wir eines oder das andere davon
zum Abdruck gebracht; doch sind wir nicht in der Lage,
völlig unbekannten Verfassern Honorare für Lyrik zu be-
zahlen.

Etwaigen weitern Einsendungen bitten wir gefl. Rückporto beizufügen.

Ergebenst Redaktion der »Dichterlust«

Die Redaktion der »Neuzeit« an Hans Schwab

Werter Herr Schwab! München, 8. Mai 06
Danke für die freundlich eingesandte Novelle. Es hat uns interessiert zu hören, daß Sie sich neuerdings mehr der Prosadichtung widmen wollen. Doch sind wir unsererseits der Meinung, daß die Lyrik doch Ihr eigentliches Gebiet ist. Die eingesandte Novelle hat gewiß manche Reize, ist aber doch wohl allzu lyrisch und dürfte sich für unsern Leserkreis kaum eignen. Vielleicht versuchen Sie es damit anderwärts. Wir senden das Manuskript gleichzeitig eingeschrieben an Sie retour.

Honorar für Ihr letztes hübsches Gedicht folgt Anfang nächsten Monats. Wir würden uns freuen, wenn Sie uns bald wieder etwas Lyrisches zur Prüfung einsenden.

Ergebenst Redaktion der »Neuzeit«

Der Verleger E. W. Mundauf an Hans Schwab

Sehr geehrter Herr Schwab! Berlin, den 23. Juli 06
Es hat etwas lange gedauert, bis wir Zeit fanden, Ihr im Frühjahr uns eingesandtes Roman-Manuskript zu prüfen. Bitte die Verzögerung freundlichst zu entschuldigen.

Die Arbeit hat uns, trotz gewisser Mängel, die ja allen Erstlingsarbeiten anhaften, recht wohl gefallen, und wir machen uns ein Vergnügen daraus, sie in unserem Verlage zu publizieren. Sie haben eine gewisse erdgeborene Kraft der Anschauung und des Ausdrucks, die mit manchen technischen und formalen Mängeln versöhnt, und es wäre nicht unmöglich, daß Ihr Buch einen guten Erfolg fände. Jedenfalls werden wir uns Mühe geben, das unsere zu tun. Über das Geschäftliche werden wir uns, denke ich, leicht einigen. Ein Verlagskontrakt geht Ihnen dieser Tage zu. Sollte Ihnen mit einem kleinen Vorschuß gedient sein, so bitte, sagen Sie es nur offen.

So viel für heute. Die Drucklegung möchten wir gerne sogleich beginnen und bitten sie daher, etwaige Vorschläge betreffs der Ausstattung uns sofort mitzuteilen.

Mit besten Grüßen ergebenst Ihr Verlag E. W. Mundauf

Hans Schwab an den Verleger E. W. Mundauf

Hochgeehrter Herr!
B., den 30. Juli 06

Danke herzlichst für Ihren freundlichen Brief und für den Verlagskontrakt, mit dem ich natürlich durchaus einverstanden bin, und den ich hier unterschrieben beilege.

Es ist mir eine Ehre und Freude, nun zu den Autoren Ihres Verlags zu zählen. Hoffentlich erleben Sie keine allzu große Enttäuschung mit mir! Denn offen gestanden, ich kann an die Möglichkeit eines Erfolges bei der ganzen Art meines Buches nicht glauben. Auch plagen mich schon jetzt, da das Manuskript einige Monate aus meinen Händen ist, die vielen Fehler und Ungeschicklichkeiten, die darin stehen. Und doch könnte ich es, wenigstens jetzt, nicht besser machen. Einige kleinere Korrekturen kann ich wohl während des Drucks noch ausführen, der Hauptfehler des Buches aber ist leider unkorrigierbar. Nun, ein Schelm gibt mehr als er hat, wennschon das eine schlechte Ausrede ist.

Ihr Anerbieten, mir einen Vorschuß zu gewähren, nehme ich dankbar an. Die Höhe desselben sei Ihnen überlassen. Ich bin einigermaßen in Not und könnte etwa 50 bis 100 Mark wohl brauchen, falls das nicht zu unbescheiden ist. Mit schönsten Grüßen und nochmaligem Dank
Ihr sehr ergebener Hans Schwab

Der Verleger E. W. Mundauf an Hans Schwab

Mein lieber Herr Schwab!   Berlin, den 1. September 06
Danke für die rasche Erledigung der Korrekturen! Das Buch wird nun bald fertig gedruckt sein. Haben Sie irgendwelche besonderen Wünsche wegen der Versendung der Rezen-

sionsexemplare? Falls Sie Bekannte bei der Presse haben, bitte uns die Adressen zu nennen.

Dann noch eine Frage. Sie schreiben sich einfach Hans Schwab. Haben Sie nicht Lust, das Hans, wie es jetzt bei Autoren Sitte ist, mit zwei »n«, also Hanns zu schreiben. Und haben Sie nicht ein gutes Porträt von sich, das wir in den Reklameprospekten reproduzieren könnten?

Ich verspreche mir, trotz Ihres Mißtrauens, einen schönen Erfolg von dem »Paul Weigel«. Die Presse beginnt schon, sich dafür zu interessieren, und ich glaube, wir werden mit der Kritik zufrieden sein können. Wahrscheinlich drucke ich gleich eine zweite Auflage. Machen Sie sich also wegen des kleinen Vorschusses keine Sorgen und sagen Sie es unbedenklich, wenn Sie einen weiteren brauchen sollten!

Mit besten Grüßen Ihr E. W. Mundauf

Der Verleger E. W. Mundauf an Hans Schwab

Lieber Herr Schwab!   Berlin, den 20. September 06
Danke schön für Ihren Brief vom 4. h., der uns gefreut und belustigt hat. Natürlich haben wir nicht das Geringste dagegen, daß Sie Ihren Namen in der alten Weise schreiben, und vielleicht haben Sie recht, wenn Sie jene Sitte etwas hart als eine »dumme Interessantmacherei« bezeichnen. Daß Sie Ihr Porträt nicht hergeben wollen, tut mir leid. Vielleicht lernen Sie darüber mit der Zeit anders denken.

Von Ihrem »Paul Weigel« ist nun also die zweite Auflage im Druck. Ich schicke Ihnen heute als Drucksache vier Kritiken großer Blätter über die erste Auflage. Sie wird überall mit wahrer Begeisterung aufgenommen! Gewiß wird es nicht bei diesen zwei Auflagen bleiben. Wenn auch Sie selbst in übertriebener Selbstkritik sehr bescheiden von dem Werke denken, wir Fachleute sind andrer Ansicht und halten es für eine bedeutende, ja meisterhafte Leistung.

Mit herzlichen Grüßen E. W. Mundauf

Die Redaktion der »Dichterlust« an Hans Schwab

Hochgeschätzter Herr Schwab!   L., 28. November 06
Sie werden sich kaum erinnern, daß vor bald drei Jahren ein
sehr schönes Gedicht von Ihnen in unserer Zeitschrift stand.
Wir forderten Sie damals auf, uns doch bald wieder Einsendungen zu machen, und heute möchten wir, da Sie uns
vergessen zu haben scheinen, diese Aufforderung dringend
wiederholen. Gewiß haben Sie manches schöne Gedicht, das
Sie uns senden könnten.
  Wir freuen uns und sind stolz darauf, schon vor Jahren, als
Sie noch unbekannt und noch nicht der berühmte Verfasser
des »Paul Weigel« waren, unsern Lesern einen Beitrag aus
Ihrer geschätzten Feder gebracht zu haben. Hoffentlich gestalten sich unsere Beziehungen nun zu recht guten und
dauernden.
  Soweit wir uns erinnern, blieb jenes Gedicht von Ihnen
seinerzeit unhonoriert. Es sind eben wenige Blätter in der
Lage, lyrische Beiträge von unbekannten Urhebern zu honorieren, so bedauerlich das auch sein mag. Es ist wohl unnötig
zu bemerken, daß selbstverständlich jede Einsendung von
Ihnen nicht nur mit Vergnügen angenommen und baldmög-
lichst gedruckt, sondern auch anständig honoriert werden
wird.
In aufrichtiger Hochschätzung
          Ihre sehr ergebene Redaktion der »Dichterlust«

Schriftsteller Fedor Pappenau an Hans Schwab

Geehrter Herr!   Würstlingen, den 15. Dezember 06
Dieser Tage erhielt ich von Ihrem Verleger den Roman
»Paul Weigel« zur Rezension überschickt. Ich habe das Buch
gelesen und muß sagen, ich war über die Ruhe und Kühnheit
erstaunt, mit der Sie Gedanken und Stimmungen, ja sogar
einzelne Figuren meines vor zwei Jahren im »Courier« erschienenen Romans »Sintflut« benützt haben.
  Immerhin, Gedanken sind zollfrei, und es liegt mir ferne,
kleinlich mit Ihnen rechten zu wollen, falls Sie sich geneigt
zeigen, auch Ihrerseits mir entgegenzukommen. Die »Sint-

flut« erscheint soeben in Buchform bei dem Verleger Biersohn, der sie Ihnen zusenden wird. Ich denke, es wird Ihnen
ein Leichtes sein, das Buch in einer größern Zeitung oder
Zeitschrift empfehlend und ausführlich zu besprechen. Sobald dies geschehen sein wird, soll auch meinerseits im
hiesigen »Beobachter« Ihr Roman eine eingehende Würdi-
gung erfahren.

Ergebenst Fedor Pappenau, Schriftsteller

Die Redaktion der »Neuzeit« an Hans Schwab

Hochgeschätzter Herr Schwab!   München, 18. Januar 07
Es ist schon manche Monate her, seit Sie uns zuletzt durch
Einsendung von Gedichten erfreut haben. Dürfen wir hoffen, bald wieder solche von Ihnen zu erhalten? Sie werden
uns wie immer willkommen sein.

   Und dann haben wir diesmal einen neuen Vorschlag. Schon
früher haben wir manchmal beim Lesen Ihrer Gedichte
gedacht, Ihr bedeutendes Talent werde sich vermutlich auch
auf dem Gebiet des Romans und der Novelle betätigen. Wie
recht wir damit hatten, das beweist uns Ihr prächtiger Roman
»Paul Weigel«, von dessen Lektüre wir eben kommen. Gewiß haben Sie auch andere, noch unveröffentlichte Erzählungen geschrieben, die Sie uns anbieten könnten. Bezüglich
des Honrars sehen wir Ihren Vorschlägen entgegen.
In alter Verehrung ergebenst Ihre Redaktion der »Neuzeit«

Die Redaktion des »Komet« an Hans Schwab

Sehr geehrter Herr!   H., den 16. Februar 07
Wir haben mit ungeteiltem Vergnügen Ihren Roman »Paul
Weigel« gelesen und möchten Ihnen nun den Vorschlag
machen, uns Ihre nächste Arbeit zum Vorabdruck zu überlassen. Für einen neuen Roman von ähnlichem Umfang
würden wir Ihnen ein Honorar von 3000 Mark anbieten.

   In der Hoffnung, keine Fehlbitte getan zu haben, und mit
dem Ausdruck aufrichtiger Hochachtung

Ihre ergebene Redaktion des »Komet«

Die Redaktion des »Familienonkel« an Hans Schwab

Verehrter Herr!   S., den 11. März 07
Wir haben mit ungeteiltem Vergnügen Ihren Roman »Paul Weigel« gelesen und möchten Ihnen nun den Vorschlag machen, uns Ihre nächste Arbeit zum Vorabdruck zu überlassen. Für einen Roman von etwa demselben Charakter und Umfang würden wir Ihnen ein Honorar von 4000 Mk. anbieten.

In der angenehmen Hoffnung, keine Fehlbitte getan zu haben, begrüßen wir Sie, verehrter Herr, als Ihre sehr ergebene

Redaktion des »Familienonkel«

Der Verleger E. W. Mundauf an Hans Schwab

Berchtesgaden, den 2. Juni 07

Lieber und verehrter Herr Schwab!
Aus der majestätischen Pracht des Hochgebirges sollen diese Zeilen Ihnen meine Grüße übermitteln. Ich muß Ihnen nämlich das Geständnis machen, daß ich Ihren herrlichen »Paul Weigel« erst hier gelesen habe. War ich auch nach dem Urteil meiner Herren Lektoren und nach dem überraschenden Erfolg des Buches – wir drucken eben die achtzehnte Auflage – von dem hohen Werte Ihrer Arbeit durchaus überzeugt, so hat die Lektüre mich doch ergriffen und zu Ihrem Bewunderer gemacht. Ich werde mich nun mit verdoppeltem Eifer für das Buch verwenden. Namentlich die prächtige Figur des alten Bauern hat mir imponiert!

Sie schrieben kürzlich, daß Sie an der Fertigstellung eines neuen Buches arbeiten. Darf ich Näheres erfahren? Wann? Welcher Umfang? Welches Genre? Wir würden die Novität wohl vorbereiten und im voraus Stimmung für das neue Werk machen können.
Beste Grüße von Ihrem aufrichtig ergebenen

E. W. Mundauf

Hans Schwab an den Verleger E. W. Mundauf

Werter Herr Mundauf!   B., den 10. Juni 07
Danke schön für Ihre freundlichen Zeilen über den »Paul
Weigel«. Es kommt zwar kein alter Bauer darin vor, doch je
ja daran wenig gelegen. Ich muß mich heute kurz fassen,
meine Zeit wird immer knapper, namentlich nimmt mich die
viele Korrespondenz sehr in Anspruch. Zwar sind die meisten Briefe verlogen und bezwecken nichts als ein Geschäft,
doch mache ich gute Miene dazu und habe gelegentlich
meinen Spaß an der merkwürdigen Beliebtheit, die ich gewonnen habe, und die mit den Auflagen des Weigel Schritt
hält. Dabei ist der Erfolg des Buches mir immer noch ein
Rätsel; der Roman ist weder gut noch auch schlecht genug
für so viele Auflagen, und seine Beliebtheit kommt mir
immer mehr wie ein Mißverständnis vor.

Genug davon. Mein neues Buch kriegt allmählich Form und
Ordnung. Fertig ist es längst, doch macht die Anordnung und
Durchsicht mir noch viel Arbeit. Es ist nämlich ein Band
Gedichte. Ich glaube damit mein Bestes zu geben, jedenfalls
weit mehr als mit dem Weigel, und hoffe, das Buch werde
auch Sie nicht enttäuschen. Könnte man es etwa diesen
Winter herausgeben? Den Umfang kann ich noch nicht recht
schätzen, es werden wohl zehn Bogen werden.

                    Mit Grüßen ergebenst Ihr Hans Schwab

Der Verleger E. W. Mundauf an Hans Schwab

Lieber Herr Schwab!   Berchtesgaden, den 3. Juli 07
Es tut mir leid zu hören, daß Sie gerade jetzt einen Band
Gedichte herausgeben wollen. Natürlich mache ich mir ein
Vergnügen und eine Ehre daraus, das Buch zu verlegen, falls
Sie darauf bestehen wollen. Vorher aber möchte ich Sie
bitten, sich das nochmals gut zu überlegen! Es wird Ihr
Schade nicht sein, wenn Sie in dieser Sache fachmännischen
Rat annehmen.

Der schöne Erfolg Ihres Romans ist, um ein Bild zu gebrauchen, ein Fundament, eine erste Stufe, auf der wir weiter
bauen müssen. Nun wäre es sehr falsch, wenn wir das Publi-

kum, dessen Vertrauen Sie sich eben erst erworben haben, durch eine so unerwartete und wenig hoffnungsvolle Publikation scheu machen würden. Bringen Sie bald wieder einen neuen Roman, am liebsten ganz wieder im Genre des ersten, ich garantiere Ihnen einen noch größeren Erfolg als den bisherigen. Und später, sagen wir in fünf, sechs Jahren, wenn Sie Ihrer Gemeinde sicher sind und fest im Sattel sitzen, können Sie ja Gedichte oder was immer bringen, ohne damit etwas zu riskieren. Nur jetzt nicht! Überlegen Sie sich das, bitte, recht gut, und geben Sie mir ohne Eile Antwort.
In alter Hochachtung bestens grüßend Ihr

E. W. Mundauf

(1909)

Exzentrische Erzählungen

Unter »exzentrisch« sei hier nicht etwas Artistisches oder Literarisches verstanden, nicht das Romantische und nicht das Groteske, nichts, was im Willen und in der Wahl des Dichters liegt. Fouqué mit allen seinen Zauber- und Feengeschichten ist ein Philister, Tieck mit seinen phantastisch tollen Einfällen ist ein spielendes Kind. Exzentrisch ist Hoffmann, denn er mischte nicht in künstlerischer Absicht Anklänge des Unerhörten und Übernatürlichen in seine Dichtungen, sondern lebte selbst in beiden Welten und war, wenigstens zu Zeiten, von der Wirklichkeit der Spukwelt oder der Unwirklichkeit des Sichtbaren vollkommen überzeugt. Solche Dichter sind wahrhaft exzentrisch, sie betrachten die Welt von einem andern Mittelpunkte aus und sehen die Dinge und Werte verschoben. Zu ihnen gehört vor allen Poe, der raffinierte und schwermütige Amerikaner, der in seinen Werken fast alle Schattierungen des Exzentrischen vom verblüffenden Journalistenkunststück bis zum leidenschaftlichen Bekenntnis des Häretikers zeigt. Ein echter Exzentriker ist auch Jules Verne, obschon man ihn kaum einen Dichter wird heißen können. Aber das Bedürfnis nach Verschiebung der Grenzen und neuen Gesichtspunkten hat er nicht minder stark als Poe oder Hoffmann. Ferner gehören hierher alle überzeugten Okkultisten, Mystiker, Spiritisten, soweit sie sich als Erzähler geäußert haben. Schon näher an der Grenze des Gewohnten stehen die politischen Phantasten, die Verfasser der Utopien, von welchen denn auch keine als Dichtung recht ernst genommen werden kann, ausgenommen natürlich der Swiftsche Gulliver, und gerade bei diesem ist die exzentrische Form nicht wesenhaft, sondern klug gewählte Maske.

Dem Wesen nach ließen sich die Exzentriker leicht in zwei Hauptgruppen scheiden: die Träumer und die Fanatiker. Man kann sich dem Trunk ergeben aus Bequemlichkeit und Bedürfnis nach reizvollem Vergessen, oder fanatisch in hoffnungsloser Unzufriedenheit und Selbstzerstörung. So gibt es unter den Exzentrischen kindlichere Naturen, die innerhalb ihres phantastischen Kreises sich spielend wohl fühlen, und grimmige Verzweifelte, denen kein Rausch genügt, und die rastlos durch immer neue Zonen stürmen, da sie weder des sich bescheidenden Glücklichseins noch der gefaßten Resignation fähig sind. Die einen neigen zur Selbstgefälligkeit und ironisieren gern ihre Leser, die andern sind unerbittliche Selbstvernichter.

Für die literarische Betrachtung reicht die Einteilung jedoch nicht aus. Die Arten spielen ineinander und bedienen sich allzu häufig derselben Mittel. Eher geht es wohl an, die Denker von den Spielern, die Philosophen von den Ironikern zu trennen. Dabei stoßen wir auf die einfache und fürs erste fast erschreckende Erkenntnis, daß die fanatischen Exzentriker alle nichts anderes als vollkommene Idealisten sind, daß ihrem Schaffen ausnahmslos die rein idealistische Grunderkenntnis vom Schleier der Maja, von der Unzuverlässigkeit unsrer sinnlichen Wahrnehmung zugrunde liegt. Nur diese philosophischen Exzentriker sind, trotz allem Schillern, innerlich konsequent, und nur sie schaffen zuweilen Bilder und Mythen, die dem Wesen der Volksmythen verwandt sind. Die andern, ohne es vielleicht minder ernst zu meinen, bauen eben interessante Geschichten aus Seifenschaum. Zu ihnen gehören alle Techniker, alle Vernes und Wells, und sie sind, auch wo sie Erstaunliches und Erfreuendes hervorbringen, doch nur Unterhaltungsliteraten, freilich oft sehr amüsante. Ihre unphilosophische Herkunft und Naivität erweisen sich häufig durch kühne Optimismen, so alle Utopisten, so auch Wells in seinem letzten Buch »Im Jahre des Kometen«, wo die arge Menschheit durch eine gründliche Luftveränderung vollkommen gebessert und geläutert wird. Denselben Optimismus zeigen die Techniker wie Jules Verne, deren Erfindungen nur solange interessant sind, wie sie beim rein Technischen bleiben. Darüber hinaus phantasieren sie alle von Umwälzungen und Verbesserungen, die durch ihre neuen Maschinen und Pulver und Motore kommen sollen. Der Leser wird müde und denkt: wenn die Technik die Welt besser machen kann, warum merken wir denn nichts davon? Ein Flugapparat und ein Projektil zum Monde sind gewiß ergötzliche und freudige Dinge, aber daß durch sie die Menschen und ihre Beziehungen untereinander wesentlich geändert werden könnten, mögen wir doch angesichts der

Weltgeschichte nicht gerne glauben. So gehören denn auch alle Dichter dieser harmlosen Art ihrer Zeit an und gehen mit ihr unter, da sie sich mit zeitlichen und zufälligen Dingen beschäftigen.

Die andern, die philosophischen Exzentriker bieten ein weit tieferes Interesse und sind fast alle tragische Erscheinungen. Nicht weil sie häufig kranke Naturen waren, – Krankheit ist nichts Tragisches. Aber weil sie ihren Geist und ihre Leidenschaft an etwas setzen, was im letzten Grunde unmöglich ist. Erkennen und schaffen, Denker sein und Künstler sein sind Gegensätze, die sich ausschließen. Nun vollends den reinen Idealismus predigen, die Wirklichkeit des Sichtbaren leugnen, und dabei Künstler sein, also mit der Wirklichkeit des Sichtbaren rechnen müssen, das sind bittere Widersprüche. Für den schaffenden Künstler muß die Wirklichkeit des sinnlich Wahrgenommenen, muß Zeit, Raum und Kausalität als Wesenhaftes außer Zweifel stehen, da sie für ihn die einzigen Mittel der Darstellung und Überzeugung sind. Der Dichter wiederholt und steigert ja denselben Vorgang, mittelst dessen wir alle die Welt außer uns wahrnehmen, und die Sprache ist, soweit sie für den Dichter in Betracht kommt, nicht sosehr Ausdrucksmittel für Erkenntnisse als für Begriffe. Wie will ich einen kleinen grauen Hund beschreiben und darstellen, wenn ich überzeugt bin, er sei gar kein Hund, sei nur eine zweifelhafte und trügerische Bildung meines Verstandes, angeregt durch eine Reizung der Netzhaut? Indem ich von Hunden, von grau und schwarz, von nah und fern rede, bewege ich mich ja schon mitten im Reich der Täuschungen, und ohne alles das kann man nicht dichten. Die Kunst ist eine Bejahung dieser Täuschungen; wo sie diese also verneinen will, widerspricht sie sich selbst. Insofern sind jene Dichter ausnahmslos tragische Figuren, ihre Werke aber interessieren, fesseln und rühren als kühne Ikarusflüge ins Land des Unmöglichen.

Die Meinung, es sei Dichten und Denken nahezu dasselbe, und es sei Aufgabe der Dichtung, Weltanschauungen darzustellen, ist eben ein Irrtum. Für den Dichter ist das abstrakte Denken eine Gefahr, sogar die größte, denn in seiner Konsequenz verneint und tötet es das künstlerische Schaffen. Das hindert nicht, daß ein Dichter seine Weltanschauung habe und in Gedanken ein durchaus idealistischer Philosoph sei. Nur wird er mit dem Augenblick, da abstrakte Erkenntnisse ihm zur Hauptsache werden, aufhören ein Künstler zu sein. Die schönsten und ergreifendsten Dichtungen aller Zeiten sind denn auch die, in welchen den Schöpfer die Resignation des Denkers zur geklärten, leidenschaftslosen Betrachtung des Lebens führte, wobei der Dichter, unter Verzicht auf Werturteile und philosophische Grundfragen, sich ins reine Schauen gerettet hat.

Eben dies gelingt jenem Exzentrischen nicht. In ihnen ist die persönliche Interessiertheit, das persönliche Leiden unter Denkproblemen zu stark, als daß sie je zum reinen, »objektiven« Schauen kämen. Sie gleichen Ekstatikern, die in Visionen befangen bleiben, während doch das letzte, wahre Gottfinden der Mystiker nach allen Dokumenten stets »bildlos« ist. Der Weg des Künstlers führt zu Bildern, der des mystischen Denkers zur Bildlosigkeit; wer gleichzeitig beide Wege gehen will, bleibt notwendig in ewigem Widerstreit befangen.

Nun gibt es freilich viele Zwischenstufen. Doch führen sie alle aus dem Kreise der Kunst heraus, ihre Form ist zufällig und schlecht. Hierher gehören die okkultistischen Romane, die dichterisch alle schwach sind. Es ist den Okkultisten eigen, daß sie ihr engstes Gebiet nicht verlassen können, ohne geschmacklos zu werden, wie ja auch leider die Äußerungen der von Spiritisten gebannten Geister fast immer etwas unheimlich Kindisches haben. Es gehören zu den gemeinhin als »okkultistisch« verrufenen Büchern und Gedanken viele herrliche Dinge, und es ist bedauerlich, daß dieses ganze Gebiet durch eine Mauer von Wichtigtuerei und Schwindel abgegrenzt erscheint.

Ein echt okkultistischer Roman, stark theosophisch gefärbt, ist »Flita« von Mabel Collins. Lesbar ist das merkwürdige Buch nur für solche, die wenigstens die Grundlage und Hauptbegriffe der theosophischen Lehre kennen. Unter dieser Voraussetzung ist die Lektüre interessant und wirklich lehrreich; nur ist es eben wieder kein Roman, oder als solcher durchaus minderwertig. Die Okkultisten haben noch keine Dichter. Solange ihre Erzeugnisse künstlerisch nicht über das Niveau der »Flita« hinausgehen, muß man es vorziehen, die herrliche indische Lehre von der Wiedergeburt und dem Karma in den echten alten Mythen zu genießen, von welchen diese modernen Versuche nur schwache und schlechte Kopien sind. So herrlich die Wiedergeburtslehre (der schöne mythische Behelf für die Unfähigkeit, die Zeit als unwesenhaft, als eine Form des Erkennens, zu begreifen) in jenen alten heiligen Dokumenten klingt, sosehr sie heute noch vielen eine Brücke und Stützte sein kann, – so wenig wissen diese theosophischen Dichter ihren tiefen Zauber zu fassen.

Von zeitgenössischen Dichtern der exzentrischen Art wären manche zu nennen, viele Versuche und Anläufe, doch wenig Gelungenes und Gutes. Die beiden stärksten Begabungen dieser Art sind ohne Zweifel Paul Scheerbart und Gustav Meyrink, so wenig sie sonst miteinander zu tun haben. Ist Scheerbart mehr Dichter, so ist Meyrink die unvergleichlich stärkere Intelligenz und der ruhigere, seiner Mittel sichere Artist. Scheerbart liebt orientalische Schwärmereien und kosmische Phantasien, er haßt und verhöhnt die europäische Sentimentalität und hat einen sympathischen Zug zum Großen und Schrankenlosen wie kaum ein andrer heutiger Dichter. Dagegen entgleist er nicht selten und hat eine durchaus unglückliche Liebe zum Grotesken, dessen Wesen er verkennt und niemals trifft. Seine blauen Löwen, die mit den Schwänzen knallen, ungeheure Lasten Gurkensalat fressen und häufig ganz maßlos und leider meist auch grundlos lachen, sind schwache Erfindungen und stören in seinen schönsten Büchern. Scheerbart ist kein grotesker Humorist, wie er zuweilen meint, sondern ein sehr ernsthafter, und seine schönsten Kapitel sind die ernsten, schwermütigen, nur durch die fremdartige Draperie gedämpften. Wie im »Tod der Barmekiden« der Kalif mit seinem Opfer auf der Terrasse zu Abend ißt und ihm, der in einer Stunde sterben soll, Wein und Essen empfiehlt, das ist großartig und schön. Und so ist auch Scheerbarts schönstes kleines Buch, das niemand kennt, die »Seeschlange«, voll Schwermut und Verzweiflung, und es steht darin ein Gespräch über Polytheismus, das voll tiefster Ahnungen und Wahrheitsblitze ist.

Neben Scheerbart sieht Gustav Meyrink kühl und beherrscht aus. Ohne Zweifel Okkultist und von indischer

Philosophie herkommend, scheint er die Klippe erkannt zu haben, an der die okkultistischen Dichter alle scheitern, und sagt sein Wesentliches nur nebenher, während er satirische Absichten in den Vordergrund rückt. Einige seiner kleinen Erzählungen, die überaus sorgfältig und scharfsinnig gearbeitet sind, haben jene leichte Verzerrung der Linien, aus denen der denkende Leser eine Ironisierung der gesamten Erscheinungswelt, das heißt des üblichen Glaubens an ihre Realität, herausschmeckt. Das bleibt jedoch unter der Decke, und als Kern und Ziel der Novellen gibt sich eine polemisch-ironische Absicht kund, gerichtet gegen unsre ganze europäisch-wissenschaftliche Denkweise und Kultur, gegen Dünkel und Aufgeblasenheit mancher Stände, gegen militärische und akademische Bonzenwürde. Dieser kluge Anhänger der Vedantalehre weiß genau, daß mit Pathos und priesterlicher Geste wenig auszurichten ist, statt dessen spitzt er feine, unerbittlich scharfe Pfeile und schießt meisterhaft. Und dann hat er, wie Poe, im Phantasieren die eisige Logik, er versucht das Wildeste und Kühnste, aber nie ohne genaue Berechnung der Mittel, nie nachtwandlerisch und schwärmend, sondern stets rechnend und scharfsinnig. Sein Hohn hat die grausame Grimmigkeit des verborgen zielenden Rächers, und er trifft fast immer unfehlbar.

Es gibt unter den exzentrischen Dichtern genau wie unter den andern große und kleine, ehrliche und Macher, Künstler und Handwerker. Die paar, die nicht eine Entgleisung, sondern Eroberung und Neuland bedeuten, werden immer zu zählen sein.

(1909)

Der junge Dichter

Ein Brief an viele

Lieber Herr!

Haben Sie Dank für Ihren hübschen Brief und die Zusendung Ihrer Gedichte und Prosaversuche, in denen ich mit Teilnahme geblättert und manche fast vergessene Spur der eigenen dichterischen Anfänge angetroffen habe. Ihr lieber Brief und die Übersendung Ihrer Dichtungen zeigt mir ein Vertrauen, das mich beschämt, da ich es leider enttäuschen muß.

Sie legen mir vor, was Sie an Versen und andern Dichterversuchen bis jetzt geschrieben haben, und Sie bitten mich, Ihnen nach der Lektüre dieser Blätter zu sagen, was ich von Ihrem dichterischen Talent halte. Die Frage sieht einfach und harmlos aus, um so mehr da Sie ja keine Schmeichelei, sondern die strenge Wahrheit zu hören verlangen. Ich würde auch nichts lieber tun als die bündige Frage bündig beantworten, wenn ich nur könnte. Die »Wahrheit« ist nicht so leicht zu finden. Ich halte es sogar für vollkommen unmöglich, aus Proben eines Anfängers, den man nicht persönlich sehr genau kennt, irgendwelche Schlüsse auf sein Talent zu ziehen. Ich kann aus Ihren Versen sehen, ob Sie mehr Nietzsche oder mehr Baudelaire gelesen haben, ob Liliencron oder Hofmannsthal Ihr Liebling ist, vielleicht auch, ob Sie einen schon an Kunst und Natur bewußt gebildeten Geschmack haben, der jedoch mit der poetischen Begabung nicht das mindeste zu tun hat. Ich kann (und das wird für Ihre Verse sprechen) günstigenfalls etwa auch Spuren ihres Erlebens entdecken und versuchen, mir ein Bild Ihres Charakters zu machen. Mehr ist unmöglich, und wer Ihnen verspricht, aus Ihren Anfängermanuskripten Ihr literarisches Talent zu taxieren, wie ein Graphologe den Charakter des Abonnenten in der Briefstellerecke der Zeitung begutachtet, der ist ein recht oberflächlicher Mann, wenn nicht ein Schwindler.

Es ist nicht eben schwer, nach der Lektüre des Wilhelm Meister und des Faust Goethe für einen bedeutenden Dichter zu erklären. Man könnte aber sehr wohl aus seinen

Anfängerjahren ein Heftchen Gedichte zusammenstellen, aus dem niemand etwas andres zu schließen fände, als daß der junge Autor seinen Gellert und andre Vorbilder eifrig gelesen und Geschick im Reimen habe. Man hat, als Goethe schon den Werther und Götz geschrieben hatte, noch lange Zeit manche Schriften des Dichters Lenz ihm zugeschrieben und umgekehrt. Es ist also, selbst bei den größten Dichtern, die Handschrift früher Versuche keineswegs immer schon wirklich kennzeichnend und einleuchtend originell. In Schillers Jugendgedichten kann man geradezu erstaunliche Konventionalitäten und Geschmacklosigkeiten finden.

Es ist also nichts mit dem Beurteilen junger Talente, das Ihnen so einfach scheint. Wenn ich Sie selbst nicht genau kenne, so weiß ich ja nicht, auf welcher Stufe Ihrer persönlichen Entwicklung Sie stehen. Ihre Gedichte können Naivitäten enthalten, die Ihnen schon in einem halben Jahre nimmer passieren werden, ebensowohl können Sie aber auch in zehn Jahren noch dieselben Verstöße begehen. Es gibt junge Dichter, die mit zwanzig Jahren ganz erstaunlich schöne Verse dichten, mit dreißig aber keine mehr oder, was schlimmer ist, noch genau dieselben. Und es gibt Begabungen, die erst mit dreißig, mit vierzig Jahren zum Bewußtsein kommen.

Kurz, die Frage nach den Aussichten auf künftigen Dichterruhm, die Sie mir stellen, gleicht der Frage einer Mutter, ob wohl ihr Fünfjähriger einmal groß und schlank werden oder klein bleiben werde. Der Bub kann bis zum vierzehnten, fünfzehnten Jahr ein Knirps bleiben und dann plötzlich in die Höhe schießen.

Angenehm hat es mich berührt, daß Sie mir nicht, wie sehr viele Ihrer werten Kollegen, die Verantwortung für Ihre poetische Zukunft aufgeladen haben. Viele nämlich, die mit derselben Frage wie Sie zu einem schon erfahreneren Schriftsteller kommen, machen es nicht ohne Pathos von dessen Entscheid und Antwort abhängig, ob sie je wieder einen Vers schreiben werden oder nicht. Da könnte man also unter Umständen sein Leben lang mit dem Gefühl herumlaufen, man habe vielleicht durch einen kleinen Irrtum die deutsche Literaturgeschichte um Nibelungenlieder und Fauste gebracht!

Damit wäre Ihr Brief eigentlich beantwortet. Sie haben mich um einen Dienst gebeten, den ich Ihnen leider nicht erweisen kann, da er jenseits des Möglichen liegt. Doch mag ich nicht gerne mit einem Entscheid Sie verlassen, der Sie nicht befriedigt und den Sie am Ende doch nur als eine spitzfindig verkleidete Absage auffassen. Erlauben Sie mir darum noch ein freundschaftliches Wort.

Ob Sie in fünf oder zehn Jahren ein bedeutender Dichter sein werden, kann ich nicht wissen. Daß Sie einer werden, hängt aber gewiß nicht von den Versen ab, die Sie heute machen!

Und schließlich: ist es denn notwendig, daß Sie gerade ein Dichter werden? Ein Dichter zu sein, ist vielen begabten jungen Männern ein Ideal, denn sie verstehen unter einem Dichter einen original gebliebenen, im Herzen reinen, empfänglichen Menschen mit feinen Sinnen und einem geläuterten Gefühlsleben. Nun, diese Tugenden kann man alle haben, ohne ein Dichter zu sein; und es ist besser, sie zu haben, als an ihrer Stelle nur das zweifelhafte literarische Talent. Wem aber an der Dichterlaufbahn nur gelegen ist, weil man dabei möglicherweise berühmt werden kann, der soll lieber Schauspieler werden.

Daß Sie zurzeit das Bedürfnis haben, Verse zu machen, das ist an sich weder auszeichnend, noch beschämend. Die Gewohnheit, Erlebtes im Bewußtsein zu klären und in knapper Form festzuhalten, kann Sie fördern und Ihnen helfen, ein wahrer Mann zu werden. Das Dichten kann Sie aber auch schädigen, und es schädigt sehr viele, indem es dazu verführt, Erlebtes rasch hinter sich zu bringen und abzutun, statt es rein auszukosten. Mancher junge Dichter gewöhnt sich, seine Erlebnisse nach ihrem poetischen Aspekt einzuschätzen und wird ein sentimentaler Dekorateur, der schließlich nur noch erlebt, um darüber zu schreiben.

Solange Sie das Gefühl haben, Ihre poetischen Versuche seien Ihnen förderlich und helfen Ihnen, über sich selbst und die Welt klarer zu werden, Ihre Erlebenskraft zu steigern, Ihr Gewissen zu schärfen, solange bleiben Sie dabei. Ob Sie dann ein Dichter sind oder nicht, es wird ein brauchbarer, wacher, helläugiger Mann aus Ihnen werden. Wenn das aber Ihr Ziel ist, wie ich hoffe, und wenn Sie im Genießen oder

Hervorbringen poetischer Literatur das geringste Hemmnis und die kleinste Verführung zu unredlichen Nebenwegen, zu Eitelkeit und Abschwächung des naiven Lebensgefühls erblicken, so werfen Sie alle Dichtungen, Ihre und unsere, weg! Es grüßt Sie mit guten Wünschen Ihr H. H.

(1910)

Ferienlektüre

Ohne Zweifel geht man nicht in die Sommerfrische, um Bücher zu lesen. Trotzdem gibt es viele, die nur in dieser Zeit zu einer ruhigen Lektüre kommen, und manchen, der es nicht im Sinn hatte, zwingen Regentage und andre Umstände zum Lesen. Nach meiner Erfahrung gibt es für Ferienzeiten gar keinen schöneren Vorsatz als den, keine Zeile zu lesen, und nachher nichts Hübscheres, als bei guter Gelegenheit dem guten Vorsatze mit einem wirklich schönen Buche untreu zu werden.

Die Herrschaften, die mit Kindern, Frauen und Dienstboten ins Bad oder in die Berge reisen, pflegen es sich wohl zu überlegen, was mitzunehmen sei. Es kommt kaum vor, daß eine Dame erst in Ostende bemerkt, es fehle ihr an einem neuen Abendkleid, und vom Lederkoffer bis zum Zahnpulver bedenkt man das Unentbehrliche genau. Man sieht sich auch nach Gesellschaft um und reist lieber an denselben Erholungsort mit einem Vetter oder Freunde als mit einem Todfeind. Man wählt alsdann sein Hotel mit Bedacht und wählt darin die Zimmer mit Sorgfalt, und bald weiß man, wo es den besten Kaffee und das kühlste Pilsener gibt.

Alle diese Sorgfalt in Ehren! Dieselbe Dame jedoch, die vom Hut bis zum Stiefelchen nichts Unüberlegtes an sich trägt, die in der Wahl ihrer Freunde so vorsichtig ist und sich durchaus kein Zimmer mit Nordfenstern gefallen läßt, dieselbe Dame bringt ihre Regentage gähnend mit schlechten Büchern hin, denn sie hat natürlich keine Bücher mitgenommen und ist nun auf das angewiesen, was ihr der Kurbuchhändler vorlegt. Der Kurbuchhändler aber setzt sich der Hetze seiner Saisonarbeit keineswegs in erzieherischen Absichten aus und kann ohnehin kein allzu großes Lager führen. Sein Interesse ist es, von einigen wenigen gangbaren Büchern möglichst große Partien abzusetzen. So kauft der Bankier und die Gouvernante, der Amtsrichter und der Chauffeur sich dieselben Memoiren einer flüchtig gegangenen Prinzessin, dieselbe Mordgeschichte und dieselbe Kasernensatire, weil eben das die »Bücher der Saison« sind. Dieselben Leute, die zu Hause den ganzen Goethe ungelesen stehen haben, nehmen niemals einen Band oder zwei davon auf die Sommerreise mit, sondern kaufen jedes Jahr eben wieder die Bücher der Saison, die mit wenigen Ausnahmen im Grunde immer genau dieselben sind und nur Titel und Umschläge wechseln.

Das ist nun, wie vor Weihnachten, für uns Rezensenten die Zeit der Hoffnung, da wir die Federn spitzen und unser Volk zu erziehen unternehmen. Und so will ich es versuchen und von einigen neueren Büchern guter Art berichten, in der stillen Hoffnung, den prinzeßlichen Memoiren und dem Räuberroman etwa einige Kunden zu entreißen. Vorher aber rate ich jedem Sommerfrischler von Herzen zu jenem guten Vorsatz: diesmal gar nichts zu lesen! Denn die Feinde der guten Bücher und des guten Geschmacks überhaupt sind nicht die Bücherverächter oder Analphabeten, sondern die Vielleser.

(1910)

Über das Lesen

Die meisten Menschen verstehen nicht zu lesen, und die meisten wissen nicht recht, warum sie lesen. Die einen sehen das Lesen als einen großenteils mühsamen, doch unumgänglichen Weg zur »Bildung« an, und sie werden denn auch mit allem Lesen höchstens »gebildet«. Die anderen halten die Lektüre für ein leichtes Vergnügen, mit dem man die Zeit totschlägt und wobei es im Grunde einerlei ist, was man lese, wenn es nur nicht langweilt.

So liest denn der Herr Müller den »Egmont« von Goethe oder die Memoiren der Markgräfin von Bayreuth, weil er dadurch gebildeter zu werden und eine von den vielen Lükken auszufüllen hofft, die er in seinem Wissen fühlt. Daß er diese Lücken so ängstlich fühlt und kontrolliert, ist schon ein Symptom dafür, daß er der Bildung von außen her beizukommen weiß und sie als etwas durch Arbeit zu Erwerbendes ansieht, daß also jede Bildung, er studiere noch so viel, in ihm tot und fruchtlos bleiben wird.

Und Herr Meier liest »zum Vergnügen«, das heißt aus Langeweile. Er hat Zeit, er ist Rentier, und er hat sogar weit mehr Zeit, als er aus eigenen Kräften hinzubringen weiß. Also müssen die Schriftsteller ihm helfen, seinen langen Tag umzubringen. Er liest Balzac wie er eine gute Zigarre raucht, und er liest Lenau wie er eine Zeitung liest.

Nun sind aber dieselben Herren Müller und Meier, ebenso wie ihre Frauen, Söhne und Töchter, in anderen Dingen gar nicht so wahllos und unselbständig. Sie kaufen und verkaufen keine Staatspapiere ohne gute Gründe, sie haben erprobt, daß am Abend schweres Essen unzuträglich ist, und sie tun an körperlicher Arbeit nicht mehr, als ihnen zum Erwerb und zur Erhaltung der Gesundheit durchaus notwendig scheint. Mancher von ihnen treibt sogar Sport und hat eine Ahnung von dem Geheimnis dieses merkwürdigen Zeitvertreibs, bei dem ein kluger Mensch sich nicht nur vergnügen, sondern auch verjüngen und stark machen kann.

Nun, ebenso wie Herr Müller turnt oder rudert, so sollte er auch lesen. Er sollte von den Stunden, die er auf seine Lektüre verwendet, nicht weniger Gewinn erwarten als von denen, in denen er sein Geschäft besorgt, und er sollte sich von keinem Buch imponieren lassen, das ihn nicht um eine erlebte Erkenntnis reicher, um einen Schatten gesünder, um einen Tag jünger macht. Er sollte sich um die Bildung so wenig kümmern, als er sich um die Erlangung einer Professur bemüht, und er sollte sich des Umganges mit Romanräubern und Romanzuhältern ebenso schämen, wie er sich des Verkehrs mit wirklichen Schuften schämen würde. Aber so einfach denkt der Leser nicht, sondern er sieht die Welt des Gedruckten entweder als eine bedingungslos höhere an, wo Gut und Böse nicht gilt, oder er verachtet sie innerlich als eine unwirkliche, von Spekulanten erfundene, in die man sich nur aus Langeweile hinein begibt und aus der man nichts mitnimmt als das Gefühl, ein paar Stunden verhältnismäßig angenehm herumgebracht zu haben.

Trotz dieser falschen und geringen Einschätzung der Literatur liest aber sowohl Herr Müller wie Herr Meier meistens viel zuviel. Er opfert einer Sache, die ihm im Herzen nichts angeht, mehr Zeit und Aufmerksamkeit als manchem Geschäft. Er ahnt also dunkel, daß in den Büchern doch etwas verborgen sein müsse, was nicht wertlos ist. Nur verharrt er den Büchern gegenüber in einer passiven Unselbständigkeit, die ihn im Geschäft bald ruinieren würde.

Der Leser, der Zeitvertreib und Erholung sucht, und jener, dem es um die Bildung zu tun ist, vermutet in den Büchern irgendwelche verborgene Kräfte der Erfrischung und geistigen Hebung, die er jedoch nicht genauer kennt und abzuschätzen weiß. Darum tut er wie ein unkluger Kranker, der in einer Apotheke viele gute Mittel verwahrt weiß und sich darum daran macht, die Apotheke Fach für Fach und Glas für Glas durchzukosten. Und doch wäre, wie in der wirklichen Apotheke, so auch im Buchladen und in der Bibliothek für jeden das rechte Kraut zu finden und es könnte jeder, statt sich zu vergiften und zu überfüllen, Stärkung und Erfrischung dort holen.

Es ist für uns Autoren angenehm, daß so viel gelesen wird, und es ist vielleicht unklug, wenn ein Autor findet, es werde viel zuviel gelesen. Aber auf die Dauer macht eben doch ein Beruf wenig Freude, den man überall mißverstanden und mißbraucht sieht, und zehn gute, dankbare Leser sind, trotz der kleineren Tantiemen, besser und erfreulicher als tausend gleichgültige.

Darum wage ich es und behaupte, es wird allerwärts zu viel gelesen, und es geschieht mit diesem Viellesen der Literatur gar keine Ehre, sondern ein Unrecht. Die Bücher sind nicht dazu da, unselbständige Menschen noch unselbständiger zu machen, und sie sind noch weniger dazu da, lebensunfähigen Menschen ein wohlfeiles Trug- und Ersatzleben zu liefern. Im Gegenteil, Bücher haben nur einen Wert, wenn sie zum Leben führen und dem Leben dienen und nützen, und jede Lesestunde ist vergeudet, aus der nicht ein Funke von Kraft, eine Ahnung von Verjüngung, ein Hauch von neuer Frische sich für den Leser ergibt.

Rein äußerlich ist das Lesen ein Anlaß, eine Nötigung zur Konzentration, und es ist nichts falscher, als zu lesen um sich zu »zerstreuen«. Wer nicht gemütskrank ist, der soll sich durchaus nicht zerstreuen, sondern er soll sich konzentrieren, er soll überall und immer, wo er sei und was er tue oder denke oder empfinde, mit allen Kräften seines Wesens dabei sein. So soll man denn auch beim Lesen vor allem empfinden, daß jedes anständige Buch eine Konzentration darstellt, ein Zusammenziehen und intensives Vereinfachen verwikkelter Dinge. Jedes kleinste Gedicht schon ist so ein Vereinfachen und Konzentrieren menschlicher Empfindungen, und wenn ich beim Lesen nicht den Willen habe, selber mit Aufmerksamkeit mitzutun und mitzuerleben, so bin ich ein schlechter Leser. Das Unrecht, das ich damit einem Gedicht oder Roman antue, mag mich nicht berühren. Ich tue durch schlechtes Lesen aber vor allem mir selbst unrecht. Ich bringe Zeit mit etwas Wertlosem hin, ich verwende Sehkraft und Aufmerksamkeit auf Dinge, die mir gar nicht wichtig sind und die ich rasch wieder zu vergessen schon im voraus gesonnen bin, ich ermüde mein Gehirn mit Eindrücken, die mir nichts nützen und die ich gar nicht verdauen mag.

Man sagt oft, an diesem schlechten Lesen seien die Zeitungen schuld. Ich halte das für ganz falsch. Man kann täglich eine Zeitung oder mehrere lesen und dabei konzentriert und freudig tätig sein, man kann sogar dabei im Auswählen und raschen Kombinieren der Neuigkeiten eine ganz gesunde und wertvolle Übung begehen. Während man recht wohl die

»Wahlverwandtschaften«, sei es als Bildungsmeier oder als Vergnügungsleser, auf eine Weise lesen kann, die völlig wertlos ist.

Das Leben ist kurz, und es wird im Jenseits keiner nach der Zahl der Bücher gefragt, die er bewältigt hat. Darum ist es unklug und schädlich, mit wertloser Lektüre Zeit hinzubringen. Ich denke dabei noch gar nicht an schlechte Bücher, sondern vor allem an die Qualität des Lesens selbst. Man soll vom Lesen, wie von jedem Schritt und Atemzug im Leben, etwas erwarten, man soll Kraft hingeben, um reichere Kraft dafür zu ernten, man soll sich verlieren, um sich bewußter wiederzufinden. Es hat keinen Wert, die Literaturgeschichte zu kennen, wenn nicht aus jedem von den gelesenen Bänden uns Freude oder Trost oder Kraft oder Seelenruhe geworden ist. Gedankenloses, zerstreutes Lesen ist geradeso wie Spazierengehen in schöner Landschaft mit verbundenen Augen. Wir sollen auch nicht lesen, um uns und unser tägliches Leben zu vergessen, sondern im Gegenteil, um desto bewußter und reifer unser eigenes Leben wieder in feste Hände zu nehmen. Wir sollen zu Büchern kommen nicht wie ängstliche Schüler zu kalten Lehrern und auch nicht wie Nichtsnutze zur Schnapsflasche, sondern wie Bergsteiger zu den Alpen und wie Kämpfer ins Arsenal, nicht als Flüchtige und zum Leben Unwillige, sondern als Gutgewillte zu Freunden und Helfern. Wenn es so wäre und geschähe, so würde kaum mehr der zehnte Teil von dem gelesen, was jetzt gelesen wird, und wir alle wären zehnmal froher und reicher. Und wenn es dazu führte, daß unsere Bücher nimmer gekauft werden, und wenn das wieder dazu führe, daß wir Autoren zehnmal weniger schrieben, so wäre dies für die Welt durchaus kein Schaden. Denn freilich, es steht um das Schreiben nicht besser als um das Lesen.

(1911)

[Aus der Vorrede zu einer lyrischen Anthologie]

Ein Gedicht zu lesen, ist von allen literarischen Genüssen der höchste und reinste. Nur der reinen Lyrik ist gelegentlich jene selige Vollkommenheit möglich, nur sie erreicht zuweilen restlos jene ganz von Leben und Gefühl durchdrungene ideale Form, welche sonst das Geheimnis der Musik ist.

Wundervoll ist es, ein schönes Gedicht zum erstenmal zu lesen; vielleicht noch köstlicher, ein schon gekanntes, dessen Worte wir noch in ahnender Erinnerung haben, in seiner Ganzheit und Vollkommenheit wieder zu genießen. Manche Völker, vor allem die ostasiatischen, besitzen die Fähigkeit zu diesem edlen Genuß in hohem Maß und haben sie bis zu einer Religion oder auch bis zu einer Virtuosität, je nachdem, ausgebildet. In Europa, zumal im heutigen Deutschland, scheint mit der augenblicklichen Verwirrung aller seelischen Kultur auch diese schöne Fähigkeit sehr notgelitten zu haben: unsere Väter und noch mehr unsere Großväter haben Verse nicht nur zu lesen verstanden, sondern sie haben auch Gedichte in großer Zahl gesammelt, abgeschrieben, auswendig gelernt. Das ist selten geworden, und wir müssen uns davor hüten, ein zartes und edles Organ durch Mangel an Übung weiter verkümmern zu lassen. Es möchte uns sonst mit der Zeit passieren, daß der herrliche Schatz aus deutschen Gedichten älterer Zeit uns ebenso fremd wird und verloren geht wie ein kostbarer Teil der älteren Musik, von deren Werken uns ganze Gattungen durch allmähliche Vergröberung und Vernachlässigung des rein musikalischen Sinnes völlig verloren gegangen sind, die wir mit unseren ärmeren und roheren Mitteln gar nimmer aufzuführen und uns nur in sehnsüchtiger Ahnung einigermaßen vorzustellen vermögen, obwohl wir die geschriebenen Noten in Händen halten.

Das Abschreiben von Gedichten ist heute gewiß nicht mehr nötig. Bücher sind wohlfeil geworden, und der Deutsche hat seine bekannten Klassiker in Gesamtausgaben im Kasten stehen. Der Philister und auch der Gelehrte ist daher geneigt, Anthologien entbehrlich zu finden. Er besitzt ja, eben in jenen Gesamtausgaben, die Gedichte von Goethe, Lenau,

Mörike und anderen; wozu soll er sie doppelt herumstehen haben?

Ja, wozu eigentlich? Denn wenn er sie doch nur herumstehen hat, sind sie ihm freilich entbehrlich. Liest er aber wirklich in jenen vielbändigen Klassikerausgaben, ist er nicht Barbar genug auf den Genuß von Gedichten überhaupt zu verzichten, dann wird ihm auch eine Anthologie willkommen sein, und sei es nur fürs Gartenhaus und für die Reise. Die Möglichkeit, ein schönes Gedicht zu lesen, sollte man immer in der Nähe haben. Und da die Zeit des privaten Sammelns und Abschreibens vorüber ist (als verkalkender Rest davon blieb nur das Poesiealbum der höheren Tochter übrig), muß man wohl das Sammeln, Auswählen und Ordnen einem Vertrauensmann überlassen. Zu diesem Vermittler nun wird sich am besten ein Liebhaber der Dichtung eignen, der viel mit Büchern gelebt hat und welchem die Lyrik seines Volkes nicht nur durch Fleiß und Studium, sondern mehr durch jahrelanges Genießen und Mitleben vertraut ist. Er wird längst seine private Anthologie besitzen, ehe er an die Ausgabe eines Buches denkt, eine Anthologie, die in Abschriften, ausgeschnittenen Blättern, in Notizen und Randzeichen seiner Bibliothek besteht; er wird nicht, um ein Gedichtbuch zu machen, jene »Klassiker« systematisch durchlesen und auswählen, sondern aus Oftgelesenem das Bewährte wählen. Er wird Lieblinge haben und Stiefkinder, und jedes Blättern in seiner Sammlung wird einen stillen Kampf zwischen blinder Liebe und Gerechtigkeit in ihm wecken.

Neuestens haben einige Ästheten einen neuen Einwand gegen alle Blütenlesen erfunden. Daß man mehrere Dichter unter einem und demselben Buchdeckel zusammensperre, meinen sie, sei eine Roheit und komme dem Durcheinanderschütten köstlicher Weine oder Speisen gleich. Man möchte glauben, diesen Überempfindlichen sei die rechte Hingabe an eine Lektüre gar nicht bekannt, da sie immer das materielle Ganze des Buches im Auge behalten müssen! Nicht nur jeder Dichter, auch jedes Gedicht ist etwas Abgeschlossenes und Einmaliges. Wenn es in einer Anthologie mich stört zu wissen, daß außer Hölderlin auch Eichendorff in dem Bande steht, dann müßte es mich beim Lesen von Goethes Gedichten ebenso stören zu wissen, daß einige Seiten hinter

Wanderers Nachtlied die Tischlieder und Scharaden kommen.

Jene Ästheten aber werden, trotz solcher Schnurren, in Deutschland bald die einzigen Männer sein, die noch mit Bewußtsein und Genuß Gedichte zu lesen wissen! Sich an der Blüte deutschen Geistes, an den innigsten und süßesten Tönen deutscher Sprache zu freuen, überläßt man ein paar zart organisierten Sonderlingen!

(1914)

Die Lyrik der Jüngsten

Kein Zweifel, seit einigen Jahren ist eine neue Literatur deutscher Sprache da, oder doch im Werden und angekündigt. Sie tritt mit der Kühnheit und dem Selbstvertrauen auf, das der Jugend zukommt, und sie gibt sich kaum die Mühe, gegen die bisherige Literatur Revolution zu machen; die Dichtung, die bis heute galt, wird nicht angegriffen, sondern eher mit verächtlichem Achselzucken abgelehnt. Es wird ihr nicht nur vorgeworfen, daß sie keine großen Männer habe, sondern mehr noch, daß sie steril und berufsmäßig mit dem Erzeugen gangbarer Dichtwerke beschäftigt sei, statt mit der vulkanischen Urkraft und in der heiligen Ehrfurcht zu schaffen, die erst den Dichter macht. Man kann darauf wenig erwidern, vor allem wäre es ganz falsch, den Jüngsten ihre eigenen Verse und Aufsätze entgegenzuhalten und ihnen zu demonstrieren, wie die Hälfte auch dieser Verse Nachahmung und Schule, Routine und Fabrik ist. Denn darauf kommt es nicht an, was diese Jüngsten bisher gemacht haben, das Entscheidende ist das neue Gefühl, der neue Wille, der Bruch mit dem Gestern. Es wäre allzu leicht, aus den Dichtungen dieser Jugend Beispiele auszuwählen, nach denen der Philister (und nicht nur er) sie allesamt entweder für reine Idioten oder für sinnlose Anarchisten und Zerstörer halten würde. All das wäre falsch und wäre ungerecht, es wäre auch sehr töricht, denn es kommt für uns Ältere nicht darauf an, die neue Jugend zu widerlegen und irgendwie abzutun, sondern sie zu verstehen und sie, soweit wir irgend können, erkennend lieben zu lernen.

Da wäre das Nächstliegende, sich nach den Namen umzusehen, die wir schon kennen und die von den Neuerern als Führer und Väter anerkannt werden. Ich nehme dabei die in Leipzig erscheinenden »Weißen Blätter«, deren erste Hefte mir vorliegen, etwas summarisch für das Organ und den Ausdruck der jüngsten Bestrebungen überhaupt, und ich gehe nicht auf Personen und Einzelmeinungen ein, sondern suche den Durchschnitt auf, suche eine mittlere Linie, eine ungefähr für alle geltende Gesamtstimmung. Doch fällt zunächst auf, wie wenige von den uns schon bekannten Autoren an den Blättern der Jungen mitarbeiten oder zugelassen sind. Die Jugend, so sehr sie über Cliquenwesen und Trusts der Anerkannten zu klagen pflegt, ist selber bekanntlich stets unduldsam, exklusiv und puritanisch gesinnt. So sind es nur ganz wenige uns geläufige Namen, die wir in den Blättern der Neuen wiederfinden, und es sind nicht die besten, sondern nur die äußerlich markantesten, auffallendsten, vom Gewohnten am meisten Abweichenden. Vielleicht der Beste ist der famose Herbert Eulenberg. Neben ihm aber verehrt die Jugend einige Artisten, die wir Älteren schon als erbleichende Sterne einer absterbenden Welt betrachten, um ihrer lustigen Maskenkünste willen, und man sieht mit Verwunderung, wie unsere Nachfahren Hauptmann ganz, Dehmel fast ganz, sogar Wedekind noch teilweise, als alte Schule empfinden, aber Alfred Kerr und Franz Blei gelten lassen. Das sind offenkundige Irrtümer. Es wäre jammervoll, wenn aus dem Ernst und der Inbrunst der jetzigen Jüngsten wieder ein Karneval würde, der mit Kostümen und Tapeten arbeitet. Indessen ist das kaum zu fürchten. Wir sehen die »Weißen Blätter« mit Bedauern feststellen, daß die jüngste Zeit keine Dichter gehabt habe, und sich zu Dostojewski, Flaubert, Whitman bekennen. Hölderlin kommt dazu, und so sieht man denn die Neuen vor denselben Göttern beten, die auch uns Bisherigen heilig waren. Das weckt Vertrauen. In den Gedichten der Heutigen finden wir denn auch wirklich eine Wendung zu Pathos und musikalischer Weite. Ihr widerstreitet eine gelegentliche Freude am Schnoddrigen, Nachahmung von Dehmels Berliner Lyrik, und bei einzelnen eine ins Pubertätsalter gehörende Zuchtlosigkeit in den erotischen Vorstellungen. Das sind einige von den Punkten, wo mir der so frisch begangene, neue Weg zu mißfallen beginnt. Das Verwenden der blutigsten Berliner Gassenausdrücke nicht im Dialog, sondern mitten im lyrischen Gedicht, Vers an Vers mit dem Pathos und dem gepflegten Wohlklang, das ist für mich – und hier fühle ich mich als Altmodischer etwa wie ein Liebhaber der vormodernen Musik – ein Fall ins Chaos und ein kultureller Rückschritt. Die erotischen Entgleisungen stören mich weniger. Immerhin entsteht Persönlichkeit und Kultur der Persönlichkeit auf keinem anderen Wege als auf dem des Vergeistigens der tierischen Triebe,

und schon von diesem Gesichtspunkt her scheint die Kopro-
philie in der Dichtung zukunftslos.

Aber das sind einzelne Entgleisungen. Die Frage ist: Sind
denn im ganzen die Ideen dieser Neuerer etwas wert? Sind
sie besser als Bisheriges? Knüpfen sie an Wertvolles aus
frühern Zeiten an? Versprechen sie eine Zukunft? Haben
wir mit der beginnenden neusten Dichtung als mit einem zu
hassenden Feinde zu rechnen oder als mit einem verirrten
Kinde, oder eher als mit einer wirklichen Macht, vor der wir
gern den Hut abziehen?

Diese Frage nach der tiefen Berechtigung, nach dem wirklichen Wert des herankommenden Neuen ist rasch zum
Schweigen gebracht. Man braucht nur einige von den besten
Gedichten, einige von den wertvollsten Aufsätzen und Be-
kenntnissen der Jungen zu lesen, um zu sehen: Hier ist
Leben, hier ist Ehrlichkeit, hier ist Zukunft. Nicht nur Jugend ist da, Jugend mit ihrem Trotz und ihrer Spielerei, mit
ihrer Vergeßlichkeit und ihrem bitteren Ernstnehmenkön-
nen; es ist, darüber hinaus, etwas tatsächlich Neues da, die
Ahnung eines neuen Gefühls, einer neuen Freude am Leben,
eines neuen Menschentums. Es ist dasselbe Menschentum,
dem auch wir zustreben, es ist dasselbe Paradies, das auch
wir ahnen und suchen, aber es ist in den Träumen der
Jüngsten wieder um eine halbe Generation jünger geworden,
glänzt in neuen Farben, lockt mit neuen Tönen. Nein, sie
haben recht, unsere heutigen Stürmer, und sie haben recht
auch mit manchen ihrer Anklagen gegen die Zeit, in der sie
aufwuchsen, gegen die Literatur, die heute am Ruder ist. Sie
hauen übers Ziel hinaus, sie wollen den verborgenen Edel-
stein im Werke Hauptmanns, das Feuer und die tiefe Erlö-
sungssehnsucht Dehmels, den Schmelz Hofmannsthals, sie
wollen alles Gute und Zarte, Ehrliche und Fleißige in unserer Literatur nicht sehen, nicht anerkennen, und das ist ja
auch nicht ihre Sache: sie, die Jungen, haben nicht die
Aufgabe, uns Vorgänger zu rechtfertigen, sondern sich selber durchzusetzen und sich von allem zu befreien, was Altes,
Faules, Hemmendes da war. Daß sie in Schulen gegangen
sind, um deren Errichtung andere vor ihnen gekämpft und
geblutet haben, daß sie Erben sind und später einmal daran
denken sollten, das alles kommt heute nicht in Betracht, das

alles muß ihnen Nichts sein neben dem einen Gefühl: wir sind da, wir sind jung, wir wollen das Gute, das Bessere, das Einzige. Daß andere zu ihrer Zeit dasselbe gefühlt haben, daß viele von ihnen treu geblieben sind und mit ergrauenden Haaren noch gläubig nach den Sternen blicken, daß wir Ältere überhaupt, ob gut oder schlecht, nicht gerade gerne schon Platz machen und unsern Unwert bekennen mögen, das alles zu bedenken, hier Gerechtigkeit zu üben, da Maß zu halten, dort nicht unnütz zu verletzen, das alles ist nicht die Aufgabe der Jugend! An uns aber ist es nicht nur, jenes Maß und jene Gerechtigkeit zu üben, sondern auch die Zukunft im gärenden Jetzt zu erspüren und ihr recht zu geben, sie möge nun über unsere Gräber weggehen oder nicht. Der Vorwurf der Geschäftsmäßigkeit, den man unserer Literatur macht, ist verdient, und daß mancher von uns nur darum mehr als nötig produzierte, weil ein beständiges wildes Arbeiten ihn über Miseren der Zeit allein zu trösten vermochte, das brauchen die Jungen nicht zu wissen, brauchen nicht daran zu denken. Sie sollen zeigen, daß sie Fehler und Krankheiten erkannt haben und sie vermeiden wollen, sie sollen zeigen, daß sie voll guten Willens sind! Daß sie selber vielleicht schon heute vieles produziert haben, was entbehrlich ist, haben wir ihnen nicht vorzuwerfen.

Indessen sollen wir auch nicht ein nur scheinbares Anerkennen und freundliches Totloben üben. Wem es um die Dichtung unserer Zeit ernsthaft zu tun ist, wer in dieser Dichtung die Gebärde und das Zucken der Menschenseele in immer neuen Wandlungen sieht und mitzuerleben gewillt ist, der wird in den Gedichten der Jüngsten Regungen und Klänge finden, die von neuen Träumen, neuen Qualen, neuem Wollen reden, vage Gebärden eines umgestimmten Lebensgefühles. Es wäre Todsünde, das durch Skepsis zu verderben, das aus Bequemlichkeit von sich abzuhalten.

Schwer fiele es mir, auf eine Besprechung einzelner Dichter und Werke einzugehen. Mein Urteil, meine Erwartung, meine Teilnahme beruht auf einem Gesamteindruck, nicht auf Einzelfunden. Aber eben das Vorhandensein einer starken Gemeinsamkeit, einer typischen Gesamtstimmung ist der stärkste Eindruck, den man beim Lesen der »Weißen Blätter«, der Gedichtbücher von Paul Zech, Franz Werfel,

René Schickele, Ernst Stadler hat. Im Verlage von Kurt Wolff in Leipzig sind außerdem eine Reihe von kleinen, dünnen, billigen Bändchen mit Dichtungen von Werfel, Boldt, Sternheim, Mathias und anderen erschienen. Man stößt in diesen Gedichten zuweilen auf Freches, gesucht Grelles, bizarr Gewolltes, und zwar bei allen diesen Dichtern, aber bei allen, und zumal bei Franz Werfel, auf soviel Schönes, in aller Neuheit sofort Erfaßbares, daß man schon in diesem Franz Werfel, in Schickele, in Kurt Hiller und anderen positive Züge der dichterischen Zukunft erkennt. Die neue Dichtung wird von nichts anderem handeln als die alte, sie wird das Leben preisen und am Leben zweifeln, sie wird den Geist als Überwinder der Sinne und die Sinne als ewige Quellen für den Geist lobpreisen, sie wird Augenblicke seelischen Erlebens aufzubewahren suchen. Aber sie liebt das Leben anders und um anderer Kleinigkeiten wegen als wir und als unsere Väter, sie hört in der Natur andere Stimmen, ist aus Technik, Großstadt, Weltverkehr mit einer anders gefärbten Jugend, einem an Neuem geschulten Beobachten hervorgegangen. Ihr Lied hat neue Töne, schöne Töne, befremdende Töne, entzückende und bezaubernde, häßliche und verstimmende, und es schwelgt vielleicht noch etwas trunken im eigenen Gefühl seiner Neuheit, aber es klingt stark und echt, dies neue Lied, und es strömt aus Quellen, denen wir die Ehrfurcht nicht versagen dürfen.

Die neue Dichtung ist noch nicht da, sie ist noch halb Zukunft, geht noch in die Schule, verliebt sich noch in Gesichter, die später enttäuschen, aber sie hat Bewußtsein erlangt und tut ihre ersten Gänge in die erstaunte Welt, und ist so schön und so drollig, so lächerlich und so tiefernst, wie nur ein ganz junger Mensch an dem Tage sein kann, wo er zum erstenmal ein Gedicht geschrieben und zum ersten oder zweiten Mal sich in ein blaues Kleid und ein lichtes Gesicht verliebt hat.

Die Literatur der neuen Generation sei von uns begrüßt, aber nicht rezensiert, sie ist noch nicht vorhanden für den Leser gangbarer Bücher, man schenkt sie noch nicht zur Weihnacht. Als erste Vorläufer der ganzen Bewegung seien, außer Wedekind und Dehmel, auch Robert Walser, Max Brod, Alphons Paquet mit Anerkennung genannt. Für den,

der etwa Willens ist, das Neuland selber zu betreten, empfehle ich nebst den »Weißen Blättern« und der kleinen
Büchersammlung »Der jüngste Tag« (bei Kurt Wolff) folgende neue Lyrikbücher:

Franz Werfel, »Der Weltfreund«; Franz Werfel, »Wir
sind«; René Schickele, »Die Leibwache«; René Schickele,
»Weiß und Rot«; Paul Zech, »Die eiserne Brücke«; Ernst
Stadler, »Der Aufbruch«.

(1914)

Deutsche Erzähler

Die Kriegszeit nötigt uns, des eigenen Wesens wieder möglichst klar bewußt zu werden. Nicht um jede Spur fremden Einflusses mit dem Messer auszuschneiden, sondern um zu sehen, auf welchen Anlagen unsre Ansprüche auf die Mitbestimmung der Weltgeschichte eigentlich beruhen. Und nebenher mag man wohl auch das Experiment machen und auszuprobieren versuchen, wie weit wir Deutsche auch im Geistigen bei einer Beschränkung auf die eigene Produktion zu bestehen vermöchten.

Bei der Musik dürfte das nicht schwer fallen, obwohl auch von der Selbständigkeit deutscher Musik natürlich wenig übrig bliebe, wenn man versuchen wollte, sich die Vorgeschichte, die italienischen Lehrmeister, wegzudenken. Indessen war es immer gerade ein deutsches Ideal, Fremdes dankbar aufzunehmen, es sich nicht nur äußerlich anzueignen, sondern innigst zu assimilieren. Immer ist mir die deutsche Tugend oder Schwäche, sich in Fremdes ganz zu versenken, als das Zeichen einer denkerischen Überlegenheit und Duldsamkeit erschienen, als ein sehr stolzes Nichtanerkennen von Zoll- und Rassegrenzen im rein Geistigen!

Wieviel Italien steckt in Mozart, und wie deutsch ist er geblieben! So steht es mit Dürer, so mit Goethe. Doch ist wohl die Musik die einzige Kunst, in welcher ein Deutscher von hohen Ansprüchen zur Not ohne alle Anleihen bei fremden Nationen bestehen könnte, und die hohen Ansprüche wollen wir doch wahrlich nicht aufgeben. In der Literatur ist davon keine Rede; dazu war der deutsche Geist von jeher zu kosmopolitisch, zu ehrfürchtig vor dem überlieferten Besten, vor Homer und vor Rom. Dennoch ist die deutsche Literatur reich genug! Sie hat keinen Ariost, sie hat keinen Swift, sie hat keinen Dostojewski; aber sie gäbe um keinen von ihnen Goethe her und auch nicht um alle drei. Bleibt noch Shakespeare, der nah Verwandte, den sich Deutschland inniger zu eigen gemacht hat als des Dichters eigene Heimat.

Machen wir einmal eine Probe und denken wir uns, wir wären in unserer täglichen Lektüre für längere Zeit einmal einzig auf unsere eigene Literatur angewiesen, auf die deutschen Erzähler also; denn Erzählungen (Romane, Novellen) sind es ja doch, die unsere Lektüre der Masse nach beherrschen. Wir schließen dabei die moderne Produktion aus, als nicht endgültig beurteilbar, und wir lassen nur Dichter und Werke gelten, denen wir einen überzeitlichen, von aller Mode unabhängigen Wert zuerkennen müssen. Wegbleiben muß für unseren Zweck leider auch die ganze ältere Dichtung, soweit ihre Sprache nicht mehr die unsere und dem heutigen Gebildeten nicht mehr ohne weiteres verständlich ist. Es bleibt also die Zeit etwa vom Dreißigjährigen bis zum Siebziger Krieg.

Ich stelle mir diese Auswahl von Werken als eine Hausbibliothek vor, und ich versuche später, in Kürze diese ideale Bibliothek, natürlich ohne den Ehrgeiz nach Vollständigkeit, zu charakterisieren. Dabei spreche ich von manchen berühmten Büchern so, als kennte sie niemand, und suche ganz zu vergessen, welche Schande es eigentlich ist, daß tatsächlich fast niemand sie kennt. Und ich stelle mir mit Vergnügen einen gebildeten modischen Vielleser vor, der in dieser Bibliothek eingeschlossen säße und nun genötigt wäre, sich einmal mit Erstaunen in dem Gebäude der deutschen Dichtung umzusehen, von dem er bis dahin beinahe nur den Dachstock kannte.

Das Erzählen hat ursprünglich natürlich keine andere Absicht, als eine erlebte, gehörte, geträumte Begebenheit möglichst richtig wiederzugeben. Zuweilen kommt hoch ausgebildete, ja raffinierte Kunst wieder zu dieser Art vollkommen sachlichen Erzählens zurück, obwohl selten, und dann liegt in der bewußten Unterdrückung alles Subjektiven, aller Parteinahme, ein hochgezüchteter künstlerischer Wille. Zumeist jedoch entsteht Kunsterzählung gerade durch ein Vordrängen des Subjektiven, zunächst in der Wahl der Stoffe, und schließlich gedeiht, zumal in der deutschen Dichtung, diese Subjektivität so weit, daß für den nicht mehr naiven Leser die Geschichte selbst zur Nebensache, zum bloßen Mittel des Autors wird, seine persönliche Stellung zur Welt, sein persönlich gefärbtes Lebensgefühl und Temperament auszudrücken. Hier zweigen tausend Wege zu Variationen, zu Originalitäten ab, und es wird klar, daß es ganz an der Person des Dichters, an seiner Geistigkeit, seinem Talent, an der Färbung seiner Seele liegt, welche Gestalt seine Geschichte annimmt. Wir erkennen nun auch schon, daß es eine völlig freie »Wahl der Stoffe« überhaupt nicht gibt, daß der individuell Erzählende bis zu einem hohen Grade sich den Objekten gegenüber leidend verhält. Unmöglich, daß Kleist den »Stoff« einer Stifterschen Erzählung je »gewählt« hätte. Undenkbar, daß Mörike den »Michael Kohlhaas« zu erzählen unternähme.

Wonach werten wir nun? Nach welchem Maßstab, welchem Gesetz, welchem Gefühl finden wir einen Roman, eine Novelle wertvoller als andere?

Da ergeben sich alsbald die beiden einzigen Möglichkeiten der naiv-menschlichen und der ästhetisch-formalen Wertung. Wir können eine Geschichte lieben und ihr Wert zuschreiben, weil uns das Talent des Dichters entzückt, weil sie rein künstlerisch betrachtet ein wohltuendes, harmonisches Gebilde ist. Oder wir lieben sie, weil der Dichter uns als Mensch zusagt und imponiert, weil seine Auffassung des Tuns und Geschehens uns groß, gut, gescheit, klar erscheint und uns im eigenen Betrachten des Lebens zu fördern verspricht. Unter leidlich gesunden Menschen, denen der Zweifel an sich selber fremd ist, wird der Leidenschaftliche am Dichter die Leidenschaftlichkeit, der Gescheite die Gescheitheit, der Gütige die Güte lieben; unter schlechter balancierten Lesern wird sehr häufig das Gegenteil eintreten, daß der stark Geistige nach naiver Sinnlichkeit, der Unbeherrschte nach beherrschter Kühle hungert. Und bei den Dichtern finden wir ebenso, daß ihre Figuren bald Spiegelungen und Bestätigungen des Autors, bald gegensätzlich organisierte Typen seiner Sehnsucht sind. Indessen steht über diesen individuellen Standpunkten unbewußt bei jedem das Überindividuelle, vom Stammes- und Familiencharakter bis zum international Menschlichen.

Am höchsten werden uns denn immer jene Werke stehen, von welchen wir uns ebenso menschlich bestärkt wie ästhetisch befriedigt fühlen. Und der ideale Autor wäre der, bei welchem sowohl Talent wie Charakter ein Maximum darstellte. Nun ist es niemandem gegeben, seine eigene Natur wesentlich zu steigern. Der einzige Weg zu einer solchen Steigerung liegt für den Künstler eben im Ringen nach einer möglichsten Angleichung von Talent und Charakter. Der Könner, dem wir zutrauen, er hätte von allen seinen Sachen ebensowohl das Gegenteil machen können, ist uns verdächtig und wird uns bald zuwider. Und stets siegt am Ende das menschliche Urteil über das ästhetische. Denn wir verzeihen dem Talent nicht leicht, das sich mißbraucht, wohl aber verzeihen wir dem menschlich wertvollen Werke manchen offenkundigen Formfehler. Wir rechnen der groß gewollten Dichtung ein formales Scheitern (wozu das Nichtfertigwerden vieler großer Werke gehört), wir rechnen dem aufrichtigen Gefühl eine unbeholfene Gebärde nicht unerbittlich an; hingegen verzeihen wir es dem Könner niemals, wenn er etwa versucht, seelisch und gedanklich mehr zu geben als er hat.

Jenen Einklang von Talent und Charakter kann man einfacher als Treue zum eigenen Wesen bezeichnen. Wo wir sie finden, haben wir Vertrauen. Wir sehen nur mit Mißbehagen zu, wenn ein biederer Erzähler ohne Not witzig zu sein versucht. Aber wir lieben und bewundern an einem starken Dichter den Aufstieg zum Humor, und der Schwächere, intellektuell Überlastete bleibt uns lieb und wert, wenn wir ihn den Notausgang in die Ironie gewinnen sehen. Und am sichersten wurzelt unser Vertrauen, wenn wir bei einem Dichter Eigenschaften finden, die wir als Volks- oder Stammeseigentum wiedererkennen.

Immer aber begehrt unser nicht zu täuschender Instinkt von der Dichtung ein heimliches Übereinstimmen mit dem Lebenswillen überhaupt. Man darf das nur nicht parteiisch einengen wie die einseitigen Verehrer der Heimatkunst, des Erdgeruchs und der Gesundheit. Das Leben hat überall recht, und der feine ermüdete Spätling eines alten Geschlechtes ist von der Natur nicht minder gewollt und steht ihr um nichts ferner als der strotzendste Naturbursche. Sonst wäre jede Bauernbubengeschichte an sich wertvoller als der »Hyperion«, und jeder flotte Kapellmeistermarsch stünde über Chopin. Weist man diese plumpsten Mißverständnisse ab, so bleibt doch immer bestehen, daß alle das Leben verneinende Kunst in sich uneins und tief verdächtig ist. Kein Vorgang, der nicht erzählbar wäre, Kleist und andere haben Furchtbarstes so erzählt, daß wir ihnen dafür danken. Das

Gräßliche, grausam Zufällige aber, ohne von der Liebe, dem Verstehen des Dichters verklärt zu sein, wirkt erkältend und tief niederschlagend. Ein klassisches Beispiel dafür ist die gräßlichste Geschichte unserer vormodernen Literatur, die ich kenne, Hebbels kunstvoll komponierte Novelle »Die Kuh«. Nicht ein Strich darin brauchte verschönt, gemildert, verfälscht zu sein, aber man müßte die Teilnahme des Autors dahinter fühlen, eine gar nicht ausgesprochene meinetwegen, eine ganz latente, ganz indirekt sich mitteilende, aber doch eben eine Teilnahme. Sie fehlt, und das Ganze, das traurig und großartig schrecklich sein könnte, wirkt lediglich gräßlich.

Im übrigen, ob ein frischer, jugendlicher Dichter das Leben in Bausch und Bogen lobpreist, ob ein mißtrauischer Leidender ihm sehnsüchtig zarte Nuancen abhorcht und mit ängstlicher Liebe über schon sich lösenden Fäden lauscht, sie tun beide wohl, sie tun beide, was Natur von ihnen will. Ob ein naiv Liebender Baum und Fels umarmt, oder ob ein Kind des sich neigenden Lebenswillens mit behutsamer Schonung über die hübschen Spiele der alten Maja lächelt, sie tun beide das ihre, sind beide fähig, Künstler zu sein, sind ihrem Wesen treu. Und noch im Sehnsuchtsschrei des Unseligen, der sich wünscht, nie geboren zu sein, triumphiert Leben, stöhnt dunkle Wollust des Seins.

Es gibt uns nun jeder Dichter um so mehr, je vollkommener er seinen Typ ausspricht. Der Melancholiker wird nicht lebenfördernder, indem er seine Träne unterdrückt, und der, dessen Lebensgefühl ein abendliches und auf Wehmut gestimmt ist, bejaht nur desto inniger, je tiefer er in jeder Lust den Stachel und über jeder Schönheit den bangen Schatten erfühlt. Der Dichter mit dem falschen Optimismus ist nicht besser, und er ist gefährlicher (weil häufiger) als der Dilettant, der ohne Notwendigkeit nach der düster umflorten Leier greift. Sie sind beide Narren, sonst nichts. Sinnvoll und wertvoll und tröstlicher Wirkung fähig aber ist jedes gestaltete Lebensgefühl, jedes Pathos, jedes Lachen, jede Schwermut. Nur freilich wächst Wert und Bedeutung jedes Dichters mit dem Umfang seiner Seele, und wer außer Werther auch noch Wilhelm Meister sein kann, ist mehr als jeder der beiden allein. Wer aber etwas à la »Wilhelm Meister« verfaßt, während er gerade ebensogut etwas wie einen »Werther« verfassen könnte, ist höchstens ein Talent.

Ob ein Dichter Wirkung tut, liegt also letzten Grundes nie an einem Einzelvermögen, an Technik, Gescheitheit, Geschmack, sondern an der Rassigkeit seiner Natur, in der Vollkommenheit und Wucht, mit welcher er seinen Typ ausdrückt. Ein klares Eingestelltsein zum Leben, ein innerstes Gefühl für das ihm Notwendige, eine erfühlte, nicht erklügelte Harmonie mit dem Lebenswillen der Natur, das entscheidet.

In dem Abschnitt unserer Geschichte, von dem hier die Rede ist, hat die deutsche Prosa eine reiche Entwicklung erfahren, eine viel reichere als etwa der Vers, dessen Kultur vor Jahrhunderten in Deutschland höher stand als heute. Ohne daß die Sprache des siebzehnten, ja des sechzehnten Jahrhunderts für uns schon abgestorben und fremd geworden wäre, hat unsere Prosa eine Biegsamkeit und einen Nuancenreichtum gewonnen, der in der offiziellen Anwendung unserer Sprache längst zu einer seltsamen Unsicherheit und Verlegenheit führte, der dem Talent aber eine unendliche Individualisierung des Ausdrucks erlaubt. Der Technik des reinen Erzählens, die in Italien, Spanien und Frankreich schon hoch entwickelt war, hat diese Differenzierung der Schriftsprache kaum genützt. Dafür hat sie den Dichtern ein Sicheinschmiegen und Mitschwingen und sprachliches Musizieren ermöglicht, ohne welches unsere feinsten Werke, bei sonst gleichen Voraussetzungen, ihren innigsten Zauber verlören. Hier tat sich ein Weg auf, seines Persönlichsten in der Sprache froh zu werden, ein Abweg oft, und er führte oft zu Verirrungen, aber nicht selten auch zu Gebilden von einer neuen Schönheit. Wie etwa die dichterische Frömmigkeit aus der geistlichen in die weltliche Dichtung floh, so floh und versteckte sich immer häufiger die verschämteste Poesie in der Prosasprache. Am Ende dieses Weges liegt das, was man den rein musikalischen Roman nennen kann, ein Gebilde, das nie als Norm wird gelten können, das vielen traurig mißglückt ist, an dessen Wert und exzeptioneller Schönheit aber niemand zweifelt, der je den »Hyperion«, die »Hymnen an die Nacht« verstehend gelesen hat. Noch um eine schmale Linie weiter wird daraus die in sich selbst schwelgende dichterische Prosa des Zarathustra. Wir sehen, schon vor Goethe bei Geßner und anderen, später namentlich bei den Romantikern, die Lyrik in die Erzählung eindringen, wir sehen die solide Form der Erzählung immer wieder von Schwärmern zerstört, immer wieder von einzelnen Puritanern mit festem Griff reformiert, und während man weit davon entfernt war, den Roman als jüngste Gattung der Dichtkunst zu einer fest begrenzten Form heranzupflegen, blieb das weite Feld jedem offen, der vor den Forderungen bestimmter Form sich scheute. Anderwärts, zum Beispiel in England, bildete man, freilich zusammen mit einer bürgerlichen Moral und politischen Norm, im Roman eine klare Form heraus, die noch heute herrscht, und sie begünstigt wie damals das fügsame Talent, läßt aber den rücksichtslos Genialen nicht zu. Bei uns hat schon Goethe, wie im »Faust« das Drama, so im »Wilhelm Meister« den Roman gesprengt durch den herrlich weit geplanten Versuch, die ganze Welt in einem Buch auszusprechen. Wenn dennoch die Kultur des Romans uns nicht ganz verloren ging und wenn die Neueren, im Wollen bescheidener, ihn wieder als Kunstform zu pflegen vermochten, so war es die Romanliteratur des Auslandes, die das ermöglichte. Die großen deutschen Romane vor der modernen Zeit, bis zum »Grünen Heinrich«, sind fast alle nicht Muster, sondern Abarten dieser Erzählungsform. Aber was für Abarten! Der »Wilhelm Meister«, der »Hyperion«, die »Flegeljahre«, der »Heinrich von Ofterdingen«, der »Maler Nolten«! Den großen deutschen Leistungen auf diesem Gebiete ist unendlich wenig Formales gemeinsam, oft scheinen sie voneinander nichts gelernt zu haben als die Fehler. Gemeinsam ist ihnen jedoch die Hauptsache: die Treue des Dichters gegen sich selber und die Weite des Wollens, der oft bis zum Tragischen gesteigerte Wille, eine Welt nach seinem Bilde, nach seinem Rhythmus zu schaffen.

Daß jederzeit neben den Dichtern auch noch eine Zunft von Handwerkern und Fabrikanten am Werke war, dürfen wir vergessen. Ihre Bücher sind untergegangen. Mit Ausnahme Jean Pauls ist kein einziger der großen deutschen Prosadichter zu seiner Zeit sehr populär gewesen, Goethe schon gar nicht, der nie wieder einen so raschen und großen Erfolg wie den des »Werther« erlebt hat. Der »Hyperion«, der

»Nolten«, der »Grüne Heinrich« fanden ihre Leser erst nach Jahrzehnten.

Nach all diesem steht es also so mit uns, daß unsere besten Autoren eigentlich gar keine Erzähler sind? Daß unsere besten Romane heimliche Lyrik, verkleidete Philosophie, Orgien der sich selbst genießenden Sprache sind? Nun, so schlimm ist es nicht. Unter den Orgien sind solche von heiliger Art, unter den Formungeheuern sind wirkliche Wundertiere, und außerdem sind doch auch noch einige Meister da, denen die Objektivität reinen Erzählens nie verloren ging und mit denen wir, selbst wenn jene Schwärmer überall verlacht würden, uns noch recht wohl neben den Franzosen und Engländern sehen lassen können. Es ist aber gar nicht die Rede davon, daß etwa Goethe und Novalis vom Auslande verlacht würden, obwohl man sie dort für Phantasten hält. Man nimmt tief den Hut vor ihnen ab und gibt zu, das sei nun etwas, was man als Nichtdeutscher wohl nie ganz verstehen könne, aber höchlich bewundern müsse. Von unsern Romantikern, die es gewiß dem Leser nicht immer leicht machen, ist der mit der zugespitztesten Erzählform, Hoffmann, in Frankreich geradezu populär gewesen. Das kann uns genügen. Und wir können dafür von einigen der besten Franzosen und Engländer lernen, von Gerard de Nerval, von Carlyle und andern, jene Heiligtümer unserer Dichtung mehr in Ehren zu halten. Es sind, auf allen Gebieten, nicht die billigen Massenartikel, mit denen Deutschland die Welt dauernd erobern kann, sondern es sind mehr die Taten und Werke von der Art des »Grünen Heinrich«, des »Hesperus«, des »Wilhelm Meister«. Im Auslande gönnt und erlaubt man uns solche Werke heute weniger duldsam als früher, wo Deutschland kein Konkurrent war. Ein Grund mehr, uns durchzusetzen.

Wir müssen zugeben, unsere erzählende Literatur ist keine Pflanzschule mit solider Ordnung und systematischer Entwicklung, sondern ein wilder Garten, voll von Zufall und eigenwilligem Gewächs. Anarchie und Selbstzerstörung, Bilderstürmerei und fanatischer Götzendienst, alles kommt bei uns vor, und wir haben dafür keine Entschuldigung, so wenig wie für die Länge unserer Nasen. Wir haben diese Literatur von Dichtergeschlechtern überkommen, denen das Publikum meistens unsäglich nebensächlich war. Und eine Akademie war auch nicht da, sondern jeder tat wie er mochte, und wenn einer einen Hoforden bekam, so hielten ihn die andern für einen Streber. Unsere neue Literatur hat keine gute Kinderstube gehabt. Aber es ist nicht dieser Mangel, der sich in den letzten Zeiten rächen zu wollen scheint.

Genug der Einleitung. Man kann über das alles verschieden denken. Man kann auch in unserer Dichtung seit zwei, drei Jahrhunderten eine ganz geradlinige und sichtlich von Gott gewollte Entwicklung finden, wenn es sein muß. Es muß aber nicht sein, und es liegt überhaupt wenig daran, wie wir uns das zurechtlegen wollen. Die Weltanschauungen sind seit dem Kriege ja auch wieder billiger geworden. Es liegt nichts daran, was für Linien wir in der Geschichte unserer Dichtung sehen oder konstruieren. Viel aber liegt daran, ob wir unseren Schatz an Ererbtem mit der dankbaren Ehrfurcht pflegen und blank halten wollen, die man den Taten der Ahnen schuldet, oder ob wir diesen alten Herren Dichtern als gönnerhafte Parvenüs auf die Schultern klopfen wollen. Auch die Dichtung ist keine Pilzzucht, wie die Leser des ewig Neuesten meinen, sondern auch hier ist der Atem eines Volkes lang und sein Herzschlag langsam. Wer erst die Scheu überwunden und den ungewohnten Altersduft eine Weile eingesogen hat, der wird auch sehen, daß die Dichtung zweier Jahrhunderte nicht nur ehrwürdiger, sondern auch weit interessanter ist als die eines Jahrzehntes. Und er wird merken, daß manche, sogar viele Bücher aus den siebziger, aus den achtziger, aus den neunziger Jahren schon uralt geworden sind und nach Verwesung duften, während der alte Grimmelshausen, der alte Goethe und andere solche Riesenfiguren unter ihrem leichten Pelz von Moos und etwas Schimmel ganz und unbeschädigt und fabelhaft lebendig geblieben sind.

Die neuere deutsche Erzählungskunst beginnt mit Werken von jener naiven Vollkommenheit, wie sie nur primitive Zeiten leisten, mit den wunderschönen anonymen »Volksbüchern«. Hier ist in guter, volkstümlicher Prosa fast alles das erzählt, was zuvor in den großen Versepen und in lateinischen Geschichtenbüchern an Stoffen überliefert war. »Magelone« und »Genoveva«, die »Heymonskinder« und »Fortunatus«, sie sind alle dem deutschen Volk vertraut geblieben und in immer neuen Bearbeitungen verbreitet worden. Von den neueren Bearbeitungen – es sind recht geringe darunter – sind die von Richard Benz wohl die solidesten. Den Volksmärchen ähnlich, enthalten fast alle diese Geschichten uralte typische Stoffe, menschlichen Urtrieben und Wunschträumen entsprechend, und sind schon dadurch einer gewissen Ewigkeit sicher, außerdem sind einige von ihnen vorzüglich erzählt und vorgetragen, sie atmen – für uns Spätere ein sehnsuchterweckender Duft! – die mittelalterliche Atmosphäre religiöser Geborgenheit, wie sie etwa auch jedes arabische Märchen beruhigend überwölbt, uns fremd und lieb als ein Paradies, dem wir freiwillig entlaufen sind, ohne doch das Träumen davon ganz zu verlernen.

Auf die Volksbücher hin kommt aber in unserer kaum begonnenen Geschichte gleich ein großes Loch. Vom Ende des sechzehnten bis Anfang des achtzehnten Jahrhunderts muß es in Deutschland von dicken Romanen gewimmelt haben, die mit einer auffallenden Gründlichkeit wieder untergegangen sind – an Titeln fehlt es nicht, und sie klingen drollig genug, ein feistes Zuckerbäckerbarock beherrscht diese ganze Bücherflut, und alle miteinander waren mäßige Nachahmungen spanischer und anderer ausländischer Muster. Für Mutige ist der »Philander von Sittewald« von Moscherosch wohl noch zu genießen, sonst keiner von all diesen Romanen, deren Tausende waren. Sie hießen etwa »Der christlichen königlichen Fürsten Herculiscus und Herculadisla, auch ihrer hochfürstlichen Gesellschaft anmutige Wundergeschichte« oder »Asiatische Banise oder das blutig doch mutige Pegu, alles in historischer und mit dem Mantel einer annehmlichen Helden- und Liebesgeschichte bedeckten Wahrheit beruhend«. Diese ganz hübsch frisierte Welt der Ritter und Seladone, der schlauen Kammerdiener und kühnen Ostindienfahrer ist recht entzückend, solange man die aufgedonnerten Titel liest und und die oft sehr hübschen Kupferstiche betrachtet, die dazu gehören. Diese stets mehrbändigen Schmöker zu lesen aber widerstrebt selbst Literarhistorikern.

Vieles, wohl das meiste davon ersoff im Dreißigjährigen Kriege. Es ist damals Besseres untergegangen. Aber wo die Not am höchsten, ist Gott am nächsten, und so gebar dieses größte Unglück Deutschlands eines unserer besten Bücher, und unstreitig den besten unter allen alten deutschen Romanen, den »Simplizissimus« von Grimmelshausen. Man greife zu, es kommt in hundert Jahren nichts so Gutes mehr. Soldatengewühl und Bauernnot, Marketenderbetrieb und Volkselend, flotte Kriegsgurgeln und heimliches Stöhnen der zertrampelten Erde, das alles ist im »Simplizissimus«, und noch viel anderes dazu, und ein großer Atemzug siegreich erneuter deutscher Sprache.

Schleunigst kamen die Nachahmer, und aus dem Leichnam des Helden kroch Würmervolk. Und so passiert das Komische: das nächste vorzügliche Buch nach dem »Simplizius« ist eine Parodie auf ihn, vielmehr ein fröhlicher Hieb gegen die Simpliziaden, der lustige »Schelmuffski« von Reuter. Da wird der Teufel durch Beelzebub vertrieben und so saftig aufgeschnitten und auf den Tisch gehauen mit Ehrenwort und hol mich der Deibel, daß jeder lachen muß. Hinter dem Hanswurst aber steckt ein gescheiter Kerl mit hellen blauen Augen, der das Herz auf dem rechten Fleck hat.

Sonst sind aus dem siebzehnten Jahrhundert nur etwa noch die exotischen Reisebeschreibungen zu nennen, nach Amerika, Afrika, Ostindien. Ich habe einige davon mit Genuß durchgelesen; es gibt moderne, die langweiliger sind. Dazu kommen die Phantasiereisen und Robinsonaden, von denen ein Liebhaber des Vergangenen etwa die »Insel Felsenburg« von Schnabel noch gerne lesen mag.

Von den Romanen, welche damals sogar nicht selten im fürstlichsten Quartformat herauskamen, ist alles ganz und gar untergegangen, Lohenstein und Gellerts Gräfinnenroman trifft man zuweilen in älteren Bibliotheken, blättert, findet gute Sätze, legt weg und vergißt. Während Voltaire seinen feinen »Candide«, Diderot den geistreichen »Jacques«, Rousseau die »Heloise« schrieb, während in England eine Reihe wertvoller Romane voll psychologischer Pfadfinderstimmung erscheint, werden in Deutschland galante Verschen oder lehrhafte biblische Epen geleistet. Friedrich der Große liest französisch. Aber Lessing schleift als tapferer

Nachfolger Luthers im Kampf ein neues, zähes, stählernes Deutsch zurecht, an dem wir heut noch zehren.

Seiner saftig volkstümlichen Prosa und seines treuen, redlichen Menschentums wegen darf man Matthias Claudius nicht übersehen. Er hat keine richtigen Erzählungen geschrieben, sondern als populärer Kalenderonkel ein Gemisch von erzieherischen Aufsätzen, Predigt, Anekdoten und Feuilleton, an sich ein fast barbarisches Durcheinander, in seinem rassigen Deutsch aber liebenswert und voll kleiner Schönheiten und Treffer. (Eine recht gute kleine Auswahl gibt es von Felix Groß.)

Von Goethes Jugendfreunde Heinrich Jung (Jung-Stilling) haben wir die schönste Kindheits- und Jugendgeschichte, die zwischen Grimmelshausen und Goethe in Deutschland geschrieben wurde. Die späteren Teile von »Jung-Stillings Lebensgeschichte« sind auch lesenswert, das Anfangsbändchen aber ist wohl das liebenswürdigste Stück vorgoethischer Prosa. Ein Duft von begnügter enger Heimatlichkeit ruht hier auf jedem Worte, und es ist ein Ausschnitt deutschen Kleinlebens dargestellt, dessen Unschuld und solide Reinheit wir erst bei Jean Paul und noch später bei Stifter so vollkommen ausgedrückt finden. Als ein Dokument primitiven deutschen Lebens, als ein Kleinod naiv gesunder deutscher Sprache wird diese schlichte Erzählung unvergänglich bleiben, auch wenn das übrige Lebenswerk des Autors einmal noch völliger als heute vergessen sein wird. Und doch war jenes Leben tätig und bedeutend, überaus reich an Wirkungen, Beziehungen, Erfolgen – aber die Kunst bleibt sich unerbittlich treu, in ihr lebt ein Minimum von »Inhalt« fort, das einmal vollkommen Ausdruck gefunden hat, und alles geht unter, was nur Inhalt, nur halb gestaltetes Leben ist.

Jetzt haben wir Boden unter den Füßen. Das nächste deutsche Prosabuch heißt »Leiden des jungen Werthers«. Als stärkster Ausdruck eines leidenschaftlichen Jugendgefühls, als erste vollkommene Blüte Goethescher Jugendsprache ist das einstige Modebuch bis heute ein Liebling der Jugend geblieben. Goethe hat Größeres, aber nie mehr etwas so vollkommnes Kleineres gemacht, nie mehr ein Prosabuch so aus einem einzigen heißen Atem geschaffen, nie mehr seine Sätze bis in die Fehler hinein so mit einer hinreißenden Flut einheitlich gespannter Stimmung gefüllt. Ich habe auch niemals den »Werther« gegen mißachtende Urteile verteidigen müssen. Oft aber bin ich einer harten, ja fast verächtlichen Ablehnung des »Wilhelm Meister« und auch der »Wahlverwandtschaften« begegnet, über deren unmenschliche Kühle, über deren »unleidlich tantenhaften Ton« begabte junge Menschen oft vernichtend urteilen. Ganz unzutreffend sind diese Urteile auf den ersten Teil des »Wilhelm Meister«, der mit einer dem »Werther« ganz nah verwandten Wärme beginnt und überall voll von sinnlich lebendigem Detail ist. Erst die späteren Bücher verlieren diese Wärme und bezwingende Unmittelbarkeit, sie werden kühl und unflüssig, verweilen gern und lange bei Abstraktem und lassen da und dort ihre Figuren fast nur noch wie Allegorien erscheinen. Oft sieht man deutlich die alternde Hand, wie sie nach ermüdenden Nebengeschäften halbwillig mit unfroher Strenge wieder nach den Zügeln greift. Da beginnt dann etwa ein Kapitel mit: »Der Angewöhnung des werten Publikums zu schmeicheln –« oder »Um ihn aber nicht falsch zu beurteilen, müssen wir auf das Herkommen, auf das Herankommen dieser schon zu Jahren gelangten würdigen Person unsere Aufmerksamkeit richten«. Kein Zweifel, das könnte lebendiger sein, das atmet eine gewisse Ermüdung, ja Verkalkung. Man suche aber dem großen Werke einmal so beizukommen, daß man die »Lehrjahre«, soweit sie die ganze sinnliche Jugendfrische haben, mit Behagen liest, dann aber aufhört und wartet, bis von selbst eine Neugierde, eine heimliche Spannung auf das weitere Gewebe kommt, das so viele angesponnene Fäden schließlich ergeben müssen. Dann wird man mit wachsender, alles Widerstreben allmählich lösender Rührung die ausdauernde Treue erkennen, die immer wieder zu dem einmal im Jugendreichtum begonnenen, mit den Lebensjahren und Jahrzehnten immer weiter gewachsenen Riesenversuch zurückkehrt, eine Bildungsgeschichte des Menschen zu schaffen. Hier noch Detail zu bemängeln, hier noch stehen gebliebene Gerüstteile zu tadeln, wird zum Unrecht gegen die Idee dieses riesigen Turmbaues. Und mir geht es so, daß ich mit den Jahren mehr und mehr in der Charaktertreue der unvollendbaren Dichtung etwas finde, das hoch über allem Können und Talent steht, eine von den ganz großen Anstrengungen des Geistes, das Leben zu bändigen und das Chaos zu ordnen. Indessen soll kein Mensch überredet werden, den »Meister« zu lesen: es braucht Jahre, wenn es volle Frucht tragen soll. Desto weniger möchte ich einem Gebildeten erlauben, sich um die »Wahlverwandtschaften« zu drücken. Sie sind ja nicht bloß von Goethe und voll von seinem tiefen Wissen, seiner hohen Ethik, seinem frischen Willen. Sie sind außerdem ein musterhafter Roman, ein vollkommen geformtes Werk, und was die oft berufene »Kühle« darin betrifft, die ist nirgends kalt oder blutlos oder greisenhaft, sondern nichts als die strenge, reine Kristallatmosphäre einer ungeheuren Konzentration und Beherrschtheit. Das Buch ist voll heimlicher Wärme! Wie könnte es anders sein, da es so voll von Liebe ist. Nicht mehr Liebe des Jünglings, nicht mehr schöne liebe Schwärmerei, sondern die tiefere, leidendere, teurer erworbene Liebe des Weisen, der erkennt und im Erkennen Ja sagt. Es ist Schicksal und tiefe Notwendigkeit, daß die folgenden Dichtergeschlechter sich alle den »Wilhelm Meister«, nicht die »Wahlverwandtschaften« zum höchsten Vorbild setzten. Sie hätten, als Romandichter, von diesen mehr lernen können. Aber sie wollten nicht lernen, Romane aufzubauen, sondern weite Wege zu gehen und sich mit dem Unermeßlichen zu messen. Das Beispiel der »Wahlverwandtschaften«, des vollkommensten Prosabuches unsrer klassischen Zeit, steht ganz vereinzelt und wunderlich zwischen lauter problematischen Gebilden. Der einzige lebende Erzähler, dessen Namen ich aus Dankbarkeit in diesen Zeilen nennen möchte, erinnert in seinen besten Werken zuweilen an jenes einsame Beispiel, wie Kleineres an Großes erinnert: Emil Strauß.

Bekanntlich hat auch Schiller es mit einem Roman versucht, dem »Geisterseher«. Er ist schön, oder eigentlich mehr glänzend geschrieben, und sein erster Teil weckt etwas von dem Leserausch vor einem sehr guten, spannenden Unterhaltungsbuch. Aber er ist nicht fertig geworden, und Schillers Seele ist doch nur halb in ihm.

Auch der feine Wieland ist als Prosaerzähler entbehrlich geworden, obwohl er in der Geschichte des Romans einen Platz ausfüllt. Genuß, seine guten attischen Sätze zu lesen

– Vergnügen, seinem Witz zu folgen. Aber es strahlt keine
wesentliche Natur heraus, er war letzten Endes ein Könner,
und sein Bestes steht ohnehin im »Oberon« und in anderen
Versen.

Dahin gehört auch Musäus, ein sehr geschmackvoller, sicher stilisierender Erzähler, aber seine Glätte läßt nicht nur
auf geschickt vermiedene Reibung, sondern öfter auf schwache natürliche Triebkraft schließen. Eine Ausnahme machen
seine Märchen, wo die Gewalt der Stoffe seine Manier aus
ihrer Bequemlichkeit aufschreckte, ohne doch sein Können
ganz überrumpeln zu können. So ist etwas entstanden, das
viel Reiz hat, wahrhaftiger als seine übrigen Schriften, trotzdem ganz unnaiv; die Stoffe sind in eine feste, obwohl ihnen
nicht adäquate Form gebracht und blicken wunderlich klar
wie die Mücke unterm Bernstein.

Gut ist der »Anton Reiser« von Moritz, der sogenannte
»erste psychologische Roman«. Eine bis dahin unerhörte
Wahrhaftigkeit in der höchst detaillierten Darstellung von
Erlebtem macht dies interessante Buch wertvoll, es gehört zu
den treuesten Aufzeichnungen früher Lebenserinnerungen,
die wir haben.

So reich die damalige deutsche Dichtung war, die erzählende Prosa unseres achtzehnten Jahrhunderts ist eigentlich
doch nahe beieinander. Man darf noch Hermes und Thümmel nennen. Und einen zärtlichen Augenblick halte ich noch
Hippels »Lebensläufe« in der Hand. Vielleicht auch dem
Untergange bestimmt, aber ein liebes, gescheites, tüchtiges
Buch.

Etwas hätte ich ums Haar vergessen, das hier stehen muß,
eine fröhliche Viecherei, einen Spätling aus der Familie
Schelmuffsky. Das sind »Münchhausens wunderbare Reisen
und Abenteuer«. Man hat nie recht gewußt, wer eigentlich
der Vater dieses höchst lebenskräftigen Bastards sei, und es
klang plausibel und wird hoffentlich als Legende fortbeste-
hen, das Buch sei, so um 1785 herum, in Göttingen von dem
Dichter Bürger und dem Professor Lichtenberg ausgeheckt
worden, aus purem Übermut dieser beiden berühmten
Leichtfüße. Es scheint damit nicht ganz zu stimmen, Paul
Holzhausen hat kürzlich im Nachwort einer hübschen
Münchhausen-Ausgabe darüber Auskunft gegeben. Bürger

hat also den Jägerlateiner nicht erfunden, aber allerdings stammt die deutsche Fassung von ihm. Und so hat dieser arme Mensch, dessen sämtliche Werke trotz allem Genie immer im Kampf stehen bleiben und nur zu dem tief und geduldig Eindringenden reden, so hat dieser unglückliche Bürger doch einem Werkchen die Form gegeben, das aus der zweifelhaften Ehrenhalle der Literatur alsbald in die Familienstube des Volkes überging und einfach ein anonym kursierendes Volksbuch geworden ist, genau wie der »Eulenspiegel« oder die »Schildbürger«.

Ein neuer Geist kommt herauf, aus Goethe genährt, die vielgenannte »Romantik«. Man kann sich in sie bis zur Tollheit und bis zum Überdruß verlieben, man kann sie sich wieder fern rücken und den Rausch verwinden. Sie einfach als eine dumme Krankheit abzutun, wäre etwa so, wie wenn einer die Existenz seiner Großeltern einen bedauerlichen Irrtum nennen wollte. Nebenbei verdanken wir der ungeheuren Fruchtbarkeit jener Jahrzehnte eine herrliche Reihe von schönen Werken.

Der Historie nach käme jetzt Hölderlin. Sein »Hyperion« gehört aber nicht zu den Büchern, die man empfiehlt. Wohl dem, dem dieses höchste Sehnsuchtslied in der Seele nichts anhaben kann! Wir anderen kehren immer wieder zu seiner seligen Schwermut zurück und behalten das Pathos seiner unerhörten Musik für immer in der Seele.

Desto fröhlicher empfiehlt man Jean Paul. Den Poetischen zur Wonne, den Nachdenklichen zur unerschöpflichen Erregung, dem Philister als wundersames Senfpflaster. Jean Paul ist der einzige deutsche Dichter, dem kein Reiz, kein Talent, keine innigste Gebärde der Romantik fehlt und der dennoch den ganzen kühlhohen Sternhimmel des klassischen deutschen Humanismus über sich hat. Deutsch in jeder Tugend, in jedem Laster, höchste Ideale, schlechteste Kinderstube, spielendes Kind und grimmiger Mann – ja, wer eigentlich sollte denn die ganze fast perverse Geschichte des deutschen Romans, der keiner ist, rechtfertigen und mit Sonnen- und Mondlicht glorifizieren, wenn nicht Jean Paul, unser größter Dilettant und größter Meister? Einem vierbändigen Romane mit hundert Figuren wirft er spaßeshalber noch einen zweibändigen »komischen Anhang« nach, der mindestens ebenso schön wie überflüssig ist. Und im Augenblick, wo wir mit dem famosen Kerl so recht Kameradschaft gemacht haben und über seine nicht zu erschöpfenden Witze lachen, steht dieser Unheimliche plötzlich auf und sieht aus wie der Herrgott, oder mindestens wie Johann Sebastian Bach, und wirft aus großen Augen einen Blick voll majestätischen Menschentums. Man beschreibt ihn auf hundert Seiten so wenig wie in zwanzig Zeilen. Wozu denn auch? Wo die Vernunft sich beugt vor dem, das höher ist als alle Vernunft. Ein Buch von ihm gut zu kennen, ist hohe Bereicherung, man lernt es nie aus. Obenan die »Flegeljahre«, »Quintus Fixlein«, »Siebenkäs«, »Wuz«.

Auf seine Fülle hin scheint Novalis fast arm. Er war es aber, der den »Wilhelm Meister« als Vorbild am innerlichsten erfaßt und sich mit diesem gefährlichen Vorbild, beinahe bis zum Haß, aufs männlichste herumgeschlagen hat. Unentbehrlich ist das große Fragment dieses schwindsüchtigen Jünglings, der so tapfer war, dieses verständigsten Mystikers, der »Heinrich von Ofterdingen«. Er beginnt wie Wilhelm Meister warm und wohlig erzählerisch in enger Nähe, wächst wie jener höher und weiter und verschwindet umrißlos in den Wolken, das magischste und frömmste Werk der eigentlichen Romantik. Wäre er halb so gekannt wie Maeterlinck, so wären wir seiner vielleicht würdig.

An Ludwig Tiecks merkwürdig zweiseitige Produktion als Erzähler kann ich niemals denken, ohne daß mir sofort der »blonde Eckbert« einfällt. So Schönes, so Überlegtes und Wohldisponiertes Tieck sonst geschrieben hat, dies Märchen ist doch seine stärkste Erzählung. Es kommt in wenigen erzählenden Dichtungen, auch innerhalb des romantischen Kreises, so tief und mit so ungewollter Mächtigkeit das geheimnisvolle Fundament unseres Seelenlebens zum Ausdruck, jener Abgrund von Trieben, Seelenerbschaften und frühen Erinnerungen, den wir das Unbewußte nennen. So wohnt diesem Märchen eine Lebensmacht inne, wie keinem der verständigern, realistischen Werke dieses rastlosen Erzählers, der wohl zwanzig Bände epischer Prosa hinterlassen hat. Außer dem Eckbert gehören von Tieck aber noch mehrere Werke in unsre Bibliothek, auch wenn wir seine beiden größeren Romane, den problematischen »Lowell«

und den weit hübscheren »Sternbald«, weglassen. Unentbehrlich ist sein leider nicht fertig gewordener »Aufruhr in den Cevennen«, die entzückende Novelle »Vittoria Accorombona« müssen wir mit aufnehmen. Höchst liebenswürdig und geistvoll ist der Rahmen, mit welchem er im »Phantasus« die Sammlung seiner Jugenddichtungen umgab, eine Folge von Gesprächen, deren gesellige Beweglichkeit und Grazie in unserer Dichtung vielleicht einzig ist. Tieck, von dem auch einige unbegreiflicherweise vergeßne Gedichte stammen, ist noch weit mehr als Jean Paul ein Opfer seiner zeitweiligen Überberühmtheit geworden. Er ist fast nur noch ein Name, und möglicherweise war er wirklich mehr Werkzeug als Kraft, mehr Talent als Persönlichkeit. Ich möchte das nicht entscheiden. Bloße Könner (er war unter andrem auch das) schreiben so etwas wie den Eckbert nicht.

Brentano, der tragisch entgleiste Geniale, hat kaum irgend etwas geschrieben, worin nicht Witz oder Tiefsinn da und dort zauberhaft aufglänzte. Wer sich indessen an das Werk hält, nicht an des Dichters Person, dem zerrinnt der Glanz zu verwirrendem Flimmern. Wer Brentano einmal liebt, dem gibt auch sein berüchtigter »Godwi«, dem geben namentlich seine Märchen viel. Den fremd herantretenden Leser ermüden und enttäuschen sie schnell. Für uns bleiben, als gültige Werkchen, nur die »Geschichte vom braven Kasperl«, die »mehreren Wehmüller« und etwa das Fragment »Chronika eines fahrenden Schülers«.

Schwierig steht es auch mit Arnim. In seinen vielbändigen, sehr selten gewordenen Werken ist Köstliches begraben. Ein Glück, daß nicht (wie es ums Haar gegangen wäre!) ihm und Brentano seinerzeit von Grimm das Material zu den Märchen überlassen wurde! Auch Arnims Schönstes ist ein Fragment, die »Kronenwächter«. Wer sie liebt, wird auch die »Isabella« und die »Dolores« lesen, und in den Novellen weiter suchen. Eine seltsame Überfülltheit, ein prächtig überladenes Barock ist der Stil seiner Bücher; sie spannen erst und übersättigen dann. Langsam und genießerisch geschlürft, sind diese schweren süßen Tränke heimlichen Kennern lieb.

Chamisso, der neuestens von einem geistvollen Erklärer nahezu überzeugend als großer Überwinder des romantischen Unwesens gedeutet wurde, lebt in unserer Liebe dennoch vor allem durch ein ganz romantisches Jugendwerk, durch die köstliche Novelle »Peter Schlemihl«. Das Erstaunliche dabei ist, daß Chamisso von Geburt Franzose war, daß Deutschland, anfangs seine zufällige Zwangsheimat, ihm erst in späteren Jahren die echte Wahlheimat wurde, und daß der Schlemihl trotzdem nicht nur voll deutsch-romantischen Geistes, sondern in einem sensibel durchfühlten, persönlich-lebendigen Deutsch geschrieben ist. Die wundervolle Geschichte vom verlorenen Schatten ist vielfach gedeutet worden, ihre Symbolik nähert sich der, freilich tiefer verankerten, der Volksmärchen merkwürdig. Neuestens hat Thomas Mann dazu so überzeugend Schönes gesagt, daß ich mir Paraphrasen ersparen darf.

Gedichte sind in vielen deutschen Erzählungen gestanden, man denke nur an Mignon, den Harfenspieler und Philine. Daß aber Novellen und Romane ganz organisch an allen Stimmungs-Höhepunkten in schöne Verse aufklangen, war doch neu, als Eichendorff es mit gelassener Selbstverständlichkeit gleich in seinem ersten Buche tat. Vermutlich ist es inkorrekt, es ist aber wunderschön. Vielleicht ist die Welt Eichendorffs ganz klein und kindlich, aber sie ist strahlend vollkommen und Gottes voll wie der Zauberglanz eines Schmetterlingsflügels, schlechthin schön, ohne Fragen, ohne Probleme. Der »Taugenichts« ist bekannt. Mancher weiß nicht, daß noch mehrere solche Kostbarkeiten da sind, vor allem das »Schloß Dürande«. Ich will niemand eigens verführen, auch die beiden Romane Eichendorffs zu lesen. Wer es dennoch tut, der geht stille rechenschaftslose Kindergänge durch Gärten und Wälder und erfährt weiter nichts, als daß die Welt so ergreifend schön und das Leben so wunderlich ist, ohne Kommentare. Und zwischenein merkt man je und je mit Rührung, daß man ja gar nicht an der Hand eines Kindes geht, sondern von einem zuverlässigen und im Notfall unbeugsamen Manne geführt wird.

Aber wo bleibt die »schwäbische Dichterschule«, von der wir als Gymnasiasten erfuhren, und deren Totschlag durch Heine wir als Siebzehnjährige so aufrichtig gebilligt haben? Haben denn alle diese vielen Dichter gar keine Erzählungen geschrieben? Ich besinne mich, aber es ist wenig da, sehr wenig. Ein Kleinod (nicht erzählerisch, aber poetisch): Kerners »Reiseschatten«. Sehr fein und schön auch sein »Bilderbuch aus der Knabenzeit«. Und dann hat sich der sonst ganz begrabene Gustav Schwab eine stille Unsterblichkeit erbaut auf der sichersten Grundlage, auf der Liebe der Jugend. Seine Volksbücher und namentlich seine »Sagen des klassischen Altertums« sind noch frisch und jung.

E. T. A. Hoffmann, der letzte echte Erzähler der Romantik, der dämonische Zauberer, der glühend geliebte Dichter berauschter Jugend-Lesenächte! Vergeblich, ihn öfters auf kleinen technischen Mätzchen zu ertappen – aussichtslos, ihn aufgrund psychologischer Zweifelhaftigkeiten zu entthronen! Wem er etwa mit Poe gleichbedeutend ist, wer ihn gar durch neuere Gruselphantasten ersetzen kann, der ist nie in seinem innersten Heiligtum gewesen. Die Kraft seiner höchst aparten Persönlichkeit hat seine aparte Sprache geformt, eine nicht nachzuahmende, musikalisch empfindliche, dabei im Tempo fast immer leicht gehetzte Sprache – »Wild rannte ich, Hut und Mantel vergessend, hinaus in die finstere, stürmische Nacht!« Der einzige große Roman, die Elixiere des Teufels, ist nicht sein bestes Werk, gehört aber doch wohl mit in unsere Auswahl. Unbedingt aber gehören dazu der goldene Topf, das Fräulein von Scuderi, Nußknacker, Prinzessin Brambilla, der Sandmann, Rat Krespel, Ritter Gluck, Meister Martin. Und in vielen Erzählungen und Fragmenten, denen die letzte Formung fehlt, die fast wie Feuilleton hingeschrieben sind, in vielen von diesen kleinen Stücken glänzt Hoffmanns Seele oft wunderbar rein und mächtig auf. Sie ist nicht schillernd, sie kann nicht so und kann auch anders, wie viele der Romantiker, sie ist ganz klar und eindeutig eingestellt: Hohn und Haß dem Philister, dem Geldsack, der Nützlichkeit – und glühendste Liebe der Kunst, der Schönheit, jeder Idealität! Daß Hoffmann damit, bis in die Erkrankung und Verzerrung hinein, ein Stück besten deutschen Empfindens als angeborenes Gut in sich trägt, das hat viel dazu beigetragen, daß seine so exponierte Kunst mehrere Umwälzungen des Geschmacks siegreich überdauert hat. Einige von den Eigenwilligkeiten seiner Technik und seines Satzbaues beginnen auf uns etwas veraltet zu wirken, doch fühlen wir darin kaum mehr als die

Distanz der Zeit. Hoffmanns Wesentliches, so sehr dessen Äußerungen einst die provokante Farbe einer Zeit und Clique trugen, besteht lebendig fort. Eine deutsche Zeitung brachte vor wenigen Jahren eine Geschichte von Hoffmann, danach eine andere von einem anständigen modernen Autor; darauf stellte sie die Frage an die Leser, welche Geschichte nun besser sei. Die Leser wählten mit solcher Einstimmigkeit den Modernen, daß schon hieraus die Qualitäten Hoffmanns einleuchten.

In den Jahren 1808 bis 1819 hat der badische Lyzeumsdirektor und Prälat Johann Peter Hebel in seinem volkstümlichen Kalender, dem Rheinländischen Hausfreund, eine Reihe von Aufsätzen und von kurzen Erzählungen veröffentlicht, vor denen seit hundert Jahren immer wieder aufmerksame Leser als vor unbegreiflich vollkommenen Kunstwerken stehen, während diese selben Kalendergeschichten, heut wie damals, vom Volk und von der Jugend naiv und herzlich genossen werden. Sein Geschichtenbuch, das berühmte »Schatzkästlein«, das jeder Schwarzwaldbauer mit Vergnügen liest, ist in der Tat die beste, vollkommenste Gabe, die je ein volkstümlicher Dichter seiner Heimat gegeben hat, es ist ein Gipfel und Kleinod deutscher Erzählerkunst. Dieser Hebel wäre, ohne Einschränkung, unser größter Erzähler überhaupt, wenn der Höhe seiner Kunst die Höhe seines Wesens, sein Menschentum ganz ebenbürtig wäre. Dies ist nicht der Fall. Hebel ist ein feiner und lieber Mensch, ein gescheiter ohnehin, aber kein großer, und so finden sich die edlen Gefäße seiner Kunstwerke nie mit einem Überschäumenden, Nichtzufassenden gefüllt, das die Formen sprengte. Er ist ein Kleinmeister, aber einer ersten Ranges, in der deutschen Literatur ein unerreichter einziger. Nicht Jean Paul, nicht die Romantik hat ihn irgend beeinflußt, einsam und fern von den großen Strömungen der Zeit schrieb dieser Idylliker für Kleinstädter und Bauern seine klassischen Erzählungen, deren jede unfehlbar ihren Stoff wie ein Geschmeide wendet, dreht und faßt, daß kein Meister der Welt es besser machen könnte. Für den Südwestdeutschen sind seine Geschichten voll von echter Heimatluft, der Alemanne kann nur noch bei Gottfried Keller seiner Rasse-Eigenschaften so beglückend bewußt werden. Witz,

Schlagfertigkeit, Laune stehen obenan, dazu kommt ein aus altem Bauerntum erwachsenes vertrautes Verhältnis zur Natur der Heimat und eine gütige Teilnahme für das Menschliche, ein Sinn des mitleidigen Verstehens, das am rechten Ort der schlauen Schadenfreude die Waage hält. Überall aber steht obenan der Erzähler, der souveräne Künstler, ja der Könner, es geht nirgends das Mitleid, nirgends der Zorn mit ihm durch, überall ist sichere Distanz gewahrt, und um die anschaulichste Geschichte aus den Napoleonkriegen her fließt noch abschließend und fernrückend der bewährte Erzählerton, der Ton des Kalendermanns, der es versteht, genießerisch beim warmen Ofen von den Abenteuern eisiger Winternächte zu berichten.

Daß die Fähigkeiten des Dramatikers den Erzähler nicht zu hemmen brauchen, daß sie ihn eminent zu fördern vermögen, dafür ist Kleist das große Beispiel. Seine Erzählungsweise zeigt die Orientierung des Dramatikers, sie trennt und charakterisiert alle Personen aufs reinlichste, geht überall auf klare, wirksame Situationen und irrt niemals vom Ganzen weg; jeder Teil strebt geradlinig ins Zentrum. Von seinen Erzählungen könnten wir keine missen, viele von ihnen stehen den älteren italienischen Novellisten nahe und erinnern in ihrer unsentimentalen Gegenständlichkeit zuweilen auch am Stendhal. Das Meisterwerk dieses größten Dramatikers unter unsern Erzählern ist der Michael Kohlhaas. Da ist man gleich auf der ersten Seite mitten drin, wie mit einem Sprunge, und hält bis zum Ende nicht einen Augenblick in dem fast atemraubenden Mitgehen inne. Die langen, schön und reich gebauten, grammatikalisch mit größter Reinlichkeit empfundenen Sätze wirken seltsam kurz, ihre Gangart ist ein scharfes Allegro, sogar durch die überreiche, peinliche Interpunktion unterstützt. Die Geschichte erzählt, wie der Roßhändler Kohlhaas, in Luthers Zeiten, wegen zweier Rappen, die ihm widerrechtlich von einem Junker abgenommen wurden, vergeblich nach seinem Rechte sucht und aus Nichtbefriedigung seines Rechtsgefühls zum Aufrührer und Mordbrenner wird. Das alles ist, vom Anruf des Schlagwärters und der Beschlagnahme der Gäule bis zum Tode Kohlhaasens auf dem Schafott, mit allen Fäden des komplizierten Prozesses knapp und sachlich erzählt, vom kleinen Rechtshandel zur Staatsaktion anwachsend, mit der straffsten psychologischen Geradlinigkeit – und ist dennoch ohne Härte, ist mild, ist gerecht, ist menschlich und tief rührend, denn hinter der Sachlichkeit steht des Erzählers großes Herz, der mit seinem armen Helden fühlt und keinen kleinen Zug vergißt, der zu dessen rechtfertigender Erklärung dient. Und was für Bilder, was für Situationen! Nie vergißt man das wieder, wie Michael beim Eintritt in den Saal des Junkers vom Gelächter der Tafelrunde empfangen wird – da schnürt sich schon Ahnung des Verhängnisses übergewaltig um unser Herz! Und wie er seine Frau begräbt. Überall ist bei aller Kürze noch Raum für ein sinnlich blühendes, tief sich einprägendes Detail: der Bleikamm, mit dem sich der Abdecker durch die Haare fährt – das Obst, mit dem der Prinz Kohlhaasens Kinder beschenkt – und gar die magische Geschichte mit dem Zettel der Wahrsagerin. Oder wie Kohlhaas, ruiniert und gefangen – »im Antlitz den Tod« – dem ihn bewachenden Reiter den Rest seines guten Essens anbietet. Da ist alles echt, rassig, mit fester Faust gepackt und mit innerlicher Zartheit erfüllt. Einen modernen Roman zu lesen, ist auf die Lektüre des »Kohlhaas« hin für eine gute Weile unmöglich.

Wilhelm Hauff ist ein Dichter, gegen den viel einzuwenden wäre, und doch wird er seit hundert Jahren fleißig gelesen. Literarisch nicht einwandfrei, mit einer starken Neigung ins Journalistische, hat dieser frische, seelengesunde Mensch doch das Lebensgefühl seiner jungen, heiteren Natur so kraftvoll ausgesprochen, daß seine Werke sich unverwüstlich haltbar zeigen. Seine lieben »Märchen« sind genügend bekannt.

Recht einsam steht ein großer komischer Roman für sich, der »Münchhausen« von Immermann. Der »Oberhof« hat sich als ein willkürlich ausgebrochenes Stück daraus gerettet; er macht dem Ganzen zwar Ehre, gibt aber gar kein Bild davon. Wir haben außer Jean Paul so wenig große humoristische Erzähler (die Ironie der Romantiker ist nicht Humor), daß wir eine solche Rarität nicht untergehen lassen sollten. Der Münchhausen, ein Enkel des alten Lügenbarons, ist nicht bloß witzig, er ist wirklich komisch und entfaltet ein so vielfaches Weltbild, daß er trotz einiger Länge und Mühsal wohl eine Reihe von Leseabenden lohnt.

Friedrich Hebbel, obwohl keine Erzählernatur, darf nicht fehlen. Ihm fehlte fürs Epische die Hauptsache, das Behagen, das Verweilenkönnen, das Zeithaben. Er selber sagt einmal, er sei immer gleich wieder zu Ende und alles erscheine ihm eigentlich unwichtig. Trotzdem hat dieser Rastlose auch als Erzähler Gutes geschaffen. Doch sind seine besten Novellen nicht eigentlich erzählend, sondern Charakterbilder, mit feinsten Pinseln gemalte Darstellungen eines einmaligen, in seiner kleinen Beschränktheit grausam erfaßten Menscheninnern. Merkwürdig und lesenswert sind diese Schöpfungen alle, in unsre Bibliothek rette ich doch nur den »Schnock« herüber. Es ist die aus hundert und wieder hundert Einzelzügen mosaikhaft zusammengesetzte Darstellung des Feiglings, ein kleines komisches Werk voll Geist und Anschaulichkeit, doch des höchsten Humors entbehrend und von der kalten Unerbittlichkeit des Analytikers umweht. Aber prächtig als ein Beispiel größter künstlerischer Zucht.

Wir haben gefunden, daß die naiven Volksschriftsteller, soweit es rein aufs Erzählen ankommt, den hohen Kunstpoeten nicht selten überlegen sind. Eine kleine Spitzbubengeschichte von Hebel ist weit besser erzählt, als Stoff klüger angepackt, ökonomischer zurechtgeschüttelt als Goethes »Novelle« oder irgend etwas von Brentano oder Novalis. Erst Keller hat später dies Verhältnis geändert und die edelste Kunstprosa, für zwei Generationen mindestens, vollkommen populär gemacht. Vorher kam aber noch einmal ein naiver Erzähler ersten Ranges, der mit seiner unerbittlichen Wahrheit und Anschaulichkeit die ganze Kunstdichtung überragte, Jeremias Gotthelf. Wenn ich ihn naiv nenne, denke ich nur an sein großes Dichtertalent, das beinahe unbewußt bleibt, während er als Prediger, Erzieher, Politiker, höchst bewußt zu Werke geht – so bewußt, daß er oft für ganze Kapitel alles Dichterische verdirbt. Aber es hilft nichts, man kann sich um Gotthelf nicht drücken, ohne sich um etwas Großes zu berauben. Da ist nun einmal »Heimatkunst« und »Erdgeruch!« Und ein Berner Deutsch, das wie Mittelhochdeutsch tönt, so reich und urkräftig. Wäre eine gewisse lokale Beschränktheit der Sprache nicht (von eigentlichen Dialektdichtern ist hier überhaupt nirgends die Rede, aber Gotthelf hat sein Deutsch stark mit Worten und Bildun-

gen der Heimatmundart gesättigt), so wäre er für das bäuer-
liche Volkstum seines Jahrhunderts mindestens so sehr ein
Klassiker wie einst Grimmelshausen.

Auf dem letzten Brett unsrer Bücherei stelle ich die Werke
dreier Dichter auf, handgerecht zu fleißigem Gebrauch. Kein
schönerer Schluß der bunten Reihe als dieser, mit Stifter,
Mörike und Keller. Von ihnen ist nur Stifter vielleicht noch
eines herzlichen Hinweises bedürftig, ich glaube, man nennt
ihn mehr als man ihn liest. Seine »Studien« gut zu kennen,
erließ ich keinem, der über deutsches Wesen und deutsche
Prosa mitreden will. Da ist der treue, ängstlich treue Zeich-
nergeist Dürers wieder und die fromme Naturkindschaft
Eichendorffs, da ist Ehrlichkeit der Anschauung und äußerste Ehrlichkeit der Arbeit, nichts Aufregendes, nichts »Inter-
essantes«, aber mehr als das.

Von Mörike zu reden, ist mir kein Bedürfnis und tut nicht
mehr not. Er ist endlich gekannt, und wir Schwaben freuen
uns, ohne doch etwas wie leise Eifersucht auf unsern Liebling
ganz unterdrücken zu können. Sein »Nolten« ist wie eine in
tiefem Suchen gebaute Brücke aus der Romantik in die
befriedigte helle Welt hinüber, deren Torwart Keller ist.

Man stellt sich Keller noch häufig als eine Art eng zufried-
nen Kleinbürger vor, wie man sich Mörike unter Oberflächli-
chen etwa als einen vergnügten Landpfarrer denkt. Oder wie
Backfische sich Mozart als einen ewig lächelnden Glücklichen vorstellen. Irrtümer, lauter Irrtümer! Es wird keine
Kunst aus Glück geboren. Aber einerlei. Die Werke bestehen. Und die schöne Lau und die schöne Judith wissen nichts
davon, aus welchen Abgründen einsamer Sehnsucht ihre
holde Selbstverständlichkeit erwachsen ist.

In Ehren genannt seien noch ein paar vereinzelte Werke,
die sich über die Jahrzehnte hin wirksam erwiesen haben.
Obenan der rührend feine »Arme Spielmann« von Grillparzer und die »Judenbuche« der Droste, dann Ludwigs »Hei-
theretei«. Ich besinne mich, vielleicht ist Wichtiges vergessen. Namen tönen. Simrock? Sallet? Ach nein. Ich habe ja
sogar Heine weggelassen, weil seine schönste Erzählung im
Anfang steckengeblieben ist und die anderen mir gar zu nahe
am Feuilleton stehen, freilich am guten. Aber der Reutlinger
Hermann Kurz darf nicht wegbleiben.

Und, wichtiger als das alles, die Grimmschen Märchen. Die edle Treue, mit welcher sie redigiert sind, mögen wir ruhig ins Ehrenbuch der Deutschen schreiben. Aus dem Inhalt der Märchen selbst auf spezifisch deutsche Volkseigenschaften zu schließen, liegt nahe, geht aber nicht an. Gerade die Literatur der Märchen und Volkssagen weist uns, mit oft erschreckenden Übereinstimmungen, mächtig auf ein Überdimensionales, auf den Begriff der Menschheit, welcher ja letzten Endes auch jede große nationale Woge dienen muß.

(1914)

Man sagt, die Bücherliebhaberei gehöre gleich dem Geiz zu jenen wenigen Leidenschaften, welche sich mit dem Älterwerden nicht verlieren, sondern mit den Jahren zunehmen und leicht zur Manie werden. Ich finde diesen Satz bis jetzt an mir nicht bestätigt. Die Zahl der Bücher, von denen ich mich nimmer trennen möchte, wird mit jedem Jahr kleiner, obwohl meine Büchersammlung langsam wächst. Verluste von Büchern, die mich früher aus der Fassung gebracht hätten, ertrage ich heute mit Achselzucken, und ich habe sogar die jahrelang gehaltene gute Gewohnheit, keine Bücher auszuleihen, längst wieder abgetan.

Trotzdem habe ich meine Bücher kaum weniger lieb als früher. Es hat sich nur, was einst Leidenschaft war, zur schönen Gewohnheit gewandelt, und die Relativität der Werte, die Menge der uns auferlegten Beschränkungen, beginnt langsam jenen Rost auch bei mir anzusetzen, den man Weisheit, Schwabenalter oder beginnende Verkalkung nennen kann, je nachdem. Die Räume, in denen man lebt, wachsen nicht mit einem, die Bücherschäfte auch nicht, noch weniger die Mußezeit und Augenkraft, und so kommt es, daß ich heut bei einem Jahresüberblick manches hübsche Buch ohne Schmerzen herausnehme und weggebe, von dem ich bis vor kurzem noch überzeugt war, ich würde es im Lauf der Jahre ganz gewiß nochmals lesen. Nein, weg damit, das Leben wird kürzer, wird übersehbarer, und schreit nach Konzentration, nicht nach Erweiterung des Beiwerkes.

Wenn ich jetzt, wo die sommerliche Revision meiner Bücherei vollzogen ist, mir den Zuwachs ansehe, der seit dem nun bald voll werdenden Kriegsjahr hinzugekommen ist, so sind weniger Zufallserscheinungen dabei als sonst, der Krieg hat Auslese geübt und die Verleger vorsichtiger gemacht. Ganz wenige neue Romane, neue Gedichtbücher, neue Dramen, fast nichts von Philosophie, wenig von Kunstpublikationen. Die Kriegsliteratur selbst, die einige Monate lang meinen Schreibtisch überflutete, ist zum allergrößten Teil ungelesen verschwunden. Genannt sei der »Genius des Krieges« von Max Scheler, den ich aufbewahre als ein schönes

Zeugnis deutscher Begeisterung und deutscher Schwärmerei, welcher es gelingt, aus momentanen Nöten und Notwendigkeiten ewige Perspektiven zu konstruieren und die zeitlichen Bedürfnisse des Vaterlandes aus der Weisheit der Jahrtausende her zu rechtfertigen. Es steht Falsches und furchtbar Übereiltes in diesem Buch, aber nichts Schlechtes, nichts Dummes, nichts Schädliches, nichts Häßliches – nichts als die unverzeihliche Ablehnung Rußlands für alle Zukunft, die wir nicht verzeihen, aber vergessen wollen.

Das Wertvollste, was meiner Bibliothek in diesem Jahr zugewachsen ist, ist mein Goethe. Damit ist es mir seltsam gegangen. Ich habe seit dem vierbändigen stockfleckigen Hausgoethe meiner Knabenzeit viele Ausgaben von Goethes Werken besessen, benützt, gelesen, ich habe Ausgaben auf Abzahlung mit ersparten Taschengeldern erworben, und Ausgaben umgetauscht, und schließlich war es erst nichts damit; ich saß da mit fünfzehn Bänden einer sehr schön ausgestatteten Ausgabe, deren Fortgang zwar seit Jahren versprochen, aber nie erfolgt war, und die nun vollends durch die Kriegszeit abgeschnitten scheint. Die Lederrücken und die schöne Type halfen mir nichts, wenn ich immer und immer wieder ein Gedicht, einen Aufsatz, eine der kleineren Jugenddichtungen suchte und nicht fand, und ich sah zu spät, daß mein jetziger Goethe schlechter war als mein erster vor bald zwanzig Jahren. Hingegen besaßen Freunde von mir einen sehr guten Goethe, die sogenannte »Jubiläumsausgabe« des Cottaschen Verlages. Ihre etwas langweiligen Leinenbände sahen weniger hübsch aus als das dunkle Leder der meinigen, und der Druck war zwar sehr gut und fast üppig, aber nicht so apart und erlesen wie der Druck in der meinen; aber wenn ich in dieser Ausgabe etwas suchte, so fand ich es immer, fand es sogar rasch und sicher mit Hilfe eines sehr guten Registerbandes, und auf die Dauer schien mir das so gut und so schätzenswert, daß die Reize meiner Lederausgabe darüber mehr und mehr verloren und daß ich mir endlich vornahm, nochmals meinen Goethe zu wechseln und nun, nach zwanzig Jahren diverser Versuche und Pröbeleien, mir die Cottasche Jubiläumsausgabe zu erwerben. Je mehr der fortdauernde Krieg mich wieder zur Goethelektüre als zur reichsten Quelle des Trostes und der Beruhigung führte, und je mehr eben durch den Krieg ein Fortschreiten meiner erst halbvollständigen Ausgabe unwahrscheinlich wurde, desto ungeduldiger wartete ich, nachdem ich ihn bestellt hatte, auf den Stuttgarter Jubiläumsgoethe in einundvierzig Bänden. Jetzt steht er da, Rücken an Rücken und schon da und dort ernstlich angebraucht, und ich bin zufrieden und habe den Lederrücken, so hübsch sie waren, keine Stunde nachgetrauert. Übrigens ist diese Stuttgarter Ausgabe nicht bloß von einer schönen Vollständigkeit (nicht im Sinne eines Goethe für Goethephilologen, der erscheint ja längst in Weimar, wohl aber im Sinne einer Ausgabe für Haus und Studierzimmer jedes Lesers, dem die verstümmelten Dutzendausgaben nicht genügen!), sie ist nicht nur sehr gut und verständig angeordnet, textlich zuverlässig und bequem im Gebrauch, sie ist auch schön und solid, und dabei merkwürdig billig. Die Leinenbände sind mir noch ein klein wenig störend, sie sind gar nicht häßlich, aber so ein wenig befangen und unfrei zwischen Altmodisch und Modern, und wenn wir bessere Zeiten hätten, möchte ich sie mir gerne umbinden lassen. Aber die Reihe der einundvierzig Rücken ist mir ungemein lieb geworden, und wenn mir wieder einmal einer von jenen, welche gern über Bücher reden ohne je eins zu kaufen, mit dem dummen alten Gerede kommt, die deutschen Bücher seien alle so teuer, hübsche billige Ausgaben gäbe es nur bei den Franzosen, dann will ich ihn vor meinen Goethe führen und ihm einen Band in die Hand geben und ihn fragen, ob er ein einziges französisches Buch kennt, das bei diesem Umfang, diesem Papier, diesem Druck und Einband so wenig kostet. Nein, ich bin kein Barde des Patriotismus, aber vor solchen Leistungen (der gebundene Band von etwa vierhundert Seiten auf starkem, gutem Papier kostet zwei Mark) stehe ich mit einem gewissen Erstaunen und mit dem Gefühl: Es ist doch ganz gut, daß aus dem Deutschland Goethes mit der Zeit auch noch ein Deutschland des Geldes, der Maschinen und der Berechnungen geworden ist! Die Verleger können ja doch auch rechnen, und ein solcher Goethe wäre nicht da, wenn es nicht manches Tausend von Käufern für ihn gäbe. Und wenn ein Viertel oder Drittel oder gar die Hälfte dieser Käufer ihren Goethe nur herumstehen lassen und nur äußerlich besitzen, so wollen wir andern uns darüber nicht aufregen, sondern es als den üblichen Lauf der Welt hinnehmen und uns freuen, daß jene Mitgänger uns so schöne Dinge ermöglichen.

Einige Werke, auf deren Erscheinen ich in den letzten Jahren gehofft hatte, für deren Zustandekommen schon einige Garantien da waren, hat der Krieg wieder für ungewisse Zeit unmöglich gemacht. Sie werden doch kommen. Obenan der Jean Paul, auf den Deutschland seit Jahrzehnten wartet! Und, um von den Toten der letzten Jahre nur den Liebenswertesten zu nennen, eine schöne Ausgabe der Dichtungen von Hermann Bang. Jeder zünftige Romanfabrikant ist bei uns mehr gekannt als dieser Dichter. Er wird dennoch nicht untergehen.

Noch eine Ecke in meiner Bibliothek, eine kleine, aber bevorzugte und gepflegte, hat Bereicherungen erfahren. Es ist die Abteilung, wo die orientalischen Dichtungen und Märchen stehen, Tausendundeine Nacht, Schi-King, Bhagavad Gita und solche Sachen, auch japanische Gedichte und indische Sprüche und die Gespräche des Konfuzius. Es fehlten in dieser Abteilung bis vor wenigen Jahren fast ganz die chinesischen Erzähler. Da erschien, vor vier Jahren, die kleine Auswahl chinesischer Geistergeschichten von Martin Buber, ein wundervolles Büchlein, und da ich damals eben selber einen erstaunten und nahezu verliebten Blick in das Leben der Chinesen auf einer asiatischen Reise getan hatte, fanden mich diese zauberhaften Geschichten wohl vorbereitet und haben mir einen tieferen Eindruck gemacht als alles, was ich sonst seither gelesen habe. Aber es war nur ein erster, entscheidender Blick in eine neue Welt gewesen, ich kannte ungefähr den Umfang dieser chinesischen populären Erzählungsliteratur aus Grubes Literaturgeschichte und aus Gesprächen mit Kennern, und nun hatte ich ein Auge auf dies höchst merkwürdige Gebiet, und wie es im Frühjahr mit den Blumen geht, daß man lang und ungeduldig wartet und dann doch plötzlich alles überraschend da ist, so ging es mir auch hier. Es kam Jahr für Jahr irgend etwas hinzu, und jetzt vor wenigen Wochen noch die zwei Bändchen »Chinesische Novellen«, die H. Rudelsberger im Inselverlag herausgegeben hat. Außerdem sei jenes kleine feine Buch von Buber genannt und die »Chinesischen Abende« von Leo Greiner, sowie die bei Diederichs erschienenen chinesischen Märchen von Wilhelm. Von Paul Kühnel ist ein Band chinesischer Novellen bei Georg Müller in München herausgekommen, drei von seinen Erzählungen findet man bei Rudelsberger mit kleinen Änderungen wieder. Es öffnet sich also auch schon die Ahnung eines Weges zur Kontrolle der Übersetzer, zur Textvergleichung. Diese paar Bücher, deren jedes ein eigenes Stück China bringt und deutlich die Subjektivität seiner Auswahl spüren läßt, diese paar Bücher haben mich ungezählte Tage beschäftigt und unterhalten, sie sind in der letzten Zeit neben dem vielbändigen Goethe meine fast tägliche Lektüre gewesen. Das doppelte Gesicht Chinas sieht mir daraus entgegen; denn alles chinesische Wesen, vor allem alle chinesische Dichtung hat für mein Gefühl zwei Gesichter, zwei Seiten, zwei Pole. Die eine Seite ist eine stille, naive Gegenwärtigkeit, ein konservativ praktisches Verharren bei den Realitäten des täglichen Lebens, eine Achtung vor Leben, Gesundheit, Familienglück, vor Gedeihen, Besitz, Reichtum in jeder Form. Das zweite Gesicht, das viele indische Einflüsse zeigt, ist eine Neigung zur Kontemplation, welche bei den eigentlichen Denkern des alten China rein geistig und nahezu bildlos bleibt, die aber im Volk eine Mythologie und Dämonologie von großer Buntheit und oft grotesker Fremdartigkeit erzeugt hat. Stünde über alledem nicht heiligend die große uralte Idee des Ostens, die Erkenntnis von der Einheit alles Seienden, so könnte man die Höllen und Himmel, Teufel und Zaubereien dieser Phantasiewelt gewiß nicht überall liebend gelten lassen. So aber sind sie schnurrige Zipfel am Gewande des wahren Gottes, und wenn man sich recht besinnt, findet man nicht nur in unserm Mittelalter, sondern im Glauben heutiger Europäer Gegenbeispiele genug.

Wir Westländer stehen erstaunt vor dieser Mischung von klarstem Wirklichkeitssinn mit ungehemmtester Phantastik, deren Rätsel erst dann durchsichtig wird, wenn wir uns die paradiesische Einheit von Denken und Fühlen vorstellen, die noch heute im Osten lebt. Wer eine Ahnung von China bekommen möchte, dem sagen diese Erzählungen mehr als die höhere chinesische Literatur. Ich wollte, es käme jedes Jahr ein neuer Zuwachs zu dieser Lieblingsecke meiner Bücherei. *(1915)*

Jüngste deutsche Dichtung

Eine seit langem geahnte und vorbereitete Neuorientierung und Verjüngung der deutschen Dichtung ist seit wenigen Jahren erst sichtbar geworden, und heute kann man schon von einer jüngsten deutschen Dichtung reden, ohne damit etwas anderes zu meinen als jene Gruppe von Dichtern, deren Bemühungen um neue Ausdrucksmittel sie klar und scharf von der bisherigen Literatur unterscheiden. Die jüngste Dichtung ist revolutionär, sie kämpft, sie sucht Neues, und sie hebt sich schon rein äußerlich von der früheren so deutlich ab, wie etwa eine Ausstellung von jungen Expressionisten sich von älterer Malerei abhebt.

Der oberflächliche Betrachter wird denn auch, ebenso wie bei jenen Malern, in den Dichtungen dieser Neuerer zunächst nur das Gemeinsame sehen, die Schablone, das Programm. Wie der Bürger, der sich in eine Futuristenausstellung verirrt hat, nichts andres sieht als Augen, die außerhalb der Gesichter hängen, und Häuser, welche die Gesetze der Statik vergessen haben, so sieht der Leser der »Weißen Blätter«, der »Aktion« und anderer Blätter der Jüngsten vielleicht anfangs nur überall ein grundsätzliches Zerschlagen alter Formen, ein Wühlen im bisher Unerlaubten, eine gewisse Jungenfreude am Verblüffen des Philisters. Und ohne Zweifel ist all das auch da, nur ist es nicht die Hauptsache. Nichts wäre leichter und dümmer, als aus diesen Dichtungen einen Kranz von Geschmacklosigkeiten, Frechheiten, Dummheiten zusammenzustellen und das Ganze dem Hohn der Philister preiszugeben. Hier wie überall kann nur positive Kritik etwas nützen, kann nur Liebe zur Erkenntnis führen. Und die Erkenntnis wird für jeden ernsten Leser diese sein, daß tatsächlich eine neue Welt und eine neue Jugend über Nacht heraufgekommen sind, daß diese Jugend mit Wucht und Ernst ihre nur erst geahnten Ziele verfolgt und daß sie zwar gewiß unterwegs gern ein wenig pöbeln und toben mag, im Ganzen aber durchaus ernst zu nehmen ist, ja sogar ein wenig an Ernsthaftigkeit, an Altklugheit und Doktrinarismus krankt, wie es in der Art gerade der begabtesten Jugend liegt.

Ich will heute einige Bücher dieser Dichter anzeigen, und gehe den Weg, daß ich mit den Älteren, zum Teil schon länger bekannten beginne, die von den Jüngsten als Führer anerkannt worden oder auch aus eigenem Drang zu ihnen übergegangen sind. Ein Paket Bücher aus dem rasch bekannt gewordenen Verlag der jungen Dichtung Kurt Wolff in Leipzig, gibt reichlich Stoff dazu.

Da fällt uns zuerst der Name Meyrinks auf. Gustav Meyrink, seit bald 15 Jahren als einer der originellsten Mitarbeiter des Simplizissimus bekannt, tritt zum ersten Male mit einem umfangreichen Werk auf, einem Roman »Der Golem«, der von der Kritik ungewöhnlich stark beachtet worden ist. Es geht Meyrink damit wie vielen Künstlern: Solang sie still ihr Bestes gaben, hat man sich den Teufel um sie gekümmert; in dem Moment aber, wo sie eine kleine Wendung gegen das Publikum hin nehmen, wo sie mit einigen künstlerischen Konzessionen etwas Gangbares machen, geht der Lobgesang von allen Seiten los. Nur daß Meyrink auch in diesem Roman eigentlich doch zu hoch steht, um solche Worte ganz zu verdienen. Formal ist dies dicke Buch eine ganz famose Arbeit, sie ist sogar oft allzu sehr »gekonnt«. Sie hat nur den Fehler, daß sie sehr viel verspricht und wenig gibt. Sie verspricht ein Aufhellen dunkler Seelenzustände, Führung durch Gebiete einer abseitigen Welt, und gibt statt dessen nur technisch vollendete Einzelbilder. Und der Schluß entläßt den Leser mit einem ironischen Grinsen als Gefoppten.

Der andere Roman von äußerlich nicht revolutionärer, nicht auffallend moderner Technik, den der selbe Verlag Kurt Wolff bringt, ist »Tycho Brahe's Weg zu Gott« von Max Brod. Hier zeigt sich in der Arbeit weder ein blendendes Können wie bei Meyrink noch ein Suchen ganz neuer Ausdrucksmittel wie bei den meisten andern Jungen. Wohl aber ist der erkennerische und der sittliche Wille dieses liebenswerten Buches auf etwas Neues und Schönes gerichtet. Tycho Brahe's Verhältnis zu Johann Kepler ist der Stoff des Romans, Brahe's Kampf um Keplers Liebe, seine an Keplers Wesen entzündete Selbsterkenntnis, seine Läuterung. Mit dieser Dichtung bekennt sich Max Brod zu einem sittlichen Glauben, und während er noch im reinen Erkennen und Feststellen zu verweilen scheint, während noch die Einsicht ins Unabänderliche ihre kühlen Schatten verbreitet, vollzieht sich schon der Akt sittlichen Wollens, wird Erkenntnis schon zu Tat. Tycho Brahe, indem er Keplers reinere Seele erkennt und die eigene an ihr mißt, hat schon den Schritt zur Änderung, zur Vollendung getan. Das ist sein »Weg zu Gott«, daß er statt des Eigenen Gott erkannt hat, daß es ihm, dem stürmischen Gewaltmenschen, nicht mehr um seine Dinge geht, sondern um Gottes Dinge. Neben der Geschichte dieser Seele her gehen andere, darein verflochten, und alles steht in einem reinen, gütigen Licht voll Verstehen und Reife. Dies edle und zarte Buch wird im stillen seine Wirkungen tun.

Von hier zur eigentlichen »jüngsten Dichtung« ist es nun ein Schritt wie über einen Abgrund weg. Denn genau wie in der jungen Malerei haben wir es hier mit einem ganz neu gerichteten Willen zu tun. Für diesen Willen sind Dinge verpönt und häßlich, die wir für selbstverständlich hielten, und sind Dinge erlaubt, ja notwendig, die uns erschrecken. Wäre der Glaube an überzeitliche Gemeinsamkeiten nicht da, so könnte man wohl am Zustandekommen eines Verständnisses zwischen den Dichtern von gestern und denen von morgen verzweifeln. Wir sehen aber aus der Geschichte, daß die Kluft zwischen zwei Generationen niemals so scharf geschnitten und so unüberbrückbar war, wie es im Augenblick des leidenschaftlichen Erlebens aussah.

Als Brücke in das Land der Jungen zeigt sich ihre Lyrik. Rasch zur Berühmtheit gelangt ist Franz Werfel, er ist auch wirklich der stärkste unter den neuen Lyrikern. Sein Gedichtbuch »Wir sind« zeigt ihn am reinsten: schwankend zwischen einer gedankenlosen Hingabe an das Leben und einem pathetischen Verkündertrieb, bald harmlos Verliebter, bald Prophet und Prediger, in der letztern Rolle nicht immer ganz rein und echt, obwohl gerade Werfels Pathos viel Schönheit hat. Kleine naturalistische Scherze verblüffen da und dort, und zwischen absichtslos schönen Versen meldet sich je und je irgend eine freudig emporgeschleuderte Häßlichkeit, ein Fußtritt für den Philister. Niemand wird an der Echtheit dieser Begabung und an ihrer tiefen innern Frömmigkeit zweifeln, viele Verse von Werfel liebt man vom ersten Lesen an wie Freunde. Ob sich mit der Zeit seine neuere Wendung ins Abstraktere, auch ins Bewußtere, Absichtlichere bewähren wird, ist zweifelhaft. Doch das wird die Zeit zeigen. Jedenfalls besitzt an Werfel die heutige Jugend einen Dichter, dessen Wirkung sich recht wohl mit der Wirkung der ersten Bücher Richard Dehmels auf die damals Jüngsten vergleichen läßt.

Der liebenswerteste, naivste, feinste Lyriker dieses Kreises ist schon tot, er ist als Opfer des Krieges umgekommen. Es ist Georg Trakl. Sein kleines Bändchen »Gedichte« und sein »Sebastian im Traum« sind nicht Gestaltungen eines Willens, sondern naivste, kindlichste Ausstrahlungen eines durch und durch dichterischen, etwas überzarten und vielleicht kranken, aber edlen und tief liebenswerten Wesens. Man muß für reine Poesie, für Urtöne, für das Stammeln des Traumes sich den Sinn bewahrt haben, um diese feinen Seiten richtig zu würdigen. Im »Sebastian im Traum« stehen ein paar Seiten dichterischer Prosa, so schön und tief wie von Novalis.

Nach Werfel und Trakl muß ich aus der ziemlich großen Zahl der neuen Lyriker noch einen nennen: Albert Ehrenstein. Sein Gedichtbuch »Die weiße Zeit« wird nicht unbemerkt bleiben können (Verlag Georg Müller). Ehrenstein ist weit von der stillfarbigen, gartenkühlen Melancholie Trakls entfernt, und ebenso weit von der Bekennerlust Werfels. Er sucht nicht, erfindet nicht, träumt nicht. Er leidet am Leben, er empfindet das Leben als Schmerz, als Qual, als beständige peinliche Reibung, und er will nichts als dies immer neue bittere Erleben herausschreien, sich für Augenblicke im Seufzer und Schrei des Schmerzes, des Zorns, des Hohns, der Anklage Luft schaffen. Ein großes Temperament und ein verirrter, irgendwie verbogener, aber dennoch zäher, wilder, mächtiger Lebenswille spricht ergreifend aus diesen Versen voll Not und Kampf.

Unter den Erzählern, welche mit der Tradition gebrochen haben und entschlossen neue Wege gehen, nenne ich vor allem Carl Sternheim und Kasimir Edschmid. Sternheims »Napoleon« ist ein äußerst konzentriertes, lichtes, frohes Gebilde, ein Kabinettstück. Wilder und problematischer sind die »Sechs Mündungen« von Edschmid, zu denen als Ergänzung »Das rasende Leben« gehört, eine Reihe von leidenschaftlich durchfühlten, dabei glänzend gemachten, hinreißend fließenden Erzählungen. Neben diesen steht René Schickele, von dessen oft wundervoll anschaulicher Prosa etwa das kleine Büchlein »Aissé« einen Begriff gibt.

In allen diesen Erzählungen ist die Sprache und Technik eine neue, die Struktur, das Gewebe ist anders als wir es gewohnt waren. Die neuen Dichter sehen nicht nur die Welt mit neuen Augen an, sondern vor allem mit neuen Wünschen und Hoffnungen, mit neuen Erwartungen und Forderungen. Sie begehren von dem, was sie drückt, ohne Scheu zu sprechen, und sie stellen Bilder der Sehnsucht auf, aus denen ein geistigeres, innigeres, seelischeres Leben strahlt als unsre Wirklichkeit. Es ist entscheidend für die Beurteilung, daß das oft verblüffend, ja verletzend Neue im Äußeren dieser Dichtungen keineswegs Selbstzweck ist, keineswegs ein neuer Mantel überm alten Rock, sondern daß die Auflösung der Tradition sich ganz von innen her vollzogen hat. Es handelt sich da nicht um eine Mode, noch um eine Frage des literarischen Handwerks und Geschmacks. Tradition und Schablone ist freilich auch in diesen jüngsten Dichtungen, unter den Dichtern dieser neuen Richtung gibt es – wie könnte es anders sein? – Originelle und Nachahmer, Entzünder und Entzündete. Es ist nicht die Form und Harmonie überhaupt, welcher sie den Krieg erklärt haben, sondern nur die Form der vorigen Generation. Die haben sie satt, weil sie nirgends mehr für ihre neuen Bedürfnisse ausreichte, und sie glauben sie auch dort als hohl und faul zu erkennen, wo sie lebt und atmet. Und so entsteht für uns Ältere ein Zwiespalt indem wir die Wahrheit und Schönheit der jungen Strebungen billigen und lieben müssen, während wir doch ihre neuen Rezepte zum Teil so gar nicht vertragen können.

Indessen ist es erstaunlich, zu sehen, wie rasch man sich an »futuristische« Bücher gewöhnt, und wie schnell das vertraut und selbstverständlich wird, was eben noch grell und unerträglich neu war! In jedem echten Werk, seine Technik sei, welche sie wolle, wird schließlich Harmonie gesucht, und sei es nur die zwischen dem Erlebten des Dichters und seinen Mitteln es auszudrücken. Und wo diese Harmonie sieghaft wird und über die Skizze und Notiz hinaus ein Werk, eine

Dichtung entsteht, in welcher ein Stück Leben einheitlich geschaut und gedeutet ist, da lächeln wir und nicken dankbar, fragen wenig mehr nach der Technik und dem zeitlichen Gewand und sind froh, daß etwas Gutes mehr in der Welt ist. So ging es mir mit Werfel, Trakl, Ehrenstein, Edschmid, Schickele, Sternheim und manchen andern. Die Macher und Nachahmer aber scheiden schnell aus und sinken unter, und ein bloß imitiertes Werk bleibt wertlos, einerlei ob es nach Goethe oder nach Dostojewski, nach Gottfried Keller oder nach Sternheim schielt.

(1916)

Zu »Expressionismus in der Dichtung«*

Die Schriftleitung der »Neuen Rundschau« lädt mich ein, etwas auf Edschmids Aufsatz im Märzheft dieser Zeitschrift zu erwidern. Aus eigenem Antriebe hätte ich das nicht getan. Ich habe jenen Aufsatz mit Vergnügen gelesen, ich bin mit ihm einverstanden.

Aus der Stellung aber, welche viele zu Edschmids Artikel und zu allen programmatischen Äußerungen der Expressionisten einnehmen, witterte ich eine gewisse Verstimmung, eine Art von Furcht und Mißbehagen. Diese Stimmung gilt der Polemik im Auftreten der Jüngeren und dem unbekümmerten Wegwerfen, Verachten oder Nichtkennen von Werken und Werten, welche wir zu schätzen und zu lieben gewohnt waren.

Hier freilich ist Antworten leicht. Der historische Überblick über die nun eben zu Ende gegangene schlimme Niedergangszeit der Dichtung, den Edschmid andeutet, wird ja zum Teil von ihm selbst wieder korrigiert. Er gedenkt der öden Zeiten des Impressionismus und findet einige Seiten später ein Liebeswort für Flaubert. Er schreibt, unten auf der fünften Seite seines Aufsatzes, die schönen Worte über »Weltgefühl«, welche dort so klingen als sei dies Weltgefühl eine Sache des Expressionismus und als habe es Ähnliches seit langem nicht mehr gegeben – einige Zeit später aber fällt ihm doch der Name Hamsun ein.

Ungerecht im Verschweigen oder Nichtkennen ist Edschmid aber in allem, was er über die neuere (jetzt also soeben vergangene) deutsche Dichtung sagt. Daß er die bürgerlichen Maßstäbe und Probleme nicht ernst nehmen kann, fühle ich ihm lebhaft nach – aber hat wirklich unsere Dichtung in den Zeiten seit der Romantik aus nichts anderem bestanden als aus »Ehegeschichten, aus Tragödien, die aus Zusammenprall von Konvention und Freiheitsbedürfnis entstehen, aus Milieustücken« usw., wie er es darstellt? Und ist wirklich Stefan George der einzige deutsche Dichter

---

* Aus der »Neuen Rundschau« über einen Aufsatz von Kasimir Edschmid: »Expressionismus in der Dichtung«.

zwischen Novalis und Wedekind, dessen Name einem bei einem raschen Überblick einfallen darf?

Hier geht es Edschmid nach seinem eigenen Wort: »An diesen sekundären Dingen (womit Stilfragen und die Technik des Einzelausdrucks gemeint sind), nicht an den Zielen, scheitert gewöhnlich die Diskussion.« Nämlich aus der ganzen Dichtung der letztvergangenen Jahrzehnte hat nichts ihm Eindruck gemacht als George, weil der allein sich von seiner Zeit in den äußeren Dingen der Wortwahl usw. unterschied. Sähe Edschmid unterm Kleide das Herz, so fände er die rostlose Literatur dieser Zeiten gar nicht so leer und tot. Und wie konnte er, gerade er, kein Gefühl für Richard Dehmel haben! Edschmid schreibt über die Zeit des Impressionismus: »Versuchte man Kosmisches, ward es nicht erreicht, blieb im Lallen –.« Das mag richtig sein, auch im Blick auf Dehmel, Mombert und andre. Aber ich kann bei aller Liebe durchaus nicht finden, daß bei den Expressionisten (man denke an J. R. Becher) das Gefühl des Kosmischen sich anders als in ekstatischem Lallen äußere.

So könnte man lange fortfahren. Edschmid tut dem Historischen unrecht auf jeder Seite.

Es fragt sich aber, ob wir mit dieser Feststellung nicht wieder ihm bitter unrecht tun? Hat er denn die Aufgabe übernommen, eine objektive Tatsachenweisheit zu geben? Will und soll er denn etwas anderes als das: seinen Glauben aussprechen, seinen Gott verkündigen, seine Liebe ausströmen?

Das hat Edschmid getan. Er hat ausgesprochen, daß für ihn »Expressionismus in jeder Kunst, in der Tat« sei.

Für ihn nun hat der Name »Expressionismus« sakralen Wert. Vielleicht nimmt er an, daß bei anderen der Name »Impressionismus« ebenso wirke und gelte, und vielleicht gibt es das. Jedenfalls ist dies glühend fromme Eingeschworensein auf einen Namen ein Stück Jugend. Und von der Jugend, wenn wir sie lieben wollen, fordern wir nichts, als daß sie jung sei. Der Sturm gegen Namen und gegen selbstgemachte geschichtliche Konstruktionen ist etwas Jugendliches, ist nicht nur eine Art oder Unart, sondern ein Recht und Trieb der Jugend (die man ja nicht nach Kalenderjahren zu zählen braucht). Ob ich Goethe den großen Frommen nenne oder den großen Heiden oder den Expressionisten oder sonst irgendwie, das ist lediglich Sache meiner Gefühle. Ich kann jede Kunst, die mich ergreift, göttlich nennen oder kann sie expressionistisch nennen, es ist mein Recht.

Und so hat Edschmid auch das gute Recht, eine Kunst abzulehnen, sie nicht schätzen und nicht kennen zu wollen, von der er vermutet, daß sie die Merkmale der bürgerlichen Epoche trage. Ihm selber ist es so gegangen, daß man zu seinem Erstaunen einst seine ersten Novellen expressionistisch nannte. Er wußte damals nichts von Expressionismus. Zahllosen früheren Künstlern ist es ebenso gegangen – sie machten impressionistische Kunst, ohne etwas von Impressionismus zu wissen. Neben alledem aber existiert in der Kunst aller Zeiten auch noch ein zeitloser Geist, ein Weltgefühl ohne Zeitprägung und ohne Alter. Wenn einst, sagen wir in hundert Jahren, jemand diejenigen Gedichte aus der Zeit von 1850 bis 1910 zusammenstellt, in denen er dieses zeitlose Weltgefühl findet, so wird vielleicht nicht manches von Stefan George und nicht manches von den heutigen Jüngsten dabei sein, vielleicht aber dies und jenes von Dichtern, welche heute als »Impressionisten« gelten.

Der Hauptunterschied zwischen Impressionisten und Expressionisten in der Dichtung scheint mir im Augenblicke der zu sein, daß der Impressionist seinen Namen von fremdher aufgeprägt erhält, der Expressionist ihn selber wählt.

Im Streit um die Kunst ist es wie in allem Streit um Meinungen. Man versteht einander nicht, solange man einander nicht liebt. Einander lieben kann man nur, wenn man die Welt mehr in sich selbst erlebt als im Äußeren. Man liebt nicht Objekte, sondern die Objekte sind willkommener Anlaß für unsre Seele, ihre wärmste Kraft, das Lieben, strömen und spielen zu lassen. Mir ist es nie begreiflich gewesen, daß man ein Gedicht nicht lieben könne, weil es von einem Franzosen oder Japaner stammt, daß man einen Menschen ablehnen könne, weil er Katholik, Jude oder Konservativer ist. Ich liebe Dostojewski anders als ich Goethe liebe, und Kornfeld anders als Mörike, aber es wäre mir unmöglich zu sagen, welchen ich mehr liebe. Ich liebe jeden in dem Augenblick, wo er mich angeht, wo ich ihm gehören, ihn zuhören kann – ein andermal könnte ich es nicht, wäre er kein Leiter für meinen Strom.

Und so habe ich an mir in vielen Lesestunden erfahren, daß man sehr gut Gottfried Keller und auch Werfel lieben kann. Ich kann mit Hölderlin einen Tag im Garten glücklich sein und kann in Schickeles »Benkal« Seiten finden, die mich reich beschenken.

Und auch ich sehe »Expressionismus« überall da, wo Kunst mich tief und groß anruft. Denn für mich, in meiner ganz privaten Theologie und Mythologie, nenne ich Expressionismus das Erklingen des Kosmischen, die Erinnerung an Urheimat, das zeitlose Weltgefühl, das lyrische Reden des einzelnen mit der Welt, das Sichselbstbekennen und Sichselbsterleben in beliebigem Gleichnis.

Dieser Expressionismus ist es, zu welchem in dem ganzen nicht polemischen Teil seines Aufsatzes auch Edschmid sich bekennt. »Niemand ist gut, weil er neu ist. Keine Kunst ist schlecht, weil sie anders ist.« So sagt Edschmid.

Und wenn er nicht überall so zu tun scheint, wie er sagt, so ist auch das ein Recht seiner Jugend. Jugend hat es schwer, sie ist voll von Kräften und stößt aller Enden an Regeln und Konventionen. Der Sohn haßt nichts so sehr als die Regeln und Konventionen, in denen er den Vater befangen sieht. Ein Faustschlag ins Gesicht der Pietät gehört zu den Taten, ohne welche man nicht von der Schürze der Mutter loskommt. Und da nun die junge Generation eine ganze jahrzehntealte bürgerliche Welt hinabsinken fühlt, unter deren kleinlicher Rute sie aufwuchs, frohlockt sie mit Recht.

Daß inmitten dieser hinabsinkenden Welt das Gute und Eigene auch da war, daß diese sterbenden und gestorbenen Onkel keineswegs lauter schnöde Lustspielfiguren waren, daß während dieser ganzen bürgerlich impressionistischen Zeit in hundert Herzen das zeitlose Feuer brannte, das zu wissen, das anzuerkennen, dafür dankbar zu sein, ist nicht Sache der Jungen.

Wohl aber ist es Sache derer, die jene Zeit und Kunst mehr miterlebt haben, sich nun nicht irre machen zu lassen. Sache der Älteren ist es, freier, spielender, erfahrener, gütiger mit der eigenen Liebesfähigkeit zu verfahren, als Jugend es tun kann. Alter findet immer leicht die Jungen altklug. Aber

Alter ahmt selber immer gern die Gebärden und Arten der Jugend nach, ist selber fanatisch, ist selber ungerecht, ist selber alleinseligmachend und leichtbeleidigt. Alter ist nicht schlechter als Jugend, Lao Tse ist nicht schlechter als Buddha, Blau ist nicht schlechter als Rot. Alter wird nur gering, wenn es Jugend spielen will.

Es gibt Kunstredner und Schnelläufer, die immer auf der Höhe sein wollen. Die ihren Böcklin verkauften, um einen Leibl zu haben, und den Leibl für einen Picasso tauschten. Wer zu diesen gehört, ist unbelehrbar. Er wird heute den Hauptmann, morgen den Ibsen, übermorgen den Goethe aus seiner Bibliothek werfen und die Lücke schamhaft verhüllen.

Und andere können es nicht vertragen, daß heut etwas anderes gelten soll als gestern. Sie werden furchtbare Schwüre tun, daß ihnen eher die Hand abfaulen soll, ehe sie ein Buch von Werfel lesen oder in ein Stück von Kornfeld gehen.

Andre, unter denen ich gern meine Freunde sähe, werden über diese beiden lachen können. Sie werden die Liebe nicht verleugnen, die sie zu Storm, zu Keller, zu Dehmel, zu Herman Bang haben, und werden eben darum einen Klang aus der Welt der Jüngeren, der sie mahnend und rührend trifft, gern in sich aufnehmen. Warum denn nicht? Denn mit der Liebe ist es geradeso wie mit der Kunst: wer das Größte ein klein wenig zu lieben vermag, der ist ärmer und geringer, als wer am Kleinsten aufglühen kann.

Es ist wunderlich mit der Liebe, auch in der Kunst. Sie vermag, was alle Bildung, aller Intellekt, alle Kritik nicht vermag, sie verbindet das Fernste, stellt das Älteste und Neueste nebeneinander. Sie überwindet die Zeit, indem sie alles aufs eigene Zentrum bezieht. Sie allein gibt Sicherheit, sie allein hat recht, weil sie nicht recht haben will.

Ihr ist nichts heilig – ehe sie es liebt. Nichts verdächtig, ehe sie es liebt. Ihr gilt der alte Schmöker und das heftig auftretende Pamphlet des Tages gleich – wenn nur der Geist daraus weht.

Wir alle haben in Knabenjahren nebeneinander den Schiller und das Indianerbuch geliebt. Es ergab sich von selber, daß das revidiert wurde. Wir haben in Shakespeare, in Goethe alle zehn, alle fünf Jahre anderes gesehen, anderes geliebt, und alles war gut. Wir werden, wenn wir dem Herzen folgen, auch im veränderten Rhythmus einer ganz neuen Dichtung nicht völlig heimatlos stehen. Nicht, weil wir ein Programm des »Menschlichen« haben, nicht weil wir es für unsre Pflicht halten, keiner Moral zu unterliegen. Warum nicht einer Moral, einer Kunstrichtung unterliegen? Aber nur so lange, als sie Gegenstand unsrer Liebe sind. Sie können immer nur Anlässe sein, nicht Wesenheiten. Wesentlich ist unsrer Seele nichts als der Funke des Lebens, der in uns glüht, dessen Glühen uns Gnade und Gotteskindschaft bedeutet, dessen Glühen allein uns unbedingt und immer wichtig ist.

Darum scheint es mir nicht bedenklich zu stehen mit dem historischen Unrecht, das ein Aufsatz wie der von Edschmid begeht. Wer bisher Keller oder Fontane, Storm oder Ibsen geliebt hat, wird sie heut nicht wegwerfen, nicht um alle schönsten Artikel der Welt. Tut er es, so tue er's, es ist sein Schade. Und wer die Einseitigkeit und kühne Umstürzlerei in solchen Äußerungen nicht ertragen kann, wer Jugend lieber weise, lieber gütig, lieber allverstehend sähe als fanatisch und puritanisch, der lehne sie ab. Es wird sein eigner Schade sein.

Eine Säuberung und Sichtung wird die brennende Frage vielleicht in der Kritik bringen. Der Kritiker, der bis jetzt nach gutem Rezept gelesene und ungelesene Bücher besprochen hat, der voll von Ahnungen, voll von Modernität ist, das Alte kennt und das Neue kommen fühlt, der nirgends unrecht tun, der drüber schweben und stets der Weise sein will, der hat es jetzt bitter schwer. Aber warum sollen Kritiker es nicht schwer haben? Dazu sind sie da.

(1918)

Künstler und Psychoanalyse

Seit Freuds »Psychoanalyse« über den engsten Kreis der Nervenärzte hinaus Teilnahme erregt hat, seit Freuds Schüler Jung seine Psychologie des Unbewußten und seine Typenlehre ausgebaut und zum Teil veröffentlicht hat, seit vollends die analytische Psychologie sich unmittelbar auch dem Volksmythos, der Sage und der Dichtung zuwandte, besteht zwischen Kunst und Psychoanalyse eine nahe und fruchtbare Berührung. Ob man nun im Einzelnen und Engeren mit der Lehre Freuds einverstanden war oder nicht, seine unbestreitbaren Funde waren da und wirkten.

Es war zu erwarten, daß besonders die Künstler sich rasch mit dieser neuen, so vielfach fruchtbaren Betrachtungsweise befreunden würden. Sehr viele mochten schon als Neurotiker sich für die Psychoanalyse interessieren. Aber darüber hinaus war beim Künstler mehr Neigung und Bereitschaft vorhanden, sich auf eine völlig neu fundamentierte Psychologie einzulassen, als bei der offiziellen Wissenschaft. Für das genial Radikale ist der Künstler stets leichter zu gewinnen als der Professor. Und so ist heute unter der jungen Künstlergeneration die Freudsche Gedankenwelt mehr diskutiert und weiter aufgenommen als unter den Medizinern und Psychologen vom Fach.

Für den einzelnen Künstler nun, soweit er nicht damit zufrieden war, die Sache als ein neues Diskussionsthema im Kaffeehaus hinzunehmen, entstand rasch die Bemühung, aus der neuen Psychologie auch als Künstler zu lernen – vielmehr es entstand die Frage, ob und wieweit die neuen psychologischen Einsichten dem Schaffen selbst zu Gute kommen möchten.

Ich erinnere mich, daß mir vor etwa zwei Jahren ein Bekannter die beiden Romane von Leonhard Frank empfahl, indem er sie nicht nur wertvolle Dichtungen, sondern zugleich auch »eine Art von Einführung in die Psychoanalyse« nannte. Seither las ich manche Dichtungen, in denen die Spuren der Beschäftigung mit der Freudschen Lehre deutlich sichtbar wurden. Mir selbst, der für die neuere wissenschaftliche Psychologie nie das geringste Interesse gehabt hatte, schien in einigen Schriften von Freud, Jung, Stekel und anderen ein Neues und Wichtiges gesagt, daß ich sie mit lebendigster Teilnahme las, und ich fand, alles in allem, in ihrer Auffassung des seelischen Geschehens fast alle meine aus Dichtern und eigenen Beobachtungen gewonnenen Ahnungen bestätigt. Ich sah ausgesprochen und formuliert, was mir als Ahnung und flüchtiger Einfall, als unbewußtes Wissen zum Teil schon angehörte.

In der Anwendung auf Dichterwerke sowohl wie für die Beobachtung des täglichen Lebens ergab sich die Fruchtbarkeit der neuen Lehre ohne weiteres. Man hatte einen Schlüssel mehr – keinen absoluten Zauberschlüssel, aber doch eine wertvolle neue Einstellung, ein neues vortreffliches Werkzeug, dessen Brauchbarkeit und Zuverlässigkeit sich rasch bewährten. Ich denke dabei nicht an die literarhistorischen Einzelbemühungen, die aus dem Dichterleben eine möglichst detaillierte Krankengeschichte machen. Allein schon die Bestätigungen und Korrekturen, welche Nietzsches psychologische Erkenntnisse und feinnervigen Ahnungen erfuhren, waren uns überaus wertvoll. Die beginnende Kenntnis und Beobachtung des Unbewußten, die psychischen Mechanismen als Verdrängung, Sublimierung, Regression usw. gedeutet, ergaben eine Klarheit des Schemas, die ohne weiteres einleuchtet.

Wenn es nun aber gewissermaßen jedem naheliegt und leicht gemacht wurde, Psychologie zu treiben, so blieb die Verwendbarkeit dieser Psychologie für den Künstler doch recht zweifelhaft. Sowenig historisches Wissen zu Geschichtsdichtungen, Botanik oder Geologie zur Landschaftsschilderung fähig machen, sowenig konnte die beste wissenschaftliche Psychologie der Menschendarstellung helfen. Man sah ja, wie die Psychoanalytiker selbst überall die Dichtung der frühern, voranalytischen Zeit als Belege, als Quellen und Bestätigungen benutzten. Es war also das, was die Analyse erkannt und wissenschaftlich formuliert hatte, von den Dichtern stets gewußt worden, ja der Dichter erwies sich als Vertreter einer besonderen Art des Denkens, die eigentlich der analytisch-psychologischen durchaus zuwiderlief. Er war der Träumer, der Analytiker war der Deuter seiner Träume. Konnte also dem Dichter, bei aller Teilnahme an der neuen Seelenkunde etwas anderes übrig bleiben als weiter zu träumen und den Rufen seines Unbewußten zu folgen?

Nein es blieb ihm nichts anderes. Wer vorher kein Dichter war, wer vorher nicht den inneren Bau und Herzschlag des seelischen Lebens erfühlt hatte, den machte alle Analyse nicht zum Seelendeuter. Er konnte nur ein neues Schema anwenden, konnte damit vielleicht für den Augenblick verblüffen, seine Kräfte aber nicht wesentlich steigern. Das dichterische Erfassen seelischer Vorgänge blieb nach wie vor eine Sache des intuitiven, nicht des analytischen Talents.

Indessen ist die Frage damit nicht erledigt. Tatsächlich vermag der Weg der Psychoanalyse auch den Künstler bedeutend zu fördern. So falsch er daran tut, die Technik der Analyse in die künstlerische hinüberzunehmen, so recht tut er doch daran, die Psychoanalyse ernst zu nehmen und zu verfolgen. Ich sehe drei Bestätigungen und Bestärkungen, die dem Künstler aus der Analyse erwachsen.

Zuerst die tiefe Bestätigung vom Wert der Phantasie, der Fiktion. Betrachtet der Künstler sich selbst analytisch, so bleibt ihm nicht verborgen, daß zu den Schwächen, an denen er leidet, ein Mißtrauen gegen seinen Beruf gehört, ein Zweifel an der Phantasie, eine fremde Stimme in sich, die der bürgerlichen Auffassung und Erziehung recht geben und sein ganzes Tun »nur« als hübsche Fiktion gelten lassen will. Gerade die Analyse aber lehrt jeden Künstler eindringlich, wie das, was er zu Zeiten »nur« als Fiktion zu schätzen vermochte, gerade ein höchster Wert ist, und erinnert ihn laut an das Dasein seelischer Grundforderungen sowohl wie an die Relativität aller autoritären Maßstäbe und Bewertungen. Die Analyse bestätigt den Künstler vor sich selbst. Zugleich gibt sie ihm ein Gebiet der rein intellektuellen Betätigung in der analytischen Psychologie frei.

Diesen Nutzen der Methode mag wohl auch schon der erfahren, der sie nur von außen her kennenlernt. Die beiden andern Werte aber ergeben sich nur dem, der die Seelenanalyse gründlich und ernsthaft an der eigenen Haut erprobt, dem die Analyse nicht eine intellektuelle Angelegenheit, sondern ein Erlebnis wird. Wer sich damit begnügt, über seinen »Komplex« einige Aufklärungen zu erhalten und nun über sein Innenleben einige formulierbare Auskünfte zu haben, dem entgehen die wichtigsten Werte.

Wer den Weg der Analyse, das Suchen seelischer Urgründe aus Erinnerungen, Träumen und Assoziationen, ernsthaft eine Strecke weit gegangen ist, dem bleibt als bleibender Gewinn, das was man etwa das »innigere Verhältnis zum *eigenen Unbewußten*« nennen kann. Er erlebt ein wärmeres, fruchtbareres, leidenschaftlicheres Hin und Her zwischen Bewußtem und Unbewußtem; er nimmt von dem, was sonst »unterschwellig« bleibt und sich nur in unbeachteten Träumen abspielt, vieles mit ans Licht herüber.

Und das wieder hängt innig zusammen mit den Ergebnissen der Psychoanalyse für das Ethische, für das persönliche Gewissen. Die Analyse stellt, vor allem andern, eine große Grundforderung, deren Umgehung und Vernachlässigung sich alsbald rächt, deren Stachel sehr tief geht und dauernde Spuren lassen muß. Sie fordert eine Wahrhaftigkeit gegen sich selbst, an die wir nicht gewohnt sind. Sie lehrt uns, das zu sehen, das anzuerkennen, das zu untersuchen und ernst zu nehmen, was wir gerade am erfolgreichsten in uns verdrängt hatten, was Generationen unter dauerndem Zwang verdrängt hatten. Das ist schon bei den ersten Schritten, die man in der Analyse tut, ein mächtiges, ja ungeheures Erlebnis, eine Erschütterung an den Wurzeln. Wer standhält und weitergeht, der sieht sich nun von Schritt zu Schritt mehr vereinsamt, mehr von Konvention und hergebrachter Anschauung abgeschnitten, er sieht sich zu Fragen und Zweifeln genötigt, die vor nichts haltmachen. Dafür aber sieht oder ahnt er mehr und mehr hinter den zusammenfallenden Kulissen des Herkommens das unerbittliche Bild der Wahrheit aufsteigen, der Natur. Denn nur in der intensiven Selbstprüfung der Analyse wird ein Stück Entwicklungsgeschichte wirklich erlebt und mit dem blutenden Gefühl durchdrungen. Über Vater und Mutter, über Bauer und Nomade, über Affe und Fisch zurück wird Herkunft, Gebundenheit und Hoffnung des Menschen nirgends so ernst, so erschütternd erlebt wie in einer ernsthaften Psychoanalyse. Gelerntes wird zu Sichtbarkeit, Gewußtes zu Herzschlag, und wie die Ängste, Verlegenheiten und Verdrängungen sich lichten, so steigt die Bedeutung des Lebens und der Persönlichkeit reiner und fordernder empor.

Diese erziehende, fördernde, spornende Kraft der Analyse nun mag niemand fördernder empfinden als der Künstler. Denn ihm ist es ja nicht um die möglichst bequeme Anpassung an die Welt und ihre Sitten zu tun, sondern um das Einmalige, was er selbst bedeutet.

Unter den Dichtern der Vergangenheit standen einige dem Wissen um die wesentlichen Sätze der analytischen Seelenkunde sehr nahe, am nächsten Dostojewskij, welcher nicht nur intuitiv diese Wege lang vor Freud und seinen Schülern ging, sondern der auch eine gewisse Praxis und Technik dieser Art von Psychologie schon besaß. Unter den großen deutschen Dichtern ist es Jean Paul, dessen Auffassung von seelischen Vorgängen am nächsten bei dieser heutigen steht. Daneben ist Jean Paul das glänzendste Beispiel des Künstlers, dem aus tiefer, lebendiger Ahnung der ständige vertrauliche Kontakt mit dem eigenen Unbewußten zur ewig ergiebigen Quelle wird.

Zum Schlusse zitiere ich einen Dichter, den wir zwar zu den reinen Idealisten, nicht aber zu den Träumern und in sich selbst versponnenen Naturen, sondern im ganzen mehr zu den stark intellektuellen Künstlern zu rechnen gewohnt sind. Otto Rank hat zuerst die folgende Briefstelle als eine der erstaunlichsten vormodernen Bestätigungen für die Psychologie des Unbewußten entdeckt. Schiller schreibt an Körner, der sich über Störungen in seiner Produktivität beklagt: »Der Grund Deiner Klagen liegt, wie mir scheint, in dem Zwange, den Dein Verstand Deiner Imagination auferlegt. Es scheint nicht gut und dem Schöpfungswerke der Seele nachteilig zu sein, wenn der Verstand die zuströmenden Ideen, gleichsam an den Toren schon, zu scharf mustert. Eine Idee kann, isoliert betrachtet, sehr unbeträchtlich und sehr abenteuerlich sein, aber vielleicht wird sie durch eine, die nach ihr kommt, wichtig, vielleicht kann sie in einer gewissen Verbindung mit andern, die vielleicht ebenso abgeschmackt scheinen, ein sehr zweckmäßiges Glied abgeben: alles das kann der Verstand nicht beurteilen, wenn er sie nicht so lange festhält, bis er sie in Verbindung mit diesen anderen angeschaut hat. Bei einem schöpferischen Kopfe hingegen, deucht mir, hat der Verstand seine Wache von den Toren zurückgezogen, die Ideen stürzen pêle-mêle herein, und alsdann erst übersieht und mustert er den großen Haufen.«

Hier ist das ideale Verhältnis der intellektuellen Kritik zum Unbewußten klassisch ausgedrückt. Weder Verdrängung des aus dem Unbewußten, aus dem unkontrollierten Einfall, dem Traum, der spielenden Psychologie zuströmenden Gutes, noch dauernde Hingabe an die ungestaltete Unendlichkeit des Unbewußten, sondern liebevolles Lauschen auf die verborgenen Quellen, und dann erst Kritik und Auswahl aus dem Chaos – so haben alle großen Künstler gearbeitet. Wenn irgend eine Technik diese Forderung erfüllen helfen kann, so ist es die psychoanalytische.

(1918)

Ein Mangel und Erdenrest, an dem der Dichter schwerer als
an allen andern leidet, ist die Sprache. Zu Zeiten kann er sie
richtig hassen, anklagen und verwünschen – oder vielmehr
sich selbst, daß er zur Arbeit mit diesem elenden Werkzeug
geboren ist. Mit Neid denkt er an den Maler, dessen Sprache
– die Farben – vom Nordpol bis nach Afrika gleich verständlich zu allen Menschen spricht, oder an den Musiker, dessen
Töne ebenfalls jede Menschensprache sprechen und dem
von der einstimmigen Melodie bis zum hundertstimmigen
Orchester, vom Horn bis zur Klarinette, von der Geige bis
zur Harfe soviel neue, einzelne, fein unterschiedene Sprachen gehorchen müssen.

  Um eines aber beneidet er den Musiker besonders tief und
jeden Tag: daß der Musiker seine Sprache für sich allein hat,
nur für das Musizieren! Der Dichter aber muß für sein Tun
dieselbe Sprache benutzen, in der man Schule hält und
Geschäfte macht, in der man telegraphiert und Prozesse
führt. Wie ist er arm, daß er für seine Kunst kein eigenes
Organ besitzt, keine eigene Wohnung, keinen eigenen Garten, kein eigenes Kammerfenster, um auf den Mond hinaus-
zusehen – alles und alles muß er mit dem Alltag teilen! Sagt
er »Herz« und meint damit das zuckende Lebendigste im
Menschen, seine innigste Fähigkeit und Schwäche, so bedeutet das Wort zugleich einen Muskel. Sagt er »Kraft«, so muß
er um den Sinn seines Wortes mit Ingenieur und Elektriker
kämpfen, spricht er von »Seligkeit«, so schaut in den Ausdruck seiner Vorstellung etwas von Theologie mit hinein. Er
kann kein einziges Wort gebrauchen, das nicht zugleich nach
einer andern Seite schielte, das nicht im selben Atemzug mit
an fremde, störende, feindliche Vorstellungen erinnerte, das
nicht in sich selber Hemmungen und Verkürzungen trüge
und sich an sich selber bräche wie an zu engen Wänden, von
denen eine Stimme unausgeklungen und erstickt zurückkehrt.

  Wenn also der ein Schelm ist, der mehr gibt als er hat, so
kann ein Dichter niemals ein Schelm sein. Er gibt ja kein
Zehntel, kein Hundertstel von dem, was er geben möchte, er

ist ja zufrieden, wenn der Hörer ihn so ganz obenhin, so ganz von ferne, so ganz beiläufig versteht ihn wenigstens im Wichtigsten nicht gröblich mißversteht. Mehr erreicht er selten. Und überall, wo ein Dichter Lob oder Tadel erntet, wo er Wirkung tut oder verlacht wird, wo man ihn liebt oder ihn verwirft, überall spricht man nicht von seinen Gedanken und Träumen selbst, sondern nur von dem Hundertstel, das durch den engen Kanal der Sprache und den nicht weiteren des Leserverständnisses dringen konnte.

Darum wehren sich auch die Leute so furchtbar, so auf Leben und Tod, wenn ein Künstler oder eine ganze Künstlerjugend neue Ausdrücke und Sprachen probiert und an ihren peinlichen Fesseln rüttelt. Für den Mitbürger ist die Sprache (jede Sprache, die er mühsam gelernt hat, nicht bloß die der Worte) ein Heiligtum. Für den Mitbürger ist alles ein Heiligtum, was gemeinsam und gemeinschaftlich ist, was er mit vielen, womöglich mit allen teilt, was ihn nie an Einsamkeit, an Geburt und Tod, an das innerste Ich erinnert. Die Mitbürger haben auch, wie der Dichter, das Ideal einer Weltsprache. Aber die Weltsprache der Bürger ist nicht wie die, die der Dichter träumt, ein Urwald von Reichtum, ein unendliches Orchester, sondern eine vereinfachte, telegraphische Zeichensprache, bei deren Gebrauch man Mühe, Worte und Papier spart und nicht am Geldverdienen gehindert wird. Auch, durch Dichtung, Musik und solche Dinge wird man immer am Geldverdienen gehindert!

Hat nun der Mitbürger eine Sprache gelernt, die er für die Sprache der Kunst hält, so ist er zufrieden, meint die Kunst zu verstehen und zu besitzen, und wird wütend, wenn er erfährt, daß diese Sprache, die er so mühsam gelernt hat, nur für eine ganz kleine Provinz der Kunst gültig sei. Zur Zeit unsrer Großväter gab es strebsame und gebildete Leute, die sich dazu durchgerungen hatten, in der Musik neben Mozart und Haydn auch Beethoven gelten zu lassen. So weit »gingen sie mit«. Aber als nun Chopin kam und Liszt und Wagner, und als man ihnen zumutete, nochmals und abermals eine neue Sprache zu lernen, nochmals revolutionär und jung, elastisch und freudig an etwas Neues heranzugehen, da wurden sie tief verdrossen, erkannten den Verfall der Kunst und die Entartung der Zeit, in der zu leben, sie verurteilt waren.

So wie diesen armen Menschen geht es heut wieder vielen Tausenden. Die Kunst zeigt neue Gesichter, neue Sprachen, neue lallende Laute und Gebärden, sie hat es satt, immerzu die Sprache von gestern und vorgestern zu reden, sie will auch einmal tanzen, sie will auch einmal über die Schnur hauen, sie will auch einmal den Hut schief aufsetzen und im Zickzack gehen. Und die Mitbürger sind darüber wütend, fühlen sich verhöhnt und an der Wurzel in ihrem Wert angezweifelt, werfen mit Schimpfworten um sich und ziehen sich die Decke ihrer Bildung über die Ohren. Und derselbe Bürger, der wegen der leisesten Berührung und Beleidigung seiner persönlichen Würde zum Richter läuft, wird jetzt erfinderisch in furchtbaren Beleidigungen.

Gerade diese Wut und furchtlose Erregung befreit aber den Bürger nicht, entladet und säubert sein Inneres nicht, hebt in keiner Weise seine innere Unruhe und Unlust. Der Künstler hingegen, der über den Mitbürger nicht minder zu klagen hat als der über ihn, der Künstler nimmt sich die Mühe und sucht und erfindet und lernt für seinen Zorn, seine Verachtung, seine Erbitterung eine neue Sprache. Er fühlt, daß Schimpfen nichts hilft, und sieht, daß der Schimpfende im Unrecht ist. Da er nun in unsrer Zeit kein andres Ideal hat als das seiner selbst, da er nichts will und wünscht, als ganz er selbst zu sein und das zu tun und auszusprechen, was Natur in ihm gebraut und bereitgelegt hat, darum macht er aus seiner Feindschaft gegen die Mitbürger das möglichst Persönliche, das möglichst Schöne, das möglichst Sprechende, er spricht seinen Zorn nicht im Geifer heraus, sondern siebt und baut und zieht und knetet sich einen Ausdruck dafür zurecht, eine neue Ironie, eine neue Karikatur, einen neuen Weg, um Unangenehmes und Unlustgefühle in Angenehmes und Schönes zu verwandeln.

Wie unendlich viele Sprachen hat die Natur, und wie unendlich viele haben sich Menschen geschaffen! Die paar tausend simplen Grammatiken, die sich die Völker zwischen dem Sanskrit und dem Volapük gezimmert haben, sind verhältnismäßig ärmliche Leistungen. Sie sind ärmlich, weil sie sich immer mit dem Notwendigsten begnügten – und das, was Mitbürger untereinander für das Notwendigste halten, ist immer Geldverdienen, Brotbacken und dergleichen. Dabei können Sprachen nicht gedeihen. Nie hat eine menschliche Sprache (ich meine Grammatik) halbwegs den Schwung und Witz, den Glanz und Geist erreicht, den eine Katze in den Windungen ihres Schweifes, ein Paradiesvogel im Silbergestäube seiner Hochzeitskleider verschwendet.

Dennoch hat der Mensch, sobald er er selbst war und nicht die Ameisen oder Bienen nachzuahmen strebte, den Paradiesvogel, die Katze und alle Tiere oder Pflanzen übertroffen. Er hat Sprachen ersonnen, die unendlich viel besser mitteilen und mitschwingen lassen als Deutsch, Griechisch oder Italienisch. Er hat Religionen, Architekturen, Malereien, Philosophien hingezaubert, hat Musik geschaffen, deren Ausdrucksspiel und Farbenreichtum weit über alle Paradiesvögel und Schmetterlinge geht. Wenn ich denke »Italienische Malerei« – wie klingt das reich und tausendfach, Chöre voll Andacht und Süßigkeit, Instrumente jeder Art tönen selig auf, es riecht nach frommer Kühle in marmornen Kirchen, Mönche knien inbrünstig und schöne Frauen herrschen königlich in warmen Landschaften. Oder ich denke »Chopin«: Töne perlen sanft und wehmütig aus der Nacht, einsam klagt Heimweh in der Fremde beim Saitenspiel, feinste, persönlichste Schmerzen sind in Harmonien und Dissonanzen inniger und unendlich viel richtiger und feiner ausgedrückt als der Zustand eines anderen Leidenden durch alle wissenschaftlichen Worte, Zahlen, Kurven und Formeln ausgedrückt werden kann.

Wer glaubt im Ernst daran, daß der Werther und der Wilhelm Meister in derselben Sprache geschrieben seien? Daß Jean Paul dieselbe Sprache gesprochen habe wie unsere Schullehrer? Und das sind bloß Dichter! Sie mußten mit der Armut und Sprödigkeit der Sprache, sie mußten mit einem Werkzeug arbeiten, das für ganz anderes gemacht war.

Sprich das Wort »Ägypten« aus, und du hörst eine Sprache, die Gott in mächtigen, ehernen Akkorden preist, voll Ahnung des Ewigen und voll tiefer Angst vor der Endlichkeit: Könige schauen aus steinernen Augen unerbittlich über Millionen Sklaven hinweg und sehen über alle und alles hinweg doch immer nur dem Tod ins dunkle Auge – heilige Tiere starren ernst und erdhaft – Lotosblumen duften zart in den Händen von Tänzerinnen. Eine Welt, ein Sternhimmel voll Welten ist allein dies »Ägypten«, du kannst dich auf den Rücken legen und einen Monat lang über nichts anderes phantasieren als darüber. Aber plötzlich fällt dir etwas anderes ein. Du hörst den Namen »Renoir« und lächelst und siehst die ganze Welt in runde Pinselbewegungen aufgelöst, rosig, licht und freudig. Und sagst »Schopenhauer« und siehst dieselbe Welt dargestellt in Zügen leidender Menschen, die in schlaflosen Nächten sich das Leid zur Gottheit machten und mit ernsten Gesichtern eine lange, harte Straße wallen, die zu einem unendlich stillen, unendlich bescheidenen, traurigen Paradiese führt. Oder es fällt dir der Klang »Walt und Vult« ein, und die ganze Welt ordnet sich wolkig und jeanpaulisch-biegsam um ein deutsches Spießernest, wo die Seele der Menschheit in zwei Brüder gespalten, unbekümmert durch den Angsttraum eines schrulligen Testamentes und die Intrigen eines toll wimmelnden Philister-Ameisenhaufens wandelt.

Gern vergleicht der Bürger den Phantasten mit dem Verrückten. Der Bürger ahnt richtig, daß er selbst sofort wahnsinnig werden müßte, wenn er sich so wie der Künstler, der Religiöse, der Philosoph auf den Abgrund in seinem eigenen Inneren einließe. Wir mögen den Abgrund Seele nennen oder das Unbewußte oder wie immer, aus ihm kommt jede Regung unsres Lebens. Der Bürger hat zwischen sich und seiner Seele einen Wächter, ein Bewußtsein, eine Moral, eine Sicherheitsbehörde gesetzt, und er anerkennt nichts, was direkt aus jenem Seelenabgrund kommt, ohne erst von jener Behörde abgestempelt zu sein. Der Künstler aber richtet sein ständiges Mißtrauen nicht gegen das Land der Seele, sondern eben gegen jede Grenzbehörde, und geht heimlich aus und ein zwischen Hier und Dort, zwischen Bewußt und Unbewußt, als wäre er in beiden zu Hause.

Weilt er diesseits, auf der bekannten Tagesseite, wo auch der Bürger wohnt, dann drückt die Armut aller Sprachen unendlich auf ihn, und Dichter zu sein, scheint ihm ein dorniges Leben. Ist er aber drüben, im Seelenland, dann fließt Wort um Wort ihm zauberhaft aus allen Winden zu, Sterne tönen und Gebirge lächeln, und die Welt ist vollkommen und ist Gottes Sprache, darin kein Wort und Buchstabe fehlt, wo alles gesagt werden kann, wo alles klingt, wo alles erlöst ist.

(1918)

Über Gedichte*

Als ich zehn Jahre alt war, lasen wir eines Tages in der Schule im Lesebuch ein Gedicht, ich glaube, es hieß »Speckbachers Söhnlein«. Es erzählte von einem heldenhaften kleinen Knaben, der mitten im Kugelregen einer Schlacht mitfocht oder für die Großen Kugeln auflas oder sonst etwas Heldisches verrichtete. Wir Buben waren begeistert, und als uns der Lehrer, mit einem Beiklang von Ironie, nachher fragte: »War das nun ein gutes Gedicht?« da riefen wir alle heftig: »Ja«. Er aber schüttelte lächelnd den Kopf und sagte: »Nein, es ist ein schlechtes Gedicht.« Er hatte recht, das Gedicht war nach den Regeln und dem Geschmack unserer Zeit und Kunst nicht gut, nicht fein, nicht echt, es war ein Machwerk. Trotzdem hatte es uns Knaben mit einer herrlichen Welle von Begeisterung erfüllt.

Zehn Jahre später, im Alter von zwanzig Jahren, hätte ich mich ohne weiteres von jedem Gedicht getraut, nach dem ersten Lesen zu sagen, ob es ein gutes oder schlechtes sei. Nichts war einfacher. Ein Blick, das halblaute Sprechen zweier Verszeilen genügte.

Inzwischen sind wieder einige Jahrzehnte vergangen, und mir sind so viele Gedichte durch die Hände und an den Augen vorübergegangen, und ich bin heute wieder ganz im unklaren darüber, ob ich einem Gedicht, das man mir zeigt, Wert zusprechen soll oder nicht. Es werden mir oft Gedichte gezeigt, meist solche von jungen Menschen, die ein »Urteil« darüber haben und einen Verleger dafür finden wollen. Und immer sind die jungen Dichter erstaunt und enttäuscht, wenn sie sehen, daß dieser ältere Kollege, dem sie Erfahrung zugetraut hatten, gar keine Erfahrung hat, sondern unschlüssig in den Gedichten blättert und über ihren Wert sich nichts zu sagen getraut. Was ich als Zwanzigjähriger in zwei Minuten mit dem Gefühl voller Sicherheit vollbracht hätte, das ist jetzt schwierig, vielmehr nicht schwierig, sondern unmöglich geworden. Übrigens »Erfahrung«, das ist auch so ein Ding, von dem man in der Jugend meinte, es müsse ganz von selber

* Dies ist die neue, 1954 entstandene Fassung des Aufsatzes von 1918.

kommen. Aber es kommt nicht von selber. Es gibt Leute, die sind für die Erfahrung begabt, die haben Erfahrung, und sie haben sie schon von der Schulbank, wenn nicht vom Mutterleibe an – und dann gibt es andere, zu denen auch ich gehöre, die können vierzig oder sechzig oder hundert Jahre leben und am Ende sterben, ohne recht gelernt und begriffen zu haben, was »Erfahrung« nun eigentlich sei.

Meine Sicherheit im Beurteilen von Gedichten, wie ich sie mit zwanzig Jahren hatte, beruhte darauf, daß ich damals eine Anzahl von Gedichten und Dichtern so stark und fast ausschließlich liebte, daß ich jedes Buch und Gedicht sofort mit ihnen verglich. War es ihnen ähnlich, so war es gut, andernfalls taugte es nichts.

Heute habe ich ebenfalls meine paar Dichter, die ich besonders liebe, und einige davon sind noch dieselben wie damals. Aber heut bin ich gerade gegen die Gedichte am meisten mißtrauisch, die mich im Klang sofort an einen dieser Dichter mahnen.

Ich will indessen nicht von Dichtern und Gedichten im allgemeinen reden, sondern nur von »schlechten«, nämlich von solchen, die so ziemlich jedermann, außer dem Dichter selbst, ohne weiteres für mäßig, für gering, für entbehrlich ansieht. Ich habe im Laufe der Zeit nicht wenige von solchen Gedichten gelesen, und früher wußte ich auch genau, daß sie schlecht waren, und warum sie schlecht waren. Heute bin ich dessen nicht mehr so recht sicher. Auch diese Sicherheit, auch dieses Wissen hat sich mir, wie jede Gewohnheit und jedes Wissen, irgendeinmal in einem zweifelhaften Licht gezeigt, es war auf einmal langweilig, trocken, unerlebt, es hatte Lücken, es rebellierte in mir dagegen, und am Ende war es kein Wissen mehr, sondern eine überlebte Sache, etwas, was hinter mir lag und dessen einstigen Wert ich nicht mehr begriff.

Jetzt geht es mir mit Gedichten oft so, daß ich bei unzweifelhaft »schlechten« eine Lust verspüre, sie zu billigen, ja zu rühmen, während die guten, ja die besten mir oft verdächtig erscheinen.

Es ist das gleiche Gefühl, das man zuzeiten einem Professor oder einem Beamten oder einem Irrsinnigen gegenüber haben kann: Für gewöhnlich weiß man genau und ist davon überzeugt, daß der Herr Beamte ein einwandfreier Bürger, ein gerechtfertigtes Kind Gottes, ein richtig numeriertes und nützliches Mitglied der Menschheit ist, während der Irre eben ein armer Kerl ist, ein unglücklicher Kranker, den man duldet, den man bedauert, der aber keinen Wert hat. Aber dann kommen Tage oder doch Stunden, etwa wenn man ungewöhnlich viel mit Professoren oder mit Irren verkehrt hat, da plötzlich das Gegenteil wahr ist: dann sieht man in dem Irren einen stillen, in sich sichern Glücklichen, einen Weisen, einen Liebling Gottes, charaktervoll in sich selbst und in seinem Glauben von sich selbst begnügt – der Professor oder Beamte aber scheint einem entbehrlich, von mäßigem Charakter, eine persönlichkeitslose und naturlose Figur, von welcher zwölf aufs Dutzend gehen.

Ähnlich also ergeht es mir zuweilen mit schlechten Gedichten. Plötzlich scheinen sie mir nicht mehr schlecht, plötzlich haben sie einen Duft, eine Eigenart, eine Kindlichkeit, gerade ihre offensichtlichen Schwächen und Fehler sind rührend, sind originell, sind lieb und entzückend, und daneben wird das schönste Gedicht, das man sonst liebte, ein wenig blaß und schabloniert.

Bei manchen unserer jüngern Dichter sehen wir übrigens seit den Tagen des Expressionismus ähnliches am Werk: sie machen grundsätzlich keine »guten« oder »schönen« Gedichte mehr. Sie finden, es gebe schöne Gedichte genug, und sie selbst seien keineswegs dazu geboren und in die Welt gestellt, um noch weitere hübsche Verse anzufertigen und ein von früheren Generationen begonnenes Geduldspiel weiter zu spielen. Sie haben damit vermutlich ganz recht, und ihre Gedichte klingen auch manchmal genauso rührend, wie man es sonst nur bei den »schlechten« Gedichten fand.

Der Grund ist ja leicht zu finden. Ein Gedicht ist in seinem Entstehen etwas ganz Eindeutiges. Es ist eine Entladung, ein Ruf, ein Schrei, ein Seufzer, eine Gebärde, eine Reaktion der erlebenden Seele, mit der sie sich einer Wallung, eines Erlebnisses zu erwehren oder ihrer bewußt zu werden sucht. In dieser ersten, ursprünglichen, wichtigsten Funktion ist überhaupt kein Gedicht beurteilbar. Es spricht ja zunächst lediglich zum Dichter selbst, ist sein Aufatmen, sein Schrei, sein Traum, sein Lächeln, sein Umsichschlagen. Wer wollte die nächtlichen Träume der Menschen auf ihren ästhetischen Wert und unsere Hand- und Kopfbewegungen, Gebärden und Gangarten auf ihre Zweckmäßigkeit hin beurteilen?! Das Wickelkind, das den Daumen oder die Zehe in den Mund steckt, tut ebenso klug und richtig wie der Autor, der am Federstiel nagt, oder der Pfau, der seinen Schweif ausbreitet. Keiner von ihnen tut besser als der andere, keiner hat mehr recht, keiner weniger.

Manchmal geschieht es nun, daß ein Gedicht außer dem, daß es den Dichter entspannt und befreit, auch noch andere erfreuen, bewegen und rühren kann – daß es schön ist. Vermutlich ist es dann der Fall, wenn das, was es ausdrückt, etwas vielen Menschen Gemeinsames, bei allen Mögliches ist. Aber gewiß ist das keineswegs.

Hier beginnt nun ein bedenklicher Kreislauf. Weil »schöne« Gedichte den Dichter beliebt machen, darum kommen nun wieder eine Menge von Gedichten zur Welt, welche nichts als schön sein wollen, die gar nichts mehr wissen von der ursprünglichen, urweltlichen, heiligunschuldigen Funktion des Gedichtes. Diese Gedichte sind von allem Anfang an für andre gemacht, für Hörer, für Leser. Sie sind nicht mehr Träume oder Tanzschritte oder Schreie einer Seele, Reaktionen auf Erlebnisse, gestammelte Wunschbilder oder Zauberformeln, Gebärde eines Weisen oder Grimasse eines Irren – sie sind bloß noch gewollte Erzeugnisse, Fabrikate, Pralinés für das Publikum. Sie sind gemacht worden, um verbreitet und verkauft und von den Käufern zur Erheiterung oder Erhebung oder Zerstreuung genossen zu werden. Und gerade diese Art von Gedichten findet Beifall. In sie muß man sich nicht ernsthaft und liebevoll hineinversetzen, von ihnen wird man nicht gequält und erschüttert, sondern man kann ihre hübschen, maßvollen Schwingungen bequem und lustvoll mitschwingen.

Diese »schönen« Gedichte nun können einem zuzeiten ganz ebenso entleiden und zweifelhaft werden wie alles Gezähmte und Angepaßte, wie die Professoren und Beamten. Und manchmal, wenn einem die korrekte Welt recht zuwider ist, dann hat man die Neigung, Laternen einzuschlagen und Tempel anzuzünden, und die »schönen« Gedichte bis zu den heiligen Klassikern hinauf schmecken an solchen

Tagen alle ein wenig wie zensuriert, wie kastriert, wie allzu gebilligt, allzu zahm, allzu tantenhaft. Dann wendet man sich zu den schlechten. Dann ist einem überhaupt keines schlecht genug.

Aber auch hier lauert Enttäuschung. Das Lesen schlechter Gedichte ist ein überaus kurzfristiger Genuß, man hat schnell genug davon. Aber wozu denn lesen? Kann nicht jedermann selber schlechte Gedichte machen? – Man tue es, und man wird sehen, daß das Machen schlechter Gedichte noch viel beglückender ist als sogar das Lesen der allerschönsten.

(1918)

Eine Bücherprobe

Neulich habe ich wieder einmal eine Bücherprobe bestehen müssen. Durch äußere Umstände gezwungen, mußte ich einen Teil meiner Bibliothek weggeben. Ich stand also vor den Bücherschäften, ging Schritt für Schritt die Bücherreihen ab und besann mich: »Brauchst du dies Buch? Liebst du es? Wirst du es bestimmt wieder lesen? Täte es dir sehr leid, es zu verlieren?«

Da ich zu den Menschen gehöre, welche das »historische Denken« niemals lernen konnten, auch nicht zu den Zeiten, wo das historische Denken von offizieller Seite dem menschlichen Denken weit vorgezogen wurde, begann ich mit historischen Büchern und traf auf wenige Hemmungen. Schöne Memoiren-Ausgaben, italienische und französische Biographien, Hofgeschichten, Tagebücher von Politikern – weg damit! Hatten die Politiker denn je recht gehabt? War ein Vers von Hölderlin für mich nicht mehr wert als alle Weisheit der Potentaten? Weg damit!

Die Kunstgeschichte schloß sich an. Hübsche Spezialwerke über italienische, niederländische, belgische, englische Malerei, der Vasari. Sammlungen von Künstlerbriefen – es tat nicht sehr weh. Weg damit!

Kamen die Philosophen. War es notwendig, Mauthners Wörterbuch zu besitzen? Nein. Würde ich Eduard v. Hartmann je wieder lesen? Ach nein. Aber Kant? Da zögerte ich. Man kann nie wissen. Und ich ließ ihn stehen. Nietzsche? Unentbehrlich, samt Briefen. Fechner? Wäre doch schade, bleibt stehen. Emerson? Laß fahren dahin! Kierkegaard? Nein, den behalten wir noch. Schopenhauer ohnehin. Die Anthologien und Sammelbücher sahen zwar hübsch aus – »Deutsche Seele« – »Gespensterbuch« – »Ghettobuch« – »Der Deutsche im Spiegel der Karikatur«, braucht man das? Weg damit! Weg mit dem allem!

Aber nun die Dichter! Von den neuesten will ich nicht reden. Aber die Briefwechsel Goethes? Ein Teil davon wurde verurteilt. Wie steht es mit all den Bänden Grillparzer? Muß das sein? Nein, muß nicht sein. Und all das von Arnim? Ach, das täte mir doch leid. Blieb stehen. Ebenso

Tieck, ebenso Wieland. Herder wurde bedeutend gerupft. Balzac wurde bezweifelt, blieb dann stehen. Anatole France gab zu denken. Gegen Feinde ist man ritterlich, er blieb gerettet. Stendhal? Viele Bände, aber unentbehrlich. Montaigne ohnehin. Dafür wird Maeterlinck dezimiert. Vier Ausgaben des Dekamerone von Boccaccio! Es blieb nur eine übrig. Dann das Fach mit den Ostasiaten. Ein paar Bände Lafcadio Hearn wurden verabschiedet, alles andere blieb da.

Bei den Engländern entstanden manche Bedenken. So viel Bände Shaw? Einige mußten fallen. Und der ganze Thackeray? Der halbe genügt. Fielding, Sterne, Dickens bleiben, bis auf Kleinigkeiten.

Auch bei den Russen blieb fast alles stehen. Bei Gorki und bei Turgenjew gab es Zögerungen und Unentschiedenheit. Tolstois Traktate wurden stark angegriffen. Bei den Skandinaven kam einiges ins Rutschen. Herman Bang blieb, Hamsun blieb, Strindberg blieb. Björnson schmolz ein, Geijerstam verschwand.

Wer sammelt Kriegsliteratur? Einige Zentner sind billig abzugeben. Gekauft habe ich wenig davon, das meiste flog einem ja ins Haus. Gelesen habe ich nicht den zwanzigsten Teil. Und was für gutes Papier gab es Anno 15 und 16 noch!

Als ich nach Tagen damit fertig war, übersah ich erst, wie sehr sich in diesen Jahren mein Verhältnis auch zu den Büchern geändert hatte. Es gibt ganze Gattungen von Literatur, die ich früher mit freundlicher Schonung duldete, und die ich jetzt mit Lachen weggebe. Es gibt Autoren, welche ernst zu nehmen einem nicht mehr möglich ist. Aber wie tröstlich, daß Knut Hamsun noch lebt! Wie gut, daß es Jammes gibt! Und wie schön, wenn man mit all den dicken Dichterbiographien mit ihrer Langeweile und ihrer dünnen Psychologie aufgeräumt hat. Es wird heller in den Zimmern. Schätze sind zurückgeblieben, die jetzt viel voller leuchten. Goethe steht da, Hölderlin steht da, der ganze Dostojewski steht da. Mörike lächelt, Arnim blitzt verwegen, die Isländersagen überdauern jede Sorge. Märchen und Volksbücher bleiben unverwüstlich. Und die alten Schmöker, die in Schweinsleder mit dem theologischen Ansehen, die meist so viel fröhlicher sind als alle neuen Bücher, die sind auch noch da. Von ihnen läßt man sich gerne einmal überleben.   *(1919)*

Auch mir schlug eines Tages die Stunde, und nach langen Kriegsjahren hielt ich meinen Abschied als Beamtenstellvertreter in der Hand und konnte versuchen, wieder ein Mensch zu werden. Es gelang nicht leicht, es ist bis heute noch nicht gelungen. So wie der »Abenteurer« des verschollenen Malers Böcklin (er wird von unsern Kindern in zwanzig Jahren wieder entdeckt werden), reitet jetzt jeder von uns, allein senkrecht unter der unerbittlichen Sonne, einem Land der Totenschädel und des Moders entgegen. Jene, die den Beruf des Dichters darin sahen, die Instinkte der Masse zu verherrlichen, haben es weniger schwer; sie haben Kriegslieder und Regimentsgesänge gemacht, und machen jetzt demokratische Bekenntnisse, und tun es guten Glaubens, guten Glaubens an sich und an die Menge, der sie schmeicheln. Wir anderen, die durch irgendwelche Vorherbestimmung jener ersten Kriegspsychose entgangen sind, erleben die unsrige eigentlich erst jetzt. Wir waren schon zuvor von der Ahnung berührt, daß der Geist Europas einem Tode und einer schmerzlichen Wiedergeburt entgegen gehe, und wir sehen das durch den Krieg und seine sämtlichen Folgen bestätigt, und sehen uns dazu verurteilt, mit unterzugehen.

Wie heimkehrende Landsknechte nach dem Dreißigjährigen Kriege kommen wir wieder, finden nichts mehr, wie es war, bestellen unsere Zeitung ab und begehren nichts, als noch eine Weile zu leben und beim Bestellen unseres kleinen Ackers über die Tollheit dieser Welt nachzusinnen, die wir schon halb verlassen haben.

Manches geht trotzdem weiter, und so liest man auch nach wie vor manches Buch, und lächelt weise darüber, wie der eifrige Betrieb weitergeht. Man sieht, wie die Familienblätter, welche einige Jahre lang in Stahl und Blut gehüllt gewesen waren, das Gemüt wieder entdecken und anpreisen, und man sieht, mit ernsterer Teilnahme, jenen Geistern zu, welche trotz allem sich darum mühen, einige Zeichen zu deuten und die Hieroglyphen des Schicksals in irgendeine Tagessprache zu übersetzen. Die Bücher von Schickele (Genfer Reise), Annette Kolb und andern Emigranten sprechen viel von dem aus, was der europäische Geist in seinen exponiertesten Fühlern in diesen Jahren gelitten hat. Dichter und Fabulierer spielen auf ihre Art mit demselben Stoff, dabei entstehen bunte Dinge wie Madelungs »Circus Mensch« oder Meyrinks »Grünes Gesicht«. Der Bürger erschrickt über die Grimassen dieser verzerrten Gesichter, und sieht nicht, wie viel übler seine eigene Fratze aussieht. Im »Demian«, der Dichtung Emil Sinclairs, steht der Satz: »Wir können einander verstehen; aber deuten kann jeder nur sich selbst.«

Alles in allem nimmt man die Bücher weniger ernst als je. Die Weisheit, die uns nottut, steht bei Laotse, und sie ins Europäische zu übersetzen, ist die einzige geistige Aufgabe, die wir zur Zeit haben. Die Schriften und Reden der geistigen Räte und der Streit um den Expressionismus oder um das Recht der Dichter auf beliebige Anwendung und Stellung der Worte sieht daneben so amüsant aus. Aber mit der Auflockerung der ästhetischen Konventionen, bei der unvermeidlich auch eine Menge von wertvoller Tradition zugrunde geht (man suche auszudenken: was stirbt mit Renoir?!) – mit all dem vollzieht sich ein Stück Leben, mit dem man gerne einverstanden ist.

Einiges, was ich in diesen Monaten las, sei kurz notiert:

Vom Verlag Kurt Wolff der erste Halbjahrsband einer neuen Zeitschrift »Genius«. Ein schöner Quartband mit vielen großen Kunstblättern, darunter eines der schönsten: Grecos Ansicht von Toledo. Die bildende Kunst dominiert durchaus, und die dem Band vorangestellten Worte Worringers geben glücklich die Richtung oder Einstellung an. Von den vielen schönen Abbildungen alter und neuer Kunstwerke war ich wahrhaft entzückt, es ist nur ganz wenig von jenem schon allzu Bekannten darunter, das man immer und immer wieder sieht. Der Versuch, eine Einheit anzudeuten, welche die heutigen Expressionisten mit der Gotik, der Negerplastik usw. verbindet, schimmert durch und wirkt harmlos wie immer. Von den modernen Kunstwerken, die das Buch abbildet, tun die Bilder Kokoschkas die stärkste Wirkung. Der dichterische Teil der Zeitschrift ist wesentlich ärmer, weder die Lyrik noch die Erzählung ist mit wirklich charakteristischen Proben vertreten, die wertvollsten Stücke

sind Werfels zum Teil sehr schönes Zauberspiel und dem
Geiste (nicht dem Ausdruck) nach die »Rede an die Welt-
bürger« von Kurt Pinthus. Alles in allem hat man an diesem
ersten Band entschieden eine Freude, und erwartet die spä-
tern mit Vergnügen. Ob auf die Dauer der Blütenlesen-Cha-
rakter nicht schwächend auf die Aktivität des Blattes wirken
wird? Objektive Kennerschaft und rein sachliche, gediegene
Auswahl des Besten sind herrliche Prinzipien – aber gibt es
das eigentlich? Ist nicht die lächelnde Weisheit des Parteilo-
sen ebenso eine Illusion wie die Leidenschaft des Partei-
ischen? Und Leidenschaft, ob auch dem Intellektualisten
verdächtig, ist immer doch ein vorzüglicher Motor.

Von zwei Dichtern der lang vergangenen vorexpressionisti-
schen Zeit sind neue Bücher gekommen, von Emil Strauß
und von Keyserling. Strauß ist mir lieber. Keyserlings elegan-
te Schwermut war in seinen letzten Büchern zwar immer
wieder schön, doch je und je ein klein wenig süß und
schwächlich. Strauß, der scheinbar Geradlinige, ist die kompliziertere Natur. Sein »Spiegel« ist ein schwermütiges, auch
ein wenig müdes Buch, ein Buch von Einsamkeit und nie
ganz ausgesprochener Trauer erfüllt, wie man in trüben
Zeiten die Läden schließt und in der Dämmerung Kammer-
musik macht.

Man lernt immer noch Neues kennen. Kürzlich las ich zum
erstenmal zwei Bücher eines Autors, der seit Jahrzehnten
vielleicht der gelesenste in Deutschland ist und den ich noch
nicht kannte. Es ist Karl May. Von Leuten, die etwas verstehen, war mir immer gesagt worden, er sei ein ganz übler
Macher und Schmierer. Es gab einmal eine Art von Kampf
um ihn. Nun, ich kenne ihn jetzt, und empfehle seine Bücher
den Onkeln von Herzen, die der Jugend Bücher schenken
wollen. Sie sind phantastisch, unentwegt und hanebüchen,
von einer gesunden, prächtigen Struktur, etwas völlig Fri-
sches und Naives, trotz aller flotten Technik. Wie muß er auf
die Jungen wirken! Hätte er doch den Krieg noch erlebt und
wäre Pazifist gewesen! Kein Sechzehnjähriger wäre mehr
eingerückt.

Zuletzt noch etwas Ausländisches, etwas Französisches.
Von einem Franzosen allerdings, der, obwohl einer der
Miterbauer des geistigen Frankreich von heute, nicht eine

Stunde seines Lebens den Gehässigkeiten des Krieges geschenkt hat. Es ist Romain Rolland. Sein »Colas Breugnon« kommt als eine schöne, frohe Überraschung. Kein Buch der Zeitprobleme, keine Tragik, kein Zukunftstraum, sondern liebe, nahe Menschlichkeit, ein Ferienbuch mit Sonne, Wind und Bauernluft, frischen Morgen und altem, wildem Wein, gut und froh wie die Gesundheit selbst. Niemand hatte mehr recht, sich solche geistige Ferien zu machen als der Mann, dem wir für den Fortbestand eines schwachen Restes von übernationalem Menschentum mehr als jedem andern zu danken haben und der noch im fünften Kriegsjahr in der eigenen Heimat so bittere Erfahrungen machen mußte. Offen gestanden, bei aller Liebe und Verehrung, die ich für diesen braven Helden habe, war mir doch seit Jahren nicht ganz wohl bei seinem Eingesponnensein in Zeitliches und Kritisches, ich hätte lange gern irgendein Lied von ihm gehört, eine Äußerung einfacher Lebensfreude und problemloser Menschlichkeit. Er war mit der Zeit einer der Minister der Menschlichkeit geworden, aber – war er noch ein Dichter? War noch genug Kind, noch gemäß Naivität in ihm für die reinen, urtümlichen Freuden des Fabulierens? Da ist die Antwort, die schönste, die er geben konnte. In dem Exemplar, das er mir schickte, steht das Beste, was sich über das Buch sagen läßt, in einer kurzen Widmung geschrieben. Er nennt es »Ce flacon de vieux Bourgogne, pour tenir tête à la mélancolie«.

(1919)

Früher wußte ich ziemlich genau, was gute und was schlechte Lektüre sei. Früher wußte man überhaupt in so vielen Dingen prinzipiell das Richtige, daß es eine Freude war zu leben und zu denken. Jetzt ist alles so zweifelhaft geworden; und so geht es mir mehr und mehr mit den Büchern.

Während der Kriegsjahre war ich sehr oft genötigt, über gute und schlechte Lektüre nachzudenken, denn es war mein Amt, die Lektüre für fast eine halbe Million Menschen auszuwählen. Da begann ich mit meinen vorzüglichen Grundsätzen von früher her, und erlitt Schiffbruch und wurde täglich durch die tausend Wünsche der Leser (es waren unsere Gefangenen in Frankreich) darüber belehrt, daß der Mensch seine Lektüre weder nach ethischen noch ästhetischen Grundsätzen wählt. Der Gebildete freilich kennt und hat Prinzipien, er achtet eine Menge von Dingen, die ihn im Grund wenig anziehen, und verzichtet auf andere, nach denen es ihn hinzöge, wenn eben die Bildung nicht Hemmungen geschaffen hätte.

Ein Schriftsteller, den ich bis dahin nur dem Namen nach gekannt hatte, obwohl er zu den gelesensten der Zeit gehört, wurde mir auf diesem Umweg bekannt. Er stand immer wieder auf den Wunschlisten der Gefangenen. Es ist *Karl May*. Ich erinnerte mich, Buben meiner Bekanntschaft hatten für ihn geschwärmt, sonst aber fiel mir nichts Rühmliches ein, das ich über ihn gewußt hätte, sondern lauter Schlimmes. Er sei ein zweifelhafter Charakter und ein skrupelloser Macher gewesen, ein richtiger böser Bücherfabrikant, nichts von Ideal und heiligem Feuer dahinter. Weiß Gott, woher ich das alles wußte, aber ich wußte es. Es gab Schafe, und es gab Böcke, das war nun einmal so, und dieser Herr May gehörte zu den Böcken. Jetzt, wo ich aus Neugierde endlich zwei Bücher von ihm las, war ich ganz erstaunt. Er ist nämlich gar kein Macher, sondern von einer geradezu verblüffend naiven Ehrlichkeit. Er ist der glänzendste Vertreter eines Typs von Dichtung, der zu den ganz ursprünglichen gehört, und den man etwa »Dichtung als Wunscherfüllung« nennen könnte. In dicken Büchern erfüllt er sich alle Wünsche, die das Leben ihm unerfüllt ließ, da ist er mächtig, reich, geehrt, fast ein König, gebietet über treue mächtige Verbündete, zeigt sich jedem Feind überlegen, tut Wunder an Kraft, der Klugheit und des Edelmuts. Er rettet Verlorene, befreit Gefangene, stiftet Frieden zwischen Todfeinden, bekehrt Sünder zum Glauben an das Gute, schmettert verstockte Bösewichte nieder. Mit den knabenhaften, kriegerisch-räuberischen Wünschen einer unverdorbenen naiven Natur sind andere, kompliziertere verwachsen – er will nicht nur stark und mächtig sein, nicht nur unsäglich schlau und gewandt, sondern auch fabelhaft gut, und so entstand der Held aller seiner Romane, der nur den Namen wechselt, der aber stets dasselbe Wunschbild verkörpert. Daß er unter der Güte dabei eine europäisch-christliche Güte versteht, mit einem Einschlag von Nationalismus, und daß er sich der Täuschung hingibt, die europäisch-christliche Moral sei allen anderen ebenso überlegen wie die europäischen Schußwaffen den primitiven der Naturvölker, das ist unwesentlich; auch hier ist er gutgläubig, und geht auf sein Ziel mit einer beneidenswerten Unmittelbarkeit los. Daß er ein großer Dichter sei, möchte ich nicht sagen, dazu ist seine Sprache allzu schabloniert und der Flug seiner Seele zu eng. Aber er vertritt, innerhalb unserer dürr und öd gewordenen Literatur, mit seinen grellen, knalligen Werken einen Typus von Dichtung, der unentbehrlich und ewig ist. Es ist nicht seine Schuld, daß den andern, »besseren« Dichtern dieser Zeit die Phantasie gebricht – es ist die Schuld dieser anderen, wenn ein Mann mit zweifelhaften Mitteln das erreicht, was ihnen mit ihren feineren Mitteln unerreichbar blieb.

Die letzten Jahre haben denn auch aus einem wirklichen Mangel heraus, eine neue Wendung unserer Prosadichtung zum Phantastischen gebracht, die feine, kluge und gepflegte Gebärde des Impressionisten wirkte plötzlich müde und verblaßt, sie war nicht mehr der Typ der Zeit, die Jugend ging nicht mehr mit. Bei uns begann Meyrink den Reigen einer neuen, bewußt gepflegten Phantastik mit seinen bekannten Romanen, und auch er, der sehr feine und delikate Töne zur Verfügung hat, verschmähte die grellen Mittel nicht. Neben ihm nenne ich *A. M. Frey*, dessen »Solneman der Unsichtbare« den gleichen Weg ging und von dem soeben ein neues, schönes und spannendes Buch »*Kastan und die Dirnen*« erschienen ist (im Delphinverlag München). Ein wenig gehören auch die Prosabücher *Klabunds* dazu, dessen sehr schöner »Brake« (Verlag Erich Reiß) außerdem voll von Anspielungen und Bedeutungen persönlicher und aktueller Art ist.

Die »Phantastik« dieser Bücher ist, ebenso wie die vollkommene Auflösung der Tradition in der heutigen Malerei, keineswegs ein Probieren, ein bewußtes Suchen Einzelner nach neuen Wirkungen und Erfolgen, der Versuch, eine neue Sache zu machen, sondern es liegt dem allen ein Prozeß zugrunde, welchem in der großen Welt die Zersetzung und der neue Aufbau des europäischen Geistes genau entspricht. Es spiegelt sich in der Kunst niemals Zufall und der Wille einzelner, sondern stets Notwendigkeit. Die Wendung vom Verfeinerten zum Grellen, die Wendung von Thomas Mann zu Heinrich Mann, von Renoir zum Expressionismus ist eine Wendung zu neuen Gebieten unserer Seele, ist ein Aufschließen neuer Quellen und Abgründe unseres Unbewußten. Dabei kommt immer und unvermeidlich ein Stück fernster Jugend, ein Stück Atavismus mit herauf und es geht viel schöne, wertvolle, edle Tradition zugrunde. Aber es hilft nichts, das halten zu wollen, was zugrunde geht, und es hilft noch weniger, das durch Hohn und Ignorieren abtun zu wollen, was neu heraufkommt. So ließ sich der Krieg, so ließ sich die Revolution auch nicht abtun, der Philister mochte die Läden und Augen schließen und sich Watte in die Ohren stopfen – seine alte Welt sank doch in Trümmer.

Ein phantastisches Buch aus der Zeit unserer Großväter, ein echtes, prachtvolles Dichterbuch, voll Laune, Spiel und tiefem, herrlichstem Unsinn ist der »Liebmund Maria Wispel« von Eduard *Mörike*, soeben erschienen bei Strecker und Schröder in Stuttgart. Der Herausgeber, W. *Eggert-Windegg*, hat in diesem höchst schnurrigen Buch alle »Wispeliaden« Mörikes zusammengestellt und Handschriften und Zeichnungen des Dichters dazu abgebildet, des großen Dichters Mörike, der auch in diesem Buch wieder, wie immer, mißverstanden werden und dennoch tief und strahlend wirken wird. Möchte es einmal geschehen, daß ein Verständiger (etwa in der herrlichen Art wie der »Nietzsche« von Ber-

tram) uns Mörikes Person zeichnen wird, als einen der
Vorläufer moderner Sensibilität, wie neben ihm Lenau, wie
vor ihm Hölderlin einer war!

(1919)

Variationen
über ein Thema von Wilhelm Schäfer

Wenn Maler ein Bild beurteilen, so stellen sie es nicht nur in ein gutes Licht, treten davor, treten zurück und suchen verschiedene Standpunkte, sondern viele von ihnen drehen das Bild auch um, hängen es verkehrt auf, den Himmel nach unten, und sind erst dann zufrieden, wenn das Bild auch diese Probe erträgt, wenn seine Farben auch dann beziehungsvoll und magisch ineinander schwingen.

So habe ich es immer mit den Wahrheiten gehalten, von denen ich ein großer Freund bin. Eine gute, eine richtige Wahrheit, so scheint mir, muß es vertragen, daß man sie auch umkehrt. Was wahr ist, davon muß das Gegenteil auch wahr sein können. Denn jede Wahrheit ist kurze Formel für den Blick in die Welt von einem bestimmten Pol aus, und es gibt keinen Pol ohne Gegenpol.

Ein von mir sehr hochgeschätzter Schriftsteller, Wilhelm Schäfer, sagte mir vor einigen Jahren einen Satz über die Aufgabe des Dichters, den er gefunden hatte und der später auch in einem seiner Bücher mitgeteilt wurde. Der Satz machte mir Eindruck, er war zweifellos gut und wahr und war vorzüglich formuliert, worin Schäfer ein Meister ist. Lange klang sein Satz über den Dichter in mir nach, ich habe ihn eigentlich nie mehr vergessen, immer tauchte er von Zeit zu Zeit wieder vor mir auf. Das tun Wahrheiten nicht, mit denen wir absolut und völlig einverstanden sind. Die schluckt und verdaut man rasch.

Der Satz hieß so: »Sache des Dichters ist es nicht, das Einfache bedeutend, sondern das Bedeutende einfach zu sagen.«

Lange und oft habe ich daran gesonnen, warum der famose Spruch (den ich auch heute noch bewundere) mir nicht ganz einging, einen Rest von Leere und Widerspruch in mir ließ. Ich habe an diesem Satz mehr als hundertmal auf Gedankengängen Analyse getrieben. Das erste, was ich fand, war ein leiser Mißklang, ein winziger Fehler, ein ganz winzig kleiner Sprung in dem klaren Kristall dieser so sauber gefaßten Formel. »Das Bedeutende einfach sagen – nicht das Einfache bedeutend« – das klang wie ein tadelloser Parallelismus und war es doch nicht ganz. Denn der Sinn des Wortes »bedeutend« war in den beiden Satzhälften nicht genau, nicht haarscharf der gleiche. Das »Bedeutende«, das der Dichter sagen soll, war ohne Zweifel vollkommen redlich und eindeutig gemeint, »bedeutend« hieß hier ungefähr soviel wie »unbedingt wertvoll«. Das andere »bedeutend« aber, im Gegensatz, hatte einen Beiklang von Mißachtung. Wenn ein Dichter das »Einfache«, das offenkundig Unbedeutende, »bedeutend« ausspricht, so macht er, im Sinn jenes Satzes, also eigentlich etwas Falsches, und das »bedeutend«, womit sein Tun bezeichnet wird, ist eigentlich Tuerei, und also eigentlich zur Hälfte ironisch gemeint.

Merkwürdig spät erst machte ich dann jenen einfachen Versuch, der Sache näher zu kommen, indem ich den Satz versuchsweise einmal umdrehte. Dann hieß er: »Sache des Dichters ist es nicht, das Bedeutende einfach, sondern das Einfache bedeutend zu sagen.« Und siehe da, eine neue Wahrheit stand vor mir. Die Umdrehung verbesserte den Satz schon formal, denn das Wort »bedeutend« blieb jetzt in beiden Satzhälften gleichwertig, statt wie vorher unter der Hand seinen Sinn zu wechseln.

Und plötzlich sah ich, daß für mich die Umkehrung von Schäfers Wahrheit noch viel wahrer, noch viel wertvoller war, als was er eigentlich gesagt hatte. Nun war alles klar. Natürlich blieb Schäfers Satz wahr und schön wie zuvor – von seinem, von Schäfers Pol aus. Von meinem Gegenpol aus aber strahlte nun der umgekehrte Satz mit ganz neuer Kraft und Wärme.

Schäfer hatte gesagt, Sache des Dichters sei es nicht, irgend etwas Beliebiges und Belangloses so vorzutragen, daß es bedeutend erscheine, sondern für seine Darstellungen das wahrhaft Wertvolle und Wichtige zu wählen und es so einfach wie möglich zu sagen. Mein umgedrehter Satz aber hieß: »Sache des Dichters ist es nicht, darüber zu entscheiden, ob dies und jenes bedeutend und wichtig sei, seine Sache ist es nicht, gewissermaßen als Vormund für den späteren Leser eine Auswahl aus dem Wirrwarr der Welt zu treffen und ihm nur das Wertvolle, wirklich Wichtige mitzuteilen. Nein, im Gegenteil! Sache des Dichters ist es gerade, in jeder Kleinigkeit, in jedem Nichts das Ewige und Ungeheure zu wissen und diesen Schatz, dies Wissen, daß Gott überall und in jedem Dinge ist, immer wieder zu eröffnen und mitzuteilen.«

Damit hatte ich eine Formel für den Sinn oder die Aufgabe des Dichters gefunden, die mir, von meinem Pole aus, weit wertvoller und wahrer wurde als der ursprüngliche Satz, obwohl ich auch dem einmal, mich anpassend, zugestimmt hatte. Nein, der Dichter, wie ich ihn zu innerst meine, hat nicht das Amt, zwischen bedeutenden und unbedeutenden Dingen auf der Erde zu unterscheiden. Er hat, so wie ich ihn meine, gerade im Gegenteil das Amt, das heilige Amt, immer wieder zu zeigen, daß »Bedeutung« nur ein Wort ist, daß Bedeutung keinem Ding auf der Erde zukommt oder allen, daß es nicht Dinge gibt, die man ernst nehmen, und andere, die man nicht ernst nehmen muß. Gewiß, Schäfer hatte das anders gemeint. Der Dichter, wie er ihn verneint, ist ein Mann, der durch Kunst und Geschicklichkeit aus einem Nichts, das auch für ihn selber ein Nichts ist, etwas anscheinend Stattliches macht, der die Dinge zu Bedeutungen aufbläst, der kurzum Theater spielt. Diese Art von Dichter verneine auch ich. Aber ich bin mit Schäfer darin uneinig, daß ich an eine Grenze zwischen »Bedeutend« und »Einfach« überhaupt nicht glaube.

Von diesem Gedanken aus fand ich, im Lauf einiger Jahre, auch mehr Einsicht in eine Erscheinung der Dichtung und Geistesgeschichte, die mir immer etwas dunkel und bedrückend gewesen war und die von unseren Lehrern und Literarhistorikern nie zu meiner Befriedigung besprochen worden war.

Diese seltsame Erscheinung ist die der Problematiker einerseits, der Kleinmeister und Idylliker andererseits. Es gibt eine Reihe von Dichtern, deren Werke uns keineswegs entzücken, denen aber ein rätselhafter Hauch von Größe und Wichtigkeit anhaftet, weil sie sich riesige Menschheitsstoffe »gewählt« und gewaltige Probleme des Menschlichen bearbeitet haben. Andererseits gibt es sogenannte kleinere Dichter, welche keinen einzigen großen, mächtigen, weltgeschichtlichen Gedanken ausgesprochen haben, welche sich um Herkunft und Zukunft der Menschheit samt ihren Problemen überhaupt nie gekümmert haben, sondern es vorzo-

gen, von kleinen Schicksalen von Liebes- und Freundesge-
fühlen, von der Trauer über die Vergänglichkeit, von Landschaften, Tieren, singenden Vögeln und Wolken am Himmel
zu singen und zu phantasieren, und welche von uns sehr
geliebt und immer wieder gelesen werden. Man war stets in
Verlegenheit, wie man diese Dichter eigentlich einreihen
und einschätzen solle, diese einfachen Seelen, die eigentlich
nie etwas Überwältigendes zu sagen hatten und uns doch so
lieb waren! Alle Eichendorffe, alle Stifter, alle diese Dichter
gehören dahin. – Und andererseits standen in ihrer düsteren
Berühmtheit jene großen Problematiker, jene Aufroller der
großen Fragen, jene Hebbel, jene Ibsen (die wirklichen,
wenigen großen Dichterpropheten nenne ich nicht mit ihnen
zusammen: Dante, Shakespeare, Dostojewski) – da standen
jene seltsamen Riesen, in deren Werken zwar die tiefsten
Fragen aufklangen, die uns, alles in allem, aber so wenig froh
machten.

Nun, jene Eichendorffe und Stifter, und sie alle sind lauter
Dichter, welche das Einfache bedeutend sagen, weil sie
überhaupt den Unterschied zwischen einfach und bedeutend
nicht bemerken, weil sie auf einer ganz andern Ebene leben,
von einem ganz andern Pol aus in die Welt blicken. Und
gerade sie, diese Idylliker, diese einfachen und helläugigen
Kinder Gottes, denen der Grashalm zur Offenbarung wird,
gerade sie, die wir die Kleineren nennen, geben uns das
Beste. Sie lehren uns nicht ein Was sondern ein Wie. Sie
sind, neben jenen gedankenvollen Großen, wie gute Mütter
neben Vätern, und wie oft haben wir eine Mutter unendlich
viel nötiger als einen Vater!

Es tut immer wohl, wenn man eine Wahrheit umgedreht
hat. Es tut immer wohl, wenn man eine Stunde lang seine
Bilder im Innern verkehrt aufgehängt hat. Die Gedanken
kommen leichter, die Einfälle spielen rascher, leichter gleitet
unser Kahn durch den Strom der Welt. Wenn ich ein Lehrer
wäre und Schule halten müßte, wenn ich Schüler hätte,
welche Aufsätze machen müssen und dergleichen, so würde
ich die, welche dazu Lust haben, immer je und je eine Stunde
beiseite nehmen und ihnen sagen: Kinder, was wir euch
lehren, ist sehr gut. Aber probiert es zuweilen, unsere Regeln
und Wahrheiten einmal auch umzudrehen, nur zum Probie-

170

ren, nur zum Spiel! Sogar wenn man irgendein Wort umdreht, Buchstabe für Buchstabe, entsteht oft eine erstaunliche Quelle von Belehrung, Spaß und guten Einfällen.

Es entsteht nämlich aus solchem Spiel die Stimmung, in welcher die Etiketten von den Dingen fallen und sie neu und überraschend zu uns reden. In solchen Stimmungen werden aus dem dünnen Farbenspiel einer alten Fensterscheibe byzantinische Mosaiken und aus Teekesseln Dampfmaschinen. Und genau diese Stimmung, diese Bereitschaft der Seele, die bekannte Welt nicht mehr zu kennen, sondern neu und bedeutungsvoller zu entdecken, genau diese Bereitschaft finden wir bei jenen Dichtern, welche von der Bedeutung des Unbedeutenden sprechen.

(1919)

Die jüngste deutsche Dichtung

In dem Verlangen, eine Vorstellung vom geistigen Zustande der deutschen Jugend zu bekommen, habe ich nun während einiger Monate eine Menge von Büchern der jüngsten Dichter gelesen. So lehrreich es war, ein großes Vergnügen ist es nicht gewesen, und ich gedenke, diese Arbeit nicht lange mehr fortzusetzen. Was mir nach all der Lektüre als Bild dieser jüngsten Literatur geblieben ist, ist etwa das Folgende.

Die jungen und jüngsten Dichter Deutschlands, soweit sie nicht zu den Epigonen gehören und alte Melodien singen, könnte man, der dichterischen Form nach, in zwei Gruppen einteilen. Die eine setzt sich aus jenen zusammen, welche an Stelle der alten poetischen Formen neue gesetzt zu haben meinen. Hier blüht, nach diesen wenigen Jahren, schon wieder ein seltsam gläubiges Nachahmer- und Philistertum. Die paar Vorläufer und ersten Führer der literarischen Revolution, obenan Sternheim, werden in ihren grammatikalischen und syntaktischen Neuerungen und Eigenheiten mit dogmengläubiger Treue nachgeahmt, sklavischer und geschmackloser nachgeahmt, als je ein Goldschnittlyriker der Achtzigerjahre die Klassiker nachahmte. Diese ganze Literatur atmet schon Schimmel und Alter, sie stirbt, noch ehe ihre Dichter das Alter der Mündigkeit erreicht haben.

Die zweite Gruppe aber, die stärkere, die ernst zu nehmende, geht zögernd, aber mehr oder minder bewußt und entschlossen, dem Chaos entgegen. Bei ihnen ist, wenn auch unklar, ein Gefühl dafür vorhanden, daß man nicht anstelle einer zusammengebrochenen Kultur und Form einfach eine andre, eine neue stellen kann. Diese Dichter fühlen, oder scheinen doch zu fühlen: erst muß Auflösung und Chaos erreicht sein, erst muß der bittere Weg bis zum Ende gegangen sein, ehe neue Satzungen, neue Formen, neue Bindungen geschaffen werden können. Manche unter diesen Dichtern bedienen sich, gleichsam aus Gleichgültigkeit, weil es doch schon im allgemeinen Untergang auf Form nimmer ankommt, fast ganz noch der alten, gewohnten Sprache und Form. Andre treiben ungeduldig nach vorwärts und suchen die Auflösung der deutschen Literatursprache bewußt zu beschleunigen – einige mit der verbissenen Trauer des Mannes, der sein eigenes Haus einreißt, andre mit Galgenhumor und mit der etwas seichten Weltuntergangsstimmung der großen Wurstigkeit. Diese letztern wollen sich, da schon die Kunst keine Befriedigungen mehr verspricht, wenigstens noch über den Philister lustig machen und ein Stündchen lachen und guter Dinge sein, ehe der Boden einkracht, der sie trägt. Der ganze literarische »Dadaismus« gehört dahin.

Aber alle diese verschiedenen Gruppen der jüngsten Literatur schießen alsbald wieder zu einem einheitlichen Ganzen zusammen, wenn man das wenig ergiebige Suchen nach der neuen Form aufgibt und sich an den geistigen Inhalt hält. Dieser ist überall genau der gleiche. Zwei Hauptthemen stehen überall im Vordergrund: die Auflehnung gegen die Autorität und gegen die gesamte, im Niedergang begriffene Autoritätskultur, und die Erotik. Der vom Sohn an die Wand gedrückte und abgeurteilte Vater und der liebehungrige Jüngling, der seine Geschlechtlichkeit in neuen, freien, schöneren, wahreren Formen bekunden möchte, das sind die beiden Figuren, die überall wiederkehren. Sie werden noch oft und oft dargestellt werden, denn sie bezeichnen in der Tat die beiden zentralen Interessen der Jugend.

Als Erlebnis und Anstoß stehen hinter all diesen Revolutionen und Neuerungen deutlich erkennbar zwei große Mächte: der Weltkrieg und die durch Sigmund Freud begründete Psychologie des Unbewußten. Was der große Krieg als Ergebnis gebracht hat, der Zusammenbruch aller alten Formen, das Versagen der bisher gültigen Moralen und Kulturen, das scheint nirgends seine Deutung finden zu können als durch die Psycho-Analyse. Europa zeigt sich dieser Jugend als ein schwerkranker Neurotiker, dem nicht zu helfen ist als durch ein Zerbrechen der selbstgeschaffenen, komplexhaften Bindungen, in denen er erstickte. Und die ohnehin ins Wanken geratene Autorität des Vaters, des Lehrers, des Priesters, der Partei, der Wissenschaft, findet einen neuen, furchtbaren Gegner in dieser Psychologie, welche so schonungslos in all die alten Schamhaftigkeiten, Ängste und Vorsichten hineinleuchtet. Jene Professoren, welche sich im Kriege durch Liebedienerei gegen ihre Regierungen und durch grotesk-senile Ausbrüche nationalistischer Verblendung enthüllt haben, sie werden von der Jugend nun als dieselben erkannt, unter deren Führung die Bourgeoisie bestrebt war, Freuds Tat wieder ungeschehen zu machen und es weiterhin auf Erden dunkel bleiben zu lassen.

Diese beiden Elemente im geistigen Leben der Jugend, der Bruch mit der Autoritätenkultur (der sich bei vielen sogar in einem tollen Haß auf die deutsche Grammatik äußert) und die Ahnung von der Möglichkeit, unser seelisches Leben wissenschaftlich zu erforschen und rationell zu beeinflussen – diese beiden Elemente beherrschen die ganze jüngste Literatur. Es fehlt dabei nicht an dem, was die Psychoanalyse die »Übertragung auf den Arzt« nennt und was sich äußert in einer schwärmerisch-blinden Unterordnung unter den, der dem Kranken zuerst als Befreier erschien, sei es nun Freud oder Sternheim. Aber mag da noch soviel Unklarheit, Stürmerei und auch Tuerei mit dabei sein, die beiden Elemente im Denken der Jungen sind da, und sie sind nicht Programme und Lehren, sondern Mächte.

Die Erkenntnis vom Zusammenbruch der Vorkriegskultur sowohl, wie das eifrige Eingehen auf die junge, nun endlich zur Wissenschaft werdende Psychologie, das sind die Fundamente, auf denen die Jungen zu bauen beginnen. Die Fundamente sind gut. Aber, soweit man dies aus der jüngsten Dichtung sehen kann, erreicht ist noch nichts. Es wird weder das Kriegserlebnis, noch das Erlebnis Freuds zu ergiebigen Konsequenzen geführt, sondern es herrscht ein für den Augenblick sehr begreifliches, auf die Dauer aber unmögliches Sichwohlfühlen in einer revolutionären Stimmung, welcher es mehr um das Schreien und Sichwichtigmachen zu tun ist, als um Fortbewegung und Zukunft. Ein großer Teil dieser Jungen macht genau denselben Eindruck, wie ein halb analysierter Psychopath, welcher von der Psychoanalyse das erste große Erlebnis zwar kennt, seine Folgen aber noch nicht. Der Durchbruch und die Befreiung reicht bei den meisten bis zum Innewerden ihrer Persönlichkeit und dem Reklamieren und Proklamieren der Rechte dieser Persönlichkeit. Darüber hinaus herrscht Dunkel und Ziellosigkeit.

Unnütz ist es, sich über das Verschwinden des Artikels und die Umbiegung der Syntax in den neuen deutschen Romanen aufzuregen, wie viele es so heftig tun! Die Artikel, soweit sie nützlich sind, werden unfehlbar wieder kommen. Und niemand hindert die Anhänger der alten Grammatik und der alten Schönheit, weiter Goethe zu lesen und sich um das Geschreibe der Jugend nicht zu kümmern. Ihr Recht auf Flegeljahre von besonderer Intensität aber muß diese Jugend haben, die mit sechzehn und siebzehn und zwanzig Jahren vom Spielzeug und der Schulbank weg in den Krieg gerissen worden ist. Sie selbst wird einsehen, daß es auf die Dauer nicht damit getan ist, wenn sie alle Schuld am Unglück auf uns Ältere schiebt. Mag sie tausendmal recht damit haben – mit bloßem Rechthaben ist noch nichts in der Welt gefördert worden. Je mehr die Jungen das einsehen, desto mehr werden sie auch sehen, wie wenig sie ihre beiden großen Erlebnisse bis jetzt fruchtbar gemacht und gewürdigt haben. Weder Krieg noch Psychoanalyse ist als Erlebnis bis jetzt weiter wirksam geworden als in einer halb katzenjämmerlichen, halb frenetischen Pubertätsstimmung.

Ich glaube nicht an eine rasche Erholung der deutschen Dichtung. Ich glaube nicht an bevorstehende Blütezeiten. Im Gegenteil. Es gibt aber andere Ziele als Gedichtemachen, und man kann schlechte oder gar keine Gedichte machen und doch mit Sinn und mit Wonne leben.

Die beiden umwälzenden Erlebnisse dieser Jugend haben noch nicht ausgewirkt, noch lange nicht.

Der Krieg wird, früher oder später, den aus ihm Heimgekehrten die Lehre hinterlassen, daß mit Gewalt und Schießerei nichts getan ist, daß Krieg und Gewalt Versuche sind, komplizierte und zarte Dinge auf allzu negerhafte, allzu dumme, allzu brutale Art zu lösen.

Und die neue Psychologie, deren Vorläufer Dostojewski und Nietzsche waren und deren erster Baumeister Freud ist, wird diese Jugend lehren, daß die Befreiung der Persönlichkeit, die Heiligsprechung der natürlichen Triebe nur erst der Beginn eines Weges ist, und daß jede persönliche Freiheit belanglos und ärmlich ist im Vergleich mit jener höchsten Freiheit des einzelnen: sich bewußt und lustvoll als ein Stück Menschheit zu betrachten und mit befreiten Kräften ihr zu dienen.

(1920)

Gespräch über die Neutöner

*Der Bürger Kebes, im Kriege ungeheuer reich geworden, hat
den Akademiker Theophilos zu seinem Lehrer gedungen, der
ihn über geistige Dinge und Angelegenheiten des Geschmacks
beraten muß.*

KEBES: Nein, o Theophile, heute entrinnst du mir nicht mehr!
Lang genug hast du dich gedrückt und mich auf die Folter
gespannt. Also nun heraus mit der Sprache! Ich will nun
einmal wissen, was es auf sich hat mit all diesen Neuerungen und jungen Leuten in der Dichtkunst, welche alles auf
einmal ganz anders machen, als man es früher machte, und
ob man dies ganze Wesen eigentlich ernst zu nehmen habe
oder nicht.

THEOPHILOS: Immer fragst du gleich witzig, lieber Kebes. Immer verlangst du von mir Rezepte, die dich zum tadellosen
Bürger machen sollen, zum gelehrten Papagei. Alles bist
du bereit zu lernen, du Guter, alles zu erdulden, alles zu
wagen, nur vor einem ist dir angst: Kebes zu sein! Meine
Pflicht ist es, da ich mich einmal deiner Person angenommen habe, dich den einzigen Weg zu führen, an den ich
glaube: den Weg zu dir selbst. Du aber, Kebes, verlangst
von mir täglich neue Umwege um dich selbst herum.

KEBES: Was hat das mit meiner Frage zu tun? Ich frage dich
nicht über mich und mein Leben, sondern über diese
jungen Dichter.

THEOPHILOS: Nein. Was du wissen willst, ist: wie du dich
diesen Dichtern gegenüber zu benehmen habst. Ob du sie
ernst nehmen sollst. Ja, was geht das mich an? Ernst
nehmen oder spaßhaft nehmen kann man alle Dinge auf
dieser Welt. Du zum Beispiel, Freund, neigst sehr dazu,
alles in der Welt sehr ernst zu nehmen, außer dich selbst,
und hast darum auch immer Furcht, du möchtest von
anderen nicht ernst genug genommen werden. Aber
denke, was sollte aus uns werden, wenn wir alle dich ernst
nehmen wollten? – Aber wohlan! Rede, sprich! Ich beziehe von Kebes ein monatliches Gehalt, ich lebe von Kebes,
der mich und meine Brüder, die im Krieg waren, um das

Unsre gebracht und das Seine so vielfach vermehrt hat! Ich stehe in deinen Diensten, also verfüge über mich, sehr geehrter Kebes!

KEBES: Es gelingt dir nicht, Theophile, mich zu reizen. Erstens willst du ja nur, daß ich davonlaufe und du die Arbeit, für die du bezahlt wirst, nicht zu tun brauchst. Zweitens bin ich nicht blind gegen deine Vorzüge, und räume dir gerne ein, daß du, rein geistig betrachtet, um manche Stufe höher stehst als ich, also das Recht hast, dich je und je über mich lustig zu machen. Nein, ich werde mich darüber nicht ärgern, schon um dir die Freude nicht zu machen. Aber nun vorwärts! – Du weißt, ich betreibe zwar die geistige Bildung zum Teil aus nur bürgerlichen Gründen, um mich den gebildeten Mitbürgern angenehm zu machen, um ihre Gespräche besser zu verstehen, um mich etwa auch in der Volksversammlung hören lassen zu dürfen. Dennoch aber, und auch das ist dir bekannt, habe ich auch eine richtige, eine eingeborene und selbstlose Liebe zum Schönen, ob du auch darüber spotten magst. Ich habe als Knabe die Gedichte des Dichters Schiller mit einer wahren Wut verschlungen, und erst vor kurzen noch, als ich krank war, las ich in meiner Mußezeit eine Anzahl Gedichte des herrlichen Emanuel Geibel, bei welchem mir nicht selten die Tränen der Rührung ganz nahe standen. Überhaupt bin ich nicht ohne Gemüt, ja ich habe davon wohl eher mehr als du, der du geneigt bist, über alles in der Welt zu spotten. Es gibt Dinge, welche mir heilig sind, und zu diesen Dingen gehört auch die Poesie.

THEOPHILOS: Sehr gut. Daß du sentimentaler bist als ich und als alle Dichter, ist mir wohl bekannt. Du verwechselst Sentimentalität mit Gemüt. Ich wiederhole meinen Rat: gehe endlich einmal hin und unterziehe dich einer Psychoanalyse; dies ist das einzige Mittel, dich vielleicht noch zu retten.

KEBES: Keine Witze, mein Lieber, keine Abschweifungen! Also wir reden von der Poesie. Seit die Welt steht, hat die Poesie stets dasselbe Ziel verfolgt, die Menschen zu erfreuen und zu veredeln. Sie hat uns Menschen des Alltags immer wieder an das Hohe und Schöne erinnert, kurz, an jene Welt des Gemüts und der Ideale, ohne welche unser

Leben so arm und nichtig wäre. Aber nun, aber heute? Was tun die jungen Dichter dieser Tage? Sie haben nicht nur das Schöne und die Ideale, sondern sogar die deutsche Sprache verlernt, sie schreiben entweder wie wahnsinnige Mystiker oder wie unreife Lausbuben. Was ist davon zu halten? Denn die Kritiker, oder doch viele von ihnen, scheinen immerhin diesem schauerlichen Treiben nicht jeden Wert absprechen zu wollen, sie äußern sich so sehr vorsichtig, sie lassen durchblicken, daß sehr wohl der Wahnsinn von heute die Norm von morgen sein könnte, und daß es immer gut sei, mit der Zeit zu schreiten. Wie ist nun deine Meinung, o Theophile?

THEOPHILOS: Meine Meinung kennst du schon. Ich meine, es sei unklug von dir und schaffe dir bloß Unbequemlichkeiten, wenn du dich mit diesen Dingen abgibst. Lerne Tennis spielen, lerne persische von syrischen Teppichen unterscheiden, wenn es denn sein muß! Aber warum schlägst du dich mit diesen Poeten herum. Ich sage dir: sie machen sich über dich lustig!

KEBES: Dieses Gefühl habe ich auch selbst sehr oft. Diese jungen Dichter sind nicht nur respektlos gegen die Sprache, gegen die Geschichte, gegen die Nation, gegen die Ideale, sondern auch gegen ihre Leser, an welche sie sich doch wenden und von welchen sie doch leben wollen.

THEOPHILOS: Also, da hast du es! Sieh, es ist immer die alte Sache: du nimmst die andern allzu ernst, und ungerechterweise verlangst du von ihnen, auch sie müßten dich ernst nehmen, und wenn sie das nicht tun, wirst du böse. Ja, warum sollen denn diese jungen Dichter dich ernst nehmen, wertester Kebes? Weil du so reich bist? Weil sie im Kriege waren, während du hier deine Millionen zusammengescharrt hast? Oder weswegen sonst?

KEBES: Beleidige mich nicht, es nützt nichts. Du weißt sehr wohl, daß es ganz anders steht. Wenn ich erwarte, daß ein Dichter seinen Leser ernst nehme, so geschieht das, weil dieser Leser dem Dichter nicht nur das Geld für seine Bücher und Zeitschriften bezahlt, sondern weil er ernsthaft, vertrauensvoll und gutgläubig zum Dichter kommt, weil er willig ist, ihn anzuhören, sich von ihm belehren, sich von ihm rühren und erheben zu lassen. Wenn der

Dichter all dies Vertrauen und diesen guten Willen für nichts achtet und noch verspottet, so frage ich mich, oder vielmehr dich: Ist das noch ein Dichter?

THEOPHILOS: Es steht dir völlig frei, ihn aus der Liste derer zu streichen, die du als Dichter anerkennst. Aber er, wenn er dennoch ein Dichter ist, wird auf deine Liste pfeifen. Er wird überhaupt auf dich pfeifen.

KEBES: Das ist es ja eben! Warum? Warum pfeift er auf mich – er, dem ich mich mit Vertrauen nahe?

THEOPHILOS: Er pfeift auf dich, weil er dich verachtet. So ist es. Er verachtet nämlich nicht nur dein vieles Geld und deine Bemühungen, dir für Geld eine Bildung zu kaufen. Er verachtet auch gerade das, was du irrtümlich Vertrauen und guten Willen nennst.

KEBES: Dies ist mir ein Rätsel. Nicht, daß er mich verachtet. Der Dichter pflegt arm zu sein, also verachtet er den Reichtum. Mag das so sein, es ist sein Recht. Aber warum verachtet er mein Vertrauen, das ich ihm entgegenbringe, warum macht er sich über mich lustig? Und warum leugnest du dies Vertrauen und sagst, ich nenne das nur irrtümlich so?

THEOPHILOS: Lieber Kebes, wenn du zu einem Haarschneider gehst und ersuchst ihn, dir die Stiefel zu putzen, so lacht er dich aus. Aber sieh, gerade so machst du es mit den Dichtern. Du gehst zu den Dichtern und sagst: Bitte, belehret mich, bitte erhebet und bildet mich, bitte rühret mich zu Tränen und stärket mein Glauben an das, was ich meine Ideale nenne! Aber wie weißt du denn, ob das des Dichters Ziel und Wille ist? Ach, ich kann dir versichern: keiner dieser jungen Dichter hat die Absicht, dich zu bessern, dich zu trösten, dich zu rühren! Soweit du für ihn vorhanden bist, hat er höchstens die Absicht, dich anzuklagen und zu verspotten. Der Dichter pfeift auf deine Ideale, o Kebes, welche dich nicht hindern, inmitten der Hungersnot reich und fett zu sein. Er pfeift auf deine Rührung. Er pfeift auf dein Vertrauen und auf deinen guten Willen, welche nichts anderes sind als ein Versuch, ihn, den Dichter, für deine Zwecke zu mißbrauchen, seine Kraft zu deiner, seine Ideale zu deinen zu machen. Er liebt dich nicht, der junge Dichter, und du tätest gut, diesen

Haß ganz einfach zu erwidern und diese ganze närrische Literatur ins Feuer zu werfen.

KEBES: Du bist wie ein Aal, immer entschlüpfst du mir. Nun, ich gebe nicht nach. Also paß auf, wir reden jetzt nicht mehr von dem Verhältnis dieser Dichtung zu mir, sondern von der Dichtung selbst. Ich werde dir einige Fragen stellen, sonst kommen wir an kein Ende.

THEOPHILOS: Ach, mit deinen Fragen. Du verstehst so schlecht zu fragen, im Grunde ist eigentlich das dein einziger Fehler. Aber frage immerhin, stecke deinen Nickel in den Automaten meiner Erleuchtung!

KEBES: Meine erste Frage: Wie kommt es und was bedeutet es, daß diese jungen Dichter die deutsche Sprache so sehr verändern? Warum stellen sie die Worte um? Warum lassen sie die Artikel weg?

THEOPHILOS: Die weggelassenen Artikel mußt du dir etwa geradeso erklären, wie bei einem Teil der jungen Männer die weggelassenen Hüte, die dir ja seit einigen Jahren bekannt sind. Du gehst auf die Straße und siehst einen jungen Mann, der keinen Hut trägt. Du bist erstaunt, er tut dir leid, du denkst, er hat seinen Hut vergessen und weiß es nicht. Morgen begegnen dir aber zwei solche, und dann zehn. Du siehst nun auch, sie lassen den Hut nicht aus Vergeßlichkeit weg, noch aus Armut, sondern ganz expreß und absichtlich. Und das ärgert dich, denn es ist eine Unterbrechung des Gewohnten. Die jungen Leute nun können viele Gründe haben, keinen Hut mehr zu tragen. Sie können es wegen der Gesundheit tun, also aus einem sehr löblichen Grunde. Sie können es wegen der Mode tun, also aus einem zwar nicht begreiflichen, aber doch längst bekannten Grunde. Sie können es auch tun, um sich zu zeigen, um die Weiber und Mädchen auf sich aufmerksam zu machen, um zu sagen: Schaut her, bin ich nicht ein strammer Kerl, hab' ich nicht schöne Haare, ein gesundes, braunes Gesicht? In diesem Falle haben die Hutlosen alle Alten, Schwachen, Kahlköpfe und Häßlichen zu Feinden. Aber alles dies läßt sich ertragen. Daß man der Gesundheit wegen die Mode ändert, das kann man gelten lassen. Daß junge Leute sich gern ein wenig zeigen, und daß sie dabei einiges wagen dürfen, was die Alten nimmer mitmachen können, das ist am Ende auch nicht unerträglich. Schlimm aber wird die ganze Sache erst in dem unseligen Augenblick, wo der Alte, der Schwache, der Konservative, der Kahlkopf, der Anhänger der alten Mode diese Hutlosigkeit der Jungen auf sich persönlich bezieht und sich sagt: Sicher tun sie das nur, um mich zu ärgern! Von diesem Augenblick an wird die Sache unerträglich, und der so denkende Feind der Hutlosen ist verloren. Und genauso scheinst du es mir zu machen, Kebes. Wenn die jungen Leute in ihren Sätzen den Artikel weglassen, so kannst du mittun oder nicht mittun, du kannst dich sogar wehren und in deinen Reden und Briefen die Artikel doppelt setzen. Du kannst darüber lachen, kannst darüber schimpfen, kannst es loben oder tadeln, dumm aber und für dich verderblich wird es erst in dem Augenblick, wo du zusammenzuckst und dich fragst: Tun sie das nicht einfach bloß, um mich zu ärgern? Denn in diesem Augenblick ist deine Frage schon mit Ja beantwortet. Denn ganz gewiß tun die Dichter all jenes Neue unter anderm auch zu diesem Zweck, damit der, der dumm genug ist, sich darüber ärgere!

KEBES: Also den genauen Grund, warum die Dichter die Artikel weglassen, weißt du selbst nicht?

THEOPHILOS: Leider gibt es keine einzige Erscheinung auf der Welt, deren Grund irgend jemand wüßte! Ich bekenne mich zur Unwissenheit. Aber sollte es nicht vielleicht so sein, daß die jungen Dichter sich sagen: wie viele, viele Jahre und Jahrhunderte lang hat man nun immer wieder diese vielen Artikel hingeschrieben, die eigentlich doch nicht so unentbehrlich sind! Gibt es nicht Sprachen genug, die keine Artikel haben? Sogar das Latein hat keine. Also versuchen wir's, zum mindesten ist es was Neues, und jeder Bruch mit dem alt und langweilig Gewordenen ist uns ja willkommen. So etwa, denke ich mir, könnte das mit den Artikeln passiert sein.

KEBES: Nun, das läßt sich hören. Und nun, wie steht es mit jenen Gedichten, welche überhaupt kein Mensch verstehen kann? Wo die Worte einfach wie aus einem umgeworfenen Zusammensetzspiel von Kindern aneinandergehängt sind? Ich habe da so ein Heft von einem dieser

Dichter bei mir, nehmen wir irgendeinen Satz daraus: »Umsteiger fahren Messer schlitzen zittern Eingeweide.« Bitte, was heißt das? Oder, wenn es nichts heißt und wirklich nur Blödsinn ist, warum schreibt ein Mensch das auf, trägt es zu einem Verleger, warum druckt es dieser, verkauft es als Buch, warum gibt es all dies, all diesen Unsinn, diesen grauenhaften Wahnsinn?

THEOPHILOS: Ich sehe, du hast das Heft mit den Gedichten an die Anna Blume in der Hand. Ich habe einige davon gelesen und sie sehr lustig gefunden. Ich erinnere mich: eine dieser Dichtungen ist aus lauter Zeitungsanzeigen zusammengesetzt. In der Tat, sehr lustig!

KEBES: Ich atme auf. Also du betrachtest diese ganze Dichtung einfach als einen Ulk? Als einen Witz? Einen drolligen Zeitvertreib?

THEOPHILOS: Gewiß.

KEBES: Gott sei Dank: nun weiß ich doch, wo ich dran bin. Also all dies Zeug schmieren die jungen Leute einfach aus Übermut zusammen und meinen überhaupt nichts Ernstes damit!

THEOPHILOS: Halt, Kebes! Das habe ich nicht gesagt, und das wäre auch sehr falsch. Ich habe nur gesagt, ich genieße hie und da solche Gedichte der stammelnden Form zu meiner Belustigung. Daß auch die Dichter sie nur zum Ulk gemacht haben, dies zu behaupten möchte ich nicht wagen. Vielen von ihnen ist es gewiß sehr ernst damit. Aber was geht das mich an? Ich nehme ein Ding so wie es mir entgegenkommt, wie es Zeit und Stunde mit sich bringt. Aus einem Butterbrot kann man eine Vorspeise machen oder auch eine ganze Mahlzeit, je nach Belieben und Bedürfnis. So kann ich aus einem Gedicht das machen, was ich gerade brauche. Brauche ich etwas zum Lachen, so lache ich über solch ein Gedicht. Brauche ich etwas zum Weinen, so weine ich darüber. Man kann natürlich ebensogut darüber weinen. Über was in der Welt kann man nicht weinen, Kebes! Du selbst hast geweint über die Verse Emanuel Geibels. Ich sage dir, wenn die jungen Dichter sich eine recht tolle Freude gönnen wollen, so lesen sie einander Geibel vor, und sterben dabei vor Lachen. So ist nun einmal die Vielseitigkeit der Dinge auf Erden.

KEBES: Um Gottes willen! Dein Nihilismus ist schauerlich, Theophile. Aber sage mir: können jene Dichter, welche so denken wie du, wirklich noch an irgendeine Heiligkeit der Kunst glauben, an eine Würde der Poesie?

THEOPHILOS: Nein, das tun sie nicht. Dazu sind diese jungen Leute allzu bescheiden und allzu fromm.

KEBES: Ich werde ohnmächtig! Zu bescheiden?! Zu fromm?! Nun höre, Freund, wenn du mir diese Worte erklären kannst, will ich dir allen Hohn verzeihen, den ich heut von dir erlitten habe.

THEOPHILOS: Nichts ist leichter. Ich sagte, die jungen Dichter sind zu fromm und zu bescheiden, um noch an die Würde der Poesie zu glauben, um die Poesie im bisherigen Sinn ernst zu nehmen. Und das meine ich nun ganz wörtlich. Sieh, Kebes, du hast, seit wir uns kennen, aus sehr vielen Anzeichen gesehen, daß eine Umwälzung in der Welt vor sich geht, vielmehr in den Gemütern der Jugend. Zu dieser Umwälzung gehört vor allem der Sturz des Glaubens an Macht und Autorität. Es ist mit den alten Mächten und Autoritäten nicht sehr gut gegangen, sie haben es zu Elend, zu Krieg, zu Hunger und tausendfachem Mord kommen lassen, ihre Geltung ist nun einmal erschüttert. Und ehe eine neue Welt mit neuen Autoritäten herauf-kommt (denn die Trägheit der Menschen wird stets wieder solche fordern), vorher müssen wir eine Zeit erleben, in welcher alle Werte ausgelöscht, alle Namen geändert, alle Gegensätze miteinander vertauscht werden. Auch die Kunst gehört zu den Werten, welche in dieser Zeit stürzen und ausgelöscht werden. Nicht für immer, aber für heut und morgen. Der Dichter als verehrter edler Mann, der seine Leser auf bewährten Wegen zu Seelenadel und Erhebung geleitet, dieser Dichter existiert für die Jugend unserer Tage nicht mehr, nur als Karikatur. Da das Heilige so zweifelhaft, das Gute so fragwürdig, das Ideale so höchst unzuverlässig geworden ist, wie sollte da das noch Geltung haben, was man früher Seelenadel und derglei-chen nannte? Habt nicht ihr, du und deine Genossen, an jenen Seelenadel geglaubt, wie ihn die alten Dichter ver-kündeten – und habt ihr nicht mitsamt diesem schönen und edlen Glauben eure glänzenden Geschäfte gemacht?

Habt ihr nicht aus dem Krieg Reichtum geschöpft, der alle anderen arm machte und bis zum Wahnsinn gequält hat? Denn alle diese jungen Menschen haben den Krieg mitgemacht, alle, wenn auch nicht alle Soldaten waren. Der eine lag im Felde und hat Arm oder Auge oder Bein verloren, der andere stak im Schützengraben oder im Bureau und blieb zwar am Leibe gesund, hat aber soviel Jahre einen verhaßten Dienst getan, verachteten Vorgesetzten gehorcht, für ungeliebte Ideale gekämpft, daß er zur ganzen Welt nur noch Wut und Erbitterung empfindet. Ein anderer saß als Deserteur in Zürich und schien gerettet, hat aber Monat für Monat vor der Möglichkeit seiner Ausweisung gezittert. Man kann über diese Leute sehr verschieden denken und sehr große Unterschiede zwischen ihnen sehen, man kann mehr für die Helden der Schlachten schwärmen oder mehr für die Helden des Geistes, die den Mut hatten, den Krieg nicht mitzuwollen, aber niemand kann leugnen, daß alle diese jungen Menschen jahrelang Unsinniges gelitten haben, während Herr Kebes mit Häuten und mit Gerste handelte und Jahr um Jahr reicher und fetter wurde. Wenn nun der reiche und fette Herr Kebes an die Ideale seiner Jugend und an die Dichter seiner Jugend noch glaubt, so hat er recht. Nicht minder recht indessen haben diese Jünglinge, wenn sie an all das nicht mehr glauben. Der Krieg ist der Vater aller Dinge: er ist der Vater deiner Millionen und ist auch der Vater jener hübschen Gedichte, über die wir sprachen. – Also, um den Faden wieder aufzunehmen: Unsere Jünglinge glauben nicht mehr an die Würde der Poesie. Sie glauben überhaupt an keine Würde mehr. Wie sollen sie nun, denen der Dichter keine Autorität und kein Priester mehr ist, für sich selber Autorität und Priesterschaft beanspruchen? Nein, eben darin sind sie fromm und bescheiden, ihr Unglaube an den überragenden Wert des Dichters äußert sich darin, daß sie auch für sich selbst nicht die Rolle von Führern und edlen Greisen beanspruchen, sondern nichts sein wollen als Jünglinge.

KEBES: Und du glaubst, daß sie recht haben?

THEOPHILOS: Aber natürlich haben sie recht. Sie haben so recht, wie ein Zwanzigjähriger nur recht haben kann. Sie haben das Recht, zwanzigjährig zu sein und sowohl die Weisheiten wie die Dummheiten dieses frohen Alters zu begehen. Sie haben das Recht, sich selber sogar noch ernster zu nehmen als sie es meistens tun. Sie haben auch recht, wenn sie jeden dümmsten Einfall des Augenblicks, jede Laune anstelle der Kunst setzen und ihre vollkommen kunstlosen Verse für ebenso schön halten wie die alten, wohlgeformten. In alle dem haben sie recht. Sie werden in zehn Jahren das Recht zu anderem haben, vielleicht zum Gegenteil. Warum sie aber ihre unverständlichen Gedichte so schön finden, das will ich dir immerhin noch erklären.

KEBES: Tue dies, Theophile!

THEOPHILOS: Vergiß nicht: wenn du dich noch retten willst, so gehe zu einem Psychoanalytiker! Wärest du schon bei einem gewesen, so könnte ich mir auch diese Erklärung, wie so viele, sparen, und ein Lehrer würde dir überhaupt entbehrlich. Also: irgendein Ausdruck, ein Zeichen, ein Symbol kann ungeheuer wichtig und bedeutungsvoll sein für den, den es angeht, nicht wahr? Nimm an, du seiest ein frisch bekehrter, glühend gläubiger Christ im kaiserlichen Rom: da würde das Bild des Fisches, der die Buchstaben der Namen Jesu enthält, dir unendlich heilig sein. Du würdest das Bild des christlichen Fisches überall anbringen, würdest es überall, wo du es sähest, mit Zeichen der Hingebung begrüßen. Ein anderer aber, der nicht Christ wäre und dich so tun sähe, würde dich für verrückt halten, weil er dein Zeichen und die Heiligkeit, die es für dich hat, nicht kennt. Verstehst du?

KEBES: Sehr gut. Weiter!

THEOPHILOS: Nun, so ist es mit den Zeichen in der Kunst und Dichtung auch. Jeder Mensch hat Zeichen, die er verehrt, die ihm Heiliges bedeuten. Hast du in Rixdorf zufällig eine sehr glückliche Kindheit verlebt, so wird künftig der Name Rixdorf für dich ein Symbol sein, das soviel bedeutet wie Paradies und Seligkeit. Jene jungen Dichter nun machen es so, daß sie ihre Symbole in ihren Gedichten so verwenden, als seien sie auch andern verständlich. Wenn du in einem Gedichte sagst: »Geliebte, Rixdorf meiner Seele«, so kann das für dich selber das Innigste und Heiligste bedeuten, die andern werden es dennoch für Blödsinn erklären. Und genau so tun die jungen Dichter heute. Sie haben die alten Symbole, die ausgeleierten Formen, die abgelegten Ideale so völlig satt, daß sie viel lieber unverständlich sind als allzu verständlich, als konventionell, als altmodisch. So setzt nun jeder seine X und U, die für ihn Heiligtümer sein mögen, hin, als wären sie es für jedermann. Und dazu kommt, daß diese jungen Leute (was du leider versäumt hast), alle so etwas wie eine Psychoanalyse durchgemacht haben. Sie alle haben gelernt, die Äußerungen ihres Unbewußten ungeheuer ernst zu nehmen. So weit sind sie gekommen, und sie halten ihre Psychoanalyse für fertig, wie ein Zwanzigjähriger seine Weltanschauung für fertig hält. Die zweite Hälfte der Analyse fehlt ihnen – sie fehlt auch dir, der du nicht einmal die erste hast.

KEBES: Und was bedeuten diese beiden Hälften?

THEOPHILOS: Die erste Hälfte der Erkenntnis, o Freund, bedeutet, daß man sich selbst als eine Person erkennt, mit Rechten, mit Kräften, mit Trieben, die alle im Widerspruch mit dem stehen, was die Väter und Gesetzgeber von uns fordern. Diese Hälfte also macht uns zu Aufrührern. Die zweite Hälfte aber besteht darin, daß man sich selbst als Teil der Menschheit erkennt, und daß man einsieht, die höchste Befriedigung auch des Persönlichen finde man nur da, wo man sich nicht gegen die Menschheit stemmt, sondern ihre Bahn willig mit beschreibt.

KEBES: Diesen Willen habe auch ich. Also wozu soll ich, da ich außerdem an Leib und Seele gesund bin, zu einem Psychoanalytiker gehen?

THEOPHILOS: Lieber Kebes, tue wie du willst. Wenn du dich für gesund hältst, so bist du aber sehr im Irrtum. Und wenn du meinst, du seiest schon bei der zweiten Hälfte der Erkenntnis, so bist du noch viel mehr im Irrtum. Du hast von Anfang an zu Staat und Ordnung und allem Hergebrachtem Ja gesagt und hast deinen Vorteil dabei gefunden. Du irrst aber, wenn du meinst, du seiest weiter als der, welcher gegen alle Ordnung wütet, und gar wenn du meinst, du habst die Weisheit dessen, der sein einzelnes Leben bewußt der Menschheit einordnet. Deine Seele, o Freund, die du für so gesund hältst, ist noch nicht einmal zum Erlebnis des eigenen Ich gekommen, mit welchem alle diese Jungen schon fünfzehnjährig beginnen. Dies hingegen zu korrigieren, liegt außerhalb der Obliegenheiten, für welche du mich bezahlst, und so empfehle ich mich denn für heute. Erlaube mir, mich zurückzuziehen, denn ich möchte den Inhalt dieses unseres Gespräches aufschreiben, da auch mir dabei manches Bedenkenswerte aufgefallen ist.

(1920)

Vom Bücherlesen

Es ist ein eingebornes Bedürfnis unseres Geistes, Typen aufzustellen und die Menschheit nach ihnen einzuteilen. Von den »Charakteren« des Theophrast und den vier Temperamenten unserer Großväter bis in die modernste Psychologie hinein ist das Bedürfnis nach Typenordnungen zu spüren. Und auch unbewußt teilt jeder Mensch die Menschen seiner Umgebung in Typen ein, nach Ähnlichkeiten mit Charakteren, die in seiner Kindheit ihm wichtig geworden sind. So fördernd und aufschlußreich nun solche Einteilungen sind, einerlei ob sie von rein persönlicher Erfahrung ausgehen oder nach wissenschaftlicher Typenbildung streben – zuzeiten ist es recht gut und fruchtbar, den Querschnitt durch das Reich der Erfahrung auch einmal anders zu legen und festzustellen, daß jeder Mensch Züge von jedem Typus an sich trägt, und daß die diversen Charaktere und Temperamente sich, als einander ablösende Zustände, auch innerhalb einer einzelnen Persönlichkeit finden lassen.

Wenn ich im folgenden drei Typen, oder besser Stufen vom Bücherlesen aufstelle, so meine ich denn auch damit nicht, daß die Leserwelt sich in diese drei Ordnungen teile so, daß der eine dieser, der andere jener Gattung angehörte. Sondern jeder von uns gehört zeitweise zu dieser, zeitweise zu jener Gruppe.

Da ist zuerst der naive Leser. Jeder von uns liest zuzeiten naiv. Dieser Leser nimmt ein Buch zu sich wie der Essende eine Speise, er ist lediglich Nehmender, er ißt und saugt sich voll, sei es als Knabe am Indianerbuch, als Dienstmagd am Gräfinnenroman oder als Student an Schopenhauer. Dieser Leser verhält sich zum Buche nicht wie Person zu Person, sondern wie das Pferd zur Krippe, oder auch wie das Pferd zum Kutscher: das Buch führt, der Leser folgt. Das Stoffliche wird objektiv genommen, wird als Wirklichkeit anerkannt. Aber nicht nur das Stoffliche! Es gibt auch sehr gebildete, ja raffinierte Leser, namentlich von schöner Literatur, welche durchaus zur Klasse der Naiven gehören. Diese bleiben zwar am Stofflichen nicht hängen, sie schätzen einen Roman zum Beispiel nicht nach den darin vorkommenden Todesfällen oder Heiraten ein, aber sie nehmen den Dichters selbst, sie nehmen das Ästhetische am Buche völlig objektiv, sie genießen die Schwingungen des Dichter mit, sie fühlen sich in seine Stellungnahme zur Welt vollkommen ein und übernehmen restlos die Deutungen, welche der Dichter selbst seinen Erfindungen gibt. Was den schlichten Seelen Stoff, Milieu und Handlung ist, das ist diesen kultivierten Lesern die Kunst, die Sprache, die Bildung des Dichters, seine Geistigkeit – die nehmen sie als etwas Objektives, als letzten und höchsten Wert einer Dichtung hin, ebenso wie der junge Leser Karl Mays die Taten Old Shatterhands als tatsächliche Werte, als Wirklichkeit hinnimmt.

Dieser naive Leser ist, in seinem Verhältnis zur Lektüre, überhaupt nicht Person, nicht er selbst. Er wertet die Geschehnisse eines Romans nach ihrer Spannung, ihrer Gefährlichkeit, ihrer Erotik, ihrem Glanz oder Elend, oder er wertet statt dessen den Dichter, indem er dessen Leistung an Maßstäben einer Ästhetik mißt, die letzten Endes immer eine Konvention bleibt. Dieser Leser nimmt ohne weiteres an, ein Buch sei dazu und einzig dazu da, getreu und aufmerksam gelesen und in seinem Inhalt oder seiner Form gewürdigt zu werden. So wie ein Brot zum Essen und ein Bett zum Schlafen da ist.

Man kann aber zu allen Dingen der Welt, und so auch zum Buch, auch eine völlig andere Stellung einnehmen. Sobald der Mensch seiner Natur folgt und nicht seiner Bildung, so wird er Kind und beginnt mit den Dingen zu spielen, das Brot wird ein Berg, in den man Tunnel bohrt, und das Bett zur Höhle, zum Garten, zum Schneefeld. Etwas von dieser Kindlichkeit und diesem Spielgenie zeigt der zweite Typ von Leser. Dieser Leser schätzt weder Stoff noch Form eines Buches als seine einzigen und wichtigsten Werte. Dieser Leser weiß, wie die Kinder es wissen, daß jedes Ding zehn und hundert Bedeutungen im Sinne haben kann. Dieser Leser kann zum Beispiel einem Dichter oder Philosophen zuschauen, wie er sich Mühe gibt, seine Deutung und Bewertung der Dinge sich selber und den Lesern einzureden, und kann dazu lächeln und in der scheinbaren Willkür und Freiheit des Dichters lediglich Zwang und Passivität sehen. Dieser Leser ist schon so weit, daß er weiß, was den Literatur-

professoren und Literaturkritikern meistens völlig unbekannt ist: daß es solche Dinge wie freie Wahl des Stoffes und
der Form gar nicht gibt. Wo der Literaturhistoriker sagt:
Schiller wählte Anno so und so diesen Stoff und entschloß
sich, ihn in fünffüßigen Jamben zu bearbeiten – da weiß
dieser Leser, daß weder der Stoff noch die Jamben dem
Dichter zu freier Wahl offenstanden, und sein Vergnügen
besteht darin, daß er nicht den Stoff in den Händen seines
Dichters sieht, sondern den Dichter im Zwang seines Stoffes.
Für diesen Standpunkt fallen die sogenannten ästhetischen
Werte fast ganz dahin, und es können gerade die Entgleisungen und Unsicherheiten den allergrößten Reiz und Wert
haben. Denn dieser Leser folgt dem Dichter nicht wie ein
Pferd dem Kutscher, sondern wie der Jäger seiner Fährte,
und ein plötzlich gefundener Blick in das Jenseits der scheinbaren Dichterfreiheit hinein, in des Dichters Zwang und
Passivität, kann ihn mehr entzücken als alle Reize einer
guten Technik und einer kultivierten Sprachkunst.

Auf diesem Wege noch eine letzte Stufe weiter finden wir
den dritten und letzten Typus des Lesers. Nochmals sei
betont, daß keiner von uns einem dieser Typen dauernd
anzugehören braucht, daß jeder von uns heute der zweiten,
morgen der dritten, übermorgen wieder der ersten Stufe
angehören kann. Nun also die dritte und letzte Stufe. Sie ist
anscheinend die genaue Umkehrung dessen, was man übli-
cherweise einen »guten« Leser nennt. Dieser dritte Leser ist
so sehr Persönlichkeit, ist so sehr er selbst, daß er seiner
Lektüre völlig frei gegenübersteht. Er will weder sich bilden,
noch sich unterhalten, er benutzt ein Buch nicht anders als
jeden Gegenstand der Welt, es ist ihm lediglich Ausgangs-
punkt und Anregung. Es ist ihm im Grunde einerlei, was er
liest. Er liest einen Philosophen nicht, um ihm zu glauben,
um seine Lehre anzunehmen, auch nicht, um sie zu befein-
den oder zu kritisieren, er liest einen Dichter nicht, um sich
die Welt von ihm deuten zu lassen. Er deutet selber. Er ist,
wenn man so will, völlig Kind. Er spielt mit allem – und von
einem gewissen Standpunkt aus ist nichts fruchtbarer und
ergiebiger, als mit allem zu spielen. Findet dieser Leser in
einem Buch eine schöne Sentenz, eine Weisheit, eine Wahrheit ausgesprochen, so dreht er sie probeweise erst einmal

um. Er weiß längst, daß von jeder Wahrheit auch das Gegenteil wahr ist. Er weiß längst, daß jeder geistige Standpunkt ein Pol ist, zu dem es einen gleich guten Gegenpol gibt. Er ist insofern Kind, als er das assoziative Denken hochschätzt, nur kennt er auch das andere. Und so kann dieser Leser, oder vielmehr, so kann jeder von uns in der Stunde, in der er diese Stufe einnimmt, lesen, was irgend er will, einen Roman, eine Grammatik, einen Fahrplan, Schriftenproben einer Druckerei. In der Stunde, da unsere Phantasie und Assoziationsfähigkeit auf voller Höhe ist, lesen wir ja überhaupt nicht mehr, was vor uns auf dem Papier steht, sondern schwimmen im Strom der Anregungen und Einfälle, die uns aus dem Gelesenen zukommen. Sie können aus dem Text kommen, sie können sogar nur aus den Schriftbildern entstehen. Das Inserat einer Zeitung kann zur Offenbarung werden. Es kann der beglückendste, der bejahendste Gedanke entstehen aus einem völlig gleichgültigen Wort, das man umdreht, mit dessen Buchstaben man spielt wie mit einem Mosaikspiel. Man kann das Märchen vom Rotkäppchen in diesem Zustande lesen als eine Kosmogonie oder Philosophie oder als eine blühend erotische Dichtung. Man kann auch das »Colorado maduro« auf einer Zigarrenkiste lesen, mit den Worten, Buchstaben und Anklängen spielen und dabei innerlich einen Gang durch alle hundert Reiche des Wissens, der Erinnerung und des Denkens tun.

Aber, wirft man mir nun ein – ist das noch Lesen? Ist der Mensch, der eine Seite Goethe, unbekümmert um Goethes Absichten und Meinungen, liest wie ein Inserat oder wie ein zufälliges Durcheinander von Buchstaben, überhaupt noch ein Leser? Ist nicht die Stufe des Lesers, die du als die dritte und letzte nennst, die niedrigste, kindlichste, barbarischste? Wo bleibt für einen solchen Leser die Musik Hölderlins, die Leidenschaft Lenaus, der Wille Stendhals, die Weite Shakespeares?! Der Einwand ist richtig. Der Leser der dritten Stufe ist kein Leser mehr. Der Mensch, der ihr dauernd angehörte, würde bald überhaupt nichts mehr lesen, denn das Muster eines Teppichs oder die Ordnung der Steine in einem Gemäuer wäre ihm genau soviel wert wie die schönste Seite voll bestgeordneter Buchstaben. Das einzige Buch für ihn wäre ein Blatt mit den Buchstaben des Alphabets.

So ist es: der Leser der letzten Stufe ist überhaupt kein Leser mehr. Er pfeift auf Goethe. Er braucht Shakespeare nicht. Der Leser der letzten Stufe liest überhaupt nicht mehr. Wozu Bücher? Hat er nicht die gesamte Welt in sich selber?

Wer dauernd auf dieser Stufe stünde, würde nichts mehr lesen. Aber niemand steht dauernd auf dieser Stufe. Wer indessen diese Stufe überhaupt nicht kennt, der ist dennoch ein schlechter, ein unreifer Leser. Er weiß ja nicht, daß alle Dichtung und alle Philosophie der Welt auch in ihm selbst liegt, daß auch der größte Dichter aus keiner andern Quelle schöpfte als aus der, die jeder von uns im eigenen Wesen hat. Sei auch nur einmal im Leben eine Stunde, einen Tag lang auf der dritten Stufe, auf der des Nichtmehrlesens, so wirst du nachher (die Rückkehr ist so leicht!) ein desto besserer Leser, ein desto besserer Hörer und Deuter alles Geschriebenen sein. Sei nur ein einzigesmal auf der Stufe gestanden, wo der Stein am Wege dir ebensoviel bedeutet wie Goethe und wie Tolstoi, so wirst du nachher aus Goethe, Tolstoi und allen Dichtern unendlich mehr Wert, mehr Saft und Honig, mehr Bejahung des Lebens und deiner selbst ziehen als jemals vorher. Denn die Werke Goethes sind nicht Goethe, und die Bände Dostojewskis sind nicht Dostojewski, sie sind nur sein Versuch, sein zweifelhafter und nie zum Ziel gebrachter Versuch, die vielstimmige, vieldeutige Welt, deren Mittelpunkt er war, zu bannen.

Versuche ein einziges Mal, eine kleine Gedankenreihe, wie sie dir im Spazierengehen kommt, festzuhalten. Oder, scheinbar leichter, einen einfachen Traum, den du in der Nacht gehabt hast! Du hast geträumt, ein Mann bedrohe dich erst mit einem Stock, verleihe dir dann aber einen Orden. Aber wer war der Mann? Du besinnst dich, du findest an ihm Züge deines Freundes, deines Vaters, aber etwas an ihm ist auch anders, ist weiblich, er hatte, nicht zu sagen wie, etwas an sich, was dich an eine Schwester, an eine Geliebte erinnert. Und sein Stock, mit dem er dich bedrohte, hatte eine Krücke, die erinnert dich an den Stock, mit dem du einst deine erste Fußwanderung als Schüler gemacht hast, und da brechen hunderttausend Erinnerungen ein, und wenn du den Inhalt des einfachen Traumes festhalten und aufschreiben willst, sei es auch nur stenographisch und in Stichworten, so kannst du, ehe du nur bis zum Orden kommst, schon ein Buch voll geschrieben haben oder zwei oder zehn. Denn der Traum ist das Loch, durch das du in den Inhalt deiner Seele siehst, und dieser Inhalt ist die Welt, nicht mehr und nicht minder als die Welt, die ganze Welt von deiner Geburt bis heute, von Homer bis Heinrich Mann, von Japan bis Gibraltar, vom Sirius bis zur Erde, vom Rotkäppchen bis zu Bergson. – Und so wie dein Versuch, deinen Traum aufzuschreiben, sich zur Welt verhält, die dein Traum umfaßt, so verhält sich das Werk des Autors zu dem, was er sagen wollte.

Am zweiten Teil von Goethes »Faust« haben Gelehrte und Liebhaber nun fast hundert Jahre herumgedeutet und die schönsten und dümmsten, die tiefsten und banalsten Deutungen dafür gefunden. Aber in jedem Dichterwerk ist, wenn auch verhüllter, heimlich unter der Oberfläche diese namenlose Vieldeutigkeit vorhanden, diese »Überdeterminiertheit der Symbole«, wie die neuere Psychologie sagt. Ohne sie, sei es auch nur ein einziges Mal, in ihrer unendlichen Fülle und Unausdeutbarkeit erkannt zu haben, stehst du jedem Dichter und Denker beschränkt gegenüber, nimmst für das Ganze, was ein kleiner Teil ist, glaubst an Deutungen, die kaum der Oberfläche gerecht werden.

Die Wandlungen des Lesers zwischen den drei Stufen sind, wie sich von selbst versteht, jedem Menschen auf jedem Gebiete möglich. Dieselben drei Stufen mit tausend Zwischenstufen kannst du einnehmen der Baukunst, der Malerei, der Zoologie, der Historie gegenüber. Überall wird die dritte Stufe, auf der du am meisten du selbst bist, deine Leserschaft aufheben, die Dichtung auflösen, die Kunst auflösen, die Weltgeschichte auflösen. Und doch wirst du, ohne diese Stufe ahnungsweise zu kennen, alle Bücher, alle Wissenschaften und Künste immer nur lesen, wie ein Schüler eine Grammatik liest.

(1920)

Vorrede eines Dichters
zu seinen ausgewählten Werken

Ein Dichter unserer Zeit, einer unserer beliebten Erzähler
wurde eingeladen, eine Auswahl seiner Werke vorzubereiten
und sich in einer Vorrede über die Gesichtspunkte zu äußern, nach welchen die Auswahl zustande gekommen sei.
Nach einigen Wochen sandte er seinem Verleger folgende

Vorrede

Die Aufforderung, eine volkstümliche Auswahl aus meinen
Schriften zu veranstalten, hat mich zu verschiedenen Arbeiten und Erwägungen genötigt, vor allem aber zu dieser:
meine sämtlichen Schriften daraufhin zu prüfen, ob die eine
oder andere sich durch besondere Vorzüge dazu empfehle, in
eine solche auszeichnende Auswahl eingereiht zu werden.
Es müßten die Werke, aus welchen die geplante Auswahl
bestehen soll, zunächst überhaupt innerhalb ihrer Gattung
einen gewissen anständigen Rang, des weiteren innerhalb
meiner eigenen Werke eine besondere Stellung einnehmen,
sei es nun, daß sie meine spezielle Wesensart reiner als
andere zum Ausdruck bringen, sei es, daß sie in Form und
Haltung sich als besonders geglückt, erfreulich und wohlpro-
portioniert erweisen. Dies mußten die Gesichtspunkte für
eine gewissenhafte Auswahl sein.
Daneben freilich schien sich noch ein bequemer Ausweg
anzubieten: ich konnte des Volkes Stimme als Gottes
Stimme anerkennen und einfach diejenigen Werke auswählen, welche schon eine Bevorzugung durch die Leserschaft
erfahren hatten. Dann waren einfach diejenigen Bücher von
mir die besten, welche von der Kritik am freundlichsten
aufgenommen wurden und von welchen die größte Aufla-
genzahl verkauft war. Wenn es jedoch mit dieser Stimme
Gottes wirklich seine Richtigkeit hatte, dann war ich, zahlen-
mäßig beweisbar, ein weit bedeutenderer Dichter als manche
unserer größten, von mir in Demut verehrten Meister, und
wieder war ich klein und schäbig neben dem Auflagenglanz

gewisser Zeitgenossen, mit welchen verwechselt oder nur verglichen zu werden mir widriger gewesen wäre als unter die Mörder zu fallen. Der genannte Ausweg erwies sich also leider schon nach kürzester Prüfung als verboten, und die peinliche Arbeit blieb an mir hängen. Ich mußte das Unmögliche wenigstens versuchen und anstreben: über den öffentlichen Wert oder Unwert meiner dichterischen Versuche in mir selbst einen Gerichtshof zu setzen und ein Urteil zu suchen.

Zwei Einstellungen waren möglich: entweder meine Erzählungen mit denen anderer, bewährter Dichter zu vergleichen, oder – scheinbar einfacher – in strenger Auswahl diejenigen Werke zu bezeichnen, welche mich selbst, meine Art, meine jeweiligen Weltanschauungen, meine dichterische Begabung oder Sendung am besten dartaten und am deutlichsten rechtfertigten. Beide Wege mußten versuchsweise beschritten werden, ehe einer gewählt werden konnte.

Ich begann denn, versuchsweise, den ersten Weg zu gehen, indem ich die Werke bewährter Erzähler zum Maßstab für mein Urteil nahm. Von den Romandichtern des ersten, höchsten Ranges sah ich – unnütz es zu sagen! – ab, es konnte mir auch in der ehrgeizigsten Stunde nicht einfallen, mich mit Cervantes, Sterne, mit Dostojewskij, Swift oder Balzac zu vergleichen. Aber, so dachte ich, ein bescheidener, respektvoller Vergleich mit andern, mit verehrten Meistern des nächsten, noch immer sehr hohen Ranges müßte doch möglich sein – überragten sie mich auch hundertmal, so mußte doch, schien mir, zu ihnen irgendein Verhältnis des Nachstrebenden festzustellen sein. Und ich dachte nun an verehrte und geliebte Erzähler wie etwa Dickens, Turgenjew, Keller. Indessen fand ich auch hier keinen Anschluß. Abgesehen davon, daß auch diese Meister allzu hoch über mir standen – es war noch etwas anderes da, was das Finden eines Urteils, oder doch eines Wertmessers, unmöglich machte.

So oft ich nämlich den Versuch machte, irgendein Buch von mir mit einem jener verehrten Werke Größerer in Vergleich zu setzen, fühlte ich, daß meine Dichtungen mit jenen gar nichts zu tun hätten. Ich sah, daß ich da versuchte, inkommensurable Größen in Beziehung zueinander zu bringen. Es fehlte ein gemeinsamer Maßstab, es fehlte ein gemeinsamer Nenner. Und von da aus hatte ich sehr bald meine Wahrheit gefunden, eine für mich allerdings tief beschämende Wahrheit.

Scheinbar nämlich waren meine Romane jenen Werken früherer Dichter vergleichbar. Was sie gemeinsam hatten, war die Titelblatt-Bezeichnung »Roman« oder »Erzählung«. In Wirklichkeit aber waren – so sah ich mit tiefer Erkältung nun plötzlich überdeutlich – in Wirklichkeit waren meine Romane keine Romane, meine Novellen keine Novellen. Ich war gar kein Erzähler, ganz und gar keiner. Und daß ich dennoch unleugbar Dinge gedichtet hatte, die ganz wie Erzählungen aussahen, dies war meine eigenste Schuld und Schwäche. Ich hatte jene herrlichen Meister der Erzählung von Kind auf geliebt und viel gelesen, und daraus war eine Nachahmerschaft entstanden, deren ich anfänglich gar nicht, später nur undeutlich bewußt gewesen bin. Vollkommen ihrer bewußt war ich erst jetzt eben geworden.

Gewiß, ich stand mit meiner Dilettanterei und Nachahmung nicht allein. Die neuere deutsche Dichtung, seit hundert Jahren, ist voll von Romanen, welche keine sind, und von Dichtern, welche so tun, als seien sie Erzähler, es aber nicht sind. Unter ihnen sind große, herrliche Dichter, deren scheinbare Novellen ich trotz allem glühend liebe, ich brauche nur Eichendorff zu nennen. Diesen Dichtern stand ich nahe, wenn auch nur, was meine Schwäche betraf. Die Erzählung als verkleidete Lyrik, der Roman als erborgte Etikette für die Versuche poetischer Naturen, ihr Ich- und Weltgefühl auszudrücken, das war eine spezifisch deutsche und romantische Angelegenheit, hier wußte ich mich ohne weiteres verwandt und mitschuldig. Und dazu kam noch ein Weiteres. Dichter wie Eichendorff und viele andere hätten es ja, so scheint es, nicht nötig gehabt, unter der falschen Flagge des Romans Lyrik in die Welt zu schmuggeln; sie konnten vorzügliche, unverkleidete, echte Lyrik machen und haben dies ja, Gott sei Dank, getan. Aber Lyrik ist nicht bloß Versbauen, Lyrik ist vor allem auch Musikmachen. Und daß die deutsche Prosa ein höchst wunderbares, verlockendes Instrument zum Musizieren sei, das wußten viele Dichter und haben diesem erlesenen Genuß schwelgerisch gehuldigt.

Wenige aber, überaus wenige, waren stark oder sensibel genug, sich der Vorteile zu begeben, die ihnen aus der leihweisen Benutzung der Erzählungsform erwuchsen (und zu diesen Vorteilen gehörte auch der des größeren Publikums) und ihre Prosamusik auf so stolze Art in die Welt zu stellen wie Hölderlin seinen Hyperion und Nietzsche seinen Zarathustra. – Und so hatte also auch ich, ohne es recht zu wissen, als betrogener Betrüger die Rolle des Erzählers gespielt. Und daß ich dabei in sehr zahlreicher, zum Teil sogar guter Gesellschaft war, entschuldigte mich nicht. Von meinen Erzählungen, darüber war kein Zweifel mehr, war keine einzige als Kunstwerk rein genug, um noch erwähnt zu werden. Pack ein, Junge, und geh nach Hause! Von diesem Gesichtspunkte aus war der Gedanke jener Auswahl aus meinen Schriften gerichtet und verworfen.

Gedemütigt durch diese Einsicht, beschritt ich den zweiten Weg. Mochten meine Bücher als Kunstwerke unrein, in ihrem Versuch einer Verquickung unvereinbarer Gattungen barbarisch und von Anfang an mißglückt sein, so behielten sie doch ihren subjektiven, zeitlichen Wert als Ausdrucksversuche einer Seele, die in dieser unserer Zeit fühlte, litt und suchte. Für die »Auswahl« meiner Schriften kam es also einzig darauf an: welche dieser Schriften sind die echtesten, unverlogensten, in welchen kommt mein Fühlen am entschiedensten zum Ausdruck, in welchen ist der Nachahmung, der unechten Form das Wenigste an Wahrheit und Ausdruck zum Opfer gefallen?

Ich begann von neuem, und die Wochen gingen hin, während ich, oft verwundert und überrascht, oft beschämt und stöhnend, meine früheren Schriften fast alle wieder las. Einige hatte ich beinahe wieder vergessen, alle aber hatten anders in meiner Erinnerung gestanden, als sie mir jetzt beim Wiederlesen erschienen. Vieles, was mir einst, vor Jahren und Jahrzehnten, sehr schön und geglückt erschienen war, sah mich jetzt lächerlich und nichtswürdig an. Und alle diese Erzählungen handelten von mir selbst, spiegelten meinen eigenen Weg, meine heimlichen Träume und Wünsche, meine eigenen bitteren Nöte! Auch solche Bücher, in denen ich einst, als ich sie schrieb, mit bestem Glauben fremde, außenstehende Schicksale und Konflikte darzustellen gemeint hatte, auch sie sangen dasselbe Lied, atmeten dieselbe Luft, deuteten am selben Schicksal, am meinigen.

Und keine von all diesen Erzählungen kam für die Auswahl in Betracht oder nicht in Betracht. Es gab da nichts auszuwählen. Schriften, in welchen ich einst (natürlich unbewußt) am heftigsten stilisiert, kostümiert und gelogen hatte, gerade sie – so häßlich und mißglückt ich sie auch heute fand – schrien am lautesten die Wahrheit, gaben mich am schonungslosesten preis, wenn man sie geschärften Auges las. Und gerade in solchen Schriften, die ich einst mit dem bittersten Willen zum reinen Bekenntnis geschrieben hatte, fand ich jetzt seltsame, zum Teil nicht mehr begreifliche Umwege, Verheimlichungen und Beschönigungen. Nein, unter diesen Büchern war keines, das nicht Bekenntnis und klingende Sehnsucht nach Ausdruck meines Eigensten war, aber auch keines, worin das Bekenntnis völlig und rein, der Ausdruck bis zur Erlösung gefunden war!

Wenn ich die Summe von Bemühungen, Verzichten, Leiden und Opfern bedenke, die ich im Laufe vieler Jahre an das Zustandekommen dieser gedruckten Bücher wandte und sie mit dem Resultat vergleiche, wie ich es heute sehe, dann könnte ich mein Leben für verfehlt und weggeworfen halten. Indessen dürfte es, bei strenger Prüfung, wenigen Menschenleben anders ergehen: kein Leben und kein Werk hält den Vergleich mit seiner idealen Forderung aus. Den Wert seines ganzen Seins und Tuns, oder seinen Unwert, zu bestimmen, ist keines Menschen Sache.

Die »Ausgewählten Werke« jedoch erscheinen zu lassen, liegt keine Veranlassung mehr vor. Ehe ich an diese Arbeit ging, hatte der Gedanke mir Spaß gemacht, und ich hatte meine Auswahl in angenehmen Wunschträumen zuweilen schon vor mir aufgestellt gesehen, in vier oder fünf hübschen Bänden. Nun aber ist von diesen Bänden nichts übrig geblieben als diese Vorrede.

(1921)

Die Offizina Bodoni in Montagnola

Solange eine Zivilisation existiert, wird es stets eine gewisse Zahl von Menschen geben, welche im Sinn eines edlen Luxus nicht nur bei Gegenständen der allgemeinen Mode mit Eifer das Vollkommene und Höchstwertige suchen, sondern auch bei Büchern. Allzu groß ist die Zahl solcher Menschen nicht, und Zehntausende von verwöhnten und reichen Menschen, welche niemals einen fertig gekauften Anzug oder ein Paar Schuhe von billiger Fabrikarbeit tragen würden, kennen bei einem Buche nicht einmal den Unterschied zwischen Fabrikware und Handarbeit. Jedem freilich, der auf diesem Gebiet heikel ist und sehen gelernt hat, erscheint dieser Unterschied zwischen einem in üblicher Weise gedruckten Buch und einem von Hand mit höchster Sorgfalt gearbeiteten so groß wie der etwa zwischen einem mit der Maschine hinge-klatschten Geschäftsbrief und der liebevollen Handschrift eines mönchischen Kalligraphen.

Für die kleine Zahl der kultivierten Freunde des Vollkommenen auf dem Gebiet des Buchdrucks wird es eine Freude sein, zu hören, daß seit einigen Monaten eine neue Buchpresse existiert, wo Qualitätsarbeit von erstem Range geleistet wird. Es ist die Bodonipresse in Montagnola bei Lugano. Ihre ersten Publikationen liegen vor, vier außerordentlich würdig und sorgfältig gearbeitete Drucke: »Orphei Tragedia« von Angelo Poliziano, eine entzückende, sprachlich überaus blühende und rassige Dichtung des Florentiner Humanisten – dann die Gedichte Michelangelos, ebenfalls im Urtext – Goethes Marienbader Elegie – und, zur Zeit noch im Druck befindlich, Shelleys Dichtung »Epipsychidion«. Möchten bald auch weitere Drucke deutscher Texte folgen können! Zur Zeit ist dies nicht möglich, der Notlage Deutschlands wegen. Über die Texte dieser Drucke sei hier nichts gesagt, als daß sie sämtlich in ihrer Auswahl und Textbehandlung alle Sorgfalt und Kennerschaft verraten. Das Wesentliche der Leistung aber liegt hier nicht im Verlegerischen, sondern im Handwerk. Darüber möchte ich, als ein alter Bücherfreund und als Nachbar und gelegentlicher Augenzeuge der Montagnoleser Arbeit, ein wenig berichten.

Die Drucke der neuen Offizin werden von deren Leiter mit drei bis vier Mitarbeitern auf der Handpresse gedruckt, und die Bücher werden im Hause selbst fertig gemacht, mit Ausnahme eines Teils der Buchbinderarbeiten, z. B. des Vergoldens. Was in einer großen, fabrikmäßig arbeitenden Druckerei in Stunden und Tagen gearbeitet wird, das erfordert hier Wochen und Monate sorgfältigster Handarbeit. Das Anordnen des Satzes bildet Seite für Seite den Gegenstand langer Beratungen und zahlloser Proben. In einem solchen Druck steht kein Komma und keine Seitenzahl, ist kein Initial und kein leerer Zwischenraum, die nicht das Ergebnis hingebender Arbeit, geduldigen Ausprobens und eines hoch kultivierten Geschmacks wären. Ist der Satz fertig, sind die Korrekturen gelesen und wieder gelesen bis zur Ausmerzung des kleinsten Fehlers, dann beginnt die heikle Arbeit des Druckes. Das Papier, Bogen für Bogen genau geprüft, selbstverständlich nur edles Material, wird leicht befeuchtet, und ein erster Probeabzug genommen, wobei das Minimum von Druck angewendet wird. Dieser Probedruck sieht nun für Laien vielleicht schon völlig fertig aus, es sind vielleicht keinerlei Fehler zu sehen, die nicht in jedem beliebigen Buch überall auch anzutreffen wären. Hier aber wird nun jede kleinste Schwankung, jede Ungleichheit in der Stärke und Schwärze des Druckes genauestens studiert, jedes einzelne Blatt geht, ehe es endgültig gedruckt wird, durch Prüfungen und Korrekturen, die für jedes Blatt Stunden dauern; durch Unterlagen von feinem Seidenpapier, die an den bedürftigen Stellen auch verdoppelt, verdreifacht, vervierfacht werden, wird ein Druck erreicht, in dem keine Unebenheiten, keine Blässen und Ungleichheiten mehr sind. Man denke sich diese rigorose Exaktheit der Arbeit nun auf alle Prozeduren bis zum endlichen Fertigwerden des gebundenen Buches ausgedehnt, so hat man eine Vorstellung von der Qualität dieser handwerklichen Leistung. Bücher, auf diese Art hergestellt, sind keine mechanisch erzeugte Ware mehr, sondern jeder einzelne Druck ist das Ergebnis auserlesen guter, gewissenhafter Handarbeit. Die Auflagen sind natürlich nur klein, selten mehr als 200 Stück, und die Verkaufspreise dieser Bücher sind hoch. Doch ist der stattliche Band des Michelangelo z. B. in Pergament mit 120 Fr. im Verhältnis zur Arbeit keineswegs teuer. Man stelle sich vor, daß an einem solchen Druck, von dem 100 bis 200 Stück gemacht werden, mehrere Menschen einige Monate arbeiten.

Aber was ist nun die besondere Spezialität gerade dieser Montagnoleser Handpresse, und woher kommt ihr Name? Der Name stammt von einem der größten Drucker aller Zeiten, von Giambattista Bodoni, der zu Ende des 18. Jahrhunderts in Parma gearbeitet, und der – ein Wundertier unter allen berühmten Schriftschneidern – eine nicht mehr genau zählbare Menge von Schriften in seinem regen, klugen Kopf entworfen und mit seiner Künstlerhand geschnitten hat: nicht bloß Antiquaschriften aller Grade und von verschiedenstem Charakter, sondern auch deutsche, griechische, russische, arabische und unendlich viele andere Schriften. Wenn man die Schriften Bodonis ansieht, bestaunt man diese Meisterschaft einer so apart spezialisierten Phantasie; dieser Mann hat mit dem Mittel der Buchstabenformen gesungen, geflötet, getanzt und gebaut! Nicht nur als Schriftschneider war er groß, sondern ebenso als Drucker. Er ist der eigentliche Begründer des Begriffes vom schönen Buch für die neuere Zeit, des Buches, das seine Schönheit nicht dem Schmuck, den Bildern, dem Material der Einbände, dem Aufwand an Gold verdankt, sondern rein der Würde und dem Reiz vollendeter handwerklicher Leistung.

Nach diesem prachtvollen Bodoni nun nennt sich die neue Presse, aber nicht bloß um den alten Bodoni zu ehren oder sich eine bessere Folie zu geben, sondern aus dem denkbar besten und erfreulichsten Grunde. Die Offizina Bodoni nämlich hat von der italienischen Regierung das alleinige Recht erhalten, die Originalschriften Bodonis zu verwenden. Die Matrizen, d. h. Gußformen von verschiedenen Alphabeten Bodonis, haben sich im Museum von Parma erhalten, und zum erstenmal seit hundert Jahren ist nach diesen Formen jetzt wieder Schrift gegossen worden, eine Reihe wundervoller Alphabete, mit welchen die Bodonipresse ihre herrlichen Drucke ausführt. Vergleicht man die Drucke dieser neuen Presse mit solchen des alten Bodoni in Parma, so hat man wohl beim alten Bodoni den Eindruck größerer Schöpferkraft; aus diesen Drucken, z. B. seinem majestätischen griechischen Homer in Folio, leuchtet eine Kraft und ein Selbstbewußtsein, das an die strahlende, straffe Klarheit Händelscher Musik erinnert. Die Presse in Montagnola ist Erbin und hat einen Teil ihres Wertes eben den Schriften des alten Bodoni zu verdanken. Aber sie begnügt sich nicht damit, auf diesem Erbe auszuruhen. Ihre Bücher sind, trotz den alten Schriften, modern, sind Bücher aus unserer Zeit, und das, worin unsere Zeit der Bodonischen überlegen ist, das rein Technische, wird hier mit einem Raffinement gehandhabt, das der alte Meister Bodoni noch nicht kannte. Er hat manchen Bogen gedruckt, den die heutige Bodonipresse noch mancher Verbesserung unterziehen würde, ehe sie ihn hinaus ließe. So hat der schöpferische Geist jenes genialen Druckers nicht einen bequemen Erben, sondern eine würdige, weiterschaffende Nachfolge gefunden.

Zum Schluß eine Bemerkung: ich weiß, daß es bei Büchern zuerst auf den geistigen Inhalt, erst dann auf das Gewand ankommt. Bibliophile Spielereien sind ja etwas Hübsches, würden mich aber nicht zu einem besonderen Eintreten bewogen haben. Es handelt sich hier bei der Offizina Bodoni um eine Spezialität, um ein eng begrenztes Gebiet gewiß, aber nicht um eine Spielerei, sondern um das, was uns auf jedem Gebiete, in jeder Kunst und jedem Handwerk zur liebevollen Anerkennung nötigt: um die Hingabe an ein Ideal, um ein redliches und erfolgreiches Streben nach Vollkommenheit.

(1923)

Deutsches Volk und deutsche Dichtung

Seit manchen Jahren schon interessiert mich die zeitgenössische Dichtung weit weniger als die Art, wie die alte, bewährte Dichtung vom deutschen Volk, von den Verlegern und Herausgebern, verwaltet wird. Nichts begrüße ich mit größerer Freude als die sorgfältig gearbeitete Neuausgabe eines verschollenen älteren Dichters, oder gar die Gesamtausgabe eines, auf dessen Ausgabe die Nachwelt jahrzehntelang hat warten müssen. Es zeigt sich, wenn man diese Erscheinung ständig beobachtet, sehr häufig die alte Wahrnehmung, daß die Deutschen mehr Interesse für fremde Kulturen und auch für sensationelle Wertlosigkeiten haben, als für ihr eigenes bewährtes Vätergut. Es gibt erst seit ganz kurzem anständige Ausgaben von Hölderlin, von Novalis, von Heinse, es gibt von Jean Paul noch immer keine Gesamtausgabe (von Machiavelli oder von Montaigne haben wir sie), es gibt keine einzige Ausgabe der Werke Friedrich Schlegels usw. Die vom Staat bezahlten Literarhistoriker geben jeweils bloß diejenigen älteren Autoren neu heraus, die ohnehin schon von der Öffentlichkeit neu entdeckt und beachtet werden, irgend eine Führung, oder gar eine bewußte Verwaltung des geistigen Gutes ihres Volkes, ist bei den Literarhistorikern nicht wahrzunehmen. Als wertvolle Neuerscheinungen auf diesem Gebiet möchte ich nennen die große, vollständige Heinse-Ausgabe im Inselverlag, die Luther-Ausgabe bei Georg Müller in München, den von Harich besorgten E. T. A. Hoffmann bei Lichtenstein in Weimar.

Ich gebe bei S. Fischer in Berlin eine kleine Buchreihe, »Merkwürdige Geschichten und Menschen« heraus. Ein Bändchen dieser Sammlung schenkte ich kürzlich einem lieben Freunde, es enthält die Dokumente vom Leben und Sterben des Dichters Novalis. Mein Freund las das kleine Buch mit Ergriffenheit und schrieb mir nachher, daß er von den darin abgedruckten Dichtungen, Briefen und Aufzeichnungen so gut wie gar nichts gekannt habe. Dieser Freund ist aber nicht Fabrikant oder Jurist, er ist Lehrer und hat acht Semester Philologie studiert, er kann den halben Homer auswendig und ist für Dichtung durchaus empfänglich. Als staatlich ausgebildeter Philologe und Oberlehrer mußte er zwar Homer und Horaz kennen, nicht aber Novalis, das war ja bloß ein Landsmann, er hatte weder Latein noch Griechisch geschrieben, und war kaum mehr als hundert Jahre tot.

Diese Worte sind keine Anklage, nur eine Feststellung. Der große Dichter Jean Paul, vielleicht trotz Goethe die größte poetische Begabung im neueren Deutschland, wird zurzeit anläßlich seines hundertsten Todestages neu entdeckt, nachdem er viele Jahrzehnte lang vergessen war. Auch kein deutscher Lehrer oder Philologe, der im Examen nach den entlegensten antiken Autoren gefragt wurde, war verpflichtet, Jean Paul zu kennen. Die letzte Gesamtausgabe der Werke von Jean Paul ist vor etwa sechzig Jahren erschienen!

Möge diese Anregung da und dort beachtet werden. Wenn das deutsche Volk seine Dichter zu lesen verstünde, vor allem die großen Dichter seiner besten Zeit, statt Schiffsladungen voll Tarzan und Ossendowski zu verschlingen – wie schön könnte dann das Leben unter diesem Volke sein!

(1925)

Verkannte Dichter

(Antwort auf eine Rundfrage)

Seien Sie mir nicht böse, wenn ich auf Ihre Frage nach dem verkannten Dichter nicht direkt antworte. Ich habe mich eine Stunde lang angestrengt, aber mein Gedächtnis ist schlecht, die nötigen Dichter wollten mir nicht einfallen. Als ich dann die Vergangenheit mit einbezog und an Dichter früherer Zeiten dachte, die zu ihrer Zeit verkannt waren und heute noch verkannt sind, an Jean Paul, an Brentano, an Arnim, an den und jenen, da merkte ich plötzlich, daß es überhaupt keine anderen Dichter gibt als verkannte. Der Dichter, an sich schon eine fragwürdige Erscheinung, scheint innerhalb der Menschenherde ausdrücklich die Bestimmung zu haben, verkannt zu werden, es scheint dies seine eigentliche und Hauptmission zu sein. Natürlich geht dies nicht immer in der groben moritatenhaften Form des einsamen Verhungerns in ungeheizten Dachstuben vor sich oder in der nicht minder beliebten Form des Wahnsinnigwerdens. Es gibt Dichter, deren Verkanntheit besteht darin, daß sie nicht gelesen werden – alle großen deutschen Dichter gehören heute dazu. Andere Dichter haben das Los, daß ihre Bücher Dutzende und Hunderte von Auflagen erleben, darum aber nicht minder verkannt werden. Denn ein wahres Erkennen, ein wirkliches Anerkennen des Poeten durch den Normalmenschen gibt es nicht, das ist nur eine Fiktion der Literarhistoriker. Der Dichter ist stets, er selbst mag darum wissen oder nicht, Metaphysiker, und hat es niemals – er mag darum wissen oder nicht – mit der »Wirklichkeit« zu tun, sondern seine Mission, sein Wesen besteht darin, daß er den Menschen in seiner Zufälligkeit und Wandelbarkeit erkennt, und daß er an die Stelle der Realität, an die Stelle des zufälligen Menschentums seinen eigenen Traum vom Menschentum, seine Ahnung von der Bestimmung des Menschen setzt. So tat Dante, so tat Goethe, so tat Hölderlin, so tut jeder Dichter, er mag es wollen oder nicht, er mag es wissen oder nicht. Der Dichter, dem das Wesen seines Tuns zum Bewußtsein kommt, der die Naivität verliert, hat darum nur zwei Auswege aus seiner unhaltbaren Situation: das tragische Ende, das Herausfallen aus dem Menschlichen – oder die Flucht in den Humor. Alle großen Dichter sind einen dieser beiden Wege gegangen, einen dritten gibt es nicht.

Es gehört zu den tiefen, tragischen Tollheiten unseres Menschenlebens, daß die Menschheit der Dichter bedarf, sie sogar liebt und schätzt, meistens überschätzt, und daß sie diese Dichter doch nie verstehen, ihrem Ruf nie folgen, ihr Tun niemals ernst nehmen darf. Wäre die Menschheit ohne Dichter, so verlöre das Spiel des Lebens seine holdesten Reize. Verstünde aber die Menschheit ihre Dichter, nähme sie sie ernst und folgte sie ihnen, so ginge sie unter, sie verlöre den Ballast. Es braucht viel Gebundenheit, viel Ernst, viel seichten Idealismus, viel Moral, viel Dummheit dazu, um den Bestand der Menschheit zu erhalten und ihre Fortdauer zu sichern. Darum müssen immer wieder die Dichter verkannt werden, auch die berühmten und beliebten, darum muß immer wieder ein Stifter sich das Leben nehmen und ein Hölderlin wahnsinnig werden.

Es gibt viele Dichter, die keine sind. Es gibt viele Dichter, die nur einen Tropfen, nur einen Zehntelstropfen Dichtertum in sich haben. Alle aber, ob ihnen die Welt nun die Ehre der Berühmtheit oder die Ehre des Hungertodes antue, sind verkannt und müssen es sein.

(1926)

Geist der Romantik

Klassik und Romantik sind für uns Heutige, zumal für uns Deutsche, zu zwei polaren Begriffen geworden, zu Bezeichnungen für zwei ewige und stets wiederkehrende Typen des Menschentums, des Lebens, des Denkens, der Seele. Seit mehr als hundert Jahren hat im Kampf dieser beiden Typen und im Bemühen um ihr Verstehen und Formulieren sich ein unendlich großer, vielleicht der wertvollste Teil des deutschen Geisteslebens abgespielt. Noch neuestens ist über dies ewige und unerschöpfliche Thema unter dem Titel ›Deutsche Klassik und Romantik‹ von Fritz Strich ein überaus wertvolles Buch erschienen, welches, neben dem alten bewährten Werk über die ›Romantische Schule‹ von Haym, auch den Lesern dieser Bände empfohlen sei.

Wenn ich nun einen Weg suche, um diese beiden polar entgegengesetzten, polar einander bedingenden Typen ›Klassisch‹ und ›Romantisch‹ an irgendeinem neuen Gleichnis klar zu machen, so fällt mir, der ich viel mit östlichen Gedanken beschäftigt war, ein Bild aus der buddhistischen Welt ein. Mag dies ein Umweg sein, es hat den Vorteil, auf ein altes europäisches, speziell deutsches Thema von außen, aus einer ganz andern Welt her ein neues Licht zu werfen.

Wie bekannt, liegt einem Teil der alten östlichen Lehren und Religionen der uralte Gedanke der Einheit zu Grunde. Die Vielgestaltigkeit der Welt, das reiche bunte Spiel des Lebens mit seinen tausend Formen wird zurückgeführt auf das göttliche Eine, das dem Spiel zu Grunde liegt. Alle Gestalten der Erscheinungswelt werden empfunden nicht als an sich seiend und notwendig, sondern als Spiel, als ein flüchtiges Spiel von rasch vergänglichen Bildungen, die mit Gottes Atem aus- und einströmend das Ganze der Welt zu bilden scheinen während doch jede dieser Gestalten, Ich und Du, Freund und Feind, Tier und Mensch nur augenblickliche Erscheinungen, nur flüchtig inkarnierte Teile des uranfänglichen Einen sind und stets in dasselbe zurückkehren müssen.

Diesem Wissen um die Einheit, aus dem der Gläubige und Weise die Fähigkeit schöpft, das Leid der Welt als vergänglich und nichtig zu empfinden und sich, der Einheit zustre-

bend, davon zu lösen – ihm entspricht, als Gegenpol, der
entgegengesetzte Gedanke: daß dennoch, und trotz aller
jenseitigen Einheit, im Diesseits eben das Leben uns nur in
abgegrenzten, fremd nebeneinander stehenden Gestaltungen
wahrnehmbar wird. Trotz aller Einheit ist, sobald dieser
andere Standpunkt eingenommen wird, eben doch der
Mensch ein Mensch und kein Tier, ist der eine gut, der andre
böse, ist die ganze verwirrte und bunte Wirklichkeit eben
doch vorhanden.

Für asiatische Denker nun, welche Meister der Synthese
sind, ist es ein gewohntes und bis zu hoher Vollendung
gezüchtetes Geistesspiel, entgegengesetzte Betrachtungswei-
sen abwechselnd zu üben, beide bejahend, beiden zustim-
mend. Aus dieser Übung stammt das Bild, das ich hier
gebrauchen will.

Man stelle sich vor: ein paar buddhistische Priester oder
Gelehrte führen eine spirituelle Unterhaltung. Sie sitzen
beisammen und sprechen, in vielerlei Bildern, davon, daß die
sogenannte Wirklichkeit ein Trugbild ist, daß alles Wahr-
nehmbare nur Schein, alle Gestaltung nur Trug, alle Gegensätze nur kurzsichtige menschliche Einbildung sind, sie lösen
die Welt, die sie umgibt und unter der sie leiden, vollkommen auf und festigen in sich den Gedanken jener jenseitigen
Einheit, jenes ewigen göttlichen Lebens. Wenn sie das nun
zur Genüge getan haben, so kann einer von ihnen, nach
einigem Lächeln und Schweigen, den Spruch anstimmen:
›Die Weide ist grün, die Rose ist rot, der Rabe macht kra
kra.‹

Dieser einfältige Satz bedeutet, jedem Beteiligten sofort
verständlich, nichts anderes als: ›Nun ja, gewiß ist die Erscheinungswelt nur Trug, gewiß gibt es in Wahrheit keine
Weide, keine Rose, keinen Raben, sondern nur das ewige
göttliche Eine – aber außerdem ist für uns, die wir vergänglich sind und im Vergänglichen leben, dies Vergängliche
auch Wirklichkeit, ist die Rose rot, macht der Rabe kra kra.‹

Jener Standpunkt nun, für welchen die Rose eine Rose, der
Mann ein Mann, der Rabe ein Rabe ist, für welchen die
Grenzen und Formen der Wirklichkeit feste und heilige
Gegebenheiten sind, jener Standpunkt ist der klassische. Er
anerkennt die Formen und Eigenschaften der Dinge, aner-

kennt die Erfahrung, er sucht und schafft Ordnung, Form, Gesetz.

Der andre Standpunkt dagegen, der an der Wirklichkeit nur den Schein, nur das Wandelbare sieht, für den der Unterschied zwischen Pflanze und Tier, zwischen Mann und Frau höchst zweifelhaft ist, der bereit ist, jeden Augenblick alle Formen sich auflösen und ineinander übergehen zu lassen, er entspricht dem romantischen Standpunkt.

Als Weltbetrachtung nun, als Philosophie, als Grundlage für die Einstellung der Seele ist jede dieser Betrachtungsarten so gut wie die andre, es läßt sich nichts dawider sagen. Die klassische Einstellung wird Grenze und Gesetz betonen, wird Tradition anerkennen und schaffen helfen, wird sich bemühen, den Augenblick auszuschöpfen und zu verewigen. Die romantische Einstellung wird die Gesetze und Formen verwischen, dafür den Urquell des Lebendigen verehren und Frömmigkeit an die Stelle der Kritik, Versenkung an die Stelle des Verstandes setzen, sie wird auf das Zeitlose zielen und von der Sehnsucht nach der Rückkehr ins göttliche Eine erfüllt sein, ebenso wie der klassische Mensch von dem Willen, das Vergängliche zur Dauer zu erheben, erfüllt ist.

Insofern nun mögen beide Einstellungen einander völlig gleichwertig gegenüberstehen. Der Klassiker wird sein jeweiliges Tun und Werk zu möglichster Vollendung treiben, er wird tätig und ordnend in die Welt eingreifen, er wird jenes Göttliche als unerforschlich auf sich beruhen lassen, auf das Unmögliche verzichten und das jeweils Mögliche mit aller Kraft anstreben. Der Romantiker hingegen wird Traum und Kontemplation prägen, wird sich um das Tägliche wenig kümmern, um statt dessen in der Hingabe an das Unendliche groß zu sein und die Seligkeit zu suchen.

Beider Einstellungen bedarf die Welt, jede wird die andre tausendfach ergänzen und korrigieren. Die Klassik wird zu Mumifizierung und Pedanterie neigen, wo sie schwach zu werden beginnt, umgekehrt wird die Romantik, wo der heilige Enthusiasmus sie verläßt, zu Verwahrlosung und trägem Sichtreibenlassen führen.

Sobald Klassik und Romantik einander jedoch nicht mehr als allgemeine Betrachtungsarten gegenüberstehen, sobald es sich zum Beispiel um das Gebiet der Kunst und Dichtung handelt, wird sich zeigen, daß der Romantiker gegen den Klassiker gewaltig im Nachteil ist. Denn um Kunstwerke zu bilden, bedarf es einer Anerkennung von Grenzen und Formen, es bedarf des Willens, dem Augenblicklichen Dauer zu verleihen. Der Verzicht auf diesen Willen, das Verneinen der Grenzen und Formen, macht es dem Romantiker im Grunde überhaupt unmöglich, schaffender Künstler zu sein. Er kann Kunst mit Genialität genießen, kann das Leben künstlerisch auffassen, kann seinen Traum mit Kunst nähren – aber auf Kosten des Unendlichen das Endliche zu betreuen, unter Hintanstellung des Traumes die Tat zu tun, das Werk zu schaffen, das widerspricht seinem eigenen Bekenntnis.

Insofern nun ist es kein Zufall, daß so überaus viele Werke unsrer romantischen Dichter entweder unvollendet geblieben sind oder nach prachtvollen Anfängen ins Leere verlaufen. Die romantische Dichtung kann und will ja gar nicht Ewigkeit anstreben, will nicht fest begrenzt und in der Begrenzung vollkommen sein, sie will das Gegenteil, sie will nur Durchgang sein zum Unendlichen, will nur Spiel und Traum sein, nicht Werk und Tat. Und damit wäre eigentlich aller romantischen Kunst von Anfang an das Todesurteil gesprochen.

Es kommt jetzt für uns, für uns Leser und Beurteiler der Romantik, der Augenblick, wo wir uns jener östlichen Denker erinnern müssen. Wir müssen uns klar machen, daß allerdings Romantik und Klassik Gegenpole sind, daß aber in der Wirklichkeit wir es niemals mit reinen Verkörperungen des einen oder andern Prinzips zu tun haben, sondern daß aller Programme und Weltanschauungen ungeachtet, die beiden Prinzipien sich tausendfach berühren, schneiden und vermischen. Es geschieht dem bewußtesten Klassiker je und je, daß er in einem seiner Werke von romantisch-unendlicher Sehnsucht verführt und seinem Vollendungsideal untreu gemacht wird, und es passiert dem verträumtesten Romantiker je und je, daß er an einem einzelnen Dichtwerk mit einer Liebe und einem Formwillen hängen bleibt, die er eigentlich gar nicht haben dürfte. Und so kommt es denn, daß wir romantische Dichtungen von sehr hohem Formwert besitzen, so kommt es auch, daß Romantik und Klassik einigemale in einer und derselben Dichterperson sich nahezu vereinigt zu haben scheinen, am stärksten in Hölderlin, und daß ein klassischer Dichter wie Goethe nicht selten sich auf eine wahrhaft romantische Weise äußert.

Ist nun der klassische Dichter dem romantischen von Anfang an überlegen, weil er besser diszipliniert und überhaupt für seine Zwecke bewußter geschult ist, so hat dafür, wenigstens in Deutschland, der Romantiker einen gewaltigen Vorzug: er kann Deutscher bleiben!

Der Deutsche ist, alles in allem, in seiner Natur romantisch veranlagt. Insofern bedeutet denn auch die deutsche Romantik eine Rückkehr zur Natur, zur Heimat, zum eigenen Wesen, und das ist es, was die deutsche Romantik so stark macht. Unsre Klassiker dagegen, an Zucht und künstlerischer Kultur weit überlegen, scheinen alle etwas an Natur verloren, scheinen ihr Plus an Form und Disziplin mit einem Opfer an Blut und an Natürlichkeit bezahlt zu haben, sie müssen sich alle ein wenig vergewaltigen und die Griechen spielen, die sie nicht sind. Mitten in der erhabensten und erfreulichsten deutschen Klassik spürt man oft plötzlich diese fatale Grenze, manchmal nur wie einen leisen Schatten von Zwang und Unnatur, manchmal direkt komisch und grotesk, wie denn auch in dem entzückenden Weimar das hereingepflanzte Stück Griechenland nicht immer gesund und natürlich wirkt.

Die Romantiker wandten sich von den Griechen entweder einfach ab, oder begannen plötzlich auch in ihnen nicht mehr Götter, sondern Menschen zu sehen, begannen ihre Kunst, ihre Religion, ihre Mythologie mit romantischen Augen anzusehen und Dinge bei ihnen zu entdecken, die man dort nie gesehen hatte. Vor allem aber entdeckten die Romantiker die Antipoden der Griechen, die Inder. Goethes, des sonst Allesverstehenden, Sträuben gegen das Indische ist höchst bedeutsam. Man kann nicht Inder und Grieche zugleich sein. Die Romantiker dagegen haben Indien instinktiv geliebt und mit genialem Verständnis bejaht, zu den großen Taten des romantischen Geistes gehört, aus einem fabelhaften Ahnungsvermögen für den indischen Geist heraus wie über Nacht entstanden, die Schaffung einer indischen Philologie. Friedrich Schlegel zauberte sie hervor, und heut noch gehört

der Sohn eines berühmten Romantikers, Wilhelm Wacker-
nagels, zu den Großen dieser Wissenschaft.

Aber nicht nur Indien wurde von der Romantik entdeckt.
Es ist bedeutsam, daß ebenso Friedrich Schlegel wie Görres
den Umweg über Indien gebraucht haben, um zu einem
tiefern, neuen Verständnis des Mittelalters und des Katholizismus zu kommen. Es ist bis heute von der Geschichts-
schreibung merkwürdig wenig beachtet worden, wie sehr in
der deutschen Romantik noch einmal Deutschland sich dem
Katholizismus verpflichtet, sich an Rom verblutet hat, und
wie sehr gegenüber den gewaltigen Anregungen und Forderungen des romantischen Katholizismus Rom im Rückstande
geblieben ist. Man könnte wohl sagen, daß zu den größten
Sünden und Schwächen Roms die gehört, daß es im Grunde
unfähig war, die gewaltige Geisteswelle der deutschen Romantik aufzunehmen und zu verewigen. Die Ausläufer der
Romantik, vor allem Nietzsche, haben denn auch jeden
Zusammenhang mit Rom wieder verloren und gehen durchaus protestantische, trotzig-einsame Wege.

Die große romantische Welle in Deutschland beginnt kurz
vor dem Ende des achtzehnten Jahrhunderts und ist noch
heute nicht völlig ausgeebbt, wenigstens ist noch Nietzsche
durchaus ein Ausläufer der Romantik. Doch ist die eigentlich romantische Epoche mit dem Ende der vierziger Jahre
abgeschlossen, wo die deutsche Romantik, auf der Seite der
Reaktion stehend, den Anschluß an die Zeit verloren hat.
Ausgewirkt aber hat sich der gewaltige Strom noch lange
nicht, der mit der romantischen Bewegung über Deutschland
hinging, und man kann wohl sagen, daß mit dem politischen
und materiellen Aufblühen des jungen deutschen Reiches
der geistige Niedergang begonnen hat, eine Abwendung vom
Geist der Väter, und daß wir Heutigen allen Grund hätten,
den verlorenen Faden, der damals abriß, wieder zu suchen.
Denn die Romantik bedeutet für uns Deutsche nicht bloß
eine vorübergehende Geniezeit in unsrer Geschichte, wo es
von bedeutenden Geistern, namentlich Dichtern, geradezu
wimmelte, sondern die Romantik war unser Weg zur eigenen
Vergangenheit. Konnte der deutsche Geist bei den Griechen
und in Weimar Zucht lernen und das edle Streben nach
Vollendung sich selbst erkennen, sich selber wahrhaft begeg-

nen konnte er nur im eigenen Volk und in der eigenen Geschichte.

Das Gefühl für diese wichtige Rolle der Romantik ist nicht erstorben. Die Romantik, welche einst durch Heine entthront und verhöhnt und in den folgenden Jahrzehnten vom offiziellen Geist des damaligen Deutschland wahrhaft barbarisch mißkannt und verachtet wurde, ist gegen das Ende des neunzehnten Jahrhunderts mehr und mehr als Gestalt und als Problem wieder aufgetaucht, seit dreißig Jahren spielt sie in der Literaturgeschichte und in unsrem ganzen geistigen Leben eine ganz andre Rolle als in den dreißig Jahren vorher. Irgendwie ist das Gefühl vorhanden, daß der deutsche Weg zur Selbstfindung noch einmal am Zauberberg der Romantik vorüber führen müsse.

(1926)

Bekenntnis des Dichters

In unsrer Zeit ist der Dichter, als reinster Typus des beseelten Menschen, zwischen der Maschinenwelt und der Welt intellektueller Betriebsamkeit gleichsam in einen luftleeren Raum gedrängt und zum Ersticken verurteilt. Denn der Dichter ist ja Vertreter und Anwalt gerade jener Kräfte und Bedürfnisse des Menschen, denen unsere Zeit fanatisch den Krieg erklärt hat.

Die Zeit deswegen anzuklagen, wäre töricht. Diese Zeit ist nicht besser und nicht schlechter als andere Zeiten. Sie ist ein Himmel für den, der ihre Ziele und Ideale teilen kann, und ist eine Hölle für den, der ihnen widerstreben muß. Für uns Dichter also ist sie eine Hölle. Der Dichter, wenn er seiner Herkunft und Berufung treu bleiben will, darf sich weder der erfolgstrunkenen Welt der Lebensbeherrschung durch Industrie und Organisation anschließen, noch der Welt rationalisierter Geistigkeit, wie sie etwa unsere Universitäten heute beherrscht. Sondern da es des Dichters einzige Aufgabe ist, Diener, Anwalt und Ritter der Seele zu sein, sieht er sich im jetzigen Welt-Augenblick zu einer Vereinsamung und einem Leiden verurteilt, welche nicht jedermanns Sache sind. Europa hat zur Zeit nur sehr wenige Dichter, und nicht einer von ihnen entbehrt eines Zuges von Tragik, ja von Don-Quichotterie. Dagegen wimmelt es von jenen »Dichtern«, die der lesende Bürger liebt, und welche mit Talent und Geschmack stets jene Ideale und Ziele verherrlichen, die der Bürger gerade auf dem Programm stehen hat: heut' den Krieg, morgen den Pazifismus usw.

Von denen aber, welche wirklich »Dichter« genannt werden können, gehen manche im luftleeren Raum dieser Hölle schweigend zugrunde. Andere wieder nehmen das Leid auf sich, bekennen sich zu ihm, unterwerfen sich dem Schicksal und wehren sich nicht dagegen, wenn sie sehen, daß die Krone, welche andere Zeiten für den Dichter hatten, heut zum Dornenkranz geworden ist. Bei diesen Dichtern ist meine Liebe, sie verehre und liebe ich, zu ihren Brüdern will ich gehören. Wir leiden – aber nicht um zu protestieren und zu schimpfen. Wir ersticken in der für uns nicht atembaren

Luft der Maschinenwelt und der barbarischen Notdurft, die uns umgibt, aber wir lösen uns nicht vom Ganzen, wir nehmen dies Ersticken und Leiden an als unsern Teil am Weltgeschick, als unsere Sendung, als unsere Prüfung. Wir glauben an keines von den Idealen dieser Zeit, nicht an das der Generäle, noch an das der Bolschewiken, nicht an das der Professoren, noch an das der Fabrikanten. Aber wir glauben, daß der Mensch unsterblich ist und daß sein Bild aus jeder Entstellung wieder genesen, aus jeder Hölle geläutert hervorgehen kann. Wir suchen unsere Zeit nicht zu erklären, nicht zu bessern, nicht zu belehren, sondern wir suchen ihr, indem wir unser eigenes Leid und unsere Träume enthüllen, die Welt der Bilder, die Welt der Seele immer wieder zu öffnen. Diese Träume sind zum Teil arge Angstträume, diese Bilder sind zum Teil grausige Schreckbilder – wir dürfen sie nicht verschönern, wir dürfen nichts weglügen. Das tun ja die unterhaltenden »Dichter« der Bürger zur Genüge. Wir verhehlen nicht, daß die Seele der Menschheit in Gefahr und nahe am Abgrund ist. Wir dürfen aber auch nicht verhehlen, daß wir an ihre Unsterblichkeit glauben.

(1927)

Echte Bildung ist nicht Bildung zu irgendeinem Zwecke, sondern sie hat, wie jedes Streben nach dem Vollkommenen, ihren Sinn in sich selbst. So wie das Streben nach körperlicher Kraft, Gewandtheit und Schönheit nicht irgendeinen Endzweck hat, etwa den, uns reich, berühmt und mächtig zu machen, sondern seinen Lohn in sich selbst trägt, indem es unser Lebensgefühl und unser Selbstvertrauen steigert, indem es uns froher und glücklicher macht und uns ein höheres Gefühl von Sicherheit und Gesundheit gibt, ebenso ist auch das Streben nach »Bildung«, das heißt nach geistiger und seelischer Vervollkommnung, nicht ein mühsamer Weg zu irgendwelchen begrenzten Zielen, sondern ein beglückendes und stärkendes Erweitern unsres Bewußtseins, eine Bereicherung unsrer Lebens- und Glücksmöglichkeiten. Darum ist echte Bildung, ebenso wie echte Körperkultur, Erfüllung und Antrieb zugleich, ist überall am Ziele und bleibt doch nirgends rasten, ist ein Unterwegssein im Unendlichen, ein Mitschwingen im Universum, ein Mitleben im Zeitlosen. Ihr Ziel ist nicht Steigerung einzelner Fähigkeiten und Leistungen, sondern sie hilft uns, unsrem Leben einen Sinn zu geben, die Vergangenheit zu deuten, der Zukunft in furchtloser Bereitschaft offenzustehen.

Von den Wegen, die zu solcher Bildung führen, ist einer der wichtigsten das Studium der Weltliteratur, das allmähliche Sichvertrautmachen mit dem ungeheuren Schatz von Gedanken, Erfahrungen, Symbolen, Phantasien und Wunschbildern, den die Vergangenheit uns in den Werken der Dichter und Denker vieler Völker hinterlassen hat. Dieser Weg ist endlos, niemand kann ihn jemals zu Ende gehen, niemand könnte jemals die gesamte Literatur auch nur eines einzigen großen Kulturvolkes durchstudieren und kennenlernen, geschweige denn die der ganzen Menschheit. Dafür ist aber jedes verstehende Eindringen in ein Denker- oder Dichterwerk von hohem Rang eine Erfüllung, ein beglückendes Erlebnis – nicht an totem Wissen, sondern an lebendigem Bewußtsein und Verständnis. Nicht darauf soll es uns ankommen, möglichst viel gelesen zu haben und zu kennen, sondern in einer freien, persönlichen Auswahl von Meisterwerken, denen wir uns in Feierstunden ganz hingeben, eine Ahnung zu bekommen von der Weite und Fülle des von Menschen Gedachten und Erstrebten, und zur Gesamtheit selbst, zum Leben und Herzschlag der Menschheit, in ein belebendes, mitschwingendes Verhältnis zu kommen. Dies ist schließlich der Sinn alles Lebens, soweit es nicht bloß der nackten Notdurft dient. Keineswegs etwa »zerstreuen« soll uns das Lesen, sondern vielmehr sammeln, nicht über ein sinnloses Leben uns wegtäuschen und mit einem Scheintroste betäuben, sondern unserm Leben im Gegenteil einen immer höhern, immer volleren Sinn geben helfen.

Die Auswahl nun, in der wir die Weltliteratur kennenlernen, wird für jeden einzelnen eine andere sein; sie hängt nicht nur davon ab, wieviel Zeit und Geld ein Leser diesem edlen Bedürfnis zu opfern hat, sondern noch von vielen anderen Umständen. Dem einen wird etwa Plato der verehrte Weise, Homer der geliebteste Dichter sein, und stets werden sie für ihn der Mittelpunkt aller Literatur sein, von welchem aus er alles andre ordnet und beurteilt; einem andern werden andre Namen diese Stellung ausfüllen. Der eine wird zum Genuß edler Versgebilde, zum Miterleben geistvoller Phantasiespiele und schwingender Sprachmusik fähig sein, der andere mehr beim streng Verständigen bleiben; der eine wird stets den Werken seiner Muttersprache den Vorzug geben, ja gar keine anderen lesen mögen, ein anderer wieder wird etwa eine besondere Vorliebe für die Franzosen, für die Griechen, für die Russen haben. Dazu kommt noch, daß auch der denkbar Gelehrteste immer nur einige wenige Sprachen kennt, und daß nicht nur nicht alle bedeutenden Werke anderer Zeiten und Völker ins Deutsche übersetzt sind, sondern daß sehr viele Dichtungen überhaupt unübersetzbar sind. Echte Lyrik zum Beispiel, welche nicht nur in angenehm gebauten Versen hübsche Inhalte häuft, sondern in welcher die Musik einer schöpferischen Sprache schwingendes Symbol der Welt und der Lebensvorgänge wird – solche Lyrik bleibt stets an die einmalige Sprache des Dichters, an seine Muttersprache nicht nur, sondern an seine persönliche, nur ihm allein mögliche Dichtersprache gebunden, und ist also unübersetzbar. Einige der edelsten und kostbarsten Dichtungen – es sei etwa an die provenzalischen Troubadour-Gedichte erinnert – sind nur für sehr wenige Menschen überhaupt noch erreichbar und genießbar, denn ihre Sprache ist zusammen mit der Kulturgemeinschaft, aus welcher sie stammen, untergegangen und nur auf gelehrtem Wege in liebevollem Studium wieder zum Tönen zu bringen. Immerhin haben wir das Glück, über einen außerordentlich reichen Schatz an guten Übertragungen aus fremden und toten Sprachen zu verfügen.

Wichtig für ein lebendiges Verhältnis des Lesers zur Weltliteratur ist vor allem, daß er sich selbst und damit die Werke, die auf ihn besonders wirken, kennenlerne und nicht irgendeinem Schema oder Bildungsprogramm folge! Er muß den Weg der Liebe gehen, nicht den der Pflicht. Sich zum Lesen irgendeines Meisterwerkes zu zwingen, nur weil es so berühmt ist und weil man sich schämt, es noch nicht zu kennen, wäre sehr verkehrt. Statt dessen muß jeder mit dem Lesen, Kennen und Lieben dort beginnen, wo es ihm natürlich ist. Einer wird schon in frühen Schuljahren die Liebe zu schönen Versen in sich entdecken, ein anderer die Liebe zur Geschichte oder den Sagen seiner Heimat, ein andrer vielleicht die Freude an Volksliedern, und wieder ein andrer wird das Lesen dort als reizend und beglückend empfinden, wo er Gefühle unsres Herzens genau untersucht und von einem überlegenen Verstande gedeutet findet. Der Wege sind tausend. Vom Schullesebuch, vom Kalender kann man ausgehen, und kann bei Shakespeare, Goethe oder Dante enden. Ein Werk, das uns gerühmt wird, das wir zu lesen versuchen und das uns nicht gefällt, das uns Widerstände entgegensetzt und uns nicht in sich einlassen will, sollen wir nicht mit Gewalt noch mit Geduld bezwingen wollen, sondern es wieder weglegen. Darum soll man auch Kinder und ganz junge Menschen nie allzusehr zu einer bestimmten Lektüre ermuntern und anhalten; man kann jungen Menschen dadurch die schönsten Werke, ja das echte Lesen überhaupt, fürs ganze Leben entleiden. Jeder knüpfe dort an, wo eine Dichtung, ein Lied, ein Bericht, ein Betrachtung ihm gefallen hat, er suche von dort aus nach Ähnlichem weiter.

Genug nun der Einleitung! Jedem Strebenden steht der ehrwürdige Bildersaal der Weltliteratur offen, keiner braucht sich durch seine Fülle schrecken zu lassen, denn es kommt nicht auf die Masse an. Es gibt Leser, welche zeitlebens mit einem Dutzend Bücher auskommen und dennoch echte Leser sind. Und es gibt andre, die alles geschluckt haben und über alles mitzureden wissen, und doch war all ihre Mühe vergebens. Denn Bildung setzt etwas zu Bildendes voraus: einen Charakter nämlich, eine Persönlichkeit. Wo die nicht vorhanden ist, wo sich Bildung ohne Substanz gewissermaßen im Leeren vollzieht, da kann wohl Wissen entstehen, nicht aber Liebe und Leben. Lesen ohne Liebe, Wissen ohne Ehrfurcht, Bildung ohne Herz ist eine der schlimmsten Sünden gegen den Geist.

Gehen wir auf unsere Aufgabe los! Ohne irgendwelches gelehrte Ideal, ohne irgend auf Vollständigkeit erpicht zu sein, im wesentlichen einfach meiner ganz persönlichen Lebens- und Leser-Erfahrung folgend, will ich auf diesen Seiten den Versuch machen, eine ideale kleine Bibliothek der Weltliteratur zu beschreiben. Nur noch einige praktische Winke über den Umgang mit Büchern seien vorausgeschickt.

Wer einmal den Anfang des Weges zurückgelegt und sich in der unsterblichen Welt der Bücher etwas heimisch gemacht hat, der wird bald nicht nur zum Inhalt der Bücher, sondern zum Buche selbst in ein neues Verhältnis treten. Daß man Bücher nicht nur lesen, sondern auch kaufen solle, ist eine häufig gepredigte Forderung, und als alter Bücherfreund und Besitzer einer nicht kleinen Bibliothek kann ich aus Erfahrung versichern, daß das Bücherkaufen nicht bloß dazu dient, die Buchhändler und die Autoren zu füttern, sondern daß der Besitz von Büchern (nicht bloß ihre Lektüre) seine ganz eigenen Freuden und seine eigene Moral hat. Eine Freude kann es zum Beispiel sein und ein entzückender Sport, bei sehr knappen Geldverhältnissen unter Benutzung der billigsten Volksausgaben und beständigem Studium vieler Kataloge sich klug, zäh und listig allmählich allen Schwierigkeiten zum Trotz eben doch eine schöne kleine Bücherei zu schaffen. Umgekehrt gehört es für den gebildeten Reichen zu den ganz ausgesuchten Freuden, von jedem Lieblingsbuche die beste, die schönste Ausgabe aufzutreiben, seltene alte Bücher zu sammeln und seinen Büchern dann eigene, schöne, liebevoll ausgedachte Einbände zu geben.

Hier stehen, vom sorgsamen Anlegen des Spargroschens bis zum höchsten Luxus, viele Wege, viele Freuden offen.

Wer mit dem Aufbau einer eigenen Bücherei beginnt, der wird vor allem andern darauf sehen, nur gute Ausgaben zu erwerben. Unter »guten Ausgaben« verstehe ich nun nicht kostbare, sondern solche, deren Texte wirklich sorgfältig und mit der Ehrfurcht behandelt sind, die edlen Werken gebührt. Es gibt manche teure, in Leder gebundene, mit Gold bedruckte und mit Bildern geschmückte Ausgaben, die nichtsdestoweniger lieblos und miserabel gemacht sind, und es gibt wohlfeile Volksausgaben, deren Herausgeber treu und musterhaft gearbeitet haben. Eine beinahe allgemein eingerissene Unsitte ist es, daß jeder Herausgeber eines Autors seine Ausgabe unter dem Titel »Sämtliche Werke« anzeigen darf, während seine Ausgabe doch nur eine bescheidene Auswahl aus diesen Werken darstellt. Und wie verschieden können verschiedene Herausgeber einen Dichter auswählen! Ob ein Mensch in tiefer Verehrung und Liebe aus einem Dichter, den er in vielen Jahren immer wieder gelesen hat, eine weise Auswahl herstellt, oder ob ein beliebiger Literat, der gerade diesen Auftrag zufällig bekommen hat, in liebloser hastiger Arbeit eine solche Auswahl hinwirft, ist wahrlich nicht dasselbe. Und dann müssen bei jeder anständigen Neuausgabe die Texte auf das sorgfältigste geprüft werden. Es gab und gibt eine Menge von beliebten Dichterwerken, die ein Drukker dem andern immer wieder nachdruckte, ohne daß die Ur-Ausgaben zu Rate gezogen wurden, und am Ende wimmelt der Text von Irrtümern, Entstellungen und andern Fehlern. Ich könnte erstaunliche Beispiele nennen. Aber leider ist es nicht möglich, dem Leser hierüber Rezepte in die Hand zu geben, etwa gewisse Verleger und ihre Ausgaben unbedingt als Muster oder als tadelnswert zu nennen. Beinahe jeder deutsche Klassikerverlag besitzt einige gute und einige weniger geglückte Ausgaben; bei dem einen finden wir etwa den vollständigsten Heine mit den bestkontrollierten Texten, aber dafür ist bei ihm mancher andere Dichter ungenügend bearbeitet. Außerdem wechseln diese Zustände beständig. Kürzlich hat ein angesehener Verlag, in dessen Klassikerausgaben jahrzehntelang der Dichter Novalis mit auffallender Lieblosigkeit behandelt war, gerade von Novalis eine Neuausgabe gebracht, die alle strengsten Forderungen erfüllt. Aber man hüte sich davor, bei der Wahl seiner Ausgaben mehr auf Papier und Einband zu sehen, als auf die Güte der Texte, und man hüte sich auch davor, der äußeren Einheitlichkeit wegen möglichst alle »Klassiker« in uniformen Ausgaben zu kaufen, sondern man suche und frage, bis man von dem Dichter, dessen Werke man kaufen will, die jeweils beste Ausgabe ausfindig gemacht hat. Mancher Leser ist ja auch zum Beispiel selbständig genug, um selbst zu entscheiden, von welchen Dichtern er möglichst vollständige Ausgaben wünscht, von welchen andern ihm Auswahlen genügen. Von einigen Dichtern gibt es vollständige und befriedigende Ausgaben zur Zeit überhaupt nicht, oder es sind Gesamtausgaben zwar seit Jahren und Jahrzehnten in der Herausgabe begriffen, aber es besteht keine Aussicht, ihr Fertigwerden zu erleben. Dann heißt es sich mit einer modernen minderen Ausgabe begnügen, oder aber mit Hilfe der Antiquare sich der alten Ausgaben zu bemächtigen. Von manchen deutschen Dichtern gibt es drei, vier vortreffliche Ausgaben, von anderen nur eine einzige, von manchen leider keine. Es fehlt noch immer ein vollständiger Jean Paul, es fehlt ein genügender Brentano. Die so wichtigen Jugendschriften Friedrich Schlegels, die Schlegel selbst in seinen späteren Jahren nicht mehr in seine Werke aufgenommen hat, sind vor Jahrzehnten einmal musterhaft wieder herausgegeben worden, sind seit vielen Jahren vergriffen, und es ist nie ein Ersatz gekommen. Von einigen Dichtern (z. B. Heinse, Hölderlin, die Droste) hat unsre heutige Zeit nach jahrzehntelanger Vernachlässigung wundervolle Ausgaben zustande gebracht. Unter den wohlfeilen Volksausgaben, in welchen man Werke aller Völker und Zeiten finden kann, steht noch immer Reclams Universal-Bibliothek unbestritten obenan. Von manchen Dichtern, die ich liebe und von deren Werken ich auch das kleinste und unbekannteste nicht entbehren mag, besitze ich zwei, ja drei verschiedene Ausgaben, deren jede irgend etwas enthält, was in allen anderen fehlt.

Gilt dies schon von unserem eigenen Besitz, von den Werken unsrer besten deutschen Dichter, so wird die Sache noch um vieles heikler, wo es sich um Übersetzungen aus andern Sprachen handelt. Die Zahl der wirklich klassischen Übersetzungen ist nicht eben groß; Werke wie Martin Luthers deutsche Bibel, wie Schlegel-Tiecks deutscher Shakespeare gehören dazu, in diesen Meisterübersetzungen hat unsere Sprache sich Werke einer fremden Sprache angeeignet – für eine lange Zeit, aber nicht für ewig! Diese »lange Zeit« geht einmal zu Ende, und zum Beispiel Luthers Bibel würde vom größeren Teil unseres Volkes nicht mehr verstanden werden können, wenn sie nicht sprachlich immer wieder überarbeitet und der Zeit angepaßt würde. Und neuestens ist eine völlig neue deutsche Bibel im Erscheinen begriffen, deren Übersetzung von Martin Buber geleitet wurde, und in der wir das vertraute Buch unsrer Kindheit kaum mehr wiedererkennen, so sehr hat seine Gestalt sich verändert. Luthers Bibeldeutsch ist dicht an der Grenze des Alters, das Werke unsrer Sprache erreichen können. Das Deutsch vom Jahre 1500 ist dem heutigen Deutsch schon sehr fremd geworden. Eine einzigartige Ausnahme macht das italienische Volk mit Dante, von dessen Gedicht noch heute sehr viele Italiener große Teile auswendig wissen. Kein andrer Dichter in Europa hat, ohne sehr umgeändert oder geradezu übersetzt zu werden, ein solches Alter erreicht. Für uns aber ist die Frage, in welcher deutschen Übersetzung wir Dante lesen sollen, überhaupt nicht zu lösen, jede Übersetzung ist nur eine Annäherung, und wo wir uns von einzelnen Stellen einer Übersetzung ergriffen fühlen, gerade da greifen wir begierig nach dem Original und suchen das Altitalienisch der ehrwürdigen Verse einfühlend zu verstehen.

Wir gehen nun an unsre Aufgabe, eine gute kleine Weltbücherei aufzubauen, und da stoßen wir gleich auf einen Grundsatz aller Geistesgeschichte: daß nämlich die allerältesten Werke am wenigsten veralten. Was heute Mode ist und Aufsehen erregt, kann morgen wieder verworfen werden; was heute neu und interessant ist, ist es übermorgen nicht mehr. Was aber erst einmal einige Jahrhunderte überdauert hat und noch immer nicht vergessen oder untergegangen ist, dessen Wertschätzung wird auch innerhalb unsrer Lebenszeit vermutlich keine großen Schwankungen mehr durchmachen. Wir beginnen mit den ältesten und heiligsten Zeugnissen des Menschengeistes, mit den Büchern der Religionen und der Mythen. Außer der uns allen bekannten Bibel stelle ich an den Anfang unsrer Bücherei jenen Teil der altindischen Weisheit, den man Vedanta, Ende des Veda, nennt, in Form einer Auswahl aus den Upanischaden. Eine Auswahl aus den Reden des Buddha gehört mit dazu, und nicht minder der aus Babylon stammende »Gilgamesch«, das gewaltige Lied vom großen Helden, der es unternimmt, mit dem Tod zu kämpfen. Aus dem alten China wählen wir die Gespräche der Konfuzius, das Tao-te-King des Lao-tse und die herrlichen Gleichnisse des Dschuang Dse. Damit haben wir die Grundakkorde aller menschlichen Literatur angeschlagen: das Streben nach Norm und Gesetz, wie es im Alten Testament und bei Konfuzius sich vorbildlich ausspricht, das ahnungsvolle Suchen nach Erlösung von der Ungenüge irdischen Daseins, wie es die Inder und das Neue Testament verkünden, das Geheimwissen um die ewige Harmonie jenseits der ruhelosen, vielgestaltigen Erscheinungswelt, die Verehrung der Natur- und Seelengewalten in Gestalt von Göttern und das beinahe schon gleichzeitige Wissen oder Ahnen darum, daß Götter nur Sinnbilder sind, und daß Macht und Schwäche, Jubel und Leid des Lebens in des Menschen Hände gelegt sind. Alle Spekulationen abstrakten Denkens, alle Spiele der Dichtung, alles Leid über die Hinfälligkeit unsres Daseins, aller Trost und aller Humor darüber ist in jenen wenigen Büchern schon zum Ausdruck gekommen. Eine Auswahl aus der klassischen Lyrik der Chinesen gehört mit dazu.

Von den späteren Werken des Orients ist unserer Bücherei unentbehrlich die große Märchensammlung »Tausendundeine Nacht«, eine Quelle unendlichen Genusses, das reichste Bilderbuch der Welt. Obwohl alle Völker der Welt wunderschöne Märchen gedichtet haben, genügt in unsrer Sammlung vorerst dieses klassische Zauberbuch, ergänzt einzig durch unsere eigenen deutschen Volksmärchen in der Sammlung der Brüder Grimm. Sehr erwünscht wäre uns eine schöne Blütenlese aus der persischen Lyrik, leider ist ein solches Buch in deutscher Nachdichtung nicht vorhanden, nur Hafis und Omar Chajjam sind häufig übersetzt worden.

Wir kommen zur europäischen Literatur. Aus der reichen und herrlichen Welt der antiken Dichtung wählen wir uns vor allem die beiden großen Gedichte des Homer, damit haben wir die ganze Luft und Stimmung des alten Griechenland, vielmehr es gehören dazu auch die drei großen Tragiker Äschylus, Sophokles und Euripides, welchen wir die »Anthologie« beigesellen, die klassische Blütenlese lyrischer Dichter. Wenden wir uns zur Welt der griechischen Weisheit, so stoßen wir wieder auf eine schmerzliche Lücke: den wirksamsten, vielleicht wichtigsten Weisen Griechenlands, Sokrates, müssen wir uns aus den Schriften mehrerer anderer, namentlich Platons und Xenophons, in Bruchstücken zusammensuchen. Ein Buch, welches die wertvollsten Zeugnisse über Leben und Lehre des Sokrates übersichtlich zusammenstellt, wäre eine Wohltat. Die Philologen wagen sich an diese Arbeit nicht heran, sie wäre auch in der Tat heikel. Die eigentlichen Philosophen beziehe ich in unsere Bibliothek nicht ein. Dagegen ist uns Aristophanes unentbehrlich, dessen Lustspiele die große Reihe europäischer Humoristen ehrwürdig einleiten. Auch wollen wir von Plutarch, dem Meister der Heldenbiographie, zumindest einen oder zwei Bände aufnehmen, und auch Lukian darf nicht ganz fehlen, der Meister des spöttischen Fabulierens. Nun fehlt uns noch etwas Wichtiges: ein Buch, das die Geschichten der griechischen Götter und Heroen erzählt. Die volkstümlichen Mythologiebücher sind unzulänglich. In Ermangelung eines andern Werkes greifen wir zu Gustav Schwabs »Sagen des klassischen Altertums«, welche die Mehrzahl der schönsten Mythen in sehr guter Haltung erzählen. In unsrer Zeit hat Schwab übrigens einen ernsthaften Nachfolger erhalten: Albrecht Schäffer hat ein griechisches Sagenbuch begonnen, dessen erste Teile erschienen sind und viel versprechen.

Bei den Römern habe ich immer die Geschichtsschreiber den Dichtern vorgezogen, immerhin werden wir Horaz, Vergil und Ovid aufnehmen, neben sie aber auch den Tacitus stellen, dem ich noch den Sueton beifüge, sowie das »Satyrikon« des Petronius, diesen witzigen Sittenroman aus der Zeit des Nero, und den »Goldenen Esel« des Apulejus. In diesen beiden Werken sehen wir den inneren Verfall der Antike in der römischen Kaiserzeit. Neben diese weltmännischen und etwas spielerischen Bücher aus dem niedergehenden Rom stelle ich ein großes unheimliches Gegenstück, ebenfalls lateinisch geschrieben, aber aus einer andern Welt, aus der des jungen Christentums stammend: die »Bekenntnisse« des heiligen Augustin. Die etwas kühle Temperatur der römischen Antike weicht einer anderen, weiter gespannten Atmosphäre, der des beginnenden Mittelalters.

Die Geisteswelt des Mittelalters, das man bis vor kurzem bei uns allgemein das »dunkle« nannte, ist von unseren Vätern und Großvätern stark vernachlässigt worden, und so kommt es, daß wir von der lateinischen Literatur jener Jahrhunderte wenig moderne Ausgaben und Übersetzungen besitzen; eine rühmliche Ausnahme macht das ausgezeichnete Werk Paul von Winterfelds: »Deutsche Dichter des lateinischen Mittelalters«, das mir für unsere Bibliothek sehr willkommen ist. Als Inbegriff und Krone des großartigen mittelalterlichen Geistes lebt in der Dichtung Dantes »Göttliche Komödie« fort, außerhalb Italiens und gelehrter Kreise nur von wenigen mehr ernstlich gelesen, aber immer wieder tiefe Wirkungen ausstrahlend, eines der paar großen Jahrtausendbücher der Menschheit.

Als zeitlich nächstfolgendes Buch aus der altitalienischen Dichtung wählen wir das »Dekameron« des Boccaccio. Diese berühmte, bei Prüden um ihrer Derbheiten willen berüchtigte Novellensammlung, ist das erste große Meisterwerk europäischer Erzählungskunst, in einem wunderbar lebendigen Altitalienisch geschrieben und viele Male in alle Kultursprachen übersetzt. Gewarnt sei vor den vielen schlechten Ausgaben. Von den modernen deutschen empfehle ich die des Insel-Verlages. Von Boccaccios zahlreichen Nachfolgern, die drei Jahrhunderte lang viele berühmte Novellenbücher verfaßt haben, erreicht ihn keiner, doch soll eine Auswahl aus ihnen (es gibt eine von Paul Ernst, beim Insel-Verlag, und neuerdings eine schwere dreibändige im Verlag Lambert Schneider) in unserer Liste nicht fehlen. Von den italienischen Verserzählern der Renaissance können wir Ariosto nicht entbehren, den Dichter des »Rasenden Roland«, eines zauberhaften romantischen Irrgartens voll entzückender Bilder und auserlesener Einfälle, Vorbild für zahlreiche Nachfolger, deren letzter und vielleicht bester Wieland war. Petrarcas Sonette stellen wir in die Nähe und vergessen die Gedichte des Michelangelo nicht, einsam und stolz steht das kleine ernste Buch inmitten seiner Zeit. Als ein Zeugnis für Ton und Lebensstimmung der italienischen Renaissance nehmen wir auch die Selbstbiographie des Benvenuto Cellini auf. Die spätere italienische Dichtung kommt wenig mehr für unsere Auswahl in Betracht, etwa noch zwei, drei Komödien von Goldoni und romantische Märchenstükke von Gozzi, und dann im neunzehnten Jahrhundert die herrlichen Lyriker Leopardi und Carducci.

Zum Schönsten, was das Mittelalter hervorgebracht hat, gehören die französischen, englischen und deutschen christlichen Heldensagen, vor allem jene von der Tafelrunde des Königs Artus. Ein Teil dieser über ganz Europa verbreiteten Sagen findet sich in den »Deutschen Volksbüchern« aufbewahrt, denen ein Ehrenplatz in unserer Sammlung gebührt. Die beste moderne Ausgabe ist die von Richard Benz besorgte. Sie gehören neben das Nibelungenlied und das Gudrunlied, obwohl sie nicht, wie diese, Originaldichtungen, sondern späte, aus verschiedenen Sprachen übersetzte Bearbeitungen weitverbreiteter Stoffe sind. Die Gedichte der provenzalischen Troubadours wurden schon erwähnt. Es folgen nun Walther von der Vogelweide, Gottfried von Straßburg, Wolfram von Eschenbach, deren Werke wir (d. h. die Gedichte Walthers, der »Tristan« Gottfrieds und den »Parcival« Wolframs) dankbar in unsere Bibliothek aufnehmen, ebenso wie eine gute Auswahl aus den Liedern der ritterlichen Minnesänger. Wir sind damit am Ende des Mittelalters angelangt. Mit dem Abwelken der christlich-lateinischen Literatur und der großen Sagenquellen entstand damals in Europa in Leben und Literatur etwas Neues, die einzelnen Nationalsprachen lösten das Lateinisch allmählich ab, und eine nicht mehr mönchische und anonyme, sondern städtische und individuelle Art von Dichtung (wie sie in Italien mit Boccaccio begann) nahm ihren Beginn.

In Frankreich blühte damals, einsam und verwildert, ein außerordentlicher Dichter auf, Villon, dessen wilde, unheimliche Gedichte ohnegleichen sind. Gehen wir weiter durch die französische Literatur, so finden wir manches für uns Unentbehrliche: mindestens einen Band Essays von Montaigne müssen wir haben, und dann den »Gargantua« und den »Pantagruel« von Fr. Rabelais, dem lachenden Meister des Humors und der Philisterverachtung, dann die »Gedanken« und vielleicht auch noch die »Jesuitenbriefe« Pascals, des einsamen Frommen und asketischen Denkers. Von Corneille müssen wir den »Cid« und »Horace« haben, von Racine die »Phädra«, die »Athalie« und die »Berenice«, damit besitzen wir die Väter und Klassiker des französischen Theaters, doch gehört dazu noch der dritte Stern, der Komödiendichter Molière, dessen Meisterdramen wir in einem Auswahlband hinzufügen – oft denken wir ihn zur Hand zu nehmen, den Meister des Spotts, den Schöpfer des Tartüff. Die Fabeln Lafontaines und der »Telemach« des feinen Fenelon sollten auch nicht fehlen. Von Voltaire glauben wir die Dramen entbehren zu können, ebenso wie die Versdichtungen, aber einen oder zwei Bände seiner blitzenden Prosa müssen wir haben, vor allem den »Candide« und den »Zadig«, deren Spottlust und gute Laune eine Zeitlang der Welt als Vorbilder dessen galten, was man französischen Geist nannte. Aber Frankreich hat viele Gesichter, auch das Frankreich der Revolution, und außer Voltaire brauchen wir auch noch den »Figaro« von Beaumarchais sowie die »Bekenntnisse« von Rousseau. Aber da fällt mir ein: ich habe den »Gil Blas« von Lesage vergessen, den wundervollen Schelmenroman, und die »Geschichte der Manon Lescaut«, die rührende Liebesgeschichte des Abbé Prévost. Dann kommt die französische Romantik und, ihre Erbin, die Reihe der großen Romanciers – Hunderte von Büchertiteln möchte man da nennen! Aber halten wir uns an das wirklich Einzigartige und Unersetzliche! Da sind vor allem die Romane »Rot und Schwarz« und »Die Kartause von Parma« von Stendhal (Henry Beyle), in denen aus dem Kampf einer glühenden Seele mit einem überlegenen, mißtrauisch wachen Verstand eine ganz neue Art von Dichtung entstanden ist. Nicht minder einzig ist Baudelaires Gedichtband »Les fleurs du mal« – neben diesen beiden werden die liebenswürdigen Gestalten von Musset und die charmanten romantischen Erzähler Gautier und Murger klein. Es folgt Balzac, von dessen Romanen wir mindestens den »Goriot«, die »Grandet«, »Das Chagrinleder«, »Die Frau von dreißig Jahren« haben müssen. Diesen heftigen, mit Stoff überfüllten, vor Leben berstenden Büchern gesellen wir die meisterhaften, edlen Novellen von Mérimee bei und die Hauptwerke des subtilsten französischen Prosaisten Flaubert die »Madame Bovary« und »Le'éducation sentimentale«. Von hier zu Zola geht es einige Stufen abwärts, doch muß auch er dabei sein, etwa mit dem »Assommoir« oder der »Sünde des Priesters«, und ebenso Maupassant mit einigen seiner etwas morbiden, schönen Novellen. Damit sind wir an der Grenze der neuesten Zeit angelangt, die wir nicht überschreiten wollen, sonst wären noch manche edle Werke zu nennen. Nicht vergessen aber dürfen wir die Gedichte von Paul Verlaine, diese vielleicht beseeltesten, zartesten aller französischen Gedichte.

In der englischen Literatur beginnen wir nun mit den »Canterbury-Geschichten« von Chaucer (Ende 14. Jahrhundert), die zum Teil von Boccaccio entlehnt sind, aber neuer im Ton; er ist der erste eigentlich englische Dichter. Neben sein Buch stellen wir die Werke Shakespeares, nicht in Auswahl, sondern vollständig. Mit hoher Achtung sprachen unsere Lehrer von Miltons »Verlorenem Paradies«, aber hat einer von uns es gelesen? Nein. Wir verzichten also darauf, vielleicht ungerecht. Chesterfields Briefe an seinen Sohn sind kein tugendhaftes Buch, aber nehmen wir es doch auf. Vom Dichter des »Gulliver«, Swift, dem genialen Iren, nehmen wir alles auf, was wir nur bekommen können; sein großes Herz, sein bitterer blutiger Humor, seine vereinsamte Genialität wiegt alle Schrullen seines Sonderlingtums reichlich auf. Von den vielen Werken des Daniel Defoe ist uns der »Robinson Crusoe« wichtig und auch die »Geschichte der Moll Flanders«, mit ihnen hebt die stattliche Reihe der klassischen englischen Romane an. Fieldings »Tom Jones« und auch Smolletts »Peregrine Pickle« nehmen wir womöglich mit auf, ganz gewiß aber Sternes »Tristram Shandy« und seine »Empfindsame Reise«, zwei Bücher von echt englischer Haltung, vom Sentimentalen zum krausesten Humor springend. Von Ossian, dem romantischen Barden, genügt uns das, was wir in Goethes »Werther« finden. Die Gedichte von Shelley und von Keats dürfen wir nicht vergessen, sie gehören zum Schönsten an Lyrik, was es gibt. Von Byron dagegen, so sehr ich diesen romantischen Übermenschen bewundere, begnügen wir uns nur mit einem seiner großen Gedichte, am besten dem »Childe Harold«. Auch einen der historischen Romane von Walter Scott nehmen wir aus Pietät auf, etwa den »Ivanhoe«. Und von dem unglücklichen de Quincey nehmen wir, obwohl sie ein sehr pathologisches Buch sind, die »Bekenntnisse eines Opiumessers«. Ein Band Essays von Macaulay darf uns nicht entgehen, und von Carlyle, dem Bittern, nehmen wir außer den »Helden« vielleicht auch noch den »Sartor Resartus« seines so sehr englischen Witzes wegen. Dann kommen die großen Sterne des Romans: Thackeray mit dem »Jahrmarkt der Eitelkeit« und dem »Snobs-Buch«, und Dickens, der trotz aller gelegentlichen Rührsamkeit doch königlichste englische Erzähler mit seinem gütigen Herzen und seiner prachtvollen Laune, von ihm müssen wir mindestens die »Pickwickier« und den »Copperfield« haben. Von seinen Nachfolgern scheint uns besonders Meredith wichtig, namentlich der »Egoist«, und womöglich nehmen wir auch den »Richard Feverel« mit auf. Die schönen Gedichte von Swinburne (allerdings in hervorragendem Maße unübersetzbar!) dürfen auch nicht fehlen und nicht ein oder zwei Bände von Oscar Wilde, vor allem sein »Dorian Gray« und einige Essays. – Die amerikanische Dichtung sei vertreten durch einen Novellenband von Poe, dem Dichter der Angst und des Grauens, und die kühnen pathetischen Gedichte Walt Whitmans.

Aus Spanien holen wir uns vor allem andern den »Don Quichote« von Cervantes, eines der grandiosesten und zugleich entzückendsten Bücher aller Zeiten, die Geschichte des irrenden Ritters und seiner Kämpfe mit eingebildeten Bösewichtern und seines fetten Knappen Sancho, zweier unsterblicher Figuren. Wir verzichten aber auch nicht auf die Novellen dieses selben Dichters, sie sind wahre Kleinode einer überlegenen Erzählkunst. Auch einen der berühmten spanischen Schelmenromane müssen wir haben, einen der Vorgänger des braven Gil Blas. Die Wahl fällt schwer, ich entscheide mich für den »Erzschelm Pablo Segovia« von Quevedo y Villegas, ein saftiges Stück voll heftiger Abenteuer und toller Witze. Von den spanischen Dramatikern, deren eine stattliche und edle Reihe existiert, halten wir für unentbehrlich Calderon, den großen Dichter des Barock, den Magier einer halb weltlich-pomphaften, halb geistlich-erbaulichen Bühne.

Noch bleiben uns verschiedene Literaturen zu durchwandern, so die niederländische und vlämische, aus der wir den »Tyl Ulenspegel« von de Coster und den »Max Havelaar« von Multatuli wählen. Costers Roman, eine Art späten Bruders des Don Quijote, ist ein Epos des vlämischen Volks. Havelaar ist das Hauptbuch des Märtyrers Multatuli, der vor einigen Jahrzehnten sein Leben dem Kampf für die Rechte der ausgebeuteten Malaien widmete.

Die Juden, das zerstreute Volk, haben an vielen Orten und in vielen Sprachen der Welt Werke hinterlassen, deren einige wir hier nicht vergessen dürfen. Die hebräischen Gedichte und Hymnen des spanischen Juden Jehuda Halevy gehören dazu, und die schönsten Legenden der chassidischen Juden, wir finden sie in Martin Bubers klassischer Übertragung in seinen Büchern »Baalschem« und »Der große Maggid«.

Aus der nordischen Welt nehmen wir in unsere Sammlung die »Lieder der alten Edda«, von den Brüdern Grimm übertragen, sowie eine der isländischen Sagas, etwa die vom Skalden Egil, oder eine Auswahl und Bearbeitung wie etwa das »Isländerbuch« von Bonus. Aus den neueren skandinavischen Literaturen wählen wir Andersens Märchen und die Erzählungen Jacobsens, die Hauptstücke von Ibsen und mehrere Bände Strindberg, obwohl die letzteren beiden vielleicht späteren Zeiten nicht mehr so viel bedeuten werden. Besonders reich ist die russische Literatur des letzten Jahrhunderts. Da der große Klassiker der russischen Sprache, Puschkin, zu den unübersetzbaren gehört, beginnen wir mit Gogol, dessen »Tote Seelen« und kleine Erzählungen wir unserer Bücherei einreihen, wir nehmen von Turgenjew »Väter und Söhne«, ein heute schon etwas vergessenes Meisterwerk, und den »Oblomow« von Gontscharow. Von Tolstoi, dessen großes Künstlertum zeitweise etwas über die Problematik seiner Predigten und Reformversuche vergessen worden ist, sind zumindest die Romane »Krieg und Frieden« (vielleicht der schönste russische Roman) und »Anna Karenina« notwendig, doch wollen wir auch seine Volkserzählungen nicht missen. Und von Dostojewski dürfen wir weder die »Karamasows« vergessen noch den »Raskolnikow«, noch auch sein beseeltestes Werk, den »Idioten«.

Nun haben wir von China bis Rußland, vom frühesten Altertum bis an die Grenze unserer Tage, die Literaturen mancher Völker durchstöbert und eine Menge des Bewundernswerten und Liebenswerten gefunden und haben doch unseren größten Schatz, die deutsche Dichtung, noch unbesichtigt gelassen. Einzig vom Nibelungenlied und einigen Erscheinungen des späteren Mittelalters war die Rede. Jetzt wollen wir diese Welt, die deutsche Literatur seit etwa 1500, noch mit besonderer Liebe betrachten und uns das auswählen, was wir davon am meisten zu lieben und uns zu eigen gemacht zu haben glauben.

Von Luther haben wir das Hauptwerk schon ganz zu Anfang genannt, die deutsche Bibel. Wir wollen aber von ihm auch einen Band kleinerer Schriften besitzen, entweder einige seiner volkstümlichsten Flugschriften enthaltend oder eine Auswahl der Tischreden oder ein Buch wie etwa das im Jahre 1871 erschienene »Luther als deutscher Klassiker«. Während der Gegenreformation erscheint in Breslau ein merkwürdiger Mensch und Dichter, von dessen Werk uns lediglich ein schmales Büchlein voll Verse angeht – dies aber gehört zu den sublimsten Blüten deutscher Frömmigkeit und Dichtung: der »Cherubinische Wandersmann« des Angelus Silesius. Im übrigen mag für die Lyrik der Zeit vor Goethe eine der vielen vorhandenen Auswahlen genügen. Aus der Lutherzeit scheint uns noch der Nürnberger volkstümliche Dichter Hans Sachs durchaus der Aufnahme in unsere Sammlung würdig. Ihm reihen wir den »Simplicissimus« von Grimmelshausen an, in dem die Zeit des Dreißigjährigen Krieges wild und grimmig aufklingt, ein Meisterwerk an Frische und blühender Originalität. Bescheidener, aber unserer Liebe wohl würdig, steht daneben der »Schelmuffsky« von Chr. Reuter, dem kräftigen Humoristen. In diese Gegend unserer Bücherei stellen wir auch die Abenteuer des Barons Münchhausen, die im 18. Jahrhundert verfaßt sind. Und nun sind wir an der Schwelle des großen Jahrhunderts der neueren deutschen Dichtung. Mit Freude stellen wir die Bände von Lessing auf, es brauchen nicht die vollständigen Werke zu sein, aber sie müssen auch etwas von seinen Briefen enthalten. Klopstock? Die schönsten seiner Oden finden wir in unserer Anthologie, das genügt. Schwierig ist es mit Herder, der sehr vergessen ist und doch sicherlich seine Rolle noch nicht ausgespielt hat – es lohnt sich sehr, von Zeit zu Zeit in ihm herumzublättern und zu lesen, wenn auch keines seiner größeren Werke als Ganzes noch standhält. Bei Reclam gibt es eine gute Auswahl, auch eine bei Kröner.

Auch bei Wieland ist eine Gesamtausgabe sehr entbehrlich, sein »Oberon« aber, und womöglich auch die Geschichte der Abderiten darf nicht fehlen. Freundlich, witzig, ein spielerischer Kalligraph der Form, an der Antike und den Franzosen geschult, Anhänger der Aufklärung, aber nicht auf Kosten der Phantasie, ist Wieland eine eigene, allzusehr vergessene Gestalt.

Von Goethe nehmen wir in unsere Sammlung die schönste und vollständigste Ausgabe auf, die unsere Mittel uns irgend erlauben. Mag von den Gelegenheitsdramen, von den Aufsätzen und Rezensionen dies und jenes wegbleiben, die eigentlichen Dichtungen, auch die lyrischen Gedichte, müssen wir ungekürzt haben. Hier, in diesen Bänden, tönt alles an, was uns Seelenschicksal ist, und vieles davon wird endgültig formuliert. Und welch ein Weg vom Werther zur »Novelle«, von den frühen Gedichten zum zweiten Teil des Faust! Neben den Werken müssen wir auch die wichtigsten biographischen Dokumente haben, die Gespräche Eckermanns und einige der Briefwechsel, vor allem den mit Schiller und mit der Frau von Stein. Aus dem Freundeskreis des jungen Goethe ist manches hervorgegangen, vielleicht das Schönste ist »Heinrich Stillings Jugend« von Jung-Stilling. Wir stellen dieses liebe Buch in die Nähe Goethes und ebenso eine Auswahl aus den Schriften von Matthias Claudius, dem Wandsbecker Boten.

Bei Schiller neige ich zu Konzessionen. Obwohl ich die Mehrzahl seiner Schriften kaum je mehr zur Hand nehme, ist mir das Ganze dieses Mannes, sein Geist und Leben doch etwas Großes und Bezwingendes. Seine Prosaschriften (die historischen und die ästhetischen) und die Reihe seiner großen Gedichte aus der Zeit um 1800 ziehen wir vor, und wir stellen hinzu das Buch »Schillers Gespräche« von Petersen. Gern würde ich aus jener Zeit noch manches hinzufügen, Bücher von Musäus, von Hippel, von Thümmel, von Moritz, von Seume – aber wir müssen unerbittlich sein und dürfen nicht in eine Bibliothek, die auf Musset und Viktor Hugo verzichtet, Liebenswürdigkeiten kleineren Formates hineinschmuggeln. Aus der einzigartigen Zeit um 1800, Deutschlands geistig reichster Zeit, haben wir ohnehin noch eine Reihe von Autoren ersten Ranges einzureihen, zum Teil solche, die bis vor kurzem infolge von Zeitströmungen und auch infolge einer sehr beschränkten Art von Literaturgeschichtsschreibung entweder überhaupt vergessen oder unglaublich unterschätzt waren. So kann man über Jean Paul, einen der größten deutschen Geister, noch heute in populären Literaturgeschichten, die Tausenden von Studenten als Handbuch dienen, abgeschriebene Urteile einer verschollenen Kritik antreffen, in denen vom Bild dieses Dichters nichts mehr übrigbleibt. Wir rächen uns dafür, indem wir von Jean Paul die vollständigste Ausgabe aufstellen, welche wir finden können. Wer das übertrieben findet, der halte sich wenigstens für verpflichtet, die Hauptwerke zu besitzen: die »Flegeljahre«, den »Siebenkäs« und den »Titan«. Und das »Schatzkästlein« des klassischen Anekdotenerzählers J. P. Hebel dürfen wir auch nicht vergesssen, samt seinen alemannischen Gedichten.

Von Hölderlin gibt es neuerdings mehrere gute und vollständige Ausgaben, eine von ihnen stellen wir mit Andacht auf; oft werden wir diesen edlen Schatten beschwören, oft dieser Zauberstimme lauschen. Die Werke von Novalis sollen ihm von der einen, die von Clemens Brentano von der anderen Seite Nachbarn sein, leider fehlt von Brentano noch eine wirklich genügende Ausgabe. Seine Erzählungen und Märchen sind nie ganz vergessen worden, die tiefe Sprachmusik seiner Gedichte haben erst wenige entdeckt. Ein gemeinsames Denkmal für ihn und seine Schwester Bettina ist das Buch »Clemens Brentanos Frühlingskranz«. Die von ihm und Arnim besorgte Sammlung deutscher Volkslieder »Des Knaben Wunderhorn« gehört als eines der schönsten und originellsten deutschen Bücher natürlich mit dazu. Von Arnim müssen wir einen Band Novellen in guter Auswahl haben, Prachtstücke wie die »Majoratsherren« und die »Isabella von Ägypten« dürfen darin nicht fehlen. Einige Erzählungen von Tieck (vor allem »Der blonde Eckbert«, »Des Lebens Überfluß« und »Aufruhr in den Cevennen«) sowie sein »Gestiefelter Kater«, wohl das launigste Stück der deutschen Romantik, schließen sich an. Von Görres fehlt eine brauchbare Ausgabe, leider. Auch ein Kabinettstück wie Friedrich Schlegels »Geschichte Merlins« ist seit Jahrzehnten nicht mehr gedruckt worden! Von Fouqué kommt einzig die hübsche »Undine« für uns in Betracht.

Die Werke Heinrich von Kleists müssen wir vollständig haben, die Dramen sowohl wie die Erzählungen, Aufsätze und Anekdoten. Auch er ist von seinem Volke erst spät entdeckt worden. Von Chamisso genügt uns der »Peter Schlemihl«, doch gebührt dem kleinen Büchlein ein Ehrenplatz. Von Eichendorff nehmen wir eine möglichst vollständige Ausgabe: außer den Gedichten und dem beliebten »Taugenichts« müssen auch die übrigen Erzählungen vorhanden sein, dagegen sind die Dramen und theoretischen Schriften entbehrlich. Von E. T. A. Hoffmann, dem virtuosesten Erzähler der Romantik, sollten wir ebenfalls mehrere Bände haben, nicht nur die beliebtesten seiner kürzeren Geschichten, sondern auch den Roman »Elixiere des Teufels«.

Hauffs Märchen und Uhlands Gedichte seien zur Wahl gestellt, wichtiger sind die Gedichte Lenaus und die der Droste, beides einzigartige Sprachmusikanten. Von Friedrich Hebbels Dramen ein oder zwei Bände, dazu seine Tagebücher, wenigstens in Auswahl, und eine anständige, nicht zu knappe Ausgabe der Werke Heines (auch Prosa!) dürfen nicht fehlen. Und dann eine hübsche, reichliche Ausgabe von Mörike, vor allem die Gedichte, dann den Mozart und das Hutzelmännlein, womöglich auch den Maler Nolten. An ihn mag sich Adalbert Stifter, der letzte Klassiker deutscher Prosa, anschließen mit dem »Nachsommer«, dem »Witiko«, den »Studien« und den »Bunten Steinen«. Aus der Schweiz sind dem deutschen Schrifttum im letzten Jahrhundert drei bedeutende Erzähler zugewachsen: Jeremias Gotthelf, der Berner, der großartige Epiker des Bauerntums, und die Zürcher Gottfried Keller und C. F. Meyer. Von Gotthelf nehmen wir die beiden Uli-Romane, von Keller den »Grünen Heinrich«, »Die Leute von Seldwyla« und auch das »Sinngedicht«, von Meyer den »Jürg Jenatsch«. Von beiden gibt es auch Gedichte von hohem Rang – wir suchen sie, wie noch manche andere Dichternamen, die zu nennen kein Raum war, in einer guten Blütenlese der neueren Lyrik, deren es ja manche gibt. Wer Lust hat, nehme noch Scheffels »Ekkehard« dazu, und ein Wort möchte ich auch für Wilhelm Raabe einlegen: seinen »Abu Telfan« und »Schüdderump« sollten wir uns nicht entgehen lassen. Aber damit hören wir auf – natürlich nicht, um uns der zeitgenössischen Bücherwelt zu verschließen, nein, es soll auch für sie in unseren Gedanken und in unserer Bibliothek Raum sein, doch gehört sie nicht mehr zu unserem Thema. Was in den Bestand gehört, der Generationen überdauert, darüber hat die eigene Zeit nicht zu urteilen.

Wenn ich nun am Schluß unseres Rundganges auf meine Arbeit zurücksehe, so kann ich mir deren Lückenhaftigkeit und Ungleichheit nicht verhehlen. Ist es richtig, in eine Weltbibliothek die Abenteuer des Barons Münchhausen aufzunehmen, die indische Bhagavad-Gita aber wegzulassen? Durfte ich, wenn ich gerecht sein wollte, die herrlichen Lustspieldichter des älteren Spaniens unterschlagen und die Volkslieder der Serben und die irischen Feenmärchen und so unendlich viel anderes? Wiegt ein Novellenband von Keller wirklich den Thukydides auf und der »Maler Nolten« das indische Pancatantram oder das chinesische Orakelbuch »I Ging«? Nein, natürlich nicht! Und so wird es denn leicht sein, meine Auswahl aus der Weltliteratur als höchst subjektiv und launenhaft aufzuzeigen. Schwer aber, vielmehr unmöglich wird es sein, sie durch eine andere, völlig gerechte, völlig objektive zu ersetzen. Dann müßten alle jene Autoren und Werke aufgenommen werden, die wir seit Knabenzeiten gewohnt sind, in allen Literaturgeschichten anzutreffen, und deren Inhaltsangaben eine Literaturgeschichte immer wieder von der anderen abschreibt, denn um sie wirklich zu lesen, ist das Leben zu kurz. Und offen gestanden, ein guter schöner Vers eines deutschen Dichters, dessen Melodie ich bis in die letzte Schwingung zu kosten weiß, gibt mir unter Umständen sehr viel mehr als das ehrwürdigste Werk der Sanskrit-Literatur, wenn es mir nur in einer steifen, ungenießbaren Übersetzung zugänglich ist. Und außerdem sind Kenntnis und Schätzung der Dichter und ihrer Bücher oft sehr wechselndem Geschick unterworfen. Wir verehren heute Dichter, die vor zwanzig Jahren in einer Literaturgeschichte überhaupt nicht zu finden waren. (Um Gottes willen, da fällt mir ein schweres Versehen ein: Ich habe den Dichter Georg Büchner [gestorben 1837] vergessen, den Dichter des »Woyzeck«, des »Danton«, der »Leonce und Lena«! Natürlich darf er nicht fehlen!) Das, was uns Heutigen aus der deutschen Dichtung der klassischen Zeit wichtig und lebendig zu sein scheint, ist keineswegs dasselbe, was ein guter Kenner dieser Literatur noch vor fünfundzwanzig Jahren als unvergänglich bezeichnet hätte. Während das deutsche Volk den »Trompeter von Säckingen« las, und die Gelehrten in ihren Nachschlagebüchern uns den Theodor Körner als Klassiker empfahlen, war Büchner unbekannt, Brentano völlig vergessen, Jean Paul als verludertes Genie auf der schwarzen Liste! Und so werden unsere Söhne und Enkel wieder unsere heutigen Auffassungen und Schätzungen arg rückständig finden. Dagegen gibt es keine Versicherung, auch nicht in der Gelehrsamkeit. Doch beruht dieses ewige Schwanken der Schätzungen, dieses Vergessenwerden von Geistern, welche dann einige Jahrzehnte später wieder entdeckt und hoch gepriesen werden, keineswegs nur auf der menschlichen Schwäche und Unbeständigkeit, sondern unterliegt Gesetzen, welche wir zwar nicht genau formulieren, wohl aber ahnen und erfühlen können. Nämlich alles Geistesgut, das einmal über eine gewisse Frist hinaus gewirkt und sich bewährt hat, gehört dem Bestand der Menschheit an und kann jederzeit wieder hervorgeholt, nachgeprüft und zu neuem Leben erweckt werden, je nach den Strömungen und seelischen Bedürfnissen der jeweils lebenden Generation. Unsere Großväter haben nicht nur eine ganz andere Vorstellung von Goethe gehabt als wir, sie haben nicht nur den Brentano vergessen und den Tiedge oder den Redwitz oder andere Modedichter überschätzt – sie haben auch das Tao-te-King des Lao-tse, eines der großen Menschheitsbücher, gar nicht gekannt, denn das Wiederentdecken des alten China und seiner Weisheit war eine Angelegenheit unserer heutigen Welt und Zeit, nicht der unserer Großväter. Dafür haben wir heute ohne Zweifel manche große und herrliche Provinz der Geisteswelt aus den Augen verloren, die unseren Ahnen wohlbekannt war, und die von unseren Enkeln wieder wird entdeckt werden müssen.

Gewiß, wir haben da beim Aufbau unserer idealen kleinen

Bibliothek ohne Zweifel ziemlich grob gewirtschaftet, wir haben Kleinode übersehen, wir haben ganze gewaltige Kulturkreise weggelassen. Oder wie steht es etwa mit den Ägyptern? Sind diese paar tausend Jahre einer so hohen und einheitlichen Kultur, diese strahlenden Dynastien, diese Religion mit ihren mächtigen Systemen und ihrem unheimlichen Todeskult – ist das alles nichts für uns, soll das alles in unserer Bibliothek nichts hinterlassen haben? Und doch ist es so. Die Geschichte Ägyptens gehört für mich zu einer Art von Büchern, welche ich bei unserer Betrachtung ganz weggelassen habe: zu den Bilderbüchern nämlich. Es gibt mehrere Werke über die Kunst der Ägypter, namentlich die von Steindorff und von Fechheimer, mit wunderbaren Abbildungen, und diese Werke habe ich viel in Händen gehabt, aus ihnen weiß ich das, was ich über Ägypten zu wissen glaube. Aber ein Buch, das uns die Literatur Ägyptens nahebringen würde, kenne ich nicht. Ich las einmal vor vielen Jahren mit Aufmerksamkeit ein Werk über die Religion Ägyptens, darin waren auch Teile von ägyptischen Texten, Gesetzen, Grabinschriften, Hymnen und Gebeten mitgeteilt, aber so sehr das Ganze mich inhaltlich interessierte, es blieb mir doch wenig davon übrig; jenes Buch war gut und brav, aber es war kein klassisches. Und so fehlt denn Ägypten in unserer Sammlung. Aber da fällt mir schon wieder eine unbegreifliche Vergeßlichkeit und Unterlassungssünde ein! Meine Vorstellung von Ägypten beruht, wenn ich mich besinne, keineswegs bloß auf jenen Bilderwerken und jenem religionsgeschichtlichen Buch, sondern ebenso stark auf der Lektüre eines von mir sehr geliebten griechischen Schriftstellers, nämlich des Herodot, der sehr in die Ägypter verliebt war und eigentlich mehr von ihnen hielt als von seinen eigenen ionischen Landsleuten. Und diesen Herodot habe ich also richtig vergessen. Das muß gutgemacht werden, es gebührt ihm ein Ehrenplatz unter den Griechen.

Wenn ich nun aber die von uns aufgestellte Liste der Ideal-Bibliothek immer wieder betrachte und mustere, so halte ich sie zwar für reichlich unvollständig und fehlerhaft, aber dennoch ist nicht dies der Schönheitsfehler, der mich an unserer Bibliothek am meisten stört. Je mehr ich sie mir als Ganzes vorzustellen suche, diese zwar subjektiv und ohne

Pedanterie, aber doch nach manchen Kenntnissen und Erfahrungen zusammengestellte Büchersammlung, desto mehr scheint sie mir eigentlich nicht an ihrer Subjektivität und Zufälligkeit zu kranken, sondern vielmehr am Gegenteil. Unsre kleine Ideal-Bibliothek ist, trotz ihrer Mängel, mir im Grunde zu ideal, sie ist mir zu sehr geordnet, zu sehr Schmuckkästchen. Mag auch dies und jenes Gute vergessen sein, die schönsten Perlen der Dichtung aller Zeiten sind ja doch da, an Güte und objektivem Wert kann unsre Sammlung nicht mehr viel übertroffen werden. Aber wenn ich mich vor diese von uns ausgedachte Bücherei stelle und mir vorzustellen suche, wer nun wohl der Schöpfer und Besitzer dieser Sammlung sein möchte, so vermag ich mir diesen Besitzer nicht vorzustellen, es ist weder ein alter verbohrter Gelehrter mit eingesunkenen Augen und asketischem Nachtwachengesicht, noch ist es ein Weltmann in seinem hübschen modischen Haus, noch ein Landarzt oder Geistlicher, noch eine Dame. Unsre Bibliothek sieht sehr hübsch und sehr ideal aus, aber allzu unpersönlich; ihr Katalog ist so, daß beinahe jeder alte Bücherfreund ihn in den Grundlagen beinahe gleich aufgestellt hätte. Würde ich unsre Bibliothek in der Wirklichkeit vor mir sehen, so würde ich dabei denken: Eine recht brave Sammlung, lauter bewährte Stücke – aber hat der Besitzer dieser Bücher denn gar keine Liebhabereien, hat er keine Vorlieben, keine Leidenschaften, hat er nichts im Herzen als einige Literaturgeschichte? Wenn er zum Beispiel zwei Romane von Dickens besitzt und zwei von Balzac, so hat er sich die eben aufschwatzen lassen. Würde er wirklich persönlich und lebendig gewählt haben, so würde er entweder beide lieben und von beiden möglichst viel besitzen oder er würde den einen dem andern vorziehen, er würde den hübschen, liebenswerten, charmanten Dickens viel lieber haben als den etwas brutalen Balzac, oder aber er würde Balzac lieben, würde alle seine Bücher haben wollen und würde den allzu süßen, allzu braven, allzu bürgerlichen Dickens wieder aus seiner Bücherei hinauswerfen. Irgendeine solche persönliche Prägung muß eine Bibliothek haben, die mir gefallen soll.

Ich sehe nun, um unsren allzu korrekten, allzu neutralen Katalog wieder etwas in Unordnung zu bringen und um zu zeigen, wie etwa es bei einem persönlichen, lebendigen, leidenschaftlichen Umgang mit Büchern zugehe, keinen anderen Weg als den, daß ich einige meiner eigenen Leserleidenschaften bekenne. Mir ist schon sehr früh das Leben mit Büchern vertraut geworden, und auch das Streben nach einer klug und gerecht auswählenden Lektüre der Weltliteratur ist mir nicht fremd geblieben, ich habe aus vielen Schüsseln gegessen und mir das Kennenlernen und Verstehen manches mir Fremden zur Pflicht gemacht. Aber dies Lesen als Studium, dies Kennenlernen fremder Literaturen aus Bildungs- und Gerechtigkeitssinn war meiner Natur gar nicht gemäß, sondern immer wieder hat innerhalb der Welt der Bücher irgendeine besondere Verliebtheit mich ergriffen, eine besondere Neuentdeckung mich entzückt, eine neue Leidenschaft mir warm gemacht. Viele solche Leidenschaften haben einander abgelöst, einige von ihnen sind in gewissen Perioden wiedergekehrt, andere waren einmalig und haben sich wieder verloren. Darum gleicht auch meine eigene Privatbücherei keineswegs jenem oben aufgestellten Muster, obwohl sie die dort genannten Bücher so ziemlich alle enthält. Sondern meine Bücherei hat da und dort Erweiterungen und Blähungen, und so wird es jeder aus echtem Bedürfnis entstandenen Bücherei gehen: gewisse Teile werden pflichtgemäß und mager bedacht sein, andere Teile aber werden Schoßkinder und Lieblinge sein und ein verwöhntes und gepflegtes Aussehen haben.

Solche besondere Abteilungen nun, die mit ganz eigener Liebe gepflegt wurden, hat meine Bücherei manche gehabt, und nicht von allen kann ich hier erzählen, aber es soll von den wichtigsten die Rede sein. Wie in einem einzelnen Menschen sich die Weltliteratur spiegelt, wie sie ihn bald von der, bald von jener Seite anzieht, wie sie seinen Charakter bald beeinflußt und bildet, bald von ihm dirigiert und vergewaltigt wird, davon will ich ein wenig erzählen.

Bücherfreude und Lesetrieb hatten bei mir früh begonnen, und in den ersten Jugendjahren war die einzige große Bibliothek, die ich kannte und benutzen durfte, die meines Großvaters. Der weitaus größte Teil dieser gewaltigen Bibliothek von vielen tausend Bänden war mir gleichgültig und blieb es immer, ich konnte gar nicht begreifen, wie man in solchen

Mengen Bücher dieser Art anhäufen könne: historische und erdkundliche Jahrbücher in langen Reihen, theologische Werke in englischer und französischer Sprache, englische Jugendschriften und Erbauungsbücher mit Goldschnitt, endlose Fächer voll gelehrter Zeitschriften, sauber in Karton gebunden oder jahrgangsweise in Päckchen verschnürt. Das alles schien mir recht langweilig, staubig und kaum des Aufbewahrens wert zu sein. Aber nun hatte diese Bibliothek, wie ich allmählich entdeckte, auch andere Abteilungen. Zunächst waren es einige einzelne Bücher, die mich anzogen und mich veranlaßten, das Ganze dieser so öde scheinenden Bücherei allmählich zu durchstöbern und das für mich Interessante herauszufischen.

Es war da namentlich ein »Robinson Crusoe« mit ganz entzückenden Zeichnungen von Grandville, und eine deutsche Ausgabe von »Tausendundeine Nacht«, zwei schwere Quartbände aus den dreißiger Jahren, ebenfalls illustriert. Diese beiden Bücher zeigten mir, daß es in diesem trüben Meere auch Perlen zu fischen gebe, und ich ließ nicht nach, die hohen Bücherregale des Saales abzusuchen, oft saß ich dabei stundenlang hoch oben auf einer Leiter, oder lag bäuchlings am Boden, wo überall unzählige Bücher gestapelt lagen.

Hier nun, in diesem geheimnisvollen und staubigen Büchersaal, machte ich die erste wertvolle Entdeckung auf dem Gebiete der Dichtung: ich entdeckte die deutsche Literatur des 18. Jahrhunderts! Sie war in dieser seltsamen Bücherei in einer seltenen Vollständigkeit vorhanden, nicht etwa nur der Werther, die Messiade und einige Almanache mit Kupfern von Chodowiecki, sondern auch weniger bekannte Schätze: Hamanns sämtliche Schriften in neun Bänden, der gesamte Jung-Stilling, der ganze Lessing, die Gedichte von Weiße, von Rabener, von Ramler, von Gellert, die sechs Bände »Sophiens Reise von Memel nach Sachsen«, einige Literaturzeitungen und verschiedene Bände von Jean Paul. Übrigens erinnere ich mich auch, damals zum erstenmal den Namen Balzac gelesen zu haben, es fanden sich einige blaue Kartonbändchen in Sedezformat, eine deutsche Ausgabe von Balzac, noch zu dessen Lebzeiten erschienen. Ich habe nicht vergessen, wie ich diesen Dichter zum erstenmal in die Hand

bekam, und wie wenig ich ihn verstand. Ich begann in einem
der Bände zu lesen, da wurden die Vermögensverhältnisse
des Helden ausführlich dargelegt, wieviel monatliche Ein-
künfte aus seinem Gut er habe, wieviel mütterliches Erbe,
welche Aussichten auf weitere Erbschaften, wieviel Schulden
usw. Ich war tief enttäuscht. Ich hatte erwartet, von Leidenschaften und Verstrickungen zu hören, von Reisen in wilde
Länder oder von süßen verbotenen Liebeserlebnissen, und
statt dessen sollte ich mich da für den Geldbeutel eines
jungen Mannes interessieren, von dem ich noch gar nichts
wußte! Angewidert legte ich das kleine blaue Buch wieder an
seinen Ort, und habe dann viele Jahre lang nie mehr ein
Buch von Balzac gelesen, bis ich ihn, sehr viel später, von
neuem entdeckte, diesmal ernstlich und für immer.

Aber das Erlebnis jener großväterlichen Bibliothek war für
mich also die deutsche Dichtung des 18. Jahrhunderts. Da
lernte ich wunderliche verschollene Dinge kennen: Bodmers
Noachide, Geßners Idyllen, die Reisen Georg Forsters, den
ganzen Matthias Claudius, des Hofrats von Eckartshausen
»Tiger von Bengalen«, die Klostergeschichte »Siegwart«,
Hippels »Kreuz- und Querzüge« und unzähliges andre. Es
waren unter diesen Schmökern ohne Zweifel viele sehr ent-
behrliche, viele mit vollem Recht vergessene und verworfene
Dichtungen, aber es waren auch wunderbare Oden von
Klopstock, Seiten einer zärtlich eleganten Prosa von Geßner
und von Wieland, wunderliche erschütternde Geistesblitze
von Hamann darunter, und auch das Minderwertige gelesen
zu haben, darf ich nicht bereuen, denn eine gewisse geschichtliche Periode recht reichlich und ausgiebig kennenzulernen, hat auch seine Vorzüge. Kurz, ich lernte das deutsche
Schrifttum eines Jahrhunderts in einer Vollständigkeit kennen, wie es kaum ein gelehrter Fachmann kannte, und aus
den zum Teil zopfigen und kauzigen Büchern wehte mir doch
der Atem einer Sprache entgegen, meiner lieben Muttersprache, die gerade während jenes Jahrhunderts ihre klassische Blüte vorbereitete. Ich habe in jener Bibliothek, in
jenen Almanachen, in jenen staubigen Romanen und Hel-
dengedichten Deutsch gelernt, und als ich dann, dicht darauf,
Goethe und die ganze Hochblüte der deutschen Dichtung
neuerer Zeit kennenlernte, war mein Ohr und Sprachgewis-

sen geschärft und geschult, und die spezielle Art von Geistigkeit, aus welcher Goethe und die deutsche Klassik herkam, war mir vertraut und geläufig geworden. Noch heute habe ich eine Vorliebe für jene Literatur, und manche jener verschollenen Dichtungen stehen noch heut in meiner Bücherei.

Wieder um manche Jahre später, während deren ich viel erlebt und viel gelesen hatte, begann eine andre Provinz der Geistesgeschichte mich anzuziehen, nämlich das alte Indien. Es ging nicht auf geradem Wege. Ich lernte durch Fremde gewisse Schriften kennen, die man damals theosophisch nannte, und in denen eine okkulte Weisheit stehen sollte. Die Schriften, zum Teil dicke Wälzer, zum Teil winzige schäbige Traktätchen, waren alle etwas unerfreulicher Art, unangenehm lehrhaft und tantenhaft altklug, sie hatten eine gewisse Idealität und Weltfremdheit, die nicht unsympathisch war, aber auch eine Blutleere und etwas altjüngferliche Erbaulichkeit, die ich ganz abscheulich fand. Dennoch fesselten sie mich eine ganze Weile, und bald hatte ich das Geheimnis dieser Anziehung entdeckt. Alle diese Geheimlehren nämlich, welche den Verfassern dieser sektiererhaften Bücher angeblich von unsichtbaren geistigen Führern sollten zugeflüstert worden sein, wiesen auf eine gemeinsame Herkunft, auf die indische. Von da aus suchte ich weiter, und bald tat ich den ersten Fund, ich las mit Herzklopfen eine Übersetzung der Bhagavad-Gita. Es war eine schauderhafte Übersetzung, und bis heute kenne ich keine wirklich schöne, obwohl ich mehrere las, aber hier fand ich zum erstenmal ein Korn von dem Gold, das ich bei dieser Suche geahnt hatte: ich entdeckte den asiatischen Einheitsgedanken in seiner indischen Gestalt. Von da an hörte ich auf, jene wichtigtuenden Schriftchen über Karma und Wiedergeburtslehre zu lesen und mich über ihre Enge und Schulmeisterei zu ärgern; statt dessen suchte ich mir anzueignen, was mir an echten Quellen erreichbar. Ich lernte Oldenbergs und Deussens Bücher und ihre Übersetzungen aus dem Sanskrit kennen, Leopold Schröders Buch »Indiens Literatur und Kultur«, einige ältere Übersetzungen indischer Dichtungen. Zusammen mit der Gedankenwelt Schopenhauers, die mir in jenen Jahren wichtig geworden war, haben diese altindischen

Weisheiten und Denkarten einige Jahre lang mein Denken und Leben stark beeinflußt. Indessen war immer ein Rest von Unbefriedigtsein und Enttäuschung dabei. Es waren erstens die Übersetzungen indischer Quellen, die ich auftreiben konnte, beinahe alle sehr mangelhaft, einzig Deussens »Sechzig Upanishaden« und Neumanns deutsche »Reden Buddhas« gaben mir einen reinen, vollen Geschmack und Genuß der indischen Welt. Aber es lag nicht allein an den Übersetzungen. Ich suchte in dieser indischen Welt etwas, was dort nicht zu finden war, eine Art von Weisheit, deren Möglichkeit und deren Vorhandensein, ja Vorhandensein-müssen ich ahnte, die ich aber nirgends im Wort verwirklicht antraf.

Da brachte, wieder um manche Jahre später, ein neues Bücher-Erlebnis mir die Erfüllung – soweit in diesen Dingen von Erfüllung die Rede sein kann. Schon vorher hatte ich, durch meinen Vater auf ihn hingewiesen, den Lao-tse kennengelernt, zuerst in der Übersetzung von Grill. Und nun begann eine chinesische Bücherreihe zu erscheinen, die ich für eins der wichtigsten Ereignisse im jetzigen deutschen Geistesleben halte: Richard Wilhelms Übersetzungen der chinesischen Klassiker. Eine der edelsten und höchstentwickelten Blüten menschlicher Kultur, bisher für deutsche Leser nur als ungekanntes belächeltes Kuriosum vorhanden, wurde uns zu eigen gegeben, nicht auf dem üblichen Umwege über Lateinisch und Englisch, nicht aus dritter und vierter Hand, sondern unmittelbar, übersetzt von einem Deutschen, der sein halbes Leben in China gelebt und im geistigen China unglaublich zu Hause war, der nicht nur Chinesisch, sondern auch Deutsch konnte, und der die Bedeutung der chinesischen Geistigkeit für das heutige Europa an sich erlebt hatte. Die Bücherreihe begann, bei Diederichs in Jena, mit den Gesprächen des Konfuzius, und ich werde nicht vergessen, wie erstaunt und märchenhaft entzückt ich dieses Buch in mich aufnahm, wie fremd und zugleich wie richtig, wie vorgeahnt, wie erwünscht und herrlich mir dies alles entgegenklang. Seither ist diese Bücherreihe stattlich geworden, dem Konfuzius sind der Lao-tse, der Dschuang Dsi, der Mong Dsi, der Lü Bu We, die chinesischen Volksmärchen gefolgt. Gleichzeitig haben mehrere Übersetzer sich neu um die chinesische Lyrik bemüht und, mit größerem Gelingen, auch um die volkstümliche Erzählungsliteratur Chinas, da haben Martin Buber, H. Rudelsberger, Paul Kühnel, Leo Greiner und andre Schönes geleistet und Richard Wilhelms Werk angenehm ergänzt.

An diesen Chinesenbüchern nun habe ich seit Jahrzehnten meine immer zunehmende Freude, eines von ihnen liegt meistens neben meinem Bett. Was jenen Indern gefehlt hatte: die Lebensnähe, die Harmonie einer edlen, zu den höchsten sittlichen Forderungen entschlossenen Geistigkeit mit dem Spiel und Reiz des sinnlichen und alltäglichen Lebens – das weite Hin und Her zwischen hoher Vergeistigung und naivem Lebensbehagen, das alles war hier in Fülle vorhanden. Wenn Indien in der Askese und im mönchischen Weltentsagen Hohes und Rührendes erreicht hatte, so hatte das alte China nicht minder Wunderbares erreicht in der Zucht einer Geistigkeit, für welche Natur und Geist, Religion und Alltag nicht feindliche, sondern freundliche Gegensätze bedeuten und beide zu ihrem Rechte kommen. War die indisch-asketische Weisheit jugendlich-puritanisch in ihrer Radikalität des Forderns, so war die Weisheit Chinas die eines erfahrenen, klug gewordenen, des Humors nicht unkundigen Mannes, den die Erfahrung nicht enttäuscht, den die Klugheit nicht frivol gemacht hat.

Die besten Geister des deutschen Sprach-Kreises haben während der beiden letzten Jahrzehnte sich von diesem wohltätigen Strom berühren lassen, neben mancher heftig lauten und rasch wieder erloschenen Geistesbewegung ist Richard Wilhelms China-Werk in aller Stille stetig an Wichtigkeit und Einfluß gewachsen.

Wie die Vorliebe für das deutsche achtzehnte Jahrhundert, wie das Suchen nach indischer Lehre, wie das allmähliche Bekanntwerden mit den Lehren und Dichtungen Chinas meine Bücherei stark verändert und bereichert haben, so taten es auch noch manche andre Erlebnisse und geistige Verliebtheiten. Es gab zum Beispiel eine Zeit, da besaß ich fast alle großen italienischen Novellisten in Originalausgaben, den Bandello und den Masuccio, den Basile und den Poggio. Auch gab es eine Zeit, in der ich nicht genug bekommen konnte von den Märchen und Sagen fremder

Völker. Diese Interessen sind langsam wieder erloschen. Andre aber sind geblieben und nehmen, wie mir scheint, mit dem Älterwerden eher zu als ab. Dazu gehört die Freude an Memoiren, Briefen und Biographien von Menschen, die mir einmal Eindruck gemacht haben. Schon in früher Jugend habe ich einige Jahre lang alles gesammelt und gelesen, was ich über Person und Leben Goethes nur irgend auftreiben konnte. Meine Liebe zu Mozart hat mich dazu gebracht, nahezu alle seine Briefe und alles über ihn Aufgeschriebene zu lesen. Eine ähnliche Liebe hatte ich zuzeiten für Chopin, für den französischen Dichter Guérin, der den »Centaur« gedichtet hat, für den venezianischen Maler Giorgione, für Leonardo da Vinci. Was ich über solche Menschen las, bestand nicht aus sehr wichtigen und wertvollen Büchern, und doch hat es mir, weil dahinter Liebe stand, manchen Gewinn gebracht.

Die heutige Welt neigt ein wenig zum Unterschätzen der Bücher. Man findet heute viele junge Menschen, denen es lächerlich und unwürdig scheint, statt lebendigen Lebens Bücher zu lieben, sie finden, dafür sei unser Leben allzu kurz und allzu wertvoll, und finden dennoch Zeit, sechsmal in der Woche viele Stunden bei Kaffeehausmusik und Tanz hinzubringen. Es mag nun in den Hochschulen und Werkstätten, in den Börsen und Vergnügungsstätten der »wirklichen« Welt noch so lebhaft zugehen, wir sind dennoch in ihnen dem eigentlichen Leben nicht näher, als wir es sind, wenn wir täglich eine oder zwei Stunden für Weise und Dichter der Vorzeit übrighaben. Gewiß, es kann das viele Lesen Schaden anrichten, und die Bücher können dem Leben unlautere Konkurrenz machen. Ich warne darum doch niemand vor der Hingabe an Bücher.

Es wäre noch viel zu sagen und noch viel zu erzählen. Zu den schon berichteten Liebhabereien kam noch eine hinzu: das Suchen nach dem geheimen Leben des christlichen Mittelalters. Seine politische Geschichte war mir in ihren Einzelheiten gleichgültig, wichtig war mir nur die Spannung zwischen den beiden großen Mächten: Kirche und Kaisertum. Und besonders anziehend war mir das mönchische Leben nicht wegen der asketischen Seite, sondern weil ich in der mönchischen Kunst und Dichtung wunderbare Schätze fand, und weil die Orden und Klöster mir als Freistätten eines fromm-beschaulichen Lebens beneidenswert, und als Stätten der Kultur und Bildung höchst vorbildlich erschienen. Bei meinen Streifzügen im mönchischen Mittelalter fand ich manches Buch, das nicht in unsre Ideal-Bücherei gehört und mir doch sehr lieb wurde, und ich fand auch solche, die ich der Aufnahme in unsre Liste sehr würdig finde, zum Beispiel die Predigten Taulers, das Leben Susos, die Predigten Eckharts.

Was mir heute als Inbegriff der Weltliteratur erscheint, wird meinen Söhnen einst ebenso einseitig und ungenügend vorkommen, wie es meinem Vater und Großvater belächelnswert erschienen wäre. Wir müssen uns ins Unvermeidliche ergeben und dürfen uns nicht einbilden, klüger zu sein als unsere Väter. Streben nach Objektivität und Gerechtigkeit ist eine schöne Sache, wir wollen aber der Unerfüllbarkeit all dieser Ideale eingedenk bleiben. Wir wollen uns ja in unsrer hübschen Weltbibliothek nicht zu Gelehrten oder gar zu Weltrichtern emporlesen, sondern nur durch die uns zugänglichsten Pforten in das Heiligtum des Geistes eintreten. Beginne jeder mit dem, was er verstehen und lieben kann! Lesen lernen im höhern Sinne kann man nicht aus Zeitungen und nicht aus zufälliger Tagesliteratur, sondern nur aus Meisterwerken. Sie schmecken oft weniger süß und weniger pikant als die Modelektüre. Sie wollen ernst genommen werden, sie wollen erworben sein. Es ist leichter, einen zügig gespielten amerikanischen Tanz in sich eingehen zu lassen als die gemessenen und stählern federnden Abmessungen eines Dramas von Racine oder die zart abgestuften reich spielenden Humore eines Sterne oder Jean Paul.

Ehe die Meisterwerke sich an uns bewähren, müssen wir uns erst an ihnen bewährt haben.

(1927)

Eine Arbeitsnacht*

Der Samstagabend war mir wichtig, ich hatte in dieser Woche mehrere Abende verloren, zwei für Musik, einen für Freunde, einen durch Krankheit, und das Verlieren eines Abends bedeutet für meine Arbeit meistens den Verlust eines Tages, denn ich arbeite am besten in den späten Stunden des Tages. Eine umfangreiche Dichtung, mit der ich seit bald zwei Jahren lebe, ist neuestens in ein Stadium getreten, wo das Wichtigste eines Buches sich entscheidet. Genau erinnere ich mich an die Zeit vor einigen Jahren (es war dieselbe Jahreszeit), wo der »Steppenwolf« in eben diesem gefährlichen und spannenden Stadium war. Bei der Art von Dichtung, wie ich sie übe, gibt es eine eigentlich rationale, vom Willen abhängende, durch Fleiß zu erzwingende Arbeit kaum. Eine neue Dichtung beginnt für mich in dem Augenblick zu entstehen, wo eine Figur mir sichtbar wird, welche für eine Weile Symbol und Träger meines Erlebens, meiner Gedanken, meiner Probleme werden kann. Die Erscheinung dieser mythischen Person (Peter Camenzind, Knulp, Demian, Siddhartha, Harry Haller usw.) ist der schöpferische Augenblick, aus dem alles entsteht. Beinahe alle Prosadichtungen, die ich geschrieben habe, sind Seelenbiographien, in allen handelt es sich nicht um Geschichten, Verwicklungen und Spannungen, sondern sie sind im Grunde Monologe, in denen eine einzige Person, eben jene mythische Figur, in ihren Beziehungen zur Welt und zum eigenen Ich betrachtet wird. Man nennt diese Dichtungen »Romane«. In Wirklichkeit sind sie keineswegs Romane, so wenig wie ihre großen, mir seit der Jünglingszeit heiligen Vorbilder, etwa der »Heinrich von Ofterdingen« des Novalis oder der »Hyperion« Hölderlins, Romane sind.

Wieder einmal also erlebe ich die kurze, schöne, schwere und erregende Zeit, in der eine Dichtung ihre Krisis durchmacht, die Zeit, in der alle Gedanken und Lebensstimmungen, welche irgend auf die »mythische« Figur Bezug haben,

---

* Geschrieben am 2. Dezember 1928 während der Arbeit an »Narziß und Goldmund«.

in höchster Schärfe, Deutlichkeit und Eindringlichkeit vor mir stehen. Das gesamte Material, die gesamte Masse an Erlebnis und an Gedachtem, die das entstehende Buch auf eine Formel zu bringen sucht, ist in dieser Zeit (und die Zeit dauert nicht lange!) im Zustande des Flusses, der Schmelzbarkeit – jetzt oder nie muß das Material gefaßt und in die Form gebracht werden, sonst ist es zu spät. Bei jedem meiner Bücher hat es eine solche Zeit gegeben, auch bei den niemals fertig gewordenen und niemals gedruckten. Bei ihnen habe ich diese Erntezeit verpaßt, und es kam plötzlich der Augenblick, wo Figur und Problem meiner Dichtung anfing, mir ferner zu rücken und an Dringlichkeit und Wichtigkeit zu verlieren, so wie heute der Camenzind, der Knulp, der Demian für mich keine Aktualität mehr haben. Mehrere Male ist mir eine Arbeit von vielen Monaten auf diese Weise wieder verlorengegangen und mußte verworfen werden.

Dieser Samstagabend nun gehörte mir und meiner Arbeit, und ich hatte den größern Teil des Tages dazu verwendet, mich auf ihn vorzubereiten. Gegen acht Uhr holte ich mein Abendessen aus dem kühlen Nebenzimmer, ein Töpfchen Joghurt und eine Banane, dann setzte ich mich zur kleinen Arbeitslampe und nahm die Feder zur Hand.

Ich tat es nicht gerne, so sehr es notwendig sein mochte. Auf diese heutigen Arbeitsstunden hatte ich mich seit vorgestern nicht gefreut, sondern gefürchtet. Denn meine Erzählung (sie handelte von Goldmund) stand an einer heiklen Stelle, beinahe der einzigen des Buches, wo die Vorgänge selbst das Wort haben, wo es spannend zugeht. Und ich habe vor »spannenden« Handlungen den größten Abscheu, namentlich in meinen eigenen Büchern, in denen ich sie denn auch nach Möglichkeit immer vermieden habe. Diese aber war nicht zu umgehen: das Erlebnis Goldmunds, das ich da erzählen mußte, war kein erfundenes und entbehrliches, sondern es gehörte zu den ersten und wichtigsten Einfällen, aus denen die Figur Goldmunds entstanden war, es gehörte zu seiner Substanz.

Drei Stunden saß ich an meinem Arbeitstisch und plagte mich mit der *einen* »spannenden« Seite, suchte sie so sachlich, so kurz und so wenig spannend wie möglich zu fassen, und ich weiß nicht, ob es mir geglückt ist. Man kann das oft erst sehr viel später sehen. Dann war ich sehr erschöpft und betrübt und saß lange neben meinem vollgekritzelten Papier, von wohlbekannten und unliebsamen Gedankengängen verfolgt. War dies abendliche Schreiben, dies langsame Gestalten einer Figur, die mir vor bald zwei Jahren einst als Vision erschienen war – war diese verzweifelte, beglückende, aufreibende Arbeit wirklich sinnvoll und notwendig? War es notwendig, daß dem Camenzind, dem Knulp, dem Veraguth, dem Klingsor und dem Steppenwolf nun nochmals eine Figur folgte, eine neue Inkarnation, eine etwas anders gemischte und anders differenzierte Verkörperung meines eigenen Wesens im Wort?

Das, was ich da trieb und was ich mein Leben lang getrieben habe, nannte man in früheren Zeiten Dichten, und niemand zweifelte daran, daß es zumindest ebensoviel Wert und Sinn habe wie Afrikareisen oder Tennisspielen. Heute aber nennt man es »Romantik«, und zwar mit einem Ton von heftiger Geringschätzung. Warum denn ist Romantik etwas Minderwertiges? War Romantik nicht das, was die besten Geister Deutschlands getrieben haben, die Novalis, Hölderlin, Brentano, Mörike, und alle deutschen Musiker von Beethoven über Schubert bis Hugo Wolf? Manche neueren Kritiker brauchen für das, was man einst Dichtung und dann Romantik nannte, jetzt sogar die dumme, aber ironisch gemeinte Bezeichnung »Biedermeier«. Sie meinen damit etwas »Bürgerliches« und etwas Uraltmodisches, sentimental Versponnenes, etwas, was inmitten der herrlichen heutigen Zeit dumm und spielerisch anmutet und zum Lachen reizt. So reden sie von allem, was an Geist und Seele über den Tag hinaus sich regt. So als sei das deutsche und europäische Geistesleben eines Jahrhunderts, als sei die Sehnsucht und Vision Schlegels, Schopenhauers und Nietzsches, der Traum Schumanns und Webers, das Dichten Eichendorffs und Stifters eine flüchtige, von uns zu belächelnde, glücklicherweise längst erstorbene Großvätermode gewesen! Aber dieser Traum ging ja nicht um Moden, um Lieblichkeiten und stilistische Bagatellen, er war Auseinandersetzung mit zweitausend Jahren Christentum, mit tausend Jahren Deutschtum, er ging um den Begriff des Menschentums. Warum war das heute so wenig geachtet, warum wurde es von den führenden Schichten unseres Volkes als lächerlich empfunden? Warum gab man Millionen aus für die »Ertüchtigung« unsrer Körper, und auch ziemlich viel für die Routinierung unsres Verstandes – und hatte nichts als Ungeduld oder Gelächter übrig für jede Bemühung um die Bildung unsrer Seele?

War wirklich der Geist, aus dem das Wort gekommen war: »Was hülfe es dir, wenn du die ganze Welt gewännest, und nähmest doch Schaden an deiner Seele?« – war dieser Geist wirklich Romantik, oder gar »Biedermeier«, war er wirklich abgetan, überwunden, durch Besseres ersetzt, erledigt und lächerlich geworden? War wirklich das »heutige Leben« in den Fabriken, an den Börsen, auf den Sportplätzen und Wettbureaus, in den großstädtischen Bars und Tanzmusiksälen – war dies Leben wirklich irgend besser, reifer, klüger, wünschenswerter als das Leben der Menschen, die die »Bhagavad-Gita« oder die gotischen Kathedralen gemacht hatten? Gewiß, es hat auch das heutige Leben und die heutige Mode ihr Recht, ist gut, ist ein Wechsel und Versuch zu Neuem – aber war es wirklich richtig und nötig, alles Bisherige von Jesus Christus an bis zu Schubert oder Corot für dumm, altväterisch, überwunden und belachenswert anzusehen? War dieser heftige, wilde, amokläuferische Haß einer neuen Zeit gegen alles und jedes, was ihr voranging, wirklich ein Beweis für die Stärke dieser neuen Zeit? Waren es nicht die Schwachen, die tief Gefährdeten, die Angstvollen, die zu solchen übertriebenen Schutzregeln neigten?

Und indem ich alle diese Fragen wieder einmal für eine Nachtstunde in mich einließ – nicht um sie zu beantworten, denn die Antwort weiß ich, seit ich lebe –, sondern um ihr Leid in mich einzulassen, um ihren bitteren Trank wieder einmal zu kosten, indem sah ich den Knulp, den Siddhartha, den Steppenwolf und den Goldmund vor meinen Augen, lauter Brüder, lauter nahe Verwandte, und dennoch keine Wiederholungen, lauter Fragende und Leidende, und für mich doch das Beste, was das Leben mir gebracht hat. Ich begrüßte und bejahte sie, und ich wußte einmal wieder, daß die Fragwürdigkeit meines Tuns mich niemals abhalten würde, es dennoch zu tun. Ich wußte wieder, daß alles Glück der Glücklichen, alle Rekorde und alle Gesundheit der

Sportleute, alles Geld der Geldleute, alle Berühmtheit der Boxer mir nichts bedeuten würde, wenn ich dafür auch nur das Mindeste von meinem Eigensinn und meiner Leidenschaft hergeben müßte. Ich wußte auch, daß es auf alle die historischen und gedanklichen Begründungen für den Wert meiner »romantischen« Bestrebungen gar nicht ankam, sondern daß ich meine Spiele treiben und meine Figuren gestalten würde, auch wenn aller Verstand, alle Moral und alle Weisheit gegen sie spräche.

Mit dieser Gewißheit ging ich zu Bett, stark wie ein Riese.

(1928)

Abstecher in den Schwimmsport

Wenn ein Dichter so seine zwanzig, dreißig Jahre lang sich Mühe gegeben und sich eine Anzahl von Freunden und Feinden erworben hat, dann wird er nicht nur mit allerlei Ehren überhäuft und erlebt es, daß die selben Redaktionen, die ihm seine Gedichte immer wieder mit höflichem Bedauern zurücksenden, Studienräte beschäftigen, um lange Artikel über ihn zu schreiben, nein, er bekommt die Stimme des Volkes auch unmittelbar zu hören. Jeden Morgen bringt ihm die Post ein Häufchen Briefe und Päckchen, aus denen er ersehen kann, daß er nicht vergebens sich Mühe gegeben hat. Er wird gewürdigt, die Manuskripte und ersten Bücher zahlreicher junger Kollegen zu lesen, er wird von denselben Redaktionen, die beständig seine Mitarbeit erbitten und ihm seine Gedichte dann beständig wieder zurücksenden, dringend und oft sogar telegraphisch um seine feuilletonistische Meinung über den Völkerbund oder über die Zukunft des Segelflugsports befragt, er wird von jungen Leserinnen um seine Photographie gebeten und von älteren Leserinnen in die Geheimnisse ihres Lebens und die Gründe ihres Beitrittes zur Theosophie oder zur Christian Science eingeweiht, und er wird aufgefordert, auf Konversationslexika zu abonnieren, da in ihnen auch sein geschätzter Name sich finde. Kurz, es beweist einem solchen Dichter jeden morgen die Post, daß sein Leben und Tun nicht vergeblich gewesen sei. Jedem Dichter geht es so.

Manchmal ist man nun aber nicht gestimmt, schon gleich beim ersten Schluck Kaffee und Brot sich respektvoll dieser Gemeinde gegenüberzustellen und ihre Grüße, ihre Wünsche und Ratschläge zur Abfassung künftiger Bücher entgegenzunehmen. So ging es gestern auch mir, und ich schob die Post, die diesmal ganz unerwartet reichlich eingetroffen war, beiseite, setzte den Hut auf und ging erst ein wenig spazieren.

Ich ging die Treppe hinab, an der Zimmertür meines Nachbarn H. vorüber, der jetzt wohl in seiner Bank saß und Zahlen schrieb. Denn er war Bankangestellter, aber sein Ehrgeiz ging nach anderen Sphären; im Herzen war er

Sportsmann und hatte dieser Tage, wie ich aus der Zeitung und aus den Gesprächen der Nachbarn wußte, mit einer von ihm erfundenen Spezialität den ersten großen Erfolg gehabt. Herr H. war nämlich Sportschwimmer und hatte mir mehrmals geklagt, wie beschränkt auf diesem Gebiete die Möglichkeiten seien. Er hatte den Zürichsee in etwa zehn Minuten durchschwommen, ich weiß nicht mehr, ob der Breite oder der Länge nach, es war unglaublich fix gegangen, und ich hatte ihn sehr bewundert, aber er hatte mit düsterem Blick gesagt, im Schwimmen sei nicht mehr viel zu machen. Man sei jetzt in diesem Sport so weit trainiert, daß binnen kurzem der äußerste Punkt erreicht sein werde: man werde dann den Kilometer in einer Minute zurücklegen, und selbst wenn dieser Rekord noch überboten werden sollte, so würde man es nach Ansicht der Fachleute doch niemals weiter bringen, als daß der Schwimmer bestenfalls zur gleichen Zeit am jenseitigen Ufer ankomme, in der er das diesseitige verlassen habe.

Aber mein Nachbar H. war kein gewöhnlicher Schwimmer, er war ein Genie. Er erfand von einem Tag auf den andern einfach eine neue Schwimmkunst. Es sei, so sagte er, bisher ja recht gut und brav geschwommen worden, und das letzte Kleinkinderwettschwimmen von Gibraltar nach Afrika habe ja gezeigt, daß man in der Tat im Schwimmsport eigentlich keine Hindernisse und Grenzen mehr kenne. Aber naiverweise war man eben bisher immer der Luftlinie nach und an der Oberfläche des Wassers geschwommen. Freund H., der schon immer ein guter Taucher gewesen war, brachte nun den neuen Sport auf, bei dem der Schwimmer am Grunde der See wie ein Gratwanderer den Erhebungen und Vertiefungen des Geländes folgt. Er hatte den Bodensee vor wenigen Tagen auf diese Weise durchschwommen, immer zwanzig Zentimeter über dem Seeboden, und alle Welt war über die Leistung außer sich.

Dennoch, so dachte ich bei mir, haben wir Dichter es besser. Es wird der Tag kommen, da wird jeder gut trainierte Schwimmer das leisten, was H. neulich geleistet hat, und sein Ruhm wird erblassen, und wieder wird der Schwimmsport sich um neue Aufgaben bemühen müssen. Bei uns Dichtern dagegen, wie war da alles noch offen, wie weit und noch kaum betreten lag die ganze Welt vor uns! Zugegeben, daß in den 2500 Jahren seit Homer wirklich ein Fortschritt erzielt worden war – und selbst darüber konnte man streiten, – wie klein war dieser Fortschritt! Der Gedanke erfrischte mich, in guter Laune kehrte ich nach Hause zurück und wollte eigentlich sofort an meine Arbeit gehen. Aber da lag noch diese Morgenpost, und bei Gott, sie war heute drei- oder viermal so umfangreich als gewöhnlich! Etwas verdrießlich schnitt ich zunächst einmal ein Dutzend Briefe auf und begann zu lesen. Aber das war heute wirklich ein Glückstag. Brief für Brief, alle waren sie erfreulich. Jeder begann mit der Anrede ›Hochverehrter Meister‹ und enthielt nur Angenehmes und Schmeichelhaftes. Die Universität meines Landes, obwohl ich doch weder Fabrikant noch Tenorsänger war, hatte beschlossen, mich zum Ehrendoktor zu ernennen. Die berühmte ›Schweinfurter Zeitung‹, die mir immer meine eingesandten Gedichte wieder zurückgesandt hatte, forderte mich flehentlich zur Mitarbeit auf, sei es in welcher Form und auf welchem Gebiete auch immer, jede Zeile von mir werde der Redaktion und den Lesern hoch willkommen sein. Und so ging es weiter, Schlag auf Schlag. Die Sängerin Ida vom Stadttheater, diese süße braune Hexe, lud mich zu einer Autofahrt ein. Ein Photograph in Dortmund und einer in Karlsruhe baten mich flehentlich, sich zum Zweck einer Aufnahme hieher verfügen zu dürfen. Man bot mir kostenlos für ein Vierteljahr einen neuen Wagen zum Versuch an. Weder von Theosophinnen noch von Anhängerinnen des Mazdaznan waren Briefe da, weder römische Tragödien von Quintanern noch Revolutionsdramen von Sekundanern waren dabei. Es war erstaunlich, es war ein großer Tag. Weder mein fünfzigster noch mein sechzigster Geburtstag hatte mir auch nur annähernd solche Triumphe gebracht.

Es war mir beinahe zu viel. Ich beschloß, den Rest der Briefe erst später nach Tisch zu lesen. Aber ein hübsches, flaches Päckchen lag noch da, das machte mich neugierig. Man sah es ihm an, daß weder ein Buch noch ein Manuskript darin verborgen sein konnte, sein Inhalt konnte nur ein erfreulicher sein. Ich schnitt also die Schnur auf und faltete die Umhüllung auseinander. Rosa Seidenpapiere kamen zum Vorschein, und ein zarter Duft verbreitete sich, weich und zart fühlte der Inhalt sich an. Ich enthüllte ihn sorgfältig und feierlich wie ein Denkmal und fand eine Handarbeit aus feinem, trikotartigem Stoff. Verwundert legte ich das Ding auseinander und breitete es über einem Stuhl aus. Es war ein schwarzer Badeanzug, aus seidig schimmerndem Trikot, und auf der Brust des Anzuges war ein großes hellrotes Herz aufgenäht und mit Kreuzstich eingefaßt, und in dem roten Herzen stand mit schwarzen Buchstaben gestickt: ›Dem großen Heinrich, dem unvergleichlichen Unterwasserschwimmer‹.

Teufel, und jetzt begriff ich endlich und sah, daß diese ganze ausgiebige Morgenpost gar nicht mir gehört hatte, sondern meinem Nachbarn H., dem Schwimmer, der jetzt auf seiner Bank saß und Bleistifte spitzte, der aber morgen seine Stelle kündigen und einem der zahllosen ehrenvollen Rufe nach Berlin, nach Amerika, nach Paris oder London folgen würde, die ihn jetzt täglich erreichten.

Ärgerlich und ein wenig betrübt ging ich nochmals aus, und schlenderte an den Quai hinaus. Da lag der Zürichsee, und ich sah ihn mir an und überlegte sehr, ob ich nicht wohl daran täte, zum Schwimmsport überzugehen. Konnte ich auch nicht auf Weltrekorde zählen, so war ich doch noch leidlich rüstig, und einst als Knabe hatte ich sehr gut schwimmen können. Zu schönen Achtungserfolgen bei kantonalen Seniorenwettschwimmen würde es mir vielleicht doch noch reichen. Aber dann sah der See so widerlich kalt und naß aus, und ich dachte daran, daß Meister H. die unabsehbare Strecke von hier bis zum andern Ufer in zehn Minuten durchschwommen hatte, und es fiel mir auch wieder ein, wieviel dankbare und nie auszuschöpfende Ziele und Aufgaben meiner in der Dichtkunst noch warteten.

Nein, ich würde meinem Nachbarn H. seine Post mit höflichen Entschuldigungen überschicken, würde ihn um eine Eintrittskarte zu seinem nächsten Schauschwimmen bitten und ihn gelegentlich ersuchen, bei ein paar Redaktionen großer Blätter ein Wort für mich einzulegen behufs Abdruck meiner Gedichte. Im übrigen aber wollte ich den Schwimmsport den Karpfen und Hechten überlassen und es weiter mit dem Dichten probieren. Es beschäftigte mich da seit einigen Tagen ein Gedicht über den Frühling, oder vielmehr über den merkwürdigen Geruch von jungen harzigen Baumknospen und seine Wirkung auf junge und alte Menschen, eine außerordentlich verschiedene Wirkung, und wenn es auch schwer und nahezu unmöglich schien, diese Sache mit den Knospen den Herzen der Menschen jemals einigermaßen befriedigend zu formulieren, so wollte ich doch nicht derjenige sein, der sein Handwerk vernachlässigte und sich um seine Lebensaufgabe drückte.

(1929)

Lektüre im Bett

Wenn man in einem Hotel länger als drei bis vier Wochen wohnt, muß man immer einmal mit irgendeiner Störung rechnen. Entweder findet eine Hochzeit im Hause statt, welche mit Musik und Gesang den ganzen Tag und die ganze Nacht andauert, und am Morgen mit gerührten Gruppen Betrunkener in den Korridoren endet. Oder dein Zimmernachbar links macht einen Selbstmordversuch mit Gas, und die Dämpfe dringen zu dir herüber. Oder er erschießt sich, was an sich ja anständiger ist, aber er tut es zu einer Tageszeit, wo Hotelgäste von ihren Nachbarn stilles Betragen erwarten dürften. Manchmal platzt auch eine Wasserröhre, und du mußt dich durch Schwimmen retten, oder eines Morgens um sechs Uhr werden die Leitern vor deinen Fenstern angelegt, und es steigt eine Schar von Männern herauf, welche Auftrag haben, das Dach umzudecken.

Da ich nun schon drei Wochen unbehelligt in meinem alten Heiligenhof in Baden wohnte, konnte ich damit rechnen, daß bald eine Störung fällg sein werde. Es war diesmal eine der harmlosesten: etwas an der Heizung ging kaputt und wir mußten einen Tag lang frieren. Den Vormittag hielt ich heldenhaft aus, erst ging ich ein wenig spazieren, dann begann ich zu arbeiten, im warmen Schlafrock, und freute mich jedesmal, wenn in den kalten Eisenschlangen der Dampfheizung ein Gurgeln oder Pfeifen auf wiedererwachendes Leben zu deuten schien. Aber so rasch ging die Sache doch nicht, und im Lauf des Nachmittags, als mir Hände und Füße kalt geworden waren, gab ich nach und streckte die Waffen. Ich zog mich aus und legte mich ins Bett. Und da nun schon einmal die Ordnung der Dinge durchbrochen und eine Art von Exzeß begangen war, indem ich mich mitten am Tage in die Kissen legte, tat ich auch noch etwas anderes, was ich sonst nicht zu tun pflege. Meine Bekannten und die Beurteiler meiner Schriften sind beinahe alle der Meinung, ich sei ein Mann ohne Grundsätze. Aus irgendwelchen Beobachtungen und aus irgendwelchen Stellen meiner Bücher schließen diese wenig scharfsinnigen Leute, ich führe ein unerlaubt freies, bequemes Leben ins

Blaue hinein. Weil ich morgens gern lang liegen bleibe, weil ich mir in der Not des Lebens hie und da eine Flasche Wein erlaube, weil ich keine Besuche empfange und mache, und aus ähnlichen Kleinigkeiten schließen diese schlechten Beobachter, ich sei ein weichlicher, bequemer, verlotterter Mensch, der sich überall nachgibt, sich zu nichts aufrafft und ein unmoralisches, haltloses Leben führt. Sie sagen dies aber nur, weil es sie ärgert und ihnen anmaßend scheint, daß ich mich zu meinen Gewohnheiten und Lastern bekenne, daß ich sie nicht verheimliche. Wollte ich (was ja leicht wäre) der Welt einen ordentlichen, bürgerlichen Lebenswandel vortäuschen, wollte ich auf die Weinflasche eine Kölnischwasser-Etikette kleben, wollte ich meinen Besuchen, statt ihnen zu sagen, sie seien mir lästig, vorlügen, ich sei nicht zu Haus, kurz, wollte ich schwindeln und lügen, so wäre mein Ruf der beste und der Ehrendoktor würde mir schon bald verliehen werden.

In Wirklichkeit nun ist es so, daß ich, je weniger ich mir die bürgerlichen Normen gefallen lasse, desto strenger meine eigenen Grundsätze halte. Es sind Grundsätze, die ich für vortrefflich halte und deren Befolgung keinem meiner Kritiker auch nur einen Monat lang möglich wäre. Einer von ihnen ist der Grundsatz, keine Zeitungen zu lesen – nicht etwa aus Literatenhochmut oder aus dem irrtümlichen Glauben, die Tagesblätter seien schlechtere Literatur als das, was der heutige Deutsche »Dichtung« nennt, sondern einfach, weil weder Politik, noch Sport, noch Finanzwesen mich interessieren, und weil es mir seit Jahren unerträglich wurde, Tag für Tag machtlos zuzusehen, wie die Welt neuen Kriegen entgegenläuft.

Wenn ich nun meine Gewohnheit, keine Zeitungen anzusehen, wenige Male im Jahr für eine halbe Stunde unterbreche, habe ich außerdem den Genuß einer Sensation, ebenso wie beim Kino, das ich auch nur, mit heimlichen Schaudern, etwa einmal im Jahr betrete. An diesem etwas trostlosen Tage nun, ins Bett geflüchtet und leider nicht mir anderer Lektüre versehen, las ich zwei Zeitungen. Die eine, eine Zürcher Zeitung, war noch ziemlich neu, erst vier oder fünf Tage alt, und ich besaß sie, weil ein Gedicht von mir in dieser Nummer abgedruckt stand. Die andere Zeitung war etwa eine Woche älter und hatte mich ebenfalls nichts gekostet, sie war in der Form von Einwickelpapier in meine Hände gelangt. In diesen beiden Zeitungen las ich nun mit Neugierde und Spannung, das heißt ich las natürlich nur jene Teile, deren Sprache mir verständlich ist. Jene Gebiete, zu deren Darstellung eine besondere Geheimsprache erforderlich ist, mußte ich mir entgehen lassen, also Sport, Politik und Börse. Es blieben also die kleinen Nachrichten und das Feuilleton übrig. Und wieder begriff ich mit allen Sinnen, warum die Menschen Zeitungen lesen. Ich begriff, bezaubert vom vielmaschigen Netz der Mitteilungen, den Zauber des verantwortungslosen Zuschauens und fühlte mich eine Stunde lang in der Seele eins mit jenen vielen alten Leuten, die jahrelang herumsitzen und nur deshalb nicht sterben können, weil sie Radio-Abonnenten sind und von Stunde zu Stunde Neues erwarten.

Dichter sind meistens ziemlich phantasiearme Menschen, und so war ich denn wieder berauscht und überrascht von allen diesen Nachrichten, von denen ich kaum eine selbst zu erfinden imstande gewesen wäre. Ich las höchst merkwürdige Dinge, über die ich Tage und Nächte lang werde nachzudenken haben. Nur wenige der hier mitgeteilten Nachrichten ließen mich kalt: daß man noch immer heftig und erfolglos gegen die Krebskrankheit kämpfe, setzte mich ebensowenig in Erstaunen wie die Meldung von einer neuen amerikanischen Stiftung zugunsten der Ausrottung des Darwinismus. Aber drei- oder viermal las ich aufmerksam eine Notiz aus einer Schweizer Stadt, wo ein junger Mensch wegen fahrlässiger Tötung seiner eigenen Mutter verurteilt wurde, und zwar zu einer Geldstrafe von hundert Franken. Diesem armen Menschen war das Unglück passiert, daß er, vor den Augen seiner Mutter, sich mit einer Schießwaffe beschäftigte, daß die Waffe losging und die Mutter tötete. Der Fall ist traurig, aber nicht unausdenklich, es stehen schlimmere und unheimlichere Nachrichten in jeder Zeitung. Aber wieviele Viertelstunden ich mit Nachberechnungen dieser Geldstrafe verschwendet habe, schäme ich mich einzugestehen. Ein Mensch erschießt seine Mutter. Tut er es absichtlich, so ist er ein Mörder, und wie die Welt nun einmal ist, wird er nicht einem weisen Sarastro übergeben, der ihn über die Dummheit seines Mordes aufklärt und ihn zum Menschen zu machen versucht, sondern man wird ihn für eine gute Weile einsperren, oder in Ländern, wo noch die guten alten Barbarenfürsten Geltung haben, wird man ihm, um Ordnung zu schaffen, seinen törichten Kopf abhacken. Nun ist ja dieser Mörder aber gar kein Mörder, er ist ein Pechvogel, dem etwas ungewöhnlich Trauriges passiert ist. Auf Grund welcher Tabellen nun, auf Grund welcher Taxierungen vom Wert eines Menschenlebens oder von der erzieherischen Kraft der Geldstrafe ist das Gericht dazu gekommen, dieses fahrlässig zerstörte Leben gerade mit dem Geldbetrag von hundert Franken einzuschätzen? Ich habe mir keinen Augenblick erlaubt, an der Redlichkeit und dem guten Willen des Richters zu zweifeln, ich bin überzeugt, daß er sich große Mühe gab, ein gerechtes Urteil zu finden, und daß er zwischen seinen vernünftigen Erwägungen und dem Wortlaut der Gesetze in schwere Konflikte kam. Aber wo in der Welt ist ein Mensch, der die Nachricht von diesem Urteil mit Verständnis oder gar mit Befriedigung lesen könnte?

Im Feuilleton fand ich eine andere Nachricht, sie bezog sich auf einen meiner berühmten Kollegen. Von »unterrichteter Seite« wurde uns da mitgeteilt, daß der große Unterhaltungsschriftsteller M. zur Zeit in S. weile, um Verträge über die Verfilmung seines letzten Romans abzuschließen, und daß ferner Herr M. geäußert habe, sein nächstes Werk werde ein nicht minder wichtiges und spannendes Problem behandeln, aber er werde kaum vor Ablauf von zwei Jahren imstande sein, diese große Arbeit fertigzustellen. Auch diese Nachricht beschäftigte mich lang. Wie treu, wie gut und sorgsam muß dieser Kollege täglich seine Arbeit leisten, damit er solche Voraussagungen machen kann! Aber warum macht er sie? Könnte nicht vielleicht während der Arbeit doch ein anderes, heftiger brennendes Problem ihn erfassen und zu anderer Arbeit zwingen? Könnte nicht seine Schreibmaschine eine Panne erleiden oder seine Sekretärin erkranken? Und wozu war dann die Vorausankündigung gut? Wie steht er dann da, wenn er nach zwei Jahren bekennen muß, daß er nicht fertig geworden sei? Oder wie, wenn die Verfilmung seines Romans ihm soviel Geld einbringt, daß er das Leben eines reichen Mannes zu führen beginnt? Dann wird weder sein nächster Roman, noch sonst jemals wieder ein Werk von ihm fertig werden, es sei denn, daß die Sekretärin die Firma weiterführe.

Aus einer andern Zeitungsnotiz erfahre ich, daß ein Zeppelinluftschiff unter der Führung von Dr. Eckener im Begriff sei, von Amerika zurückzufliegen. Also muß es vorher auch hinübergeflogen sein. Eine schöne Leistung! Diese Nachricht erfreut mich. Und wie viele Jahre habe ich nicht mehr an den Dr. Eckener gedacht, unter dessen Führung ich einst vor 18 Jahren meinen ersten Zeppelin-Flug über dem Bodensee und dem Arlberg machte. Ich erinnere mich eines kräftigen, eher wortkargen Mannes mit einem festen, zuverlässigen Kapitänsgesicht, dessen Gesicht und Namen ich mir damals gemerkt habe, obwohl ich nur wenige Worte mit ihm wechselte. Und nun ist also, nach all diesen vielen Jahren und Schicksalen, dieser Mann noch immer an der Arbeit, er hat weiter gemacht und ist schließlich bis Amerika geflogen, und weder Krieg, noch Inflation, noch persönliche Schicksale haben ihn abhalten können, seinen Dienst zu tun und seinen festen Kopf durchzusetzen. Ich sehe ihn noch deutlich vor mir, wie er damals, im Jahr 1910, mir einige freundliche Worte sagte (er hielt mich vermutlich für einen Berichterstatter) und dann in seine Führergondel kletterte. Er ist im Krieg nicht General, er ist in der Inflation nicht Bankier geworden, er ist immer noch Schiffbauer und Kapitän, er ist seiner Sache treu geblieben. Inmitten so vieler verwirrender Neuigkeiten, die aus den beiden Zeitungen in mich eingeströmt sind, ist diese Nachricht beruhigend.

Aber nun ist es genug. Einen ganzen Nachmittag habe ich mit den zwei Zeitungsblättern verbracht. Die Heizung ist noch immer kalt, ich will also ein wenig zu schlafen versuchen.

(1929)

Notizen zum Thema Dichtung und Kritik

Über gute und schlechte Kritiker

Der zu seinem Beruf Begabte und Geborene ist immer eine erfreuliche und seltene Erscheinung: der geborene Gärtner, der geborene Arzt, der geborene Erzieher. Noch seltener ist der geborene Dichter. Er mag seiner Gaben unwürdig scheinen, er mag sich mit seinem Talent begnügen, ohne je die Treue, die Tapferkeit, Geduld, den Fleiß aufzubringen, die das Talent erst zum Werk befähigen – immer wird er doch bezaubern, wird ein Liebling der Natur sein und Gaben besitzen, die kein Fleiß, keine treue Arbeit, keine Güte der Gesinnung je ersetzen kann.

Wohl noch seltener als der geborne Dichter ist der geborne Kritiker: nämlich einer, der nicht aus Fleiß und Gelehrsamkeit, aus Emsigkeit und Bemühung, auch nicht aus Parteigeist oder aus Eitelkeit oder Bosheit den ersten Antrieb zu seiner kritischen Leistung nimmt, sondern aus Begnadung, aus angeborenem Scharfsinn, angeborener analytischer Denkkraft, aus ernster kultureller Verantwortung. Dieser begnadete Kritiker mag dann immer noch persönliche Eigenschaften haben, die seine Begabung schmücken oder entstellen, er kann dann immer noch gütig oder boshaft, eitel oder bescheiden sein, streberisch oder bequem, er kann sein Talent pflegen oder Raubbau damit treiben – immer wird er vor dem Nurfleißigen, dem Nurgelehrten die Gnade des Schöpfertums voraus haben. Offensichtlich sind in der Geschichte der Literaturen, zumal der deutschen, die geborenen Dichter häufiger anzutreffen als die geborenen Kritiker. Allein in der Zeit zwischen dem jungen Goethe und etwa Mörike oder Gottfried Keller können wir Dutzende von Namen wirklicher Dichter nennen. Zwischen Lessing und Humboldt etwa ist der Zwischenraum schwerer mit Namen von Gewicht auszufüllen.

Während nun der Dichter, nüchtern betrachtet, für sein Volk entbehrlich und eine Ausnahme und Seltenheit zu scheint, hat die Entwicklung der Presse dazu geführt, daß der Kritiker eine ständige Einrichtung, ein Beruf, ein unentbehrlicher Faktor des öffentlichen Lebens ist. Mag ein Bedarf an dichterischer Produktion, ein Bedürfnis nach Dichtung vorhanden sein oder nicht – ein Bedarf an Kritik scheint in der Tat vorhanden zu sein, die Gesellschaft braucht Organe, welche als Spezialisten die intellektuelle Bewältigung der Zeiterscheinungen auf sich nehmen. Wir würden über die Vorstellung von Dichterämtern oder Dichterbüros lachen, aber wir sind daran gewöhnt und finden es richtig, daß es viele Hunderte von ständigen, bezahlten Kritikerstellen bei der Presse gibt. Dagegen wäre nichts zu sagen. Da nun aber der echte, geborene Kritiker eine Seltenheit ist, da wohl die Technik der Kritik sich verfeiern, das Handwerk sich schulen kann, nicht aber eine Vermehrung der echten Begabungen möglich ist, sehen wir viele Hunderte von bestallten Kritikern ihr Leben lang einen Beruf ausüben, dessen Technik sie zwar einigermaßen mögen erlernt haben, dessen innerster Sinn ihnen aber fremd bleibt – ebenso wie wir Hunderte von Ärzten oder Kaufleuten ohne innere Berufung schematisch ihren nun einmal notdürftig erlernten Beruf ausüben sehen.

Ich weiß nicht, ob dieser Zustand für die Nation einen Schaden bedeute; für ein Volk mit bescheidenen literarischen Ansprüchen, wie es das deutsche ist (in welchem auf zehntausend noch nicht einer kommt, der in Rede oder Schrift seine eigene Sprache wirklich beherrscht, und wo man sowohl Minister wie Universitätsprofessor werden kann, ohne Deutsch zu können) – für ein solches Volk ist es vermutlich belanglos, daß es ebenso ein Kritikerproletariat gibt wie ein Ärzte- oder Lehrerproletariat.

Für den Dichter jedoch ist das Angewiesensein auf einen sehr mangelhaften kritischen Apparat ein großer Verlust. Es ist ein Irrtum, zu glauben, der Dichter scheue die Kritik, er ziehe aus Künstlereitelkeit jede dumme Lobhudelei wirklicher, durchdringender Kritik vor. Im Gegenteil: wohl sucht der Dichter Liebe, wie jedes Wesen Liebe sucht, ebenso sehr aber sucht er Verständnis und Erkanntwerden, und der bekannte Spott der Durchschnittskritiker über den Dichter, der keine Kritik vertragen kann, kommt aus trüben Quellen. Jeder wirkliche Dichter freut sich über jeden wirklichen Kritiker – nicht weil er viel für seine Kunst bei ihm lernen könnte, denn das kann er nicht, aber weil es ihm eine höchst wichtige Aufklärung und Korrektur bedeutet, sich und seine Arbeit sachlich in die Bilanz seiner Nation und Kultur, in den Austausch der Begabungen und Leistungen eingereiht zu sehen, statt mit seinem Tun unverstanden (einerlei, ob über- oder unterschätzt) in einer lähmenden Unwirklichkeit zu schweben.

Die unfähigen Kritiker (die aus Unsicherheit aggressiv sind, weil sie beständig über Werte urteilen müssen, die sie nicht im Kern erfühlen, sondern nur von außen mit schematischen Handgriffen abtasten können) werfen den Dichtern gern Eitelkeit und Überempfindlichkeit gegen Kritik, ja Feindschaft gegen den Intellekt überhaupt vor, bis am Ende der harmlose Leser zwischen dem wirklichen Dichter und dem langhaarigen idiotischen Dichterling der Fliegenden Blätter überhaupt nicht mehr unterscheiden kann. Ich habe persönlich mehrfach Versuche gemacht, Kritiker zweiten Ranges (natürlich nicht in meinem eigenen Interesse, sondern zugunsten von Autoren, die mir vernachlässigt schienen) nicht etwa in ihren Werturteilen zu beeinflussen, sondern durch sachliche Informationen zum Urteilen anzuregen, und ich bin kein einziges Mal auf wirkliche Bereitschaft, auf sachliches Eingehen, ja überhaupt auf etwas wie Eifer für die Sache des Geistes gestoßen. Die Antwort dieser Berufsleute bestand immer in einer Gebärde, welche bedeutet: »Laß uns in Ruh'! Nimm das Zeug doch nicht so verflucht ernst! Schau, wir haben Tag für Tag verhaßte Fronarbeit mehr als genug; wohin kämen wir, wenn wir jeden Aufsatz, den wir schreiben, so genau unter die Lupe nehmen wollten!« Kurz, der Berufskritiker zweiten und dritten Ranges verhält sich zu seinem Beruf ähnlich lieblos und verantwortungslos wie etwa der Durchschnittsfabrikarbeiter zu seiner Arbeit. Er hat sich irgendeine der kritischen Methoden angeeignet, die gerade beliebt waren, als er jung war und noch lernte, er hat entweder die Methode, alles mit milder Skepsis zu belächeln oder alles mit wilden Superlativen zu rühmen, oder sonstwie die eigentliche Aufgabe seines Berufs zu umgehen. Oder er läßt sich (dies ist das häufigste) auf eine Kritik literarischer Leistung überhaupt nicht ein, sondern interessiert sich, statt für die Leistung, nur für die Herkunft, Gesinnung oder Tendenz eines Autors. Gehört der Autor einer gegnerischen

artei an, so wird er abgelehnt, sei es durch Bekämpfung
der durch Verspottung. Gehört er der eigenen Partei an, so
wird er gelobt oder mindestens geschont. Gehört er keiner
artei an, so bleibt er oft überhaupt unbeachtet, denn es
teht ja keine Macht hinter ihm.

Folge dieser Zustände ist nicht nur die Enttäuschung der
Dichter, sondern eine durchgehende Verfälschung des Spie-
els, in dem das Volk die Zustände und Bewegungen seines
eistigen und künstlerischen Lebens glaubt beobachten zu
önnen. In der Tat finden wir zwischen dem Bilde, das die
Presse vom geistigen Leben gibt, und diesem Leben selbst,
ewaltige Unterschiede. Wir finden, oft durch viele Jahre,
Namen und Werke wichtig genommen und eingehend be-
prochen, welche auf keine einzige Schicht des Volkes die
eringste Wirkung tun, und finden Autoren und Werke
otgeschwiegen, die starken Einfluß auf Leben und Stimmung des Tages haben. Auf gar keinem Gebiet der Technik
der der Wirtschaft ließe ein Volk sich eine so willkürliche
und ahnungslose Berichterstattung gefallen. Es wird im
port- oder Handelsteil einer durchschnittlichen Zeitung
ehr viel sachlicher und gewissenhafter gearbeitet als im
Feuilleton; schöne Ausnahmen hier und da seien mit Aner-
ennung zugegeben.

Der wirkliche, berufene Kritiker mag beliebige Fehler und
Unarten haben, seine Kritik wird dennoch stets zutreffender
ein als die des noch so anständigen und gewissenhaften
Kollegen, dem das Schöpferische fehlt. Vor allem andern
wird der echte Kritiker stets ein unfehlbares Gefühl für die
Echtheit und Qualität der Sprache haben, während der
Durchschnittskritiker Original und Nachahmung leicht miteinander verwechselt, ja zuweilen auf Bluff hereinfällt. An
wei wichtigen Merkmalen erkennt man den echten Kritiker:
Erstens schreibt er gut und lebendig, er steht mit seiner
Sprache auf du und du, er mißbraucht sie nicht. Zweitens hat
r das Bedürfnis und Bestreben, zwar keineswegs seine
Subjektivität, seine individuelle Art zu unterdrücken, wohl
ber sie so klar zur Darstellung zu bringen, daß der Leser
eben diese Subjektivität benutzen kann, wie man ein Meter-
naß benutzt: ohne die subjektiven Maßstäbe und Vorlieben
les Kritikers zu teilen, weiß dann der Leser aus den Reaktio-

nen des Kritikers leicht die objektiven Werte abzulesen
Oder einfacher: der gute Kritiker ist so sehr Persönlichkei
und bringt sich selbst so scharf zum Ausdruck, daß der Lese
genau weiß oder fühlt, mit wem er es zu tun hat, durch
welche Art von Linse die Strahlen gefallen sind, die sein
Auge treffen. Darum ist es möglich, daß ein genialer Kritike
einen genialen Dichter lebenslänglich ablehnt, verspotte
oder angreift, und man dennoch aus der Art, wie er auf der
Dichter reagiert, eine richtige Vorstellung vom Wesen de
Dichters bekommen kann.

Dagegen ist es der Hauptmangel des schwachen Kritikers
daß er wenig Persönlichkeit hat oder sie nicht zum Ausdruck
zu bringen weiß. Die heftigsten Lob- oder Tadelworte eine
Kritik aber bleiben wirkungslos, wenn sie von jemand ausge
sprochen werden, den man gar nicht sieht, der sich nich
darzustellen weiß, der eine Null für uns bleibt. Gerade de
unfähige Kritiker neigt oft dazu, Objektivität vorzutäuscher
und so zu tun, als sei Ästhetik eine exakte Wissenschaft; e
mißtraut seinen persönlichen Instinkten und maskiert sie
durch Abgewogenheit (Zwar – Aber) und Neutralität. Neu
tralität beim Kritiker ist beinahe immer verdächtig und ein
Mangel: ein Mangel nämlich an Leidenschaft im geistiger
Erleben. Der Kritiker sollte seine Leidenschaft, falls er eine
hat, nicht verbergen, sondern gerade zeigen. Er sollte nich
so tun, als sei er ein Meßapparat oder ein Kultusministerium
sondern soll zu seiner eigenen Person stehen.

Das Verhältnis der Dutzendautoren zur Dutzendkritik is
etwa dieses: man traut sich gegenseitig nicht recht – de
Kritiker hält zwar vom Autor nicht viel, fürchtet aber doch
der Kerl könnte sich am Ende als Genie erweisen. Der Auto
fühlt sich vom Kritiker nicht verstanden, fühlt sich weder in
seinem Wert noch in seinen Mängeln erkannt, aber er freu
sich, wenigstens nicht einem vernichtenden Erkenner begeg
net zu sein, und er hofft, mit dem Kritiker doch noch gu
Freund zu werden und Nutzen von ihm zu haben. Diese
schäbige Krämerverhältnis herrscht zwischen dem Durch
schnitt der deutschen Bücherschreiber und dem der deut
schen Kritik, und die sozialistische Presse unterscheidet sich
hierin von der bürgerlichen nicht.

Ein wirklicher Dichter aber haßt nichts mehr als gut Freund

zu sein mit dieser Durchschnittskritik, mit dieser ahnungslosen Feuilletonmaschine. Er sucht diese Kritik eher zu provozieren, er sieht sich viel lieber von ihr bespuckt und verrissen als wohlwollend auf die Schulter geklopft. Dem echten Kritiker aber, auch wo er als erklärter Gegner auftritt, begegnet er stets mit dem Gefühl einer Art von Kollegialität. Von einem potenten Kritiker sich erkannt und diagnostiziert zu sehen, ist dasselbe, wie von einem guten Arzt untersucht worden zu sein. Das ist etwas anderes, als das Geschwatze der Pfuscher hören zu müssen! Man erschrickt vielleicht, man ist vielleicht auch verletzt, aber man weiß sich ernstgenommen, auch wenn die Diagnose ein Todesurteil sein sollte. Und an Todesurteile glaubt man im Innersten ja doch niemals ganz.

Gespräch zwischen Dichter und Kritiker

DICHTER: Ich bleibe dabei: die Kritik stand in Deutschland zu gewissen Zeiten höher als heute.

KRITIKER: Bitte, nennen Sie Beispiele!

DICHTER: Gut. Ich nenne Solgers Aufsatz über die »Wahlverwandtschaften« und Wilhelm Grimms Rezension über Arnims »Berthold«. Das sind schöne Beispiele schöpferischer Kritik. Der Geist, aus dem sie stammen, ist heute selten zu finden.

KRITIKER: Welcher Geist denn?

DICHTER: Der Geist der Ehrfurcht. Sagen Sie ehrlich: halten Sie Kritiken vom Niveau jener beiden bei uns heute für möglich?

KRITIKER: Ich weiß nicht. Die Zeiten sind andre geworden. Eine Gegenfrage: Halten Sie Dichtungen vom Rang der »Wahlverwandtschaften« oder vom Rang der Arnimschen bei uns heute für möglich?

DICHTER: Ah, Sie glauben also: wie die Dichtung, so die Kritik! Sie meinen, hätten wir heute eine echte Dichtung, so hätten wir wohl auch eine echte Kritik. Das läßt sich hören.

KRITIKER: Ja, so meine ich es.

DICHTER: Darf ich fragen, ob Sie jene Aufsätze von Solger und von Grimm kennen?

KRITIKER: Offen gestanden, nein.

DICHTER: Aber die »Wahlverwandtschaften« und den »Berthold« kennen Sie?

KRITIKER: Die »Wahlverwandtschaften«, ja, natürlich. Den »Berthold« nicht.

DICHTER: Dennoch glauben Sie, daß der »Berthold« höher steht als unsre heutige Dichtung?

KRITIKER: Ja, ich glaube das, aus Respekt vor Arnim, und noch mehr aus Respekt vor der dichterischen Kraft, die der deutsche Geist damals hatte.

DICHTER: Aber warum lesen Sie dann den Arnim und alle die andern echten Dichter aus jener Zeit nicht? Warum beschäftigen Sie sich Ihr Leben lang mit einer Literatur, die Sie selbst für minderwertig halten? Warum sagen Sie nicht Ihren Lesern: »Seht, das ist echte Dichtung, laßt den heutigen Schund liegen und lest Goethe, Arnim, Novalis!«

KRITIKER: Es ist nicht meine Aufgabe. Mag sein, ich unterlasse es aus demselben Grunde, aus dem Sie es unterlassen, Dichtungen wie die »Wahlverwandtschaften« zu schreiben.

DICHTER: Das gefällt mir. Aber wie erklären Sie es sich, daß damals Deutschland solche Dichter hervorbrachte? Ihre Dichtungen waren Angebot ohne Nachfrage, kein Mensch hat sie gewollt. Es sind weder die »Wahlverwandtschaften« noch der »Berthold« von ihren Zeitgenossen gelesen worden, noch werden sie heute viel gelesen.

KRITIKER: Das Volk damals hat sich um Dichtung nicht viel gekümmert und tut dies auch heute nicht. Unser Volk ist nun einmal so. Vielleicht sind alle Völker so. Es gab zur Zeit Goethes angenehme Unterhaltungsbücher in Menge, die wurden gelesen. Und heute ist es ebenso. Die Unterhaltungsbücher werden gelesen, sie werden rezensiert, sie werden weder vom Leser noch vom Kritiker besonders ernst genommen, aber sie entsprechen den Bedürfnissen. Man liest und bezahlt die Unterhaltungsschriftsteller und ebenso ihre Kritiker, man liest sie und vergißt sie sehr bald wieder.

DICHTER: Und die echten Dichtungen?

KRITIKER: Man nimmt an, diese seien für die Ewigkeit geschrieben. Die Zeit fühlt sich also nicht verpflichtet, von ihnen Notiz zu nehmen.

DICHTER: Sie hätten Politiker werden sollen.

KRITIKER: Richtig, das wollte ich auch, am liebsten hätte ich die auswärtige Politik übernommen. Aber es war damals, als ich in die Redaktion eintrat, kein politisches Ressort frei, man konnte mir nur das Feuilleton geben.

Die sogenannte Stoffwahl

Die »Stoffwahl« ist eine vielen Kritikern geläufige, manchen sogar unentbehrliche Vokabel. Der Durchschnittskritiker, insofern er Journalist ist, sieht sich täglich einem zu bewältigenden Stoffe gegenüber, der ihm von außen aufgezwungen wird. Er beneidet, wenn auch um nichts andres, den Dichter um die scheinbare Freiheit seines Schaffens. Außerdem hat es der Tageskritiker ja fast ausschließlich mit Unterhaltungsliteratur, mit imitierter Dichtung zu tun, und ein geschickter Romanschreiber mag allerdings mit einer gewissen Willkür und aus rein vernünftigen Motiven seinen Stoff wählen können, obwohl auch hier die Freiheit sehr beschränkt ist. Der Unterhaltungsvirtuose wird z. B. seinen Schauplatz frei wählen, er wird, den Tendenzen der jeweiligen Zeitmode folgend, seinen neuen Roman nach dem Südpol oder nach Ägypten verlegen, er wird ihn in politischen oder in Sportkreisen spielen lassen, wird aktuelle Fragen der Gesellschaft, der Moral, des Rechtes in seinem Buch besprechen. Hinter dieser Fassade von Aktuellem freilich wird auch der gerissenste Dichtungsnachahmer ein Leben sich abspielen lassen, das seinen innersten, zwangsläufig festgelegten Vorstellungen entspricht, er wird eine Vorliebe für gewisse Charaktere, für gewisse Situationen, eine Gleichgültigkeit gegen andre nicht überwinden können. Auch in der »kitschigsten« Dichtung wird eine Seele offenbart, die Seele des Autors, und der schlechteste Dichter, der keine einzige Figur zeichnen und keine einzige menschliche Situation klar kennzeichnen kann, wird doch eines immer treffen, woran er gar nicht denkt: er wird stets sein eigenes Ich in seinem Machwerk enthüllen.

In der echten Dichtung nun gibt es eine Stoffwahl überhaupt nicht. Der »Stoff«, d. h. die Hauptgestalten und die charakteristischen Probleme einer Dichtung, wird niemals vom Dichter gewählt, sondern ist recht eigentlich die Ursubstanz aller Dichtung, ist des Dichters Vision und Seelenerlebnis. Der Dichter kann sich einer Vision entziehen, er kann einem lebenswichtigen Problem entfliehen, er kann einen echt erlebten »Stoff« aus Unfähigkeit oder Bequemlichkeit liegen lassen. Einen Stoff »wählen« aber kann er niemals. Niemals kann er einem Inhalt, den er aus rein rationalen und rein artistischen Erwägungen für passend und wünschenswert hält, den Anschein geben, als sei dieser Inhalt wirklich ihm durch Gnade zugekommen, als sei er wirklich nicht erklügelt, sondern in der Seele erlebt. Gewiß haben auch echte Dichter nicht selten den Versuch gemacht, Stoffe zu wählen, die Poesie zu kommandieren: die Ergebnisse dieser Versuche sind stets für den Kollegen äußerst interessant und lehrreich, als Dichtungen sind sie Totgeburten.

Kürzer gesagt: Wenn jemand den Autor einer echten Dichtung fragt: »Hättest du nicht lieber einen anderen Stoff wählen sollen?« – so ist das gerade, wie wenn ein Arzt zu dem Patienten mit der Lungenentzündung sagen wollte: »Ach, hätten Sie doch lieber sich für einen Schnupfen entschieden!«

Die sogenannte Flucht in die Kunst

Man hört sagen: Der Künstler soll sich nicht vor dem Leben in die Kunst flüchten.

Was heißt wohl das? Warum denn soll der Künstler das nicht tun?

Ist denn, vom Künstler aus gesehen, die Kunst etwas anderes als ein Versuch, die Ungenüge des Lebens zu ersetzen, die unerfüllbaren Wünsche im Schein zu erfüllen, die unerfüllbaren Forderungen in der Dichtung zu erfüllen – kurz: das Unverdauliche der Wirklichkeit im Geist zu sublimieren?

Und warum stellt man obige dumme Forderung immer nur an die Künstler? Warum verlangt man nicht vom Staatsmann, vom Arzt, vom Boxer oder Meisterschwimmer, er möge freundlichst erst einmal mit den Schwierigkeiten seines Privatlebens befriedigend fertig werden, ehe er in die Aufgaben und Befriedigungen seines Amtes oder Sportes flüchte?

Daß das »Leben« unbedingt schwerer sein müsse als die Kunst, scheint unter den kleinen Kritikern ein Axiom zu sein.

Und nun sehe man sich einmal die allzu vielen Künstler an, welche beständig so erfolgreich aus der Kunst ins Leben flüchten, welche so elende Bilder malen und so elende Bücher schreiben, aber so reizende Menschen, so liebe Wirte, so gute Familienväter, so edle Patrioten sind!

Nein, wenn ein Mensch schon Künstler zu sein meint, so ist es mir doch lieber, wenn er seinen Kampf dort ausficht und seinen Mann dort stellt, wo die Aufgaben seines Berufes liegen. Es mag sehr viel Richtiges (vielmehr Halbrichtiges) hinter der Annahme stecken, daß jede Vervollkommnung im Werk eines Dichters mit Opfern in seinem Privatleben bezahlt werde. Anders entstehen keine Werke. Es ist eine törichte und haltlose Annahme, daß Kunst aus Überfluß, aus Glück, aus Zufriedenheit und Harmonie geboren werde. Warum sollte, da jede andre menschliche Leistung nur durch Not, nur unter hartem Druck entsteht, gerade die Kunst eine Ausnahme machen?

Die sogenannte Flucht in die Vergangenheit

Eine andere »Flucht«, welche heute bei der Tageskritik unbeliebt ist, die die sogenannte Flucht in die Vergangenheit. Sobald ein Dichter etwas schreibt, das sich allzu weit vom Mode- oder Sportbericht entfernt, sobald er von Augenblicksfragen zu Menschheitsproblemen fortschreitet, sobald er entweder einen Zeitraum der Geschichte oder eine übergeschichtliche dichterische Zeitlosigkeit aufsucht, erhebt man gegen ihn den Einwand, er »fliehe« aus seiner Zeit. So ist Goethe zum Götz und zur Iphigenie »geflohen«, statt uns über die Probleme in Frankfurter oder Weimarer Bürgerhäusern zu unterrichten.

Die Psychologie der Halbgebildeten

Bekanntlich haben die krassesten Atavismen am heftigsten das Bedürfnis, sich als modern und als Fortschritt zu verkleiden. So verkleidet sich in der Literaturkritik zur Zeit die geistfeindlichste und barbarischste Strömung in die Rüstung der Psychoanalyse.

Ist es nötig, daß ich erst vor Freud und seiner Leistung meine Verbeugung mache? Ist es nötig, daß ich dem Genie Freud das Recht zugestehe, jedes andre Genie der Welt mit den Mitteln seiner Methode zu betrachten? Ist es nötig, daran zu erinnern, daß ich zur Zeit, als Freuds Lehre noch umstrittener war, sie habe verteidigen helfen? Und muß ich eigens den Leser bitten, nicht Angriffe auf den genialen Freud und auf seine psychologischen und psychotherapeutischen Leistungen darin sehen zu wollen, daß ich den Mißbrauch der Freudschen Grundbegriffe durch geistlose Kritiker und fahnenflüchtige Philologen lächerlich finde?

Mit der Propagierung und dem Ausbau der Freudschen Schule, welche nach wie vor sowohl für die Seelenforschung wie für die Heilung von Neurosen Bedeutendes leistet und sich seit Jahren die verdiente Anerkennung nahezu überall erstritten hat – mit der Propagierung dieser Lehre in die Massen und dem zunehmenden Eindringen ihrer Methode und Terminologie auch in andre Geistesgebiete ist ein durchaus übles, ja widerliches Nebenprodukt entstanden: die pseudo-Freudische Psychologie der Halbgebildeten und eine Art von dilettantischer Literaturkritik, welche Werke der Literatur nach der Methode untersucht, welche Freud für die Untersuchung der Träume und andrer unbewußter Seeleninhalte anwendet.

Das Ergebnis dieser »Forschungen« ist, daß es diesen weder medizinisch noch geisteswissenschaftlich geschulten Literaten gelingt, nicht nur den Dichter Lenau als gemütskrank zu erkennen, was immerhin keine Entdeckung mehr bedeutet, sondern auch seine und andrer Dichter höchste Leistungen auf einen gemeinsamen Nenner zu bringen mit den Träumen und Phantasien beliebiger Gemütskranker. Man untersucht an Hand seiner Dichtungen die Komplexe und Lieblingsvorstellungen eines Dichters und stellt fest, daß er zu dieser oder jener Klasse von Neurotikern gehöre, man erklärt ein Meisterwerk, indem man es aus derselben Ursache herleitet wie die Platzangst des Herrn Müller und die nervösen Magenstörungen der Frau Meier. Man lenkt systematisch und mit einer gewissen Rachsucht (der Rachsucht des Unbegnadeten dem Geist gegenüber) die Aufmerksamkeit von den Werken der Dichtung ab, degradiert die Dichtungen zu Symptomen seelischer Zustände, fällt beim Deuten der Werke in die gröbsten Irrtümer rationalisierender und moralisierender Biographie zurück und hinterläßt einen Trümmerhaufen, auf dem die zerpflückten Inhalte großer Dichterwerke blutig und schmutzig herumliegen – und das Ganze scheint aus keiner anderen Absicht unternommen, als aus dem Bestreben, aufzuzeigen, wie auch Goethe und Hölderlin bloß Menschen gewesen, wie auch der Faust oder der Heinrich von Ofterdingen bloß hübsch stilisierte Maskierungen ganz gewöhnlicher Seelen mit ganz gewöhnlichen Trieben seien.

Es wird geschwiegen über alles, was an diesen Werken Leistung ist, es wird das Differenzierteste, was Menschen gemacht haben, zu ungestalteter Materie zurückverwandelt. Es wird geschwiegen über das immerhin merkwürdige Phänomen, daß der gleiche Inhalt, aus dem der Neurotiker Meier seine nervösen Bauchschmerzen gemacht hat, von einzelnen anderen Menschen zu hohen Kunstwerken gestaltet wird. Es wird nirgends das Phänomen, es wird nirgend das Gestaltete, das Einmalige, Wertvolle, Unwiederbringliche gesehen, sondern überall nur das Gestaltlose, die Urmaterie. Wir brauchen aber keine so mühsamen und zahlreichen Untersuchungen, um zu wissen, daß die materiellen Erlebnisse der Dichter ungefähr die gleichen sind wie die aller übrigen Menschen. Und von dem, was wir so gern wissen möchten, von dem erstaunlichen Wunder, daß je und je in einem einzelnen schöpferischen Menschen das Dutzenderlebnis zum Weltdrama, das Alltägliche zum strahlenden Wunder wird – von dem wird nicht gesprochen, von dem wird das Interesse abgelenkt. Es ist dies unter andrem auch eine Versündigung an Freud, dessen Genie und Differenziertheit heute schon vielen seiner vereinfachungsfrohen Schüler ein Dorn im Auge ist. Den Begriff der Sublimierung, den Freud selbst aufgestellt hat, haben diese ins Literarische entlaufenen Halbschüler längst vergessen.

Was nun den etwaigen Wert jener Dichteranalysen für das Biographische und Psychologische betrifft (es könnte ja immerhin, wenn auch nicht für das Verständnis der Kunstwerke, so doch für diese Hilfsfächer etwas dabei herausschauen), so ist er äußerst klein und äußerst fragwürdig. Wer jemals in seinem Leben eine Psychoanalyse entweder an sich erlebt oder an einem andern Menschen durchgeführt oder auch nur als teilnehmender Vertrauter miterlebt hat, der weiß, welche Menge von Zeit, Geduld und Mühe sie erfordert und wie listig und hartnäckig die gesuchten ersten Ursachen, die Herkünfte der Verdrängungen sich vor dem Analytiker zu verbergen suchen. Er weiß auch, daß zum Eindringen in diese Verursachungen ein geduldiges Belauschen der unbewachten Seelenäußerungen gehört, ein behutsames Belauschen der Träume, der Fehlhandlungen usw. Würde ein Patient seinem Analytiker sagen: »Lieber Herr, ich habe zu all den Sitzungen keine Zeit und Lust, aber ich übergebe Ihnen hier ein Paket, das enthält meine Träume, Wünsche und Phantasien, soweit ich sie aufgeschrieben habe, zum Teil in gebundener Form; nehmen Sie dies Material und entziffern Sie gefälligst aus ihm, was sie wissen müssen« – wie würde der Arzt diesen naiven Patienten auslachen! Wohl mag ein Neurotiker auch Bilder malen oder Dichtungen schreiben, auch sie wird der Analytiker sich ansehen, auch sie wird er zu benutzen suchen – aber das unbewußte Seelenleben und die frühere Seelengeschichte eines Menschen aus solchen Dokumenten ablesen zu wollen, das würde jedem Analytiker als eine höchst naive und dilettantische Anmaßung erscheinen.

Nun, jene halbgebildeten Dichtungsdeuter tun nichts anderes, als daß sie noch ungebildeteren Lesern vorlügen, man könne aus solchen Dokumenten eine Analyse bestreiten. Der Patient ist tot, Kontrolle ist nicht zu fürchten, also phantasiert man drauflos. Es ergäbe ein schnurriges Resultat, wenn ein geschickter Literat diese scheinanalytischen Dichterdeutungen selbst wieder einer Analyse unterzöge und die sehr einfachen Triebe aufzeigte, aus denen diese Scheinpsychologen ihren Eifer speisen.

Ich glaube nicht, daß Freud selbst diese Literatur seiner unechten Schüler irgend ernst nimmt. Ich glaube nicht, daß irgendein ernsthafter Arzt oder Forscher der psychoanalytischen Schule diese Aufsätze und Broschüren liest. Immerhin – ein sichtbares Abrücken der Führer von diesem dilettantischen Treiben wäre am Platz. Das Schlimme ist ja nicht, daß diese scheinbar tiefgründigen Enthüllungen über die Genies der Vorzeit, diese scheinbar messerscharfen Deutungen von Kunstwerken in Broschüren und Büchern erscheinen, daß es da eine neue Literaturgattung gibt, die zwar wenig gelesen wird, in der aber ehrgeizige Autoren Lorbeeren pflücken können. Das Unangenehme ist, daß aus dieser Dilettantenanalyse die Tageskritik einen neuen Weg gelernt hat, ihre Aufgabe zu vereinfachen und, unter Vortäuschung einer gewissen Wissenschaftlichkeit, es sich leicht zu machen. Entdecke ich in der Dichtung eines mir nicht sympathischen Autors die Spuren von Komplexen und neurotischen Verwicklungen, so denunziere ich ihn der Welt als Psychopathen. Natürlich wird sich das einmal müde laufen. Es wird einmal dahin kommen, daß das Wort »pathologisch« seine jetzige Bedeutung verliert. Es wird dahin kommen, daß man auch auf dem Gebiet der Krankheiten und Gesundheiten die Relativität entdeckt, und wahrnimmt, daß die Krankheiten von heute die Gesundheiten von morgen sein können, und daß nicht immer das Gesundbleiben das untrüglichste Symptom für Gesundheit ist. Daß es einem mit hohem Geist und zarten, delikaten Sinnen begabten Menschen, einem überwertigen, hochbegabten Menschen vielleicht drückend, ja entsetzlich sein kann, inmitten der heutigen Konventionen über Gut und Böse, über Schön und Häßlich zu leben, auch diese einfache Wahrheit wird einmal entdeckt werden. Man wird dann Hölderlin und Nietzsche aus Psychopathen wieder in Genies zurückversetzen und wird entdecken, daß man jetzt, ohne etwas dabei erreicht und gefördert zu haben, wieder dort steht, wo man vor dem Auftreten der Psychoanalyse stand, und daß man sich entschließen muß, die Geisteswissenschaften mit ihren eigenen Mitteln und Systemen zu betreiben, wenn man sie fördern will.

(1930)

Brief an einen jungen Dichter

Für Ihren hübschen Brief und die Zusendung Ihrer Gedichte
und Erzählungen sage ich Ihnen Dank. Ihr Brief spricht ein
Vertrauen aus, das ich leider enttäuschen muß. Auch wenn
ich nicht augenleidend und täglich mit einer allzu großen
Briefpost beladen wäre, müßte ich es enttäuschen. Denn was
Sie bei mir suchen, das habe ich nicht zu geben.

Sie legen mir Ihre Dichterversuche vor und bitten mich, sie
zu lesen und Ihnen nach der Lektüre zu sagen, was ich von
Ihrem dichterischen Talent halte. Sie bitten mich um strenges Urteil und aufrichtige Aussprache, mit Schmeichelei ist
Ihnen nicht gedient. Ihre Frage lautet, auf eine einfache
Formel gebracht: Bin ich ein Dichter? Bin ich begabt genug,
um das Recht zu haben, Dichtungen zu veröffentlichen und
womöglich das Bücherschreiben zu einem Beruf zu machen?
Ich würde nichts lieber tun, als die bündige Frage bündig
beantworten. Das ist aber nicht möglich. Ich halte es für
vollkommen unmöglich, aus Proben eines Anfängers, den
man nicht persönlich sehr genau kennt, irgendwelche
Schlüsse auf seine dauernde Eignung zum Dichter zu ziehen.
Ob Sie Talent haben, das läßt sich schon ersehen, aber
Talent ist nichts Seltenes, es wimmelt von Talent in der Welt,
und ein junger Mann Ihres Alters und Bildungsgrades müßte
geradezu unternormal begabt sein, wenn er nicht fähig wäre,
annehmbare Gedichte oder Aufsätze zu schreiben. Ferner
kann ich aus Ihren Arbeiten wahrscheinlich sehen, ob Sie
Nietzsche oder Baudelaire gelesen haben, ob der oder jener
heutige Dichter auf Sie gewirkt hat; ich kann auch sehen, ob
Sie einen schon an Kunst und Natur gebildeten Geschmack
besitzen, der jedoch mit der dichterischen Begabung nicht
das mindeste zu tun hat. Günstigenfalls (und das würde sehr
für Ihre Verse sprechen) kann ich auch Spuren Ihres Erlebens entdecken und versuchen, mir ein Bild Ihres Charakters
zu machen. Mehr ist nicht möglich, und wer Ihnen verspricht,
aus Ihren Anfängerarbeiten Ihr literarisches Talent oder Ihre
Hoffnungen auf eine Dichterlaufbahn zu taxieren, der ist ein
recht oberflächlicher Mann, wenn nicht ein Schwindler.

Sehen Sie: es ist nicht eben schwer, nach der Lektüre des

»Faust« Goethe für einen bedeutenden Dichter zu erklären. Man könnte aber sehr wohl aus Goethes Anfängerjahren, und auch noch aus seinen späteren, ein Heft Gedichte zusammenstellen, aus denen niemand etwas anderes zu schließen fände, als daß der junge Autor seinen Gellert und andere Vorbilder brav gelesen und daß er Geschick im Reimen habe. Es ist also selbst bei den größten Dichtern die Handschrift früher Versuche keineswegs immer schon wirklich originell und überzeugend. In Schillers Jugendgedichten kann man ganz erstaunliche Entgleisungen und in denen von C. F. Meyer oft geradezu Talentlosigkeit finden.

Nein, es ist nichts mit dem Beurteilen junger Talente, das Ihnen so einfach scheint. Wenn ich Sie selbst nicht genau kenne, so weiß ich ja nicht, auf welcher Stufe Ihrer Entwicklung Sie stehen. Ihre Gedichte können Unreifes enthalten, über das Sie selbst schon in sechs Monaten lächeln werden. Es kann aber auch sein, daß günstige Umstände in Ihnen ein gewisses Talent gerade jetzt zur Blüte gebracht haben, das aber keiner Entwicklung fähig ist. Es kann sein, daß die Gedichte, die Sie mir da schicken, die besten sind, die Sie in Ihrem ganzen Leben zu schreiben fähig sind, es können aber auch die schlechtesten sein. Es gibt Begabungen, die im Alter von Zwanzig oder Fünfundzwanzig auf ihrer Höhe stehen und dann rasch welken, und andere, die erst nach dem dreißigsten Jahr, oft noch später erst zum Bewußtsein kommen.

Also, ob Sie vielleicht in fünf oder zehn Jahren ein Dichter sein werden, das hängt gar nicht von den Versen ab, die Sie heute machen.

Die Sache hat aber noch eine andere Seite, die wir einen Augenblick betrachten sollten.

Warum denn wollen Sie ein Dichter werden? Wenn es aus Ehrgeiz und Ruhmsucht geschieht, dann haben Sie Ihr Feld schlecht gewählt: der Deutsche von heute macht sich aus Dichtern nicht übermäßig viel und kommt auch ohne sie aus. Ebenso steht es mit dem Geldverdienen: wenn Sie der berühmteste Dichter Deutschlands würden (vom Theater allerdings sehe ich dabei ab), so würden Sie neben jedem Direktor oder Verwaltungsratsmitglied einer Strumpf- oder Nähnadelfabrik immer noch ein armer Schlucker bleiben.

Aber vielleicht haben Sie das Ideal, ein Dichter zu werden,

darum in sich groß werden lassen, weil Sie unter einem
Dichter einen original gebliebenen, im Herzen reinen, empfänglichen und frommen Menschen verstehen, einen Mann
mit zarten Sinnen und geläutertem Gefühlsleben, einen
Menschen, der Ehrfurcht hat, und der ein beseeltes, irgendwie geadeltes Leben zu führen sich sehnt. Vielleicht sehen
Sie im Dichter den Gegenpol zum Geldmenschen, zum Gewaltmenschen. Vielleicht streben Sie nach Dichtertum nicht
um der Verse oder des Ruhmes willen, sondern weil Sie
ahnen, daß der Dichter nur scheinbar eine gewisse Freiheit
und Isolierung genießt, in Wirklichkeit aber in hohem Grade
verantwortlich sein und sich opfern muß, wenn sein Dichtertum nicht eine Maskerade sein soll.

Wenn es so ist, dann sind Sie mit Ihren Versen allerdings
auf dem richtigen Weg. Dann aber ist es auch ganz einerlei,
ob mit der Zeit aus Ihnen ein Dichter wird oder nicht. Denn
jene hohen Eigenschaften, Aufgaben und Ziele, die Sie dem
Dichter zuschreiben, jene Treue gegen sich selbst, jene Ehrfurcht vor der Natur, jene Bereitschaft zu ungewöhnlicher
Hingabe an eine Aufgabe und jene Verantwortlichkeit, die nie
mit sich zufrieden ist und gerne einen gelungenen Satz, einen
wohlgebauten Vers mit schlaflosen Nächten bezahlt – alle
jene Tugenden (wenn wir sie schon so nennen wollen) sind
keineswegs nur Merkmale des echten Dichters. Sie sind Merkmale des echten Menschen schlechthin, des nicht versklav-
ten, nicht mechanisierten Menschen, des ehrfürchtigen und
verantwortlichen Menschen, einerlei welches sein Beruf sei.

Wenn Sie nun das Ideal dieses Menschenbildes haben, wenn
nicht Schneid und Erfolg, Geld und Macht Ihnen als Ziele vor-
schweben, sondern ein in sich gegründetes, von außen nicht
beirrbares Leben, dann sind Sie zwar noch kein Dichter, aber
Sie sind dann des Dichters Bruder, Sie sind ihm artähnlich.
Und dann hat es auch einen tiefen Sinn, daß Sie dichten.

Denn das Dichten, zumal das jugendliche Dichten, hat
nicht bloß jene eine, soziale Funktion: schöne Kunstwerke in
die Welt zu setzen und durch sie die Menschen zu erfreuen
oder zu ermahnen – sondern das Dichten kann auch, völlig
unabhängig vom Wert und etwaigen Erfolg der dabei entste-
henden Gedichte, einen unersetzlichen Wert für den Dichter
selbst bedeuten. In frühern Zeitaltern gehörte das Dichten

als etwas Selbstverständliches mit zum Werdeprozeß einer jungen Persönlichkeit. Auf dem Wege des Dichtens nicht bloß Sprachübungen zu treiben, sondern sich selbst tiefer und schärfer kennenzulernen, den Entwicklungsweg der Individuation weiter und höher zu treiben, als er beim Durchschnitt der Menschen gelingt, durch das Niederschreiben einmaliger, ganz und gar persönlicher Seelenerlebnisse die eigenen Kräfte und Gefahren besser zu sehen, besser zu deuten – das ist der Sinn, den das Dichten zunächst für den jungen Dichter hat, lange bevor die Frage gestellt werden darf, ob nun seine Gedichte etwa auch für die Mitwelt einen Wert bedeuten.

Das Wort »Persönlichkeit« gilt heute nicht mehr unbedingt als ein Ideal, wie es das etwa zu Goethes Zeiten war. Sowohl von bürgerlicher, wie von proletarischer Seite her wird die Einzelpersönlichkeit heute als Selbstzweck abgelehnt – man sucht nicht geniale Einzelne zu züchten, sondern einen normalen, gesunden, tüchtigen Durchschnitt. Die Fabriken gedeihen dabei vorzüglich. Aber es hat sich zum Beispiel schon in ganz kurzer Frist in Deutschland gezeigt, wie ganze lebenswichtige Funktionen des Volkskörpers Not leiden und in tödliche Krisen geraten, wenn es an jener Energie, Verantwortlichkeit und innerer Reinheit gebricht, die nur der hochgesinnte Einzelne aufbringt. Die grauenhafte Entartung des politischen Betriebes, des Parteilebens und des Parlamentarismus zeigt uns deutlich, wo es fehlt, und dieselben Parteien, die es einem auch nur wenig über Durchschnitt differenzierten Menschen unmöglich machen, in ihnen auszuharren, schreien nachher nach dem »starken Mann«.

Lassen Sie sich von Ihren Kameraden ruhig ein wenig wegen Ihrer Dichterei verspotten. Sie hilft Ihnen vielleicht, ein Stück weiter zu reifen und eine etwas höhere Stufe von Menschentum zu erreichen, als der Menge möglich ist. Vielleicht werden Sie nach einer Weile ganz von selbst das Dichten entbehrlich finden – nicht aber um mit den Durchschnittsidealen einen faulen Frieden zu schließen, sondern um auf anderen Gebieten sich jene edlere, wertvollere, beseeltere Art von Leben zu erobern, zu der Sie sich berufen fühlen.

(1930)

Magie des Buches

Von den vielen Welten, die der Mensch nicht von der Natur
geschenkt bekam, sondern sich aus dem eigenen Geist er-
schaffen hat, ist die Welt der Bücher die größte. Jedes Kind,
wenn es die ersten Buchstaben auf seine Schultafel malt und
die ersten Leseversuche macht, tut damit den ersten Schritt
in eine künstliche und höchst komplizierte Welt, deren Gesetze und Spielregeln ganz zu kennen und vollkommen zu
üben kein Menschenleben ausreicht. Ohne Wort, ohne
Schrift und Bücher gibt es keine Geschichte, gibt es nicht den
Begriff der Menschheit. Und wenn jemand den Versuch
machen möchte, auf kleinem Raum, in einem einzigen Haus
oder einem einzigen Zimmer die Geschichte des Menschengeistes einzuschließen und zu eigen zu haben, so kann er es
einzig in Gestalt einer Bücher-Auswahl erreichen. Wir haben zwar gesehen, daß die Beschäftigung mit der Historie
und das geschichtliche Denken ihre Gefahren haben, und
haben in den letzten Jahrzehnten eine kraftvolle Revolte
unsres Lebensgefühls gegen die Historie erlebt; aber wir
haben durch eben diese Revolte lernen können, daß der
Verzicht auf immer neue Eroberung und Besitzergreifung
der geistigen Erbmassen unserem Leben und Denken noch
keineswegs die Unschuld wiedergibt.

Bei allen Völkern ist das Wort und die Schrift etwas Heiliges und Magisches, das Benennen sowie das Schreiben sind
ursprünglich magische Handlungen, magische Besitzergrei-
fungen der Natur durch den Geist, und überall ist die Gabe
der Schrift als göttlicher Herkunft gepriesen worden. Bei den
meisten Völkern waren Schreiben und Lesen heilige Ge-
heimkünste, nur der Priesterschaft vorbehalten; es war eine
große und außerordentliche Sache, wenn ein junger Mensch
sich entschloß, diese gewaltigen Künste zu erlernen. Es war
nicht leicht, es war wenigen vorbehalten und mußte durch
Hingabe und Opfer erkauft werden. Von unsern demokratischen Zivilisationen aus gesehen, war damals der Geist etwas
Selteneres, aber auch Edleres und Heiligeres als heute, er
stand unter göttlichem Schutz und bot sich nicht jedem an,
mühsame Wege führten zu ihm, er war nicht umsonst zu

haben. Wir vermögen uns das nur schwach vorzustellen, was es in Kulturen hierarchisch-aristokratischer Ordnung bedeutete, inmitten eines Volkes von Analphabeten des Geheimnisses der Schrift kundig zu sein! Es bedeutete Auszeichnung und Macht, es bedeutete weiße und schwarze Magie, es war ein Talisman und Zauberstab.

Dies alles ist nun scheinbar ganz anders geworden. Heute, so scheint es, steht die Welt der Schrift und des Geistes jedem offen, ja, er wird zwangsweise in sie eingeführt, falls er sich ihr sollte entziehen wollen. Heute, so scheint es, bedeutet Lesenkönnen und Schreibenkönnen wenig mehr als Atmenkönnen oder bestenfalls als Reitenkönnen. Heute, so scheint es, sind Schrift und Buch jeder besonderen Würde, jeden Zaubers, jeder Magie entkleidet. Wohl gibt es in den Religionen noch den Begriff des »heiligen«, des geoffenbarten Buches; aber da die einzige noch wirklich mächtige religiöse Kirche, keinen übergroßen Wert darauf legt, die Bibel als Laienlektüre propagiert zu sehen, gibt es in Wirklichkeit doch eben keine heiligen Bücher mehr, außer bei der kleinen Schar der frommen Juden und den Anhängern einiger protestantischer Sekten. Da und dort mag noch beim Leisten eines amtlichen Eidschwurs die Vorschrift bestehen, daß der Schwörende die Hand auf die Bibel lege, diese Gebärde ist aber nur ein erkalteter toter Rest ehemals lodernder Kräfte und enthält, wie auch die Eidesformel selbst, für den Durchschnittsmenschen von heute keinerlei magische Bindung mehr. Bücher haben aufgehört, Geheimnisse zu sein, sie sind jedem zugänglich, so scheint es. Vom demokratisch-liberalen Standpunkt aus ein Fortschritt und eine Selbstverständlichkeit, von anderen Standpunkten aus aber auch eine Entwertung und Vulgarisierung des Geistes.

Wir wollen uns das angenehme Gefühl eines erreichten Fortschrittes nicht rauben lassen und wollen uns darüber freuen, daß Lesen und Schreiben nicht mehr das Vorrecht einer Gilde oder Kaste ist, daß seit der Erfindung des Letterndruckes das Buch ein allgemeiner, in Riesenmassen verbreiteter Gebrauchs- und Luxusgegenstand geworden ist, daß große Auflagen billige Bücherpreise ermöglichen und daß daher jedes Volk seine besten Bücher (die sogenannten Klassiker) auch dem schwach Begüterten zugänglich machen kann. Wir wollen auch nicht allzusehr darüber trauern, daß der Begriff »Buch« beinahe alle seine einstige Erhabenheit eingebüßt hat und daß neuestens durch Kino und Rundfunk das Buch sogar in den Augen der Menge noch weiter an Wert und Anziehungskraft verloren zu haben scheint. Eine künftige Ausrottung des Buches brauchen wir dennoch keineswegs zu befürchten, im Gegenteil: je mehr mit der Zeit gewisse Unterhaltungs- und gewisse volkstümliche Belehrungsbedürfnisse durch andere Erfindungen werden befriedigt werden können, desto mehr wird das Buch an Würde und Autorität zurückgewinnen. Denn es wird sich auch der kindlichsten Fortschrittstrunkenheit die Erkenntnis bald aufdrängen, daß Schrift und Buch Funktionen haben, welche ewig sind. Es wird sich zeigen, daß die Formulierung durch das Wort und die Überlieferung dieser Formulierungen durch die Schrift nicht nur wichtige Hilfsmittel, sondern überhaupt das einzige Mittel sind, kraft dessen die Menschheit eine Geschichte und ein fortdauerndes Bewußtsein ihrer selbst haben kann.

Wir haben heute den Punkt noch nicht ganz erreicht, wo die jungen Konkurrenzerfindungen wie Radio, Film und so weiter dem gedruckten Buch gerade jenen Teil seiner Funktionen abnehmen, um den es nicht schade ist. Es ist ja wirklich nicht einzusehen, warum zum Beispiel der dichterisch wertlose, aber an Situationen, Bildern, an Spannungen und Gefühlsanregungen reiche Unterhaltungsroman nicht durch Bilderfolgen wie im Kino oder durch Mitteilung am Rundfunk oder durch künftige Kombinationen von beidem sollte verbreitet werden, statt daß Tausende eine Menge von Zeit und Augenkraft an solche Bücher verschwenden. Aber die Arbeitsteilung, die wir an der Oberfläche noch nicht vollzogen sehen, findet zum Teil im Geheimbereich der Werkstätten schon längst statt. Schon heute hören wir nicht selten, daß dieser oder jener »Dichter« sich vom Buch oder Theater weg und dem Film zugewandt habe. Hier ist die notwendige und wünschenswerte Scheidung schon vollzogen. Denn daß »Dichten« und Filme-Erfinden ein und dasselbe sei oder auch nur viel Gemeinsames habe, ist ein Irrtum. Ich möchte hier durchaus nicht dem »Dichter« ein Preislied singen und im Vergleich mit ihm den Film-Erfinder als irgend minderwertig hinstellen, nichts liegt mir ferner. Aber der Mann, der eine Beschreibung oder Erzählung durch das Mittel des Wortes und der Schrift mitzuteilen bestrebt ist, tut etwas völlig und prinzipiell anderes als der Mann, der die gleiche Geschichte mit Hilfe gestellter und gekurbelter Menschengruppen zu erzählen unternimmt. Der Wortdichter kann ein elender Macher, der Filmer ein Genie sein, daran liegt es nicht. Aber was die Menge noch nicht ahnt und erst nach langer Zeit vielleicht entdecken wird, das hat sich im Kreise der Schaffenden selbst schon zu entscheiden begonnen: die grundsätzliche Unterscheidung der Mittel, durch welche ein künstlerischer Zweck zu erreichen versucht wird. Gewiß wird es auch nach dem Vollzug dieser Scheidung sowohl liederliche Romane wie kitschige Filme geben, deren Schöpfer wilde Talente sind, Freibeuter auf Gebieten, für welche ihnen die Kompetenz mangelt. Aber zur Klärung der Begriffe und zur Entlastung der Literatur sowohl wie ihrer jetzigen Konkurrentinnen wird die Scheidung viel beitragen. Der Literatur wird alsdann der Film nicht mehr schaden können, als etwa die Photographie der Malerei geschadet hat.

Kehren wir aber zu unserem Thema zurück! Ich habe oben gesagt, daß »scheinbar« heute dem Buch seine magische Kraft verlorengegangen sei, daß »scheinbar« heute die Analphabeten zu Seltenheiten geworden seien. Warum denn »scheinbar«? Sollte der uralte Zauber doch irgendwo noch existieren, sollte es am Ende etwa doch noch heilige Bücher, teuflische Bücher, magische Bücher geben? Sollte der Begriff »Magie des Buches« nicht ganz und gar der Vergangenheit und dem Märchen angehören?

Nun ja, so ist es. Die Gesetze des Geistes verändern sich ebensowenig wie die der Natur und lassen sich ebensowenig wie diese »abschaffen«. Man kann die Priesterschaften oder Sterndeutergilden abschaffen oder ihre Privilegien aufheben. Man kann Erkenntnisse oder Dichtungen, welche bisher der geheime Besitz und Schatz weniger waren, den vielen zugänglich machen, ja sogar die vielen zwingen, jene Schätze kennenzulernen. Aber das alles geht an der obersten Oberfläche vor sich, und in Wirklichkeit ist nichts in der Welt des Geistes anders geworden, seit Luther die Bibel übersetzt und

Gutenberg die Presse erfunden hat. Die ganze Magie ist noch da, und noch immer ist der Geist das Geheimnis einer hierarchisch geordneten kleinen Schar von Bevorzugten, nur daß die Schar anonym geworden ist. Seit einigen Jahrhunderten sind Schrift und Buch bei uns Gemeingut aller Klassen geworden – etwa so wie die Mode nach Aufhebung der ständischen Kleidervorschriften Allgemeingut geworden ist –, nur bleibt das Schaffen der Moden nach wie vor wenigen vorbehalten, und das Kleid, das eine schöne Frau von gutem Wuchs und hohem Geschmack trägt, sieht ganz merkwürdig anders aus als genau das gleiche Kleid, getragen von einer Durchschnittsfrau. Auf dem Gebiet des Geistes hat seit seiner Demokratisierung außerdem noch eine sehr witzige und irreführende Verschiebung stattgefunden: die Führung ist aus den Händen der Priester und Gelehrten irgendwohin geglitten, wo sie nicht mehr gestellt und haftbar gemacht werden, wo sie sich aber auch nicht mehr legitimieren und auf irgendwelche Autorität berufen könnte. Denn jene Schicht von Geist und Schrifttum, welche jeweils zu führen scheint, weil sie die öffentliche Meinung macht oder wenigstens deren Tagesparolen ausgibt – diese Schicht ist mit der schöpferischen Schicht nicht identisch.

Wir wollen nicht zu weit ins Abstrakte gehen. Nehmen wir ein beliebiges Beispiel aus der neueren Geistes- und Büchergeschichte! Stellen wir uns etwa einen gebildeten, viel lesenden Deutschen der Zeit zwischen 1870 und 1880 vor, einen Richter, Arzt, Hochschulprofessor etwa oder einen bücherliebenden Privatmann: was hat er gelesen, was hat er vom schöpferischen Geist seiner Zeit und seines Volkes gekannt, wo hat er teilgehabt am Lebendigen und Zukünftigen? Wo ist heute die Literatur, welche damals von der Kritik und der öffentlichen Meinung als die gute, die wünschenswerte und lesenswerte anerkannt wurde? Es ist nahezu nichts von ihr mehr übrig. Und während Dostojewski seine Bücher schrieb und Nietzsche als unbekannter oder bespötelter Einzelgänger durch das reich und genußfreudig gewordene Deutschland jener Jahre ging, lasen die deutschen Leser, alt und jung, hoch und niedrig, etwa Spielhagen und Marlitt, oder bestenfalls etwa die hübschen Gedichte von Emanuel Geibel, welche Auflagen hatten, wie seither kaum mehr ein lyrischer Dichter sie hatte – und dem berühmten Trompeter von Säckingen, welcher jene Gedichte an Verbreitung und Beliebtheit noch übertraf.

Die Beispiele ließen sich zu Hunderten häufen. Man sieht: der Geist ist zwar scheinbar demokratisiert, und scheinbar gehören die geistigen Schätze einer Zeit jedem Zeitgenossen, der lesen gelernt hat, aber in Wirklichkeit geschieht alles Wichtige geheim und unerkannt, und es scheint irgendwo unter der Erde eine geheime Priesterschaft oder Verschwörerschaft zu geben, welche aus anonymer Verborgenheit her die geistigen Geschicke leitet, welche ihre mit Macht und mit Sprengkräften für Generationen ausgerüsteten Abgesandten verkleidet und ohne Legitimation auf die Erde schickt und dafür sorgt, daß die öffentliche Meinung, ihrer Aufklärung froh, nichts von der Magie merke, die da dicht vor ihren Augen getrieben wird.

Aber noch in viel engerem und einfacherem Kreise können wir jeden Tag beobachten, wie durchaus wunderlich und märchenhaft die Schicksale der Bücher sind, wie sie bald die Kraft höchster Bezauberung haben, bald die Gabe, unsichtbar zu machen. Die Dichter leben und sterben, von wenigen oder von niemand gekannt, und wir sehen ihr Werk nach ihrem Tode, oft erst Jahrzehnte nach ihrem Tode, plötzlich strahlend auferstehen, als gäbe es keine Zeit. Wir sahen verwundert zu, wie der von seinem Volk einmütig abgelehnte Nietzsche, nachdem er seine Mission an einigen Dutzend Geistern längst erfüllt, um einige Jahrzehnte zu spät zu einem Lieblingsautor wurde, den man nicht genug drucken konnte, oder wie die Gedichte Hölderlins mehr als hundert Jahre nach ihrer Entstehung plötzlich die studierende Jugend berauschten, oder wie aus dem uralten Schatz chinesischer Weisheit plötzlich, nach Jahrtausenden, der eine einzige Lao-tse vom Europa der Nachkriegsjahre entdeckt, schlecht übersetzt und schlecht gelesen wurde, scheinbar eine Mode wie Tarzan oder ein Foxtrott, in der lebendigen, produktiven Schicht unseres Geistes aber ungeheuer wirksam.

Und wir sehen jedes Jahr Tausende und Tausende von Kindern in die erste Schulklasse gehen, die ersten Buchstaben malen, die ersten Silben entziffern, und sehen immer wieder, wie für den Großteil der Kinder das Lesenkönnen sehr rasch etwas Selbstverständliches und Ungeschätztes wird, während andere von Jahr zu Jahr und Jahrzehnt zu Jahrzehnt bezauberter und erstaunter von dem Zauberschlüssel Gebrauch machen, den die Schule ihnen mitgegeben hat. Denn wenn auch heute das Lesenlernen jedem zuteil wird, so merken doch immer nur wenige, was für ein mächtiger Talisman ihnen da in die Hand gedrückt wurde. Das Kind, stolz auf seine jungen Buchstabenkenntnisse, erobert sich die Lektüre eines Verses oder Spruches, dann die Lektüre einer ersten kleinen Geschichte, eines ersten Märchens, und während die Nichtberufenen ihr Lesenkönnen bald nur noch an dem Nachrichten- oder Handelsteil ihrer Zeitungen erproben, bleiben die wenigen noch immer von dem sonderbaren Wunder der Buchstaben und Worte behext (deren ja jedes einst ein Zauber, eine magische Formel gewesen ist). Aus diesen wenigen werden die Leser. Sie entdecken als Kinder ein paar Gedichte und Geschichten, einen Vers von Claudius oder eine Erzählung von Hebel oder Hauff im Lesebuch, und statt nach erlangter Lesefertigkeit diesen Dingen den Rücken zu kehren, dringen sie weiter in die Welt der Bücher vor und entdecken Schritt für Schritt, wie weit, wie mannigfaltig und beglückend diese Welt ist! Sie haben diese Welt anfangs für einen hübschen kleinen Kindergarten mit einem Tulpenbeet und einem kleinen Goldfischweiher gehalten, nun wird der Garten zum Park, er wird zur Landschaft, zum Erdteil, zur Welt, wird Paradies und Elfenbeinküste, lockt mit immer neuen Zaubern, blüht in immer neuen Farben. Und was gestern ein Garten oder Park oder Urwald schien, das wird heute oder morgen als Tempel anerkannt, als Tempel mit tausend Hallen und Höfen, in welchen der Geist aller Völker und Zeiten gegenwärtig ist, der immer neuen Erweckung harrend, immer wieder bereit, die vielstimmige Mannigfaltigkeit seiner Erscheinungsformen als Einheit zu erleben. Und für jeden echten Leser sieht diese unendliche Welt der Bücher anders aus, jeder sucht und erlebt in ihr auch noch sich selbst. Der eine tastet sich vom Kindermärchen und dem Indianerbuch bis zu Shakespeare oder zu Dante weiter, der andere vom ersten Schulbuchaufsatz über den Sternhimmel bis zu Kepler oder zu

Einstein, der dritte vom frommen Kindergebet bis in die heilig-kühlen Gewölbe des heiligen Thomas oder des Bonaventura, oder zu den sublimen Verstiegenheiten des talmudischken Denkens, oder zu den frühlingshaften Gleichnissen der Upanishaden, zu der rührenden Weisheit der Chassidim oder den lapidaren und dabei so freundlichen, so gutartigen und heiteren Lehren des alten China. Tausend Wege führen durch den Urwald, zu tausend Zielen, und kein Ziel ist das letzte, hinter jedem gehen neue Weiten auf.

Der Weisheit oder dem Glücke bleibt es überlassen, ob solch ein echter Adept im Urwald seiner Bücherwelt verlorengehe und ersticke oder ob er den Weg finde, seine Lese-Erlebnisse wirklich zu Erlebnissen und dem Leben dienstbar zu machen. Diejenigen, welchen die Zauber der Bücherwelt überhaupt versagt blieben, denken darüber ähnlich wie die Unmusikalischen über die Musik und neigen nicht selten dazu, das Lesen als eine krankhafte und gefährliche Leidenschaft anzuklagen, die zum Leben untauglich mache. Natürlich haben sie ein klein wenig recht; obwohl immerhin erst festgestellt werden müßte, was man unter »Leben« versteht und ob es wirklich nur als Gegensatz zum Geist denkbar sei, und obwohl die große Mehrzahl der Denker und Lehrer, von Konfuzius bis zu Goethe, eigentlich ganz erstaunlich lebenstüchtige Menschen gewesen sind. Immerhin, die Bücherwelt hat ihre Gefahren, sie sind den Erziehern wohlbekannt. Ob diese Gefahren größer sind als die Gefahren eines Lebens ohne die Weltweite der Bücher, darüber nachzudenken habe ich bis heute keine Zeit gefunden. Ich bin nämlich selber ein Leser, ich bin einer von den seit Kinderzeiten Verhexten, und würde, wenn es mir ginge wie dem Mönch von Heisterbach, mich in die Tempelräume und Irrgänge, Höhlen und Ozeane der Bücherwelt für einige hundert Jahre verlieren können, ohne ein Kleinerwerden dieser Welt zu bemerken.

Und dabei denke ich noch gar nicht an den beständigen Zuwachs an Büchern, den die Welt erfährt! Nein, jeder echte Leser könnte, auch wenn kein einziges neues Buch mehr hinzukäme, am Schatz des Vorhandenen Jahrzehnte und Jahrhunderte weiterstudieren, weiterkämpfen, weiter sich freuen. Jede neue Sprache, die wir lernen, ist ein Zuwachs an neuen Erlebnissen – und es gibt außerordentlich viele Spra-

chen, viel mehr, als uns in den Schulen gesagt wurde! Es gibt
ja nicht bloß ein Spanisch, oder ein Italienisch, oder ein
Deutsch, oder jene drei Deutsch: Althochdeutsch, Mittelhochdeutsch und so weiter, ach nein, es gibt hundert
Deutsch, es gibt so viele Deutsch, so viele Spanisch, so viele
Englisch, als es in jedem dieser Völker Denkarten und
Färbungen des Lebensgefühls gibt, ja es gibt beinahe so viel
Sprachen, als es originale Denker und Dichter gibt. Zur
gleichen Zeit mit Goethe, und leider von ihm nicht recht
erkannt, hat Jean Paul sein so völlig anderes, und so sehr
deutsches Deutsch geschrieben. Und alle diese Sprachen sind
im Grunde nicht übersetzbar! Der Versuch hochstehender
Völker (die Deutschen stehen darin ganz obenan), sich die
ganze Weltliteratur in Übersetzungen anzueignen, ist etwas
Wunderbares und hat herrliche Früchte im einzelnen getragen, aber dennoch ist dieser Versuch nicht nur unvollkom-
men geglückt, er ist auch grundsätzlich niemals zu verwirkli-
chen. Es sind die deutschen Hexameter noch nicht geschrieben, welche wirklich wie Homer klängen. Es ist das große
Gedicht Dantes seit hundert Jahren mehrere dutzendmal ins
Deutsche übersetzt worden – mit dem Erfolg, daß der jüngste und dichterisch bedeutendste dieser Nachdichter, in der
Erkenntnis der Unzulänglichkeit aller Versuche, eine Sprache des Mittelalters in eine heutige zu übersetzen, sich für
seinen deutschen Dante eine ganz eigene Sprache, ein
Deutsch eines poetischen Mittalters nur für diesen Zweck
erfunden hat, und wir können ihn dafür nur bewundern.
  Aber auch wenn ein Leser sich keine neuen Sprachen mehr
hinzu erwirbt, ja selbst wenn er nicht einmal neue, ihm bisher
unbekannt gebliebene Literaturen kennenlernt, kann er sein
Lesen ohne Ende weiter treiben, weiter differenzieren, steigern und bilden. Es wird jedes Buch jedes Denkers, jeder
Vers jedes Dichters für den Leser alle paar Jahre ein neues
verändertes Gesicht zeigen, wird anders aufgefaßt werden,
andere Anklänge in ihm wecken. Da ich als Jüngling, nur
sehr teilweise verstehend, zum erstenmal Goethes Wahlverwandtschaften las, war das ein vollkommen anderes Buch als
die Wahlverwandtschaften, die ich jetzt vielleicht zum fünften Male wieder lese! Das Geheimnisvolle und Große nun
bei diesen Lese-Erfahrungen ist dies: je differenzierter, je

feinfühliger und beziehungsreicher wir zu lesen verstehen, desto mehr sehen wir jeden Gedanken und jede Dichtung in ihrer Einmaligkeit, in ihrer Individualität und engen Bedingtheit, und sehen, daß alle Schönheit, aller Reiz gerade auf dieser Individualität und Einmaligkeit beruht – und zugleich glauben wir dennoch immer deutlicher zu sehen, wie alle diese hunderttausend Stimmen der Völker nach demselben Ziele streben, unter anderem Namen dieselben Götter anrufen, dieselben Wünsche träumen, dieselben Leiden leiden. Aus dem tausendfältigen Gespinste unzähliger Sprachen und Bücher aus mehreren Jahrtausenden blickt in erleuchteten Augenblicken den Leser eine wunderlich erhabene und überwirkliche Chimäre an: das Angesicht des Menschen, aus tausend widersprechenden Zügen zur Einheit gezaubert.

(1930)

Eine wunderliche Beschäftigung hat mich in den letzten acht
Tagen in Atem gehalten. Vor einem Umzuge stehend, habe
ich, zum erstenmal wieder seit zwölf Jahren, meine ganze
Bibliothek reinigen und zum Verpacken fertig machen müssen, eine große, mühsame Arbeit, der ich jeden Tag mindestens vier bis fünf Stunden widmete, um abends mit zerbro-
chenem Rücken und leerem Kopf die Freuden einer durch
mechanische Arbeit erworbenen Müdigkeit zu genießen.
Man könnte dieselbe Arbeit auch einfacher und oberflächlicher machen, aber ich machte sie gründlich, sehr gründlich,
denn die paar tausend Bücher sind mein bester und mein
liebster Besitz, und außerdem habe ich in früher Jugend, in
den sagenhaften Jahren zu Ende des neunzehnten Jahrhunderts, als Buchhändler und Antiquar den Umgang mit
Büchern noch mit den alten zunftmäßigen Formalitäten erlernt.

Wunderliche Situationen ergaben sich bei dieser tagelangen
Arbeit. Einmal zum Beispiel stand ich auf meiner kleinen
Terrasse gegen Nordosten, einen Arm voll Bücher sorgfältig
auf der steinernen Brüstung aufstapelnd und die Bücher
dann zu dreien oder vieren ausklopfend, um sie vom Staub
zu reinigen. Dabei hielt ich einmal zwei dicke, schwere
Bände in Großoktav in den Händen, klopfte sie zärtlich
gegeneinander und sah den Staub von ihnen wehen, und
einen Augenblick aus der Vertrottelung meiner mechanischen Arbeit erwachend, betrachtete ich die Rückentitel der
Bände, es war Spenglers »Untergang des Abendlandes«.
Eine Menge von Erinnerungen und Einfällen stieg dabei in
mir auf. Der erste Gedanke war: »Das sollten meine Söhne
oder andre junge Leute sehen, wie ich da stehe, sorgfältig
meinen Bildungskram vor dem Verstauben und Vermodern
zu retten suche, und das berühmte Untergangsbuch zärtlich
vom Staub befreie!« Es fiel mir auch ein, wie damals im Jahr
19 einige englische Studenten mich besuchten, die an einem
von Romain Rollands Schwester geleiteten Ferienkurs in
Lugano teilnahmen. Es war ein hübsches Mädchen dabei,
das mit Vornamen Blakeneye hieß und das mir von Spengler

erzählt hatte, von dem ich natürlich auch sonst schon viel hatte sprechen hören. Ich sagte ihr, daß es mir wichtig sein würde, dies Buch zu lesen, daß ich aber zur Zeit viel zu arm sei, um es kaufen zu können. Als sie mir dann anbot, es mir zu leihen (sie lebte mit englischen Pfunden im Inflationsdeutschland aus dem Vollen), bat ich sie sehr darum, es doch ja zu tun, und gab ihr als Gegengeschenk die erste Ausgabe eines meiner Bücher. Sie nahm es mit fort, und von ihr und von Spengler hörte ich kein Wort mehr, die Sache war ein kleines Inflationsgeschäft mit einem verarmten Dichter gewesen, und es dauerte noch einige Monate, ehe ich mir den Spengler kaufen konnte, um dann über die Eitelkeit und Schulmeisterei seines Vorworts wütend, von seinem Kapitel über die magische Kultur aber entzückt zu werden. Nun hielt ich nach Jahren die Bände wieder in der Hand. – Oh, und wie schnell die meisten Bücher aus jenen Kriegs- und Nachkriegsjahren zerfallen, vergilben und vermodern! Und wie merkwürdig alt, wie alt und lang vergangen und lang vergessen die meisten dieser Bücher einen schon heute anmuten, zehn Jahre nachher! Von innen und von außen geben sie sich als vergänglich und beinah schon vergangen zu erkennen, gelb und brüchig hängt das elende Papier in den schief und lose gewordenen Pappbänden, und die Titel und Umschläge klingen so angestrengt, so überschrien, so fanatisiert und beschwörend. Angst und Schwäche schreit deutlich aus diesen Titeln der jungen Dichter und Denker von 1920, und doch habe ich das damals nicht gemerkt, oder nur sehr nebenbei, und habe diese Bücher damals mit einem Eifer und einer Genauigkeit gelesen und studiert, um die es mir heut beinahe leid tun könnte. Ich dachte: Die Geistigen eines Volkes, das soeben aus einem vierjährigen Krieg heimkehrt und diesen Krieg mit einer Niederlage und einem Bankrott beendet, müssen doch eigentlich viel zu sagen haben, es muß doch irgendwo das Erlebnis Gestalt gewonnen und zu Denkergebnissen geführt haben. Aber, alles in allem, war das Ergebnis erstaunlich dünn, obwohl ich das damals nur ahnte, nicht eigentlich wahrnahm. Denn wenn ich in jenen Büchern mit den aufregenden Titeln auch wenig echte Erkenntnis und Selbsteinkehr fand, so fand ich doch in allen etwas andres, was mich faszinierte: eine aufgeregte, katastrophenhafte, aufgepeitschte Stimmung, einen Geruch nach Weltuntergang und tausendjährigem Reich. Und außerdem las ich sie mit einer Neugierde, mit einem geistigen Hunger, wie ich seit meiner Jugend nichts mehr gelesen hatte, denn wenn ich auch diese Kriegsjahre innerlich bis zur Vernichtung miterlebt hatte, wenn sie mir auch mein äußeres und inneres Leben nahezu zertrümmert hatten, so hatte ich doch den Krieg selbst, die Front, den Graben, den Unterstand nicht gesehen und geschmeckt, ich war im Auslande gewesen; und jetzt, wo das unerträgliche Geschwatze der Kriegsfeuilletonisten zu Ende war, der Schmarotzer, die aus den Offensiven und Heldentaten Zeilenhonorare machten, jetzt, wo der beste Teil des Volkes, verstört und erschüttert, geschlagen und tief nachdenklich aus dem Kriege zurückkam, jetzt mußte doch irgendwo die wahre, die wirkliche Stimme, der echte Geist Deutschlands hörbar werden, und mußte es uns anderen möglich machen, irgendwo Brüder oder gar Führer zu finden und uns in den Dienst einer Sache zu stellen, an die zu glauben und für die zu streiten möglich war. Es kam anders, mit Ausnahme der Stimme Landauers und der so ganz anderen Stimme Spenglers hat keine dieser vielen Botschaften damals mir etwas gegeben, es schien der deutsche Geist ebenso bankrott zu sein wie die deutsche Politik, es galt weiter allein zu bleiben, zu warten, den Glauben an Deutschland nicht zu verlieren. Wunderlich fern und unwirklich blickt jene Zeit mich aus den braun und brüchig gewordenen Papieren an, den Büchern, den Heften, den Ausschnitten.

Tags darauf stieß ich auf eine andre, noch verschollenere, noch fremder gewordene und ferner gerückte Schicht meiner Bücherei. Das waren Drucke aus den Kriegsjahren, Drucke, die ich alle selber herausgegeben und redigiert hatte, Drucke für die in Frankreich gefangenen deutschen Soldaten, in deren Fürsorge ich während des Krieges tätig war. Da kam der »Sonntagsbote für deutsche Kriegsgefangene« zum Vorschein, drei Jahrgänge, den ich alle vierzehn Tage in vielen tausend Abzügen nach Frankreich, nach England und Rußland und Indien versandte. Da waren die kleinen Drucke, die ich für die Gefangenen herstellen ließ, Erzählungen von

Emil Strauß, von den Brüdern Mann, von Gottfried Keller, von Storm, von mir selbst, kleine schlichte, aber anständige Drucke, nur als Geschenke für die Kriegsgefangenen gedruckt, deren Bitten um Lektüre uns damals zu Zehntausenden überschwemmten. Die kleinen Büchlein sind heute selten geworden, ich besitze sie alle noch, und manche davon sind mir heute noch lieb, weil ich in ihnen mitten während des Krieges etwas vom überpolitischen und übernationalen Geist der ältern deutschen Dichtung aufzuwecken suchte. Es stehen da auch die merkwürdigen »Nachrichten aus deutschen Gefangenenlagern«, die unsre Abteilung bei der Berner deutschen Gesandtschaft damals herausgab, nur für den internen Gebrauch, sonderbar nüchterne und im Grunde schreckliche Dokumente jener Zeit und unsrer damaligen verzweifelten Bemühungen, irgendwo wenigstens im kleinen etwas wie Sinn oder, da dies unmöglich schien, etwas wie Herz und Liebe in die Kriegsmaschine hineinzuzaubern. Auch meine ersten Kriegsaufsätze fand ich wieder, darunter die mit dem Pseudonym Sinclair gezeichneten, deren erster im Jahr 1916 erschien.

Ein Glück für meine Bibliothek, daß diese Abteilung ihre kleinste ist! Die größte und beste ist die der älteren deutschen Dichtung, und auch die heutige Dichtung ist ganz gut vertreten, diese Abteilung ist die einzige, die noch immer stark wächst: erst in diesem Sommer habe ich köstliche Bücher, wie den Nachlaßband von Franz Kafka, den neuen Roman der Ina Seidel, die erstaunliche Erzählung »Sturmwind auf Jamaika« von Richard Hughes, dazu gestellt. Kleiner, aber in ihrer Art auch vollständig genug ist eine andre Abteilung, die ich seit mehr als fünfundzwanzig Jahren gepflegt habe, und aus der mir viel Gutes gekommen ist: die Bücher des Ostens. Da sind die Gedichte, Sprüche und Reden des alten Indien, die Weisen Chinas, einige dieser Bände, etwa der Lü Bu We, der Konfuzius, der Dschuang Dsi, liegen mir immer griffbereit und werden, ebenso wie das I Ging, zuweilen geradezu wie heilige Orakel befragt.

Jetzt liegen alle die tausend Bücher stumm, unerkennbar, in Papier gewickelt und in den Regalen gestapelt, und warten darauf, in Kisten gepackt und in ein andres Haus, in andre Zimmer gebracht zu werden. Manche von ihnen werde ich beim Auspacken beiseite legen, werde sie nicht wieder aufstellen und einreihen, sondern ausscheiden.

Wohl eine ganze Woche habe ich an diese Bücherarbeit verwendet. Es ist ein großer Ballast, eine solche Bibliothek, und moderne Menschen finden es lächerlich, sich mit so etwas sein Leben lang zu belasten und zu schleppen. Es sind diese selben Leute, die den Vergil oder den Ariost entbehrlich finden, welche vor zehn Jahren den Tarzan gekauft haben und heute ähnlichen Lesestoff kaufen. Sie haben den Grundsatz über Lektüre: Seicht, aber gewürzt, und ja nichts davon nach dem Lesen aufbewahren! Und wir andern haben den Grundsatz: In unsre Bücherei womöglich nichts Wertloses einlassen, das Bewährte aber nie mehr hergeben! Und dann kommt immer wieder so ein Tag, wo der gealterte Bücherfreund sorgfältig seinen »Untergang des Abendlandes« ausklopft, und sich dabei sagt, daß zwar eigentlich und genau genommen dies Buch ihm seinen Dienst längst getan hat und entbehrlich geworden ist, daß es aber immerhin zu den paar Büchern seiner Epoche gehört, die geholfen haben, dieser Epoche ihr Gesicht zu geben, und daß eine gewisse Pietät, eine gewisse Ehrfurcht Schonung für solche Bücher fordert . . .

Gut, daß die jungen Leute uns nicht dabei zusehen, wenn wir unsre Scharteken ausstauben! Und gut, daß sie sich selbst nicht sehen können, wie sie, wenn auch ihnen einst die Haare dünn und die Zähne wacklig stehen, nach etwas Umschau halten, was sie durchs Leben begleitet hat und dem sie treu geblieben sind.

(1931)

Beim Lesen eines Romans

Neulich las ich einen Roman, die Dichtung eines begabten Autors, der einen gewissen Namen hat, ein hübsches, jugendliches Werk, das mich interessierte und an manchen Stellen erfreute, obwohl es von lauter Menschen und Dingen erzählte, die mich in der Wirklichkeit wenig interessieren. Es erzählte von Menschen, welche in Großstädten leben und dort leidenschaftlich damit beschäftigt sind, ihr Leben mit »Erlebnissen«, mit Vergnügungen und Sensationen möglichst anzufüllen, weil es sonst wertlos und weder des Erlebens noch des Erzählens wert wäre. Es gibt viele solche Romane, und manchmal lese ich einen, weil ich, ein ländlicher und zurückgezogen lebender Mensch, mich gern zuweilen über das Leben meiner Zeitgenossen unterrichte, namentlich über das Leben jener Zeitgenossen, von welchen ich mich durch große Abstände getrennt empfinde, die mir sehr fremd sind, deren Leidenschaften und Meinungen für mich also den Zauber des Wunderlichen, Exotischen und Unbegreiflichen haben: kurz, das Leben der Großstädter und der Vergnügungssüchtigen. Ich habe für das Leben dieser Klasse nicht bloß das spielerische Interesse, das der Europäer für Elefanten und Krokodile hat, sondern auch ein sehr begründetes und legitimes: es ist mir nämlich nicht unbekannt geblieben, daß, wenn einer auch noch so still auf seiner ländlichen Scholle sitzt, sein Leben und Ergehen doch zum Teil von jenen Großstädten aus beeinflußt wird, und wie sehr und empfindlich beeinflußt oft! Denn dort, in jenem Gewühl, in jener Atmosphäre eines gehetzten, triebgeleiteten und darum unberechenbaren Lebens, dort wird über Krieg und Frieden, über Markt und Valuta entschieden, nicht durch Menschen, aber durch die Mode, durch die Börse, durch Stimmungen, durch die »Straße«. Was der Großstädter »Leben« nennt, vollzieht sich beinah ausschließlich in jener Schicht, und er versteht darunter außer der Politik die Geschäfte und die Gesellschaft, und unter Gesellschaft wieder versteht er beinahe ausschließlich den Teil seines Lebens, welcher der Suche nach Sensationen und nach Genüssen gewidmet ist. Jene Großstadt, deren Leben ich nicht teile und die mir fremd ist, entscheidet über manche Dinge, die auch in meinem Leben eine gewisse Wichtigkeit haben. Auch ist mir nicht unbekannt, daß von den Lesern meiner Bücher der größere Teil aus Großstädtern besteht, obwohl ich keineswegs für Großstädter schreibe und zu schreiben fähig bin, denn ich kenne sie ja nur aus weiter Ferne und nehme das wenige, was ich von der Außenseite ihres Lebens zu Gesicht bekomme, nur ungefähr so ernst wie ich meinen Geldbeutel oder die momentane Regierungsform erst nehme: ein klein wenig also.

Ich spreche damit kein Werturteil aus, weder über die Großstadt noch über die Romane, die von ihr handeln. Es wäre mir zwar an sich sympathischer und läge mir näher, Dichtungen zu lesen, welche von ernsthafteren und vorbildlicheren Menschen handelten. Aber ich bin selbst Literat und weiß seit langem, daß die Dichter, die sich ihre Stoffe »wählen«, keine Dichter und niemals des Lesens wert sind, daß also der Stoff einer Dichtung niemals Gegenstand eines Werturteils sein kann. Es kann eine Dichtung den herrlichsten Stoff der Weltgeschichte benutzen, und kann wertlos sein, und sie kann von einem Nichts handeln, einer verlorenen Stecknadel oder einer angebrannten Suppe, und kann echte Dichtung sein.

Ich las also den Roman jenes Autors ohne sonderliche Ehrfurcht vor seinem Stoff; die Ehrfurcht vor dem Stoff soll der Autor haben, nicht der Leser. Dafür soll der Leser Achtung vor der Dichtung, vor dem Handwerk des Dichters haben, und soll ohne Rücksicht auf den Stoff eine Dichtung vor allem nach der Güte ihrer Arbeit beurteilen. Dazu bin ich stets bereit, und neige sogar mehr und mehr dazu, die Qualität der handwerklichen Arbeit höher zu stellen als alle Ideen- oder Gefühlsinhalte. Denn ich habe in einigen Jahrzehnten des Lebens und Schreibens die Erfahrung gemacht, daß man Ideen oder Gefühle leicht nachahmen oder vortäuschen kann, die Güte der handwerklichen Arbeit aber nicht. Ich las also mit Teilnahme und mit kollegialer Achtung den Roman, nicht alles verstehend, nur weniges belächelnd, vieles aufrichtig anerkennend. Der Held des Buches ist ein junger Literat, der jedoch von seiner Berufstätigkeit dadurch sehr abgehalten wird, daß er mit seinen Freunden den Vergnügungen lebt und außerdem sich den Damen widmen muß, deren Verliebtheit in ihn seine Einnahmequelle ist. Der Autor empfindet der Großstadt, der Gesellschaft, der Sensationslust journalistischer Reportage gegenüber großen Widerwillen, er ahnt, daß alle Herzensroheit und Grausamkeit, alle Ausbeutung, aller Krieg dort seine Wurzeln hat. Aber sein Held ist nicht stark genug, dieser Welt in irgendeiner Form den Rücken zu kehren, sondern er entflieht ihr nur im Kreise herum, durch Reisen durch beständigen Wechsel der Vergnügungen und Liebschaften.

Dies also ist der Stoff. Er bringt es mit sich, daß unter anderem Restaurants, Eisenbahnwagen, Hotels beschrieben werden müssen, daß die Beträge von Rechnungen für Abendessen usw. genannt werden, und auch diese Dinge haben ja vielleicht ihr Interesse. Nun aber kam ich an eine Stelle, wo ich stutzig wurde. Der Held kommt nach Berlin, steigt im Hotel ab, und zwar im Zimmer Nummer Elf, und wie ich das lese (wie bei jeder Zeile als Kollege des Autors handwerklich interessiert und lernbegierig), denke ich: »Wozu braucht er diese genaue Bezeichnung der Zimmernummer?« Ich warte, ich bin überzeugt, die Elf werde schon irgendeinen Sinn haben, vielleicht sogar einen sehr überraschenden, hübschen, reizvollen. Aber ich werde enttäuscht. Der Held kehrt, eine oder zwei Buchseiten später, in sein Hotel zurück – und hat jetzt plötzlich die Nummer Zwölf! Ich lese zurück, ich habe mich nicht geirrt, es heißt oben Elf und unten Zwölf. Und es ist kein Scherz, kein Spiel, kein Reiz und Geheimnis dabei, es ist einfach ein Versehen, eine Ungenauigkeit, eine kleine handwerkliche Schlamperei. Der Autor hat einmal Zwölf, und einmal Elf geschrieben, er hat seine Arbeit nachher nicht wieder durchgelesen, hat offenbar auch keine Korrekturen gelesen, oder er las sie eben gerade so gleichgültig und obenhin wie er jene Zahlen hingeschrieben hat: weil es ja auf Kleinigkeiten nicht ankommt, weil doch zum Teufel die Literatur nicht eine Schulbank ist, auf der man für Denk- und Schreibfehler zur Rede gestellt wird, weil das Leben kurz und die Großstadt anstrengend ist und einem jungen Autor wenig Zeit für seine Arbeit läßt. Alles zugegeben, und nach wie vor alle Achtung vor dem Widerwillen des Autors gegen die verantwortungslos hingeschriebenen Zeitungs-Sensationen, die Oberflächlichkeit und

Wurstigkeit, mit der die Großstadt über alles hinweglebt! Aber plötzlich, von jener Zahl Zwölf an, hat der Autor nicht mehr mein volles Vertrauen, plötzlich hat er mit meinem Mißtrauen zu rechnen, plötzlich beginne ich übergenau zu lesen, plötzlich erkenne ich die Sorglosigkeit, mit der er jene Zwölf hingeschrieben hat, auch an andern Stellen wieder, und entdecke sie in der Erinnerung auch an Stellen, die ich schon vorgestern und noch ganz gutgläubig gelesen habe. Und auf einmal verliert das ganze Buch an innerem Gewicht, an Verantwortung, an Echtheit und Substanz, alles wegen dieser dummen Nummer Zwölf. Plötzlich habe ich das Gefühl: dies hübsche Buch ist von einem Großstädter für Großstädter geschrieben, für den Tag, für den Augenblick, es ist ihm nicht so sehr ernst damit, also ist es ihm auch mit dem Weh über die Herzlosigkeit und Oberflächlichkeit der Großstädter nicht ernster, als eben einem Feuilletonisten ein hübscher Einfall ist.

Indem ich darüber nachdenke, fällt mir ein ähnliches winziges Lese-Erlebnis ein, es ist schon Jahre her. Ein anderer junger Autor, mit einem schon bekannten Namen, hatte mir einen Roman mit der Bitte um mein Urteil zugeschickt. Es war ein Roman aus der Französischen Revolution. Darin wurde unter anderem ein Sommer mit großer Dürre und Hitze beschrieben: das Land verschmachtete, die Bauern verzweifelten, die Ernte war verdorrt, kein grüner Halm mehr im Land. Aber wenige Seiten später wandelt der Held oder die Heldin im selben Sommer durch dasselbe Land, und erlabt sich an den lachenden Blumen, die im üppigen Kornfeld blühen! Ich schrieb jenem Autor, daß diese Vergeßlichkeit und Schluderei mir das ganze Buch verdorben habe. Er ließ sich hierüber aber nicht auf Diskussionen ein, dafür war das Leben zu kurz, er war längst bei anderen Arbeiten, welche ebenfalls pressierten. Er antwortete nur, daß ich ein kleinlicher Schulmeister sei, und daß es in einem Kunstwerk denn doch wirklich auf anderes ankomme als auf solche Bagatellen. Zum Glück denken nicht alle jungen Autoren so. Ich bereute meinen Brief und habe seither keinen solchen mehr geschrieben. Aber daß es in einem Kunstwerk, ausgerechnet in einem Kunstwerk, auf die Wahrheit, Treue, Anmut, Sauberkeit nicht ankomme! Wie gut, daß auch heute noch junge Dichter da sind, welche Bagatellen mit Anmut und sauberster Kleinarbeit darzustellen wissen, mit einer graziösen Spielerei, welche wie die Künste der Akrobaten ihre Grazie einer strengen Arbeit und Gewissenhaftigkeit des Handwerks verdankt.

Immerhin, ich mag ein Nörgler und altfränkischer Don Quichotte der Künstlermoral sein. Wissen wir nicht alle, daß neunzig Hundertstel aller Bücher rasch und ohne Verantwortung geschrieben und ebenso gelesen werden, und daß übermorgen all unser bedrucktes Papier, meine Nörgeleien inbegriffen, Makulatur sein wird? Also warum das Kleine so ernst nehmen? Und warum einem Autor, der hübsche Sachen für den Tag schreibt, das Unrecht antun, ihn so zu lesen, als habe er für die Ewigkeit schreiben wollen?

Ich kann aber meine Meinung hierüber nicht mehr ändern. Es ist der Beginn jedes Niedergangs: Das Ernstnehmen der großen Dinge und das Nichternstnehmen der kleinen für selbstverständlich zu halten. Daß man die Menschheit hochachtet, seine Dienstboten aber plagt – daß man Vaterland oder Kirche oder Partei heilig hält, seine Tagesarbeit aber schlecht und schluderig macht, damit fängt jede Korruption an. Es gibt gegen sie nur ein Erziehungsmittel: daß man bei sich selbst wie bei den andern alle die sogenannt ernsten und heiligen Dinge wie Gesinnung, Weltanschauung, Patriotismus vorerst ganz beiseite läßt, dagegen allen Ernst dem Kleinen und Kleinsten, dem Dienst des Augenblicks zuwendet. Wer sein Fahrrad oder seinen Gasherd vom Mechaniker reparieren läßt, der verlangt vom Mechaniker weder Liebe zur Menschheit noch den Glauben an Deutschlands Größe, sondern anständige Arbeit, und nach ihr beurteilt er den Mann einzig und allein und tut sehr recht daran. Warum sollte es gerade im Geistigen anders sein? Warum sollte eine Arbeit, weil sie sich Kunstwerk nennt, nicht exakt und gewissenhaft sein müssen? Und warum sollten wir die »kleinen« handwerklichen Fehler um schöner Gesinnungen willen übersehen? Nein, wir wollen diesen Spieß lieber umdrehen. Auch sonst sind ja die großen Allüren und Gesinnungen oder Programme häufig Spieße, die beim Umdrehen uns überraschen, und sei es nur durch die Entdeckung, daß sie von Pappe sind.   *(1933)*

Weltkrise und Bücher

Antwort auf eine Umfrage

Natürlich gibt es eine Menge von guten und schönen Büchern, denen ich eine große Verbreitung wünsche. Aber Bücher, von deren Einfluß eine Besserung der Zustände und eine freundlichere Gestaltung der Zukunft zu erwarten wäre, gibt es nicht. Die Krise, in der sich unsre Welt befindet, wird, so fürchte ich, einem Untergang sehr ähnlich sehen, wenn sie auch keiner sein wird, und es werden in ihrem Ablauf außer vielen andern schönen und geliebten Sachen auch unzählige Bücher für immer verschwinden. Was gestern noch heilig war, was heut noch einem kleinern Kreis von Geistigen ehrwürdig und verpflichtend ist, wird übermorgen vollends unterhöhlt und vergessen sein – bis auf jenen Rest, welcher unzerstörbar ist und den Sauerteig für jede Neubildung bedeutet. Er wird niemals untergehen, solang es Menschen gibt, er ist das einzige »Ewige«, was der Mensch besitzt.

Niedergelegt ist dieser höchste Besitz der Menschheit in verschiedenen Formen und Sprachen, die Bibel und die heiligen Bücher des alten China, das indische Vedanta und manche andre Bücher und Buchsammlungen sind Gefäße, in welchen das Wenige, was bisher eigentlich erkannt worden ist, Gestalt gefunden hat. Diese Gestalt ist nicht eindeutig und diese Bücher sind nicht ewig, aber sie enthalten das geistige Erbe unsrer bisherigen Geschichte. Alle andere Literatur ist von ihnen ausgegangen und wäre ohne sie nicht: die gesamte christliche Dichtung zum Beispiel bis Dante und bis heute ist eine Ausstrahlung des Neuen Testaments, und wenn diese ganze Literatur unterginge, das Neue Testament aber erhalten bliebe, so könnten immer wieder neue, ähnliche Literaturen aus ihm hervorgehen. Nur die paar »heiligen Bücher« der Menschheit haben diese Zeugungskraft, und nur sie überdauern die Jahrtausende und die Weltkrisen. Tröstlich ist dabei, daß es auf ihre Verbreitung gar nicht ankommt. Es brauchen nicht Millionen und nicht Hunderttausende zu sein, die innerlich von diesem oder jenem heiligen Buch Besitz ergriffen haben, vielmehr ergriffen worden sind, es genügen wenige. *(1937)*

Widerstand gegen Duden

An die Redaktion der Zeitschrift »Corona«

Im Prozeß der »Vereinheitlichung« und zugleich Banalisierung der Sprache steht, glaube ich, der Dichter eindeutig auf Seite der erhaltenden, retardierenden Partei, und sollte es daher möglichst auch in den formalen Fragen der Orthographie etc. tun. Wenn ein Autor einmal das Wort »anderer« geschrieben hat, darf ihn das nicht dazu verpflichten, auf der nächsten Seite auf das Wort »andrer« zu verzichten, bloß weil das »konsequent« ist. Zwischen beiden Wörtern ist ein rhythmischer Unterschied, und wenn auch der Autor die Motive, warum er das einemal so, das andremal so schreibt, nicht immer klarlegen kann, so tut er es eben doch aus einem künstlerischen, einem Bedürfnis nach Differenzierung im Ausdruck. Wenn in einem Quartett von Schubert die Coda eines Satzes die drittletzte Note punktiert, in cinem andern Satz aber die sonst gleiche Endphrase der Coda ohne Punkt läßt, so weiß jeder Musikant, daß das auch einheitlich gemacht werden könnte, daß das aber weit langweiliger wäre.

Ich freue mich, Sie im Widerstand gegen den Duden des öftern auf meiner Seite zu sehen!   *(1938)*

Unendlich viele Male ist mir die Frage gestellt worden: »Was lesen Sie am liebsten?«

Die Frage ist für einen Freund der Weltliteratur schwer zu beantworten. Ich habe manches Zehntausend Bücher gelesen, manche davon mehrere Male, einige davon viele Male, und ich bin grundsätzlich dagegen, aus meiner Bibliothek und aus dem Kreis meiner Teilnahme oder doch meines Interesses irgendwelche Literaturen, Schulen oder Autoren auszuschließen. Und doch ist die Frage berechtigt und ist auch einigermaßen beantwortbar. Es kann jemand ein dankbarer Allesesser sein und vom Schwarzbrot bis zum Rehrükken, von der Karotte bis zur Forelle nichts verschmähen, und dennoch seine drei, vier Lieblingsspeisen haben. Und es kann jemand, so oft er an Musik denkt, vor allem Bach, Händel und Gluck meinen, ohne daß er darum auf Schubert oder auf Strawinski verzichten möchte. So stoße ich, wenn ich genau zusehe, bei jeder Literatur auf Gebiete, Zeiten, Tonarten, die mir näher liegen und lieber sind als andere: bei den Griechen beispielsweise liegt Homer mir näher als die Tragiker, Herodot näher als Thukydides. Auch ist, wie ich mir eingestehen muß, mein Verhältnis zu allen Pathetikern nicht ganz natürlich und macht mir etwas Mühe; ich liebe sie im Grunde nicht, und meine Hochachtung für sie ist nicht frei von Zwang, gehe es nun um Dante oder Hebbel, um Schiller oder um Stefan George.

Jene Gegend der Weltliteratur, die ich am häufigsten in meinem Leben aufgesucht habe und die ich wohl auch am besten kennengelernt habe, ist jenes heute scheinbar so unendlich fern gerückte, ja zur Sage gewordene Deutschland des Jahrhunderts zwischen 1750 und 1850, jenes Deutschland, dessen Mittelpunkt und Gipfel Goethe ist. Zu diesem Gebiete, wo ich vor Enttäuschungen ebenso sicher bin wie vor Sensationen, kehre ich von allen Ausflügen ins Älteste und Fernste immer wieder zurück, zu jenen Dichtern, Briefschreibern und Biographen, welche alle gute Humanisten sind und doch beinahe alle den Duft des Bodens, des Volkhaften haben. Besonders unmittelbar sprechen natürlich jene

Bücher mich an, in welchen Landschaft, Volkstum und Sprache mir nahe vertraut und von Kind an heimatlich sind, hier genieße ich beim Lesen jenes besondere Glück, auch die zarteste Nuance, auch die versteckteste Anspielung, den leisesten Anklang zu verstehen; die Rückkehr von einem solchen Buche zu einem, das ich in Übersetzung lesen muß, oder zu einem, das diese organische, echte, gewachsene Sprache und Musik überhaupt nicht hat, kostet mich jedesmal einen Ruck und eine kleine Pein. Vor allem ist es natürlich das Deutsch des Südwestens, das Alemannische und das Schwäbische, bei dem ich dieses Glück genieße, ich brauche nur Mörike oder Hebel zu nennen, aber es blüht mir bei fast allen deutschen und Schweizer Dichtern jener gesegneten Zeit, vom jungen Goethe bis zu Stifter, von »Heinrich Stillings Jugend« bis zu Immermann und der Droste-Hülshoff, und daß weitaus die Mehrzahl dieser herrlichen und liebenswerten Bücher heute nur noch in einer beschränkten Zahl von Bibliotheken, öffentlichen oder privaten, existiert, gehört für mich zu den störendsten und häßlichsten Symptomen unserer schrecklichen Epoche.

Aber Blut, Boden und Muttersprache sind nicht alles, auch nicht in der Literatur, es gibt darüber hinaus die Menschheit, und es gibt die immer wieder erstaunliche und beglückende Möglichkeit, im Entferntesten und Fremdesten Heimat zu entdecken, das scheinbar Verschlossenste und Unzugänglichste zu lieben und sich damit vertraut zu machen. Das hat sich mir in der ersten Hälfte meines Lebens an den Zeugnissen des indischen und später an denen des chinesischen Geistes erwiesen. Zu den Indern gab es für mich wenigstens Wege und Vorbestimmungen, meine Eltern und Großeltern waren in Indien gewesen, hatten indische Sprachen gelernt und etwas vom Geist Indiens gekostet. Aber daß es eine wunderbare chinesische Literatur und eine chinesische Spezialität von Menschentum und Menschengeist gebe, die mir nicht nur lieb und teuer werden, sondern weit darüber hinaus eine geistige Zuflucht und zweite Heimat werden könnten, davon hatte ich bis über mein dreißigstes Jahr hinaus nichts geahnt. Aber dann geschah das Unerwartete, daß ich, der ich bis dahin vom literarischen China nichts gekannt hatte als das Schi King in Rückerts Nachdichtung, durch die Übertragungen Richard Wilhelms und anderer mit etwas bekannt wurde, ohne das ich gar nicht mehr zu leben wüßte: das chinesisch-taoistische Ideal des Weisen und Guten. Über die zweieinhalb Jahrtausende hinweg wurde mir, der ich kein Wort Chinesisch kann und nie in China gewesen bin, das Glück zuteil, in der alten chinesischen Literatur eine Bestätigung eigener Ahnungen, eine geistige Atmosphäre und Heimat zu finden, wie ich sie sonst nur in der mir von Geburt und Sprache zugewiesenen Welt besessen hatte. Diese chinesischen Meister und Weisen, von denen der herrliche Dschuang Dsi, von denen Liä Dsi und Mong Ko erzählt haben, waren das Gegenteil von Pathetikern, sie waren erstaunlich schlicht und dem Volk und Alltag nahe, sie ließen sich nichts vormachen und lebten gern in einer freiwilligen Verborgenheit und Genügsamkeit, und sie hatten eine Art, sich auszudrücken, über die man nur immer wieder staunen und sich freuen kann. Kung Fu Tse, der große Gegenspieler des Lao-tse, der Systematiker und Moralist, der Gesetzgeber und Bewahrer der Sitte, der einzige etwas Feierliche unter den Weisen der alten Zeit, wird zum Beispiel gelegentlich so charakterisiert: »Ist das nicht der, der weiß, daß es nicht geht, und es doch tut?« Das ist von einer Gelassenheit, einem Humor und einer Schlichtheit, für die ich in keiner Literatur ein ähnliches Beispiel weiß. Oft gedenke ich dieses Spruches, und manch anderer, auch beim Betrachten der Weltereignisse und bei den Aussprüchen derer, welche die Welt in den nächsten Jahren und Jahrzehnten zu regieren und perfekt zu machen im Sinne haben. Sie tun wie Kung Tse, der Große, aber hinter ihrem Tun steht nicht sein Wissen darum, »daß es nicht geht«.

Und auch die Japaner darf ich nicht vergessen, obwohl sie mich längst nicht so viel beschäftigt und genährt haben wie die Chinesen. Aber es gab und gibt in Japan, das wir heute ebenso wie Deutschland nur als ein kriegerisches Land kennen, seit vielen Jahrhunderten etwas so Großartiges und zugleich Witziges, etwas so Durchgeistigtes und dabei so entschlossen, ja derb aufs praktische Leben Gerichtetes wie das Zen, eine Blüte, an der das buddhistische Indien und China seinen Anteil hat, die aber erst in Japan sich ganz entfalten konnte. Ich halte Zen für eines der besten Güter, das je ein Volk sich erworben hat, eine Weisheit und Praxis vom Rang des Buddha und des Lao-tse. Und dann hat mich mit langen Pausen dazwischen, auch die japanische Lyrik sehr bezaubert, vor allem ihr Streben nach äußerster Einfachheit und Kürze. Man darf keine moderne deutsche Lyrik lesen, wenn man grade von der japanischen kommt, sonst erscheinen uns unsere Gedichte verzweifelt geschwollen und stelzig. Die Japaner haben so wunderbare Erfindungen gemacht wie das Siebzehnsilbengedicht und sie haben stets gewußt, daß eine Kunst nicht dadurch gewinnt, daß man sie sich erleichtert, sondern durch das Gegenteil. So hat einst ein japanischer Dichter ein Gedicht in zwei Verszeilen geschrieben, in dem es heißt, es seien im noch verschneiten Walde einige Pflaumenzweige aufgeblüht! Er gab das Gedicht einem Kenner zu lesen, und der sagte ihm, »ein einziger Pflaumenzweig genügt durchaus«. Er erkannte, wie sehr der andere recht habe und wie weit er noch von der wirklichen Einfachheit entfernt sei, und folgte dem Rat des Freundes, und sein Gedicht ist heute noch unvergessen.

Man macht sich gelegentlich über die jetzige Überproduktion an Büchern in unserem kleinen Lande lustig. Aber wenn ich noch etwas jünger und noch bei Kräften wäre, würde ich heute nichts anderes tun, als Bücher herausgeben und verlegen. Wir dürfen mit dieser Arbeit für die Kontinuität des geistigen Lebens weder warten, bis die Kriegsländer sich vielleicht wieder erholen werden, noch dürfen wir diese Arbeit als ein kurzfristiges Konjunkturgeschäft betreiben, bei dem man nicht allzu gewissenhaft zu sein braucht. Die Weltliteratur ist in Gefahr, durch die eilig und schlecht gemachten Neuausgaben kaum weniger als durch den Krieg und seine Folgen.

(1945)

Wer sich abseits gesetzt und weit von Stadt und Gesellschaft niedergelassen hat, in dessen Leben spielt die Post eine Rolle. Denn magst du noch so sehr die Einsamkeit und Sammlung suchen und lieben, das Leben läßt sich nichts ablisten, und die Leute, deren Besuchen und Ansprüchen du gern aus dem Wege gegangen wärest, finden sich nun eben allmorgendlich als Briefschreiber bei dir ein und tragen dir ein Stückchen Alltag, ein Stückchen Mühe, aber auch ein Stückchen Leben und Wirklichkeit in dein Haus und deine Luft, daß sie sich nicht zu sehr verdünne. Jetzt aber, in der schauerlichen Dämmerung des Kriegsendes, wie wunderlich klein und zufällig ist nun meine Briefpost geworden! Gerade jetzt, wo die Post so wichtig wäre, bleibt sie aus, gerade jetzt, wo man um so viele Freunde bangt, über so viele befreundete Schicksale in Sorge ist, ist der sonst oft lästig muntere tägliche Quell der Zufuhr an Wirklichkeit, an Nachrichten, an Menschlichem fast völlig versiegt. Ob mein treuster Freund und Verleger noch lebt, der in den Gefängnissen der Gestapo für seine Gesinnung und für seine Treue gegen mich so schwer gebüßt hat, ob irgendeinmal an den Wiederaufbau meines zerstörten und vernichteten Werkes zu denken sein wird, ob die Freundin noch am Leben ist, von der wir als letzte Nachricht nur wissen, daß sie aus Theresienstadt vor vielen Monaten mit vielen tausend andern »ohne Ziel« deportiert worden ist, oder wo mein Freund und Verwandter Ferromonte geblieben ist, der Organist, Cembalist und Musikhistoriker, der zuletzt Sanitätssoldat in einem riesigen Lazarett in Polen war – über dies und hundert andere, ähnlich bange und bedrängende Fragen warte ich Tag um Tag auf Antwort, Woche um Woche, Monat umd Monat. Daß man sich einmal nach Briefen aus Deutschland, und seien sie durch noch so widerliche Hitlermarken und Zensurornamente verunstaltet, richtig und ernstlich sehnen würde, hätte man noch vor einem Jahre nicht gedacht.

Aber der Alltag geht weiter, und die brave Post feiert ja trotz allem nicht wirklich. Bleiben auch die wichtigen und ersehnten Briefe aus, so kommen doch unwichtige und unerwartete, und manchmal haben auch sie ihre kleine Bedeutung und regen zu Gedanken an.

So brachte mir gestern die Morgenpost unter anderem drei Sachen, die zwar ohne Wichtigkeit, doch immerhin auch Grüße aus der Wirklichkeit und dem Welt-Alltag waren und uns auch ein wenig zu necken und zu lachen gaben.

Der erste Brief, den ich öffnete, war ziemlich dick, und ich mißtraute ihm einigermaßen; denn so sahen meistens die Briefe aus, in denen mir junge oder alte Kollegen ihre Dichtungen zum Lesen, zum Beurteilen und zum Verlegersuchen zuschickten. Aber ich wurde beschämt, der dicke Brief enthielt keine Manuskripte, sondern ein mir wohlbekanntes kleines Buch, die Insel-Auswahl meiner Gedichte. Der Briefschreiber hatte es in einem Antiquariat gekauft, und es war ihm dadurch merkwürdig geworden, daß auf dem Vorsatzblatt nicht nur eine Widmung, sondern auch eine kleine Malerei von meiner Hand sich vorfand, ein ovaler Blumenkranz. Den hatte ich irgendeinmal für irgendeinen Menschen, dem ich damals eine Freude machen wollte, gemalt, und nun war mein Buch und mein Blumenkranz also beim Trödler gelandet, ein Fremder hatte sie gekauft, und er schickte mir das Büchlein, damit ich feststelle, ob die kleine Malerei wirklich von mir stamme. Nun ja, ich mußte mich dazu bekennen und dem neuen Besitzer die gewünschte Auskunft geben.

Während ich, um die Sache los zu sein, gleich die paar Zeilen schrieb, kam durch die offene Ateliertür mein derzeitiger Gast herein, ein befreundeter Maler, dem ich jeden Vormittag eine kleine Weile sitze. Wir begrüßen uns, und während er seine Staffelei aufbaut, seine Bluse und Schürze anzieht und seine Palette revidiert, fische ich mir aus dem kleinen Posthäufchen das unterste und größte Stück hervor, ein flaches, steifes Paketchen in Quartformat. Es sah ganz so aus, als könnte es eine Zeichnung oder eine Malerei enthalten, die Gabe oder Tauschgabe eines befreundeten Künstlers etwa, und das wäre mir lieb gewesen, denn in die Kontemplationen während des Modellsitzens mochte ich lieber eine angenehmere Vorstellung mitnehmen als die von meinem liebevoll gemalten, verschmähten und dem Trödler verkauften Blumenkranz, der ja eigentlich schon erledigt war, aber, wie ich nun merkte, doch ein Gefühl von Kränkung in mir hinterlassen hatte. Ich beeilte mich also, das Quartpaket aufzuschnüren, das von einem mir unbekannten Absender kam. Wenn es, wie ich glaubte ahnen zu dürfen, die Malerei, Zeichnung, Radierung oder Lithographie irgendeines jungen Künstlers enthielt, so konnte das einen erfreulichen Gegenstand für mein Sinnieren und vielleicht auch für ein Gespräch während der bevorstehenden Sitzung abgeben. Aus der Umhüllung kam jedoch nichts dergleichen zum Vorschein, sondern eine Mappe aus dickem Karton, in der ein Quartbogen weißen Papiers lag, einmal gefaltet, also mit vier Schreibseiten. Und dazu der Brief eines Unbekannten, der mich ersucht, ich möge freundlichst das Papier an ihn zurücksenden, und zwar in folgender Weise ausgefüllt: Auf den beiden ersten Seiten habe von meiner Hand eine zu diesem Zweck verfaßte kurze Autobiographie von mir zu stehen, auf die folgende Seite solle ich meine Fotografie kleben und auf die letzte eine Widmung für den Empfänger schreiben.

Eine merkwürdige Post war das heute! Verblüfft über dies ungewöhnlich naive oder ungewöhnlich freche Ansinnen, zeigte ich Mappe und Brief meinem Freunde, der sich eben an die Staffelei gesetzt hatte. Er warf einen verwunderten Blick darauf, sah sich die dicke Kartonmappe dann nochmals genauer an, brach in Lachen aus und sagte: »Diese selbe Mappe ist auch schon bei mir gewesen mit einem ganz ähnlichen Brief, in dem ich um eine Zeichnung oder Malerei, ein Bildnis und eine Widmung angegangen wurde. Dieser Treuherzige ist ein eher gerissener Sammler, vielleicht ist nicht einmal die fehlerhafte Sprache und Orthographie seiner Briefe echt.«

Nun wußte ich doch, was ich mit dieser Mappe anzufangen habe. Wir lachten, und die Sitzung begann, der Maler kämpfte heldisch seinen Kampf mit den Tücken des Objektes, und ich in meiner Ruhestellung überließ mich Betrachtungen, die mich bei der großen Wärme des Junitages bis nahe an die Grenze des Einschlummerns führten.

Später dann, als die Sitzung zu Ende war, mußte ich auch noch den Rest meiner Morgenpost durchsehen. Er enthielt aber nur noch eine einzige Überraschung. Ein Herr in der nahen Stadt wandte sich an mich mit der in gepflegtem

Italienisch abgefaßten Bitte, ich möchte ihn unverzüglich anrufen, um eine Zusammenkunft zu vereinbaren, es handle sich um eine literarische Angelegenheit von großer Wichtigkeit. Was war nun das wieder? Ach, wahrscheinlich hatte der Mann einen Sohn oder eine Tochter, deren Schülerverse er mir als Talentprobe vorlegen wollte. Aber daß er sich dazu einen fremdsprachigen Autor aussuchte, war doch sonderbar.

Das Telefonieren gehört in unserem Hause zum Ressort der Frau, und so übergab ich den Brief meiner Frau. Sie rief den Briefschreiber an, und auch dort erschien nicht der Mann, sondern die Frau am Telefon. Als sie unsern Namen hörte, fragte sie gleich sehr interessiert, wann ich also zu der vorgeschlagenen Besprechung in die Stadt kommen könne. Sachte begann meine Frau ihre Abwehr. Sie trug der Dame vor, ich sei ein alter Mann und nicht mehr so recht mobil, und vermutlich handle es sich ohnehin um ein Mißverständnis, die Dame möge so freundlich sein und ihr erzählen, um was es sich denn überhaupt handle. Oh, rief die Partnerin drüben, von Mißverständnis keine Rede, sie habe sich erkundigt und wisse, wer ich sei, daß ich einen Namen habe und etwas von meinem Metier verstehe. Und die Angelegenheit sei nicht so alltäglich, daß man sie am Telefon mitteilen könne. Aber meine Frau blieb fest und wiederholte ihre Bitte. Nach kurzem Besinnen nun sagte die andere mit gedämpfter und erregter Stimme: Nun, ich kann Ihnen ja sagen, um was es sich handelt. Es handelt sich um einen Roman!

Worauf meine Frau: »Ah, ein Roman? Ob jemand einen Roman geschrieben habe, den ich lesen solle?«

Antwort: »Nein, keineswegs. Nicht lesen solle der Signore einen Roman, sondern schreiben. Sie haben in ihrem Hause Sachen erlebt, die wohl Stoff zu einem guten Roman geben könnten, und mich hätten sie, nach eingezogenen Erkundigungen, dazu erwählt, den Roman zu schreiben. Und wann sie nun also auf meinen Besuch rechnen könnten?«

Sie war sehr verwundert und enttäuscht, als ihr Antwort wurde: Der Signore habe zwar Romane geschrieben, aber niemals andere als selbsterfundene, und davon gehe er unter keinen Umständen ab. Man bedaure also sehr, und so weiter.

So alt also hatte ich werden müssen, um endlich einmal zu erfahren, daß auch mitten im gutbürgerlichen Leben der Dichter eine gesuchte, eine unentbehrliche Institution sei, daß es Lagen gebe, in denen man ihn rief und seiner dringend bedurfte, Lagen, die man am Telefon nicht erörtern durfte, die aber gebieterisch nach der Literatur und dem Literaten verlangten, so wie es Lagen gibt, die den Arzt, die Polizei oder den Advokaten verlangen. Es tat mir wohl, ich hörte es gern. Und wenn auch der Ertrag meiner heutigen Morgenpost nicht gerade reich genannt werden konnte, er war doch kein eindeutiges Minus. Beinahe hätte meine versöhnliche Stimmung mich verleitet, dem Sammler seine Mappe und sein Papier, wenn auch unbeschrieben, zurückzuschicken. Aber das unterließ ich dann doch.

(1945)

Der Autor an einen Korrektor

Sehr geehrter, lieber Herr Korrektor   Oktober 1946
Da wir beide immer wieder aufeinander angewiesen sein und
gemeinsame Arbeit zu leisten haben werden, kann es vielleicht nichts schaden, wenn ich einmal für eine Stunde von
den beständigen kleinen Korrekturen, Zurechtweisungen
und Erziehungsversuchen, die wir beide einer am andern zu
üben gewohnt sind, absehe, und Ihnen etwas Prinzipielles
über Ihre und meine Arbeit, das heißt über meine Vorstellung vom Sinn dieser Arbeit, von ihrer Funktion im Ganzen
des Volkes, der Sprache, der Kultur zu sagen versuche. Sie
wissen, daß es gut und freundlich gemeint ist, und werden
mir dies auch dort, wo Sie meine Auffassung keineswegs
teilen, zugestehen. Und ich meinerseits setze bei Ihnen,
gewiß mit Recht, ein Interesse für diese Gedanken, eine
Teilnahme an unsrer gemeinsamen Arbeit, einen Eifer für
Ihren Beruf und dessen Bedeutung voraus, denn wer von uns
vermöchte seinen Beruf weiter auszuüben, wer ihm treu zu
bleiben, ihm Opfer zu bringen und dafür wieder Freude an
ihm zu erleben, wenn er nicht immer wieder Lust hätte, dem
Sinn dieses Berufes näher zu kommen und seine Entartung
in ein starres System von mechanischen Handgriffen zu
verhindern. In der Epoche der Technik, der allgemeinen
Überschätzung des Geldes und der Arbeitszeit, ist ja jeder
Beruf und jeder arbeitende Mensch, auch der gutgewillte,
stets von neuem der Gefahr ausgesetzt, lebloser Maschinen-
teil zu werden und seine Arbeit aus einer persönlichen und
verantwortlichen zu einer schematisierten und fabrikmäßi-
gen werden zu lassen. Gerade aus dem Widerstand, den Sie
zuweilen meinen Absichten und Auffassungen entgegenset-
zen, kann ich erkennen, wie ernst Sie Ihren Beruf nehmen.
Wäre ich nicht davon überzeugt, so würde ich mir ja gewiß
auch nicht die Mühe dieser Erklärung machen, welche – ich
merke es schon bei diesen einleitenden Sätzen – durchaus
nicht so leicht abzufassen ist, wie ich das mir vorher dachte,
sondern im Fortschreiten ihres Werdegangs beständig
schwieriger und heikler zu werden scheint.
   Die gemeinsame Arbeit zwischen Autor und Korrektor

beginnt ja erst dann, wenn der Autor seine größte und eigentliche Arbeit, das Schreiben seines Buches, längst getan hat. Eben darum neigt gelegentlich der Korrektor dazu, die ganze noch übrige Aufgabe, nämlich aus dem geschriebenen Manuskript ein gedrucktes Buch zu machen, einzig für seine eigene Aufgabe zu halten, von welcher der Autor möglichst ausgeschlossen werden müsse. Er, der Autor, hat das Seine getan, er hat sein Essay, seine Erzählung, seinen Roman geschrieben, der Verleger hat seine Arbeit übernommen, und Sache des Setzers und des Korrektors ist es nun, aus dem geschriebenen Text einen gedruckten zu machen. Es scheint ganz einfach zu sein. Der Autor hat seine Arbeit geleistet, man hat sie ihm abgenommen, mag er sich nun Ruhe gönnen, bis ein neues Manuskript seine Kräfte fordert! Warum soll er sich nun auch noch um den weiteren Prozeß der Buchwerdung kümmern, sich in Arbeiten mischen, die den Fachleuten zustehen? Das mag in manchen Fällen ja notwendig sein und als Ausnahme zugestanden werden, namentlich wenn der Autor noch jung und unerfahren ist und erst beim Anblick der vom Setzer überreichten Korrekturabzüge an manche Verbesserungen seines Textes zu denken beginnt, die ein Mann mit Erfahrung eben schon vor der Ablieferung des Manuskriptes in Ordnung bringt.

Völlig unnötig aber, so scheint es vielen und scheint es auch Ihnen, geschätzter Mitarbeiter, ist eine Einmischung des Verfassers in die Arbeit des Korrektors, sobald es sich gar nicht um das Drucken des Manuskriptes, sondern um den Neudruck eines älteren, schon seit Jahr und Tag gedruckt vorliegenden Buches handelt. Und gerade diese Art von Arbeit ist es nun, die wir beide des öfteren zu leisten haben, denn ich bin ein alter Mann, und es kommt selten mehr vor, daß Neues von mir zu drucken ist, während wir immer wieder vor der Aufgabe stehen, irgendeines von meinen früheren Büchern, die infolge der Hitlerschen Verbote sowie der amerikanischen Bomben seit Jahren nicht mehr vorrätig sind, neu zu drucken. Sofern ich, der Autor, nicht eine Neubearbeitung dieser Texte unternehmen, sondern sie einfach in der frühern Gestalt neu gedruckt sehen will, sollte das doch wirklich ohne mich geschehen können und lediglich eine ziemlich mechanische Arbeit des Setzers und des Korrektors sein.

Ja, so sollte man denken. Und doch ist es nicht so. Wenn ich darauf verzichte, die Korrektur selbst mitzulesen und jeden Buchstaben des Textes genau zu prüfen, dann entsteht unter des Setzers und Ihren Händen ein Text, der zwar bei ganz oberflächlicher Prüfung der alte zu sein scheint, in Wirklichkeit aber vom Urtext in Dutzenden, nein in Hunderten von Kleinigkeiten abweicht.

Wenn in meinem Text etwa steht »Er öffnete die Türe weit . . .«, dann haben Sie zwar nicht ganze Worte weggelassen oder hinzugefügt, aber Sie haben zum Beispiel aus der »Türe« eine »Tür« gemacht. Und damit haben wir schon einen der häufigsten Fälle jener Veränderungen genannt, die mein Text unter Ihrer und des Setzers Hand erleidet, eine jener hundert Stellen, die Sie verbessert zu haben glauben, während ich der Meinung bin, sie sei nicht verbessert, sondern verdorben worden. Es geht immer nur um scheinbar Winziges, um einen oder zwei Buchstaben, um eine »Tür« statt der »Türe«, um ein »heute« statt des von mir geschriebenen »heut«, um ein »im Laufe« statt meines »im Lauf«, um ein »andrer« statt meines »anderer«. Ich schrieb »Miethaus«, und Sie machen »Mietshaus« daraus, ich schrieb »unsrem«, und Sie drucken »unserem«, und so fort, lauter winzige Kleinigkeiten, aber sie gehen in die Hunderte.

Wenn nun jemand Sie fragen würde, ob Sie wirklich und ernstlich daran glauben, der deutschen Sprache mächtiger und sicherer zu sein als Ihr Autor, so würden Sie ohne Zweifel diesen Gedanken weit von sich weisen. Sie würden sagen, eine solche Selbsteinschätzung liege Ihnen ebenso fern wie eine Geringschätzung des Dichters und seiner sprachlichen Potenz. Aber dichten sei dichten und drucken sei drucken, und es gebe nun einmal eine Norm, und eine Konvenienz für Schreibweise und Interpunktion, und wenn der Dichter je nach seiner augenblicklichen Laune ein »e« oder »s« oder ein Komma setze oder weglasse, wenn er selber das einemal »heut«, das andremal aber »heute«, das einemal bei der gleichen Stelle in einem Satzbau ein Komma, das andremal einen Strichpunkt setze, dann sehe man ja, daß der Dichter selber seiner Zeichensetzung durchaus nicht so sicher sei, und es sei gut, wenn ein Korrektor darüber wache, daß diese äußerlichen Formen und Ausdrucksmittel einheitlich angewendet würden.

Und nun zitieren Sie, lieber Herr Korrektor, Ihren Hausheiligen und Ihr Gesetzbuch, den Duden.

Es kann nun sein, daß ich in mancher Einzelheit dem Duden Unrecht tue, das heißt daß ich bei ihm hier und dort eine Starrheit und Härte mehr vermute, als er wirklich enthält, ich kann das nicht kontrollieren, denn ich besitze keinen Duden und habe nie einen besessen. Nicht weil ich etwa eine Abneigung gegen Wörterbücher hätte, ich besitze ihrer manche, und eines von ihnen, das große Grimmsche Wörterbuch der deutschen Sprache, gehört zu meinen Lieblingsbüchern.

Ich bin auch nicht dagegen, daß es so etwas wie einen Duden gebe, eine Vorschrift für die Rechtschreibung und eine allgemeine Anweisung für den Gebrauch der Interpunktionen. In Zeitaltern, in denen alle schreiben und die meisten schlecht schreiben, sind solche Hilfsmittel durchaus notwendig und willkommen. Was ich gegen den Duden habe, ist nichts Prinzipielles; es ist gut und richtig, daß ein gewissenhafter Schullehrer seinem Volk bei Rechtschreibung und Interpunktion durch Ratschläge behilflich sei. Aber Duden, das wissen Sie ja, ist längst kein Ratgeber mehr, sondern ein unter einem scheußlichen Gewaltstaat allmächtig gewordener Gesetzgeber, eine Instanz, gegen die es keine Berufung gibt, ein Popanz und Gott der eisernen Regeln, der möglichst vollkommenen Normierung.

Vielleicht gibt auch Duden zu, daß man sowohl heut wie heute, sowohl Tür wie Türe, sowohl Miethaus wie Mietshaus sagen könne, ich weiß es nicht. Sie können es ja nachschlagen. Ich weiß nur, daß Ihre Setzer und Sie mir nicht erlauben wollen, von dieser herrlichen Möglichkeit Gebrauch zu machen und, je nach Bedarf, bald heut bald heute, bald hieher bald hierher, bald unsre bald unsere zu sagen. Dies ist es, wogegen ich mich wehre und wehren muß, denn es geht hier um Dinge, für welche es keinen Duden und keine staatliche oder berufliche Autorität gibt, und für die der Dichter und Schriftsteller allein die Verantwortung trägt.

Ob ich sage: »Schließ die Tür« oder »Schließe die Türe«,

das ändert am Sinn des Satzes nichts. Es ändert aber anderes. Es ändert – Sie brauchen den Satz nur laut zu sprechen – den Rhythmus und die Melodie des Satzes vollkommen. Die beiden weggelassnen Buchstaben machen aus ihm etwas ganz und gar anderes, nicht was den sachlichen Inhalt angeht, den der Satz ausdrückt, sondern in bezug auf seine Musik. Und die Musik, und zwar ganz besonders die Musik der Prosa, ist eines der wenigen wahrhaft magischen, wahrhaft zauberischen Mittel, über welche auch heute noch die Dichtung verfügt. Diese winzigen Silben, hinzugefügt oder weggelassen, nötigenfalls unterstützt durch die Interpunktion, haben eine rein dichterische, vielmehr eine rein musikalische Funktion und Bedeutung. Sogar die Literaturwissenschaft hat das seit kurzem entdeckt und zum Gegenstand intensiver Forschung gemacht.

Und nun, wenn Sie mir bis hierher freundlich gefolgt sind, folgen Sie mir noch einen kleinen Schritt weiter. Stellen Sie sich bitte einen Augenblick lang vor, Sie wären Korrektor nicht in einer Druckerei für Literatur, sondern in einer Notendruckerei für musikalische Werke. Als Vorlage für den Druck hätten Sie irgendeine Partitur, einen Klavierauszug oder sonst ein Werk, sei es in der Handschrift des Komponisten, sei es in einem älteren Druck. Als Mitarbeiter hätten Sie den Notenstecher, und mit ihm gemeinsam hätten Sie als Wegweiser und Richtschnur einen musikalischen Duden, das Buch eines musikalischen Schullehrers also, das über die Gesetze und Mittel des musikalischen Ausdrucks, soweit er sich in Notenbildern wiedergeben läßt, Bescheid gibt, dessen Autor ein guter Kenner der musikalischen Sprache, jedoch kein Schöpfer und vielleicht auch kein wirklicher Freund und Versteher der musikalischen Meister ist. Sein Buch hätte die Aufgabe, Leuten als Berater zu dienen, welche Musik schreiben wollen, ohne die Gesetze, Gewohnheiten und Handwerksregeln dieser Tätigkeit ganz zu beherrschen. Das Fatale an diesem wohlgemeinten und sehr nützlichen Buche wäre nur, daß es in einem an Gehorsam gewöhnten Volk durch staatliche Autorität als unbedingt maßgebend eingeführt wäre.

Mit Ihrem nach seinem Musik-Duden gedrillten Notenstecher würden Sie nun also den Druck eines Notenwerkes beginnen. Sie würden verfahren, wie Sie beim Korrigieren einer Roman-Korrektur zu verfahren gelernt haben. Sie würden also im großen und ganzen auf treue Wiedergabe der Vorlage, zugleich aber doch auch auf eine gewisse Beaufsichtigung und Normierung der Notenschrift bedacht sein. Sie würden sich zum Beispiel niemals erlauben, einen ganzen Takt wegzulassen, wohl aber da und dort eine Viertel- oder Achtel- oder Sechzehntelnote, oder Sie würden wenigstens da und dort, wo der Komponist Ihnen zu willkürlich vom Schema abzuweichen scheint, aus zwei Achteln ein Viertel machen, ein passend scheinendes Accelerando-Zeichen einfügen, ein unpassend scheinendes weglassen. Es wären lauter winzig kleine, von Duden erlaubte, ja gebotene Eingriffe, aber sie würden das Musikstück ganz erheblich vergewaltigen. Und in zehn oder zwanzig Jahren würde ein anderer Notendrucker dieses Stück nach Ihrer Version wieder neu abdrucken, vom Setzer wieder mit neuen, winzigen Eingriffen nach einem neuesten, revidierten Duden versehen. Dann würde eine dritte, vierte, zehnte Neuausgabe dieses Musikstückes ungefähr so aussehen, wie ein großer Teil der wohlfeilen Klassikerausgaben unsrer Dichter in der Zeit vor der Wiederentdeckung des Verleger- und Herausgeber-Gewissens ausgesehen hat.

Ich erschrecke, Verehrter, über den Umfang, den das Briefchen, das ich Ihnen hatte schreiben wollen, mir unter den Händen angenommen hat. Je älter ich werde, desto schwerer fällt mir das Schreiben, und je schwerer das Schreiben mir fällt, desto mehr Atem und Raum brauche ich, um über die unendlichen Möglichkeiten zu Mißverständnissen hinweg dennoch etwas wie Eindeutigkeit und Gültigkeit des Geschriebenen zu erreichen. Aber vielleicht war es nicht vergeblich; vielleicht träumen Sie nun des Nachts einmal von weggestrichenen Buchstaben, so wie ein Feldherr vielleicht gelegentlich einmal von gefallenen Soldaten träumt. Sie tun ihm dann vielleicht plötzlich leid, und vielleicht fragt er sich, ob ihr Opfer eigentlich wirklich unvermeidbar war.

(1946)

Danksagung und moralisierende Betrachtung

Mit diesen Zeilen möchte ich für die zum Goethe-Preis an mich gerichteten Glückwünsche freundlich danken. Meine Empfindungen und Gedanken beim Empfang dieser Glückwünsche waren so zwiespältig, daß es mir Mühe machte, sie wenigstens teilweise zum Ausdruck zu bringen. Ich bitte meine Freunde, das Ergebnis nachsichtig aufzunehmen.

Manche von Ihnen werden sich darüber wundern, sich vielleicht sogar daran stoßen, daß ich diese Ehrung angenommen habe, und in der Tat hieß meine erste, rein instinktive Reaktion darauf nicht Ja, sondern Nein. Zur unbewußten Reaktion fanden sich Erwägungen ein wie diese: Es würde für einen ohnehin überanstrengten alten Mann eine empfindliche Mehrbelastung sein. Es würde ferner den Anschein einer Art von Versöhnung mit dem offiziellen Deutschland erwecken können. Und es wäre an sich falsch und grotesk, aus dem Lande, dessen Bankrott ich zum zweitenmal in voller Schwere teile, und das mich um mein ihm anvertrautes Lebenswerk gebracht hat, in Gestalt dieses Preises eine Art Genugtuung oder Abfindung anzunehmen. Nein, so sagte ich mir während dieser ersten Regung, was ich von Deutschland billigerweise erwarten und fordern dürfte, das wäre mein einfaches Recht, es wäre meine Rehabilitierung nach der unter Goebbels und Rosenberg erlittenen Schmach, wäre die Wiederherstellung meines Werkes, oder doch eines Teils davon, und der selbstverständliche schlichte Lohn für meine Arbeit in Form von Geld und Brot. Aber ein Deutschland, in dessen Macht es läge, mir das zu gewähren, gibt es ja nicht mehr. Und wie stachlig und verzwickt, wie zweischneidig und schwierig war seit dem ersten Weltkrieg das Verhältnis zwischen diesem rätselhaften, großen, launischen Volk und mir gewesen! Gerade in den Tagen, ehe ich meine Entscheidung wegen der Annahme des Preises zu treffen hatte, waren aus Deutschland wieder einmal ganze Haufen von Schmähbriefen gekommen, und diese empfand ich, alles in allem, eher als adäquaten Ausdruck des Verhältnisses zwischen mir und diesem Volk, dessen Sprache mein Instrument und meine geistige Heimat war, und dessen politisches Verhalten in der Welt ich seit 1914 mit immer wachsender Ablehnung betrachtet und oft genug auch kommentiert hatte.

Aber es fanden sich, kaum daß diese ersten Einfälle mir bewußt geworden waren, ebenso gute Gegengründe ein. Die Ehrung wurde mir ja nicht von jenem »Deutschland« angeboten, das es nicht mehr gab, sondern von der lieben alten, gut demokratischen und jüdisch kultivierten Stadt Frankfurt, die seit den Tagungen in der Paulskirche den Hohenzollern so verhaßt war, und von einem Komitee, das sich in den Tagen schwerer Prüfung unter Hitler nicht nur anständig, sondern wirklich tapfer benommen und gewiß auch gewußt hat, daß es mit meiner Wahl nochmals jene Schicht im Volke, aus der die Haßbriefe kamen, jene augenblicklich besiegte, aber keineswegs aus der Welt verschwundene Schicht der fanatischen Nationalisten sich zum Feinde machen werde.

Wäre mit dem Empfang des Preises ein materieller Vorteil für mich verbunden, so hätte ich ihn natürlich nicht annehmen dürfen. Dies ist jedoch nicht der Fall, der Geldbetrag bleibt in Deutschland und wird verschenkt.

Preise und Ehrungen sind nicht ganz das, als was sie uns in jungen Jahren erscheinen mochten. Sie sind, vom Empfänger aus gesehen, weder ein Vergnügen und Fest, noch sind sie etwas von ihm Verdientes. Sie sind ein kleiner Bestandteil des komplizierten, zum großen Teil aus Mißverständnissen konstruierten Phänomens, das man Berühmtheit nennt, und sollen als das, was sie sind, hingenommen werden: als Versuche der offiziellen Welt, sich ihrer Verlegenheit inoffiziellen Leistungen gegenüber zu erwehren. Es ist von beiden Seiten eine symbolische Gebärde, ein Akt der Sitte und Höflichkeit.

Daß der Preis den Namen Goethes trägt, verbietet dem Empfänger von vornherein, sich seiner etwa würdig zu fühlen. Das werden auch die meisten der früheren Empfänger nicht getan haben. Weder dem Dichter noch dem Menschen Goethe dürfen wir Kinder einer heillosen Zeit uns vergleichen. Immerhin erinnere ich mich einiger seiner Äußerungen über den Charakter der Deutschen mit einem Lächeln und bilde mir in manchen Augenblicken ein, Goethe würde, wenn er unser Zeitgenosse wäre, meiner Diagnose der beiden großen Zeitkrankheiten so halbwegs zustimmen. Zwei Geisteskrankheiten nämlich sind es nach meiner Meinung, denen wir den heutigen Zustand der Menschheit verdanken: der Größenwahn der Technik und der Größenwahn des Nationalismus. Sie geben der heutigen Welt ihr Gesicht und ihr Selbstbewußtsein, sie haben uns zwei Weltkriege samt ihren Folgen beschert und werden, bis sie sich ausgetobt haben, noch manche ähnliche Folgen zeitigen.

Der Widerstand gegen diese beiden Weltkrankheiten ist heute die wichtigste Aufgabe und Rechtfertigung des Geistes auf Erden. Diesem Widerstand hat auch mein Leben gedient, eine kleine Welle im Strom.

Soweit das Moralische. Für uns alte Leute, zumal wenn es uns nicht gut geht, ist die Welt vor allem ein moralisches Phänomen und Problem, und hat bald ein grauenhaftes, bald ein grämliches Gesicht. Für das Kind aber, für den an Gott hingegebenen Frommen, für den Dichter, für den Weisen ist die Welt etwas ganz anderes und hat tausend Gesichter, darunter unsäglich liebliche. Und wenn ich heute ein wenig vom Gewohnheitsrecht der Alten Gebrauch mache und moralisiere, so wollen wir darüber nicht vergessen: morgen oder übermorgen, sei es diesseits oder jenseits des Todes, werde ich vermutlich wieder ein Dichter, ein Frommer, ein Kind sein, und die Welt und Weltgeschichte werden mir nicht mehr als moralisches Problem, sondern wieder als ein ewiges, göttliches Schauspiel und Bilderbuch erscheinen.

Und unser todkrankes Europa wird, nachdem es auf seine führende und aktive Rolle vollends verzichtet hat, vielleicht wieder ein mit hohem Wert beladener Begriff, ein stilles Sammelbecken, ein Schatz edelster Erinnerungen, eine Zuflucht der Seelen werden, etwa in dem Sinne, in dem meine Freunde mit mir bisher das magische Wort »Morgenland« gebrauchten.

(1946)

Worte zum Bankett anläßlich der Nobel-Feier

Indem ich Sie bei Ihrem festlichen Zusammensein herzlich und ehrerbietig begrüße, gebe ich vor allem meinem Bedauern darüber Ausdruck, daß ich nicht selbst Ihr Gast sein, Sie begrüßen und Ihnen danken kann. Ich bin stets von sehr zarter Gesundheit gewesen, und die Strapazen der Jahre seit 1933, die mein gesamtes Lebenswerk in Deutschland vernichtet und mich immer und immer wieder mit schweren Pflichten beladen haben, haben mich vollends dauernd invalide gemacht. Doch bin ich geistig ungebrochen und fühle mich mit Ihnen allen vor allem durch den Gedanken verbunden, welcher der Stiftung Nobels zugrunde liegt, den Gedanken von der Über-Nationalität und Internationalität des Geistes und seiner Verpflichtung, nicht dem Kriege und der Zerstörung, sondern dem Frieden und der Versöhnung zu dienen. Darin, daß der mir verliehene Preis zugleich eine Anerkennung der deutschen Sprache und des deutschen Beitrags an die Kultur bedeutet, sehe ich eine Gebärde der Versöhnlichkeit und des guten Willens, die geistige Zusammenarbeit aller Völker wieder anzubahnen.

Doch ist mein Ideal keineswegs eine Verwischung der nationalen Charaktere zugunsten einer geistig uniformierten Gesamtmenschheit. O nein, es lebe die Mannigfaltigkeit, die Differenzierung und Stufung auf unserer lieben Erde! Herrlich ist es, daß es viele Rassen und Völker gibt, viele Sprachen, viele Spielarten der Mentalität und Weltanschauungen. Wenn ich ein Hasser und unversöhnlicher Gegner der Kriege, der Eroberungen und Annexionen bin, so bin ich es unter andrem auch aus dem Grunde, weil diesen finstern Mächten so viel an geschichtlich Gewordenem, hoch Individualisiertem, reich Differenziertem an menschlicher Kultur zum Opfer fällt. Ich bin ein Feind der »grands simplificateurs« und ein Liebhaber der Qualität, des Durchgeformten, Unnachahmlichen. Und so begrüße ich, als Ihr dankbarer Gast und Kollege, Ihr Land Schweden, seine Sprache und Kultur, seine reiche und stolze Geschichte, seine Widerstandskraft im Erhalten und Ausbilden seiner natürlichen Eigenart.

Ich bin nie in Schweden gewesen, aber es ist aus Ihrem Lande schon seit Jahrzehnten manches Gute und Freundliche mir zugekommen seit jenem ersten Geschenk, das ich aus Schweden erhielt: es war wohl vor vierzig Jahren, und war ein schwedisches Buch, die Erstausgabe der »Christuslegenden«, mit einer Widmung von der Hand von Selma Lagerlöf. Im Lauf der Jahre habe ich mit Ihrem Lande manchen wertvollen Austausch gehabt bis zu dem letzten großen Geschenk, mit dem es mich soeben überrascht hat. Ich spreche ihm meinen tiefempfundenen Dank aus.

(1946)

Das gestrichene Wort

Ein wunderliches Anliegen hat uns gestern, meiner Frau und mir, je für eine Stunde Arbeit gegeben. Es kam ein Brief aus Amerika, geschrieben von einem alten Herrn, einem frommen deutschen Juden aus einem jener alten Judenhäuser des Rhein- und Maingebietes, die bis an die Schwelle des unfreundlichen Heute zu den ältesten und besterhaltenen Kulturherden Deutschlands gehört haben, einer jener alten rheinisch-jüdischen Familien, deren eine in Wilhelm Speyers wunderschönem Roman »Das Glück der Andernach« ihr Denkmal und ihren würdigen Nachruf gefunden hat. Dieser alte Herr in New York, ein Emigrant, ein kultivierter und frommer Jude, ein Namenloser in jenem Heer von Wertvollen, die Deutschland zugunsten der Schreier und Bösewichte von sich gestoßen hat, schrieb mir einer Gewissensfrage wegen, die ihm Skrupel machte; und die Bitte, die er an mich zu richten für seine Pflicht hielt, besteht darin: ich möchte ein einziges Wort in einem meiner Bücher bei künftigen Auflagen weglassen. Er hat vor kurzem den »Kurgast« gelesen und darin eine Stelle, wo ich den Spruch zitiere, »Liebe deinen Nächsten wie dich selbst«. Der Kurgast nennt diesen Spruch »das weiseste Wort, das je gesprochen wurde«, und fügt hinzu: »Ein Wort, das übrigens erstaunlicherweise auch schon im Alten Testament steht.« Für den Leser und Briefschreiber in Amerika nun, für den frommen Juden und Bibelleser, ist das Wort »erstaunlicherweise« nicht annehmbar, er findet mit diesem Wort das Judentum und die Thora beleidigt und angezweifelt, und er bittet mich mit ernsten Worten, dies Wort zu streichen.

Zunächst nun mußte meine Frau, da meine Augen es nicht leisten konnten, den »Kurgast« auf jene Stelle hin durchfliegen, um den Zusammenhang und Wortlaut des Satzes festzustellen. Dann las ich die fragliche Seite meines vor 25 Jahren geschriebenen Buches sorgfältig nach. Natürlich hatte der Briefschreiber recht, natürlich war es ein Irrtum, und war für jüdische Leser beinah eine Blasphemie, wenn ein bisher von ihm ernst genommener Autor es »erstaunlich« fand, daß ein so edles und erhabenes Wort »schon« im Alten Testament stand, also lang vor Jesus und der christlichen Lehre geschrieben war. Er hatte recht, daran war nicht zu zweifeln: mein Ausdruck »erstaunlicherweise« war, ebenso wie das Wort »schon« (das mein Briefschreiber aber nicht beanstandete) objektiv unrichtig, er war voreilig und töricht, er spiegelte etwas von der zugleich verlegenen und hochmütigen Art wider, mit der zur Zeit meiner Kindheit und Erziehung die populäre protestantische Theologie uns kleinen Protestantenkindern von der Bibel und vom Judentum sprach, und welche etwa darauf hinauslief, es sei das Judentum und das Alte Testament zwar hochehrwürdig und nicht genug zu respektieren, aber es fehle ihm eben doch das Letzte, die Krone, das Alte Testament sei vorwiegend ein Buch des Gesetzes und der Strenge, während erst das Neue den wahren und vollen Begriff der Liebe und der Gnade gebracht habe usw. Als ich jene Zeile im »Kurgast« vor 25 Jahren schrieb, war ich, mindestens für eben jenen Augenblick, nicht ein Wissender und Überlegener gewesen, sondern es war mir damals, als ich jenes herrliche Wort von der Nächstenliebe zitierte, in der Tat »erstaunlich« vorgekommen, daß ein solches Wort, das man ruhig die Quintessenz der christlichen Lehre oder doch der christlichen Moral nennen konnte, »schon« im Alten Testament stehe. Recht hatte er, der liebe besorgte Mann in Amerika.

Aber wie war das nun? War der »Kurgast«, und waren alle meine Bücher denn geschrieben, um Kenntnisse und objektive Wahrheiten im Volk zu verbreiten? Gewiß wollten sie, vor allem andern, der Wahrheit dienen, aber im Sinne der Aufrichtigkeit, welche sich sorgfältig jedes autoritären Beiklangs beim Aussprechen von Gedanken enthält, einer Aufrichtigkeit, deren Gesetz den Autor zu einer weitgehenden Preisgabe seiner Person und nicht selten zu einer Selbstenthüllung zwingt, deren Opfer noch niemals ein Leser voll begriffen hat. Wollte ich denn meinen Lesern etwas anderes mitteilen als die Ergebnisse meines eigenen Erlebens und Denkens, und dazu jeweils eine Strecke des persönlichen Weges, auf dem ich zu diesen Ergebnissen gelangt war? Hatte ich je den Diktator, den unbedingt Wissenden, den Priester und Lehrer gespielt, der seine Wahrheiten mit der Autorität eines Amtes verkündigt, seine Lücken und Zweifel aber sorgfältig verschweigt? War nicht dies meine Rolle und Aufgabe gewesen: meinen Lesern nicht nur meine Gedanken und Überzeugungen mitzuteilen, sondern auch meine Zweifel, und ihnen nicht einen Autorisierten und Geweihten vorzuspielen, sondern nur mich selbst zu zeigen, einen suchenden und irrenden Bruder?

Ich konnte dem Manne in Amerika dies alles nicht erklären. Da er es bei der Lektüre meiner Bücher, die er beinah alle kannte, nicht gemerkt hatte, würde es mir in einem noch so langen Briefe auch nicht gelingen, ihn zu einer anderen Art von Lesen und Verstehen zu bekehren. Er verlangte von mir, ich solle ein einziges Wort in einem Buche streichen, und verlangte damit, ich solle, im Dienste der Wahrheit, eine Lüge begehen, ich solle so tun, als sei ich damals vor 25 Jahren, als ich den »Kurgast« schrieb, keines Irrtums oder Leichtsinns, keiner Unwissenheit in bezug auf Bibel und Theologie fähig gewesen, als hätten nicht damals wie heute noch überall Reste meiner Herkunft und Erziehung an mir gehangen. War das nicht doch vielleicht etwas zuviel verlangt?

Scheinbar war die Sache also sehr einfach. Man verlangte etwas von mir, was meinem Wesen und Geschmack, meinen literarischen Gewohnheiten, um nicht gleich zu sagen »Grundsätzen«, widersprach, und darauf gab es ja eigentlich nur eine Antwort, eine Absage. Aber die Dinge sehen immer einfacher aus, als sie sind, und die moralischen noch mehr als alle andern. Wäre ich zwanzig Jahre jünger gewesen! Dann hätte ich nicht meine Frau mit dem Suchen der Buchstelle belästigen, hätte mir nicht so viele Skrupel machen müssen, hätte Zeit gefunden, meinem Leser in einem Brief von vielen Seiten die Sache zu erklären, hätte mich an diesem Brief warm geschrieben und in die Überzeugung hinein geschmeichelt, nun habe ich den Partner wirklich überzeugt und beruhigt. Das Wort »erstaunlicherweise« wäre weiter in meinem Buch stehen geblieben und hätte weiterhin in edler Aufrichtigkeit meine Ahnungslosigkeit und Torheit vom Jahr 1923 dokumentiert.

Aber nun war ich eben etwas älter und etwas bedenklicher, wohl auch etwas unsicherer geworden, und der Mann, der das Wort gestrichen haben wollte, war ebenfalls nicht ein junger, durch einen guten Brief zu beruhigender und in seinen Überzeugungen wankend zu machender Leser, sondern er war ein alter Herr, dessen Brief es weder an Bescheidenheit noch an Würde fehlte. Er war außerdem ein Frommer, ein Liebhaber der Bibel, ein Mann, der im Alten Testament sehr viel besser als ich Bescheid wußte, und dem ein etwas unbedacht geschriebenes Wort von mir weh getan und Ärgernis gegeben hatte. Und noch etwas: er war ein Jude. Er war ein Angehöriger des Volkes, das der Welt die Bibel und den Heiland gegeben und dafür den Haß und die grimmige Feindschaft beinahe aller andern Völker geerntet hatte, ein Mann aus einem uralt-heiligen Volk, das in unserer gottlosen Zeit Unausdenkliches erduldet und sich dabei besser bewährt hatte als irgendein anderes, jüngeres Volk in ähnlicher Drangsal: denn nicht nur hatten die Juden (und das gilt auch noch für heute, die Verfolgung dauert ja an) ein Beispiel ohnegleichen an Solidarität, brüderlicher Hilfs- und Opferbereitschaft gegeben, dessen die Welt noch gar nicht bewußt geworden ist, sie hatten überdies in unzähligen Fällen einen Heldenmut im Ertragen, eine Tapferkeit angesichts des Todes, eine Würde im Elend und Untergang bewiesen, bei deren Betrachtung wir Nichtjuden uns nur schämen können.

Und nun sollte ich also diesem wohlmeinenden und würdigen alten Juden antworten, sollte ihm eine Genugtuung versagen, um die er auf eine edle Weise gebeten, sollte seinem Glauben und seiner überpersönlichen frommen Weisheit mein Recht als Bücherschreiber, als Vertreter einer psychologischen Spezialität, mein Pathos als Bekenner entgegenstellen und ihn, indem ich ihn enttäuschte und abwies, noch belehren?

Ich brachte das nicht über mich. Es hätte dazu ein Maß an Sicherheit, an Glauben an mich und den Sinn und Wert meiner Arbeit gehört, den ich heute nicht mehr aufbrächte. Ich schrieb dem Leser in New York einen kurzen Brief, daß ich seinen Wunsch erfüllt habe, und schrieb meinem Verleger eine Mitteilung, daß bei einem etwaigen Neudruck des »Kurgast« auf Seite 154 das Wort »erstaunlicherweise« wegzulassen sei.

(1947)

An einen jungen Kollegen in Japan

Lieber Kollege! Ihr langer Brief vom Januar, der mich zur Zeit der Kirschblüte erreicht hat, war in der Tat nach Jahren des Schweigens der erste Gruß aus Ihrem Lande, der den Weg zu mir gefunden hat. Und aus manchen Zeichen kann ich sehen, daß wirklich, wie Sie sagen, Ihr Gruß und Zuruf aus einer heftig erschütterten Welt, aus einer scheinbar ins Chaos zurückgefallenen Welt kommt. Er vermutet und sucht bei mir und in meinem Lande, der beneideten »Friedensinsel«, eine noch unzerstörte Welt des Geistes, eine anerkannte und gültige Hierarchie der Werte und Kräfte. Und in mancher Hinsicht haben Sie recht. Ihr leidenschaftlicher, zugleich gläubiger und angstvoller Brief ist zwischen den Ruinen einer zerstörten Großstadt geschrieben, wo es schon Mühe machte, das Papier und den Umschlag dazu aufzutreiben, und er landet hier, von einer freundlichen ländlichen Briefträgerin gebracht, in der Ruhe eines unzerstörten Hauses und Dorfes, wo die Kirschblüte das grüne Tal überflutet und den ganzen Tag der Kuckuck zu hören ist. Und da Ihr Brief der eines Jünglings an einen Alten ist, trifft er auch im Geistigen kein Chaos, sondern eine gewisse Ordnung und Gesundheit an, doch ist es freilich nicht eine Ordnung und Stabilität, die von der abendländischen Gesamtlage, von einem mehr oder minder wohlerhaltenen Erbe an Glauben und gutem Herkommen im geistigen Leben getragen wird, sondern es ist die insulare Existenz eines Einzelnen, in welcher hier mitten im Chaos eine unzerstört gebliebene Tradition fortlebt. Solcher Einzelner, solcher geistig anständig erzogener alter Leute gibt es hierzulande viele, sie werden auch, im großen ganzen, nicht etwa verachtet, verspottet oder gar verfolgt, im Gegenteil, man schätzt sie, man freut sich ihrer, man hält sie inmitten der Werte-Dämmerung, wie man aussterbende Tiere sorgfältig in Reservat-Gebieten hält, man ist sogar gelegentlich stolz auf sie und rühmt sich ihrer als einer rein abendländischen Erbschaft, welcher weder das aufstrebende Rußland noch das aufstrebende Amerika sich rühmen könne. Aber wir alten Dichter, Denker und Fromme sind weder das Herz noch der Kopf der abendländischen

Welt mehr, wir sind Reste einer sterbenden Rasse, ernst genommen werden wir höchstens von uns selber, es fehlt an Nachwuchs.

Und nun zu Ihrem Brief. Sie machen sich darin Sorgen, die mir unnötig scheinen. Sie ereifern sich ein wenig darüber, daß Ihre dortigen Mitstudenten in mir nicht einen Helden und Märtyrer der Wahrheit sehen, wie Sie es tun, sondern nur einen kleinen sentimentalen Poeten aus Süddeutschland. Ihr habt beide recht und unrecht, es lohnt sich nicht, diese Formulierungen ernst zu nehmen. Oder vielmehr: Es lohnt sich nicht, das Urteil Ihrer Kameraden über mich zu korrigieren, denn es wird durch dies Urteil, sei es nun richtig oder nicht, niemandem geschadet. Dagegen die Art, wie Sie, lieber Kollege, mich beurteilen und einschätzen, bedarf recht wohl der Korrektur und Kontrolle, denn hier könnte Schaden entstehen. Sie sind ja nicht nur ein junger Leser, dem während einer besonders empfänglichen Zeit einige Bücher in die Hand geraten sind, die er nun liebt, denen er dankbar ist, die er schätzt und überschätzt. Dazu hat jeder Leser das Recht, er darf nach Herzenslust das Buch zum Objekt seiner Anbetung oder seiner Verachtung machen, mit all dem wird kein Schaden angerichtet. Aber Sie sind ja nicht nur ein begeisterter junger Leser, Sie sind, wie Sie mir schreiben, ein junger Kollege von mir, ein Literat ganz am Anfang seiner Laufbahn, ein Jüngling, der das Schöne und die Wahrheit liebt, und sich dazu berufen fühlt, den Menschen Licht und Wahrheit zu bringen. Und was einem naiven Leser erlaubt ist, das ist einem angehenden Literaten, einem der selber Bücher schreiben und herausgeben wird, nach meiner Meinung nicht erlaubt: er darf nicht die Bücher und Autoren, die ihm gerade Eindruck machen, kritiklos anbeten oder sie gar zu seinen Vorbildern machen. Ihre Liebe zu meinen Büchern ist gewiß keine Sünde, aber sie entbehrt der Kritik und des Maßes, und wird Sie, den Literaten, also wenig fördern können. Sie sehen in mir das, was Sie selbst zu werden wünschen und für nachahmens- und erstrebenswert halten: Sie sehen in mir einen Kämpfer für die Wahrheit, einen Heros und Fackelträger, einen gottbegeisterten Lichtbringer, ja beinahe das Licht selbst. Und das ist, wie Sie bald einsehen werden, nicht nur eine Übertreibung und knabenhafte Idealisierung, es ist ein grundsätzlicher Irrtum und Fehler. Mag sich der naive Leser, für den die Bücher überhaupt nicht so große Wichtigkeit haben, den Bücherschreiber vorstellen, wie er wolle, so kann uns das gleichgültig sein; es ist so, wie wenn ein Mensch, der niemals in seinem Leben ein noch so kleines Häuschen bauen wird, über Architektur urteilt und mitredet: es ist Wind, es ist Geschwätz. Aber ein leidenschaftlich in seine Autoren verliebter junger Schriftsteller, voll Idealismus und wahrscheinlich unbewußt auch voll Ehrgeiz, der sich über Bücher und Literatur grundsätzlich falsche Vorstellungen macht, der ist nicht harmlos, er ist eine Gefahr, er kann Schaden anrichten und, vor allem, er kann selbst zu Schaden kommen. Darum beantworte ich Ihren so lieben und rührenden Brief nicht mit einer freundlichen Bildpostkarte, sondern mit diesen Zeilen. Als künftiger Literat haben Sie eine Verantwortung, gegen sich selbst wie gegen Ihre künftigen Leser.

Der Heros und Lichtbringer, für den Sie Ihren jeweiligen Lieblingsautor halten und der Sie selbst zu werden vorhaben, ist eine Figur, die mir nicht gefällt. Sie ist mir zu schön, zu leer, zu pathetisch, und namentlich ist sie mir allzu abendländisch, als daß sie auf Ihrem eigenen, östlichen Boden gewachsen sein könnte.

Der Dichter, dem Sie eine Erkenntnis oder Erweckung verdanken, ist weder ein Licht noch ein Fackelträger, er ist bestenfalls ein Fenster, durch welches das Licht zum Leser gelangen kann, und sein Verdienst hat mit Heldentum, edlem Wollen und idealen Programmen nicht das mindeste zu tun; sein Verdienst kann lediglich darin bestehen, daß er Fenster ist, daß er dem Licht nicht im Wege steht, sich ihm nicht verschließt. Hat er den glühenden Wunsch, ein überaus edler Mann und ein Wohltäter der Menschheit zu werden, so ist es sehr wohl möglich, daß gerade dieser Wunsch ihn zu Fall bringt und ihn hindert, das Licht durchzulassen. Was ihn leitet und antreibt, darf weder Hochmut noch angestrengtes Streben nach Demut sein, sondern einzig die Liebe zum Licht, das Offenstehen für die Wirklichkeit, die Durchlässigkeit für das Wahre.

Es sollte nicht nötig sein, Sie hieran zu erinnern, denn Sie sind ja weder ein Wilder noch ein Verbildeter, sondern sind ein Anhänger des Zen-Buddhismus, haben also einen Glauben und die Ahnung einer seelischen Disziplin, die wie wenige andre den Menschen zum Einlassen des Lichtes, zum Stillhalten gegenüber der Wahrheit erziehen. Diese Führung wird Sie weiter bringen als all unsre abendländischen Bücher, von denen manche zurzeit so viel Zauber für Sie haben. Vor Zen habe ich einen großen Respekt, einen weit größern als vor Ihren etwas europäisch illuminierten Idealen. Zen ist, das wissen Sie besser als ich, eine der wunderbarsten Schulen für Geist und Herz, wir haben hier im Abendland nur ganz wenige Traditionen, die sich mit ihm vergleichen dürften, und sie sind bei uns weniger wohlerhalten geblieben. Und so blicken nun wir beiden, Sie junger Japaner und ich alter Europäer, etwas wunderlich einer zum andern hinüber, jeder mit Sympathie für den andern, jeder auch ein klein wenig vom exotischen Reiz gestreift, den der andere für ihn hat, und jeder beim andern etwas vermutend, was ihm selbst nie ganz erreichbar war. Ihr Zen wird Sie, so vertraue ich, vor dem Exotismus wie vor dem falschen Idealismus schützen, so wie mich die gute Schule der Antike und des Christentums davor schützt, mich etwa aus Verzweiflung über unsre geistige Situation unter Verzicht auf meine bisherigen Stützen irgend einem indischen oder anderen Yogasystem in die Arme zu werfen. Denn zu Zeiten besteht, das ist nicht zu leugnen, eine solche Verführung. Aber meine europäische Erziehung lehrt mich, gerade dem von mir unverstandenen oder nur halbverstandenen Teil der asiatischen Disziplinen trotz allem Zauber zu mißtrauen, und mich an das zu halten, was mir an ihnen wirklich verständlich geworden ist. Und gerade dies ist den Lehren und Erfahrungen meiner eigenen geistigen Heimat durchaus verwandt.

Der Buddhismus in der Ihnen vertrauten Form des Zen wird zeitlebens Ihr Führer und Ihre Stütze bleiben. Er wird Ihnen helfen, in dem Chaos, das über Ihre Welt hereingebrochen ist, nicht unterzugehen. Aber er wird Sie vielleicht einst in Konflikt mit Ihren literarischen Plänen bringen. Wer eine gute religiöse Erziehung hat, für den ist die Literatur ein gefährlicher Beruf. Der Literat soll an das Licht glauben, er soll von ihm durch unumstößliche Erfahrung wissen und ihm so oft und so weit wie möglich offen stehen, aber er soll sich nicht für einen Lichtbringer oder gar selber für ein Licht halten. Sonst geht das Fensterchen zu, und das Licht, das auf uns keineswegs angewiesen ist, geht andere Wege.

(Nachschrift, einige Tage später)

Ein Päckchen Drucksachen, die ich an Sie abgesandt hatte, sowie das Original dieses Briefes sind mir soeben von der Post zurückgereicht worden, als nicht zulässig. Die Welt sieht heute wunderlich aus. Sie, der Einwohner eines besiegten und vom Sieger besetzten Landes, konnten mir einen Brief von anderthalb Dutzend Seiten senden; ich aber, der ich nur Einwohner eines neutralen Ländchens bin, darf Ihnen nicht antworten. Aber vielleicht erreicht Sie irgend einmal dieser Gruß auf dem Weg der Zeitung.

(1947)

Wer viele Briefe bekommt und von vielen angegangen wird, dem kommt heutzutage ein nicht aussetzender Strom von Elend jeder Art entgegen, von der sanften Klage und schüchternen Bitte bis zum wütend grollenden Auftrumpfen der zynischen Verzweiflung. Wenn ich in eigener Person das ertragen müßte, was an Jammer, Bedrängnis, Armut, Hunger, Heimatlosigkeit die Briefpost eines einzigen Tages mir zuträgt, so wäre ich längst nicht mehr am Leben, und mancher dieser oft sehr sachlichen und anschaulichen Berichte stellt mir Zustände vor Augen, in welche mit der mitfühlenden Phantasie einzudringen und welche wirklich anzunehmen und wahrzuhaben mir große Mühe macht. Ich habe mich im Lauf dieser letzten Jahre damit abfinden müssen, mein Empfinden und Verstehen für jene Fälle von großer Not zu sparen, denen wenigstens einigermaßen abzuhelfen, denen mit Trost und Rat oder mit materieller Gabe beizukommen ist.

Unter den Briefen, welche einen geistigen und moralischen Beistand erbitten, ist eine bestimmte Kategorie erst in diesen Elendsjahren in den Bereich meiner Erfahrung getreten. Es sind Briefe von nicht mehr jugendlichen, manchmal schon alten Menschen, denen durch die bis zur Unerträglichkeit gesteigerte Härte und Bitterkeit des äußeren Lebens ein Gedanke nahegelegt wird, der ihrem Charakter fremd ist und in ihrem Leben vorher niemals aufgetaucht war: der Gedanke, dem Jammer durch den Selbstmord ein Ende zu machen. Von jugendlichen, weichherzigen, etwas dichterisch und etwas sentimental veranlagten Leuten freilich kamen Briefe voll solcher Stimmungen schon immer, sie gehören zum Bekannten und Gewohnten, und ich bin zuweilen ziemlich deutlich, ja derb geworden in meinen Antworten auf das Liebäugeln oder gar das Drohen mit dem Selbstmord. Ich schrieb diesen Lebensmüden etwa, daß ich zwar den Selbstmord keineswegs verurteile, aber erst den wirklichen, den vollzogenen, vor dem ich nicht weniger Respekt habe als vor jeder andern Todesart, daß ich aber Unterhaltungen über Lebensüberdruß und suizide Absichten nie so ganz und gar ernstnehmen könne wie es ihr Wunsch sei, sondern in ihnen eine nicht ganz erlaubte, nicht ganz anständige Mitleids-Erpressung zu sehen geneigt sei. Aber nun kommen, nicht häufig aber doch immer wieder, auch von bisher lebenstüchtigen und bewährten Leuten diese Briefe mit der Frage, was ich vom Selbstmord halte, denn es werde immer schwerer und immer unerträglicher, dies Leben, dem aller Sinn, alle Freude, alle Schönheit und Würde fehle, und darauf gibt es keine Antwort ohne völliges Ernstnehmen und Anerkennen der mir zugetragenen Not.

Ein paar Sätze aus meinen Antworten auf solche Anrufe habe ich mir notiert. Einer schwer deprimierten, aber nach meinem Eindruck im Lebenswillen doch nicht ernstlich geschädigten Frau habe ich geschrieben: »Wir leben alle heute im Zustand der Verzweiflung, alle wirklich wachgewordenen Menschen, die Verzweiflung ist unser legitimer Ort und Stand. Wir sind damit zwischen Gott und das Nichts gestellt, zwischen ihnen atmen wir aus und ein, zwischen ihnen schwingen und pendeln wir. Wir hätten jeden Tag Lust das Leben hinzuwerfen, und werden doch von dem gehalten, was in uns überpersönlich und überzeitlich ist. So wird unsre Schwäche, ohne daß wir darum Helden wären, zur Tapferkeit, und wir retten ein wenig vom überlieferten Gut an Glauben und Vertrauen für die nach uns Kommenden.«

Ein Mann von mehr als fünfzig Jahren bat mich nüchtern und ohne jede Spur von Phrase um meine Meinung über den Selbstmord, an den er in einem tätigen und verantwortungsvollen Leben niemals gedacht habe, der ihm aber jetzt als die einzige Befreiung von einem allzu schwer, allzu sinnlos und würdelos gewordenen Leben sich immer eindeutiger und unabweislicher anbiete. Aus meiner Antwort an ihn notierte ich mir die Sätze:

»Als ich etwa fünfzehn Jahre alt war, verblüffte uns einmal einer unserer Lehrer mit der Behauptung, der Selbstmord sei ›die größte moralische Feigheit‹, die der Mensch begehen könne. Ich hatte bis dahin eher dazu geneigt zu glauben, daß ein gewisser Mut, ein gewisser großer Trotz und Schmerz dazu gehöre, und hatte für die Selbstmörder eine mit Grauen gemischte Hochachtung empfunden. So war der mit dem Anspruch eines Axioms vorgetragene Spruch des Lehrers mir wirklich für den Moment eine Verblüffung, ich stand dumm und ohne Erwiderung vor diesem Spruch, er schien ja alle Logik und alle Moral für sich zu haben. Doch hielt die Verblüffung nicht lange vor, ich kehrte bald dazu zurück, auch meinen eigenen Gefühlen und Gedanken wieder zu glauben, und so sind die Selbstmörder mir zeitlebens beachtenswert, sympathisch und irgendwie, wenn auch auf düstere Weise, ausgezeichnet erschienen, Beispiele eines menschlichen Leidens, dem die Phantasie jenes Lehrers nicht nachkam, und eines Mutes und Trotzes, den ich nur lieben konnte. Auch sind in der Tat die Selbstmörder, die ich gekannt habe, lauter zwar problematische, aber wertvolle, überdurchschnittliche Menschen gewesen. Und daß sie außer der Courage, sich die Kugel in den Kopf zu schießen, auch noch die Courage und den Trotz gehabt hatten, sich den Lehrern und der Moral unbeliebt und verächtlich zu machen, konnte mein Mitgefühl nur erhöhen. – Wenn einem Menschen, so denke ich mir, durch Natur, Erziehung und Schicksal der Selbstmord unmöglich und verboten ist, dann wird er ihn, auch wenn gelegentlich die Phantasie ihn mit diesem Ausweg in Versuchung führt, nicht ausführen können, es wird ihm einfach verboten bleiben. Ist es anders, und wirft einer das Leben, das ihm unerträglich geworden ist, entschlossen von sich, so hat er nach meiner Meinung dazu dasselbe Recht wie andre es auf ihren ›natürlichen‹ Tod haben. Ach, bei manchen, die sich umgebracht haben, habe ich ihren Tod als natürlicher und sinnvoller empfunden als so manchen andern!«

Nicht ohne Auftatmen wende ich mich von solchen Anliegen zu den vielen andern, die man entweder nicht so bitter ernst zu nehmen braucht oder denen man doch, weil sie materieller Art sind, resoluter auf den Leib rücken kann. Es tun mir die jungen Dichter zwar leid, die mir ihre Manuskripte schicken und ein Urteil darüber erwarten, aber ich enttäusche sie mit gutem Gewissen. Zum Unmöglichen besteht keine Verpflichtung. Die jungen Dichter bekommen ihre Manuskripte zurück und irgendein kleines Höflichkeitsgeschenk, einen Privatdruck, wohl auch ein paar entschuldigende Zeilen, und auch die armen Ahnungslosen, die sich für den nächsten Goethe- oder Nobelpreis als die weitaus würdigsten Anwärter empfehlen, müssen mit eher kargen Erwiderungen vorliebnehmen.

Einigemale im Jahr aber kommt jene Art von Brief, an der ich besondere Freude habe und deren Erwiderung ich die größte Liebe zuwende. Einigemale im Jahr kommt es vor, daß jemand bei mir anfragt, ob noch eines von den mit Bildchen geschmückten Gedichtmanuskripten zu haben sei, die ich den Liebhabern zur Verfügung halte und deren Ertrag mir einen Teil der Ausgaben für alle die Pakete und Unterstützungen in die Länder des Elends und Hungers decken müssen. Eine solche Anfrage kam dieser Tage, nach einer Pause von vielen Monaten, einmal wieder und setzte mich in Arbeit und Brot. Ich halte, wenn irgend möglich, stets ein solches Manuskript oder zwei vorrätig, und hat eines einen Liebhaber gefunden, so suche ich es möglichst bald zu ersetzen. Dies ist von allen Arbeiten, die ich je getan habe, mir eine der liebsten, und sie geht etwa folgendermaßen vor sich:

Zuerst öffne ich den Papierschrank in meinem Atelier. Ich besitze ihn seit dem Bau meines jetzigen Hauses, er enthält eine Reihe sehr breiter tiefer Zugfächer für Papierbogen. Der Schrank und das viele, zum Teil edle und alte, heute meist nicht mehr zu beschaffende Papier ist einer jener Wunscherfüllungen nach dem Spruch: »Was man in der Jugend wünscht, hat man im Alter die Fülle.« Als kleiner Knabe habe ich zu Weihnacht und Geburtstag mir jedesmal Papier gewünscht, als etwa Achtjähriger tat ich es auf dem Wunschzettel mit den Worten: »Ein Bogen Papier so groß wie das Spalentor.« Später habe ich immer wieder Gelegenheiten zum Erwerb schöner Papiere benützt, oft habe ich sie gegen Bücher oder gegen Aquarelle eingetauscht, und seit der Schrank existiert, bin ich Besitzer von weit mehr Papier als ich je werde verbrauchen können. Ich öffne den Schrank und gehe ans Auswählen eines Papiers, manchmal locken mich die glatten, manchmal die einfacheren Druckpapiere. Diesmal bekam ich beim Suchen Lust auf ein sehr einfaches, leicht gelbliches Papier, von dem ich noch wenige gesparte Bogen pietätvoll bewahre. Es ist das Papier, auf das einst eines meiner liebsten Bücher, die »Wanderung« gedruckt wurde. Die noch vorhandenen Vorräte dieses Buches wurden durch amerikanische Bomben vernichtet, seither existiert es nicht mehr, ich habe jedes in Antiquariaten auftauchende Exemplar jahrelang zu jedem Preise gekauft, und heute gehört es zu den wenigen Wünschen, die ich noch habe, daß ich sein Wiedererscheinen noch erleben möge. Dies Papier ist nicht kostbar, aber es hat eine besondere, ganz schwach saugende Porosität, die den darauf gesetzten Wasserfarben etwas leicht Verbleichtes, Altes gibt. Es hatte, wie ich mich erinnerte, auch seine Gefahren, doch wußte ich nicht mehr welche es seien, und mich von ihnen überraschen und auf die Probe stellen zu lassen, dazu war ich gerade aufgelegt. Ich nahm die Bogen heraus, schnitt mit dem Papierfalzer das erwünschte Format zurecht, suchte ein passendes Stück Karton als Schutzmappe dazu, und begann meine Arbeit. Ich male stets zuerst das Titelblatt und die Bilder, noch ohne Rücksicht auf die Texte, die ich später erst auswähle. Die ersten fünf, sechs Bilder, kleine Landschaften oder einen Blumenkranz, zeichne und male ich auswendig nach vertrauten Motiven, für die folgenden suche ich anregende Vorlagen aus meinen Mappen zusammen.

Ich zeichne mit Sepia einen kleinen See, ein paar Berge, auch eine Wolke in den Himmel, baue im Vordergrund am Hügelhang ein kleines Spieldorf auf, gebe dem Himmel etwas Kobalt, dem See einen Schimmer Preußischblau, dem Dorf etwas Goldocker oder Neapelgelb, alles ganz dünn, und freue mich darüber, wie das sanft saugende Papier die Farben dämpft und zusammenhält. Ich wische mit feuchtem Finger den Himmel etwas blasser und unterhalte mich mit meiner naiven kleinen Palette aufs Beste, lang habe ich das Spiel nicht mehr geübt. Es geht ja allerdings nicht mehr wie einst, ich ermüde viel rascher, die Kraft reicht nur für wenige Blätter im Tag. Aber noch immer ist es hübsch und macht mir Spaß, eine Handvoll weißer Blätter in eine Bilderhandschrift zu verwandeln und zu wissen, daß die Handschrift sich weiter verwandeln wird, in Geld zunächst, dann aber in Pakete mit Kaffee, mit Reis, mit Zucker und Öl und Schokolade, und des weitern zu wissen, daß damit ein Strahl von Ermunterung, von Trost und neuer Kraft in teuren Menschen entzündet wird, ein Jubelgeschrei bei Kindern, ein

Lächeln bei Kranken und Alten, und auch da und dort ein Schimmer von Glauben und Vertrauen in übermüdeten und mutlos gewordenen Herzen ...

Es ist ein hübsches Spiel, und ich mache mir kein Gewissen daraus, daß diesen kleinen Malereien ein künstlerischer Wert nicht innewohnt. Als ich einst die allerersten dieser Heftchen und Mäppchen machte, waren sie noch viel unbeholfener und kunstloser als heute, es war während des ersten Weltkrieges, und ich machte sie auf den Rat eines Freundes, damals zu Gunsten der Kriegsgefangenen, es ist lange her, und später kamen Jahre, in denen ich über einen Auftrag froh war, weil ich selber es nötig hatte. Heute nun sind es nicht mehr, wie vor Jahrzehnten, Bibliotheken für Kriegsgefangene, in die ich meine Handarbeiten verwandle. Die Leute, in deren Dienst ich heute meine kleinen Handarbeiten herstelle, sind nicht anonyme Unbekannte, ich gebe die Erträge meiner Arbeit auch nicht einem Roten Kreuz oder dieser oder jener Organisation, ich bin mit den Jahren und Jahrzehnten immer mehr ein Liebhaber des Individuellen und Differenzierten geworden, entgegen allen Tendenzen unsrer Zeit. Und möglicherweise bin ich damit nicht nur ein wunderlicher Eigenbrötler, sondern habe objektiv recht. Zum mindesten kann ich feststellen, daß mir das Betreuen einer kleinen Zahl von Menschen, die ich zwar nicht alle persönlich kenne, deren jeder aber mir etwas bedeutet, deren jeder seinen eigenen, einmaligen Wert und sein besonderes Schicksal hat, viel mehr Freude macht und mir im Herzen richtiger und notwendiger scheint, als die Fürsorge und Wohltätigkeit, die ich einst als Rad in einer großen Fürsorge-Maschinerie mitbetreiben half. Auch heute stellt jeder Tag an mich die Forderung, mich der Welt anzupassen und, wie die meisten es tun, mich all der aktuellen Aufgaben mit Hilfe von Routine und Mechanisierung zu entledigen, mit Hilfe eines Apparats, einer Sekretärin, einer Methode. Vielleicht sollte ich die Zähne zusammenbeißen und es noch auf meine alten Tage erlernen? Aber nein, es wäre mir nicht geheuer dabei, und alle jene vielen, deren Not ihre Wellen bis auf meinen überhäuften Schreibtisch spült, wenden sich ja an einen Menschen, nicht an einen Apparat. Bleibe jeder bei dem, was sich ihm bewährt hat! *(1949)*

Das junge Genie

Antwort an einen Achtzehnjährigen

Ihren Brief habe ich nicht vergessen, aber ich wollte ihn nicht mit einer höflichen Gebärde abtun, und da jeder Tag neue und leichter zu beantwortende Briefe bringt, und da der Apparat, mit dem ich arbeiten muß, sehr bescheiden ist, ist mir die Antwort bisher nicht gelungen. Dieser Apparat besteht, außer dem Schreibzeug, in zwei Augen, die seit vielen Jahren überanstrengt und selten frei von Schmerzen sind, ferner in zwei Händen, die, von der Gicht verschwollen, das Schreiben oder Tippen jedes Buchstabens nur sehr ungern und ungeschickt leisten. Die Augen würden lieber sich mit Blumen, mit jungen Katzen oder mit dem Lesen eines Dichters beschäftigen als mit allen den Briefen, und auch die Hände wüßten manchen Zeitvertreib, der ihnen viel willkommener wäre. Und dann wurde mir die Antwort auf Ihren Brief auch dadurch erschwert, daß ich nicht hoffen kann, ihre Mängel in späteren Briefen gutzumachen, denn es wird wohl der erste und letzte Brief sein, den ich Ihnen schreiben darf. Ich werde zwar gern auch weitere Briefe von Ihnen lesen, doch kann ich Sie weder einladen, mir Manuskripte zu schicken, noch kann ich mehr versprechen als daß ich auch diese späteren Briefe, falls sie kommen, mit Teilnahme und dem mir möglichen Grad von Verständnis lesen werde.

Ihr Brief bittet, fordert oder fragt nichts Bestimmtes. Er ist geschrieben weniger um mich anzurufen als um Sie für eine Stunde zu befreien. Sie sind voll eines stürmischen und reichen Lebens, das sich noch nicht ausleben oder in künstlerischer Form ausdrücken kann, Sie sehen sich von Ihren Altersgenossen, von den »Andern« überhaupt, in einer Weise verschieden und abgesondert, die Sie bald beglückt, bald auch erschreckt, Sie gehören zu den über Durchschnitt Begabten und Berufenen, die man in früheren Zeiten Genies nannte, und Sie wenden sich an mich, weil Sie mich nicht zu den »Anderen« zählen, sondern sich mir irgendwie ähnlich und verwandt fühlen.

Der Weg dieser Vereinzelten und verhängnisvoll Ausgezeichneten ist immer schwierig und gefährdet gewesen, der Ihre wird es auch sein. In Ihrem Alter gehört Mißtrauen gegen die »Erfahrung« anderer und Ablehnen von Verantwortung zum natürlichen Rüstzeug, mit dem sich der Besondere, der weit über Durchschnitt Individualisierte, gegen die Welt wehren muß, die ihn flachwalzen, normieren und zu verfrühter Anpassung zwingen will. Viele junge Menschen dieser Art gehen zugrunde, sei es daß das Leben in solcher Spannung und Abwehrhaltung unerträglich wird und ungeduldig die Grenze überspringt, sei es daß der junge Einsame am Ende eben doch nachgibt, Philister wird und einen schäbigen Rest des göttlichen Feuers mit oder ohne Alkohol in eine unrühmliche, mit der Krone des Verkanntseins geschmückte Philisterromantik hinüber rettet. Ich habe viele solche gekannt.

Es gibt aber andere und edlere Wege, und es gibt auf diesen Wegen auch Hilfe und Beistände besonderer Art. Es gibt den Weg des Schöpfers, des Künstlers, des Dichters, des Denkers. Die Leistung des Denkers oder Künstlers setzt jedoch einen Akt der Einordnung und des Verzichtes voraus, sie legitimiert den Genialen vor der Welt, verlangt aber von ihm einen Grad von Hingabe, von Kampf, von verzweifeltem Opfer, von dem er in der Zeit seiner Verantwortungslosigkeit keine Ahnung gehabt hat. Dafür sieht er sich, einerlei ob seine Leistung in der Welt Erfolg habe oder nicht, durch ein Teilhaben am ganzen Reich des Geistes belohnt, durch eine Kameradschaft mit tausend Vorgängern und Mitstrebenden, er bekommt ein Ohr für die Weisheiten und Schönheiten, die durch alle Epochen und Kulturen hin lebendig und unzerstörbar geblieben sind.

Das ist ein schöner und jeder Hingabe würdiger Weg. In wem die Liebe zur Wahrheit oder zum Schönen, das Verlangen nach Aufnahme in ihr Reich, nach Teilhabe an ihrem Licht stark genug ist, der mag in seinem Tagesleben nach wie vor vereinsamt und unverstanden bleiben, er mag noch so oft Rückfälle in die knabenhafte Einstellung des Trotzes und der Verantwortungslosigkeit erleben, sein Los ist dennoch edel, sinnvoll, und ist jedes Opfers wert.

Freilich aber gehört zu diesem Weg und dieser Leistung eine nicht nur allgemeine Begabung. Es wimmelt die Welt von Dichtern, die voll prachtvoller Ideen, aber ohne treffende und zündende Worte sind, von Malern voll Phantasie aber ohne angeborene Leidenschaft für das Spiel mit den Farben, von Denkern voll edler Humanität aber ohne Kraft und Temperament des Ausdrucks. In der Kunst sind die Ideale billig, und wenn einer ein Cézanne ist, so genügt es nicht, daß er malen kann wie Tizian oder Rubens, er muß die einmalige Gabe, den einmaligen Mut, die einmalige Geduld und Besessenheit haben zu malen, wie Cézanne.

Nun gibt es aber viele Einzelgänger, viele Geniale und durch ihre Anlagen zum Übernormalen Befähigte, denen die speziellen Gaben für eine der Künste fehlen, sie haben nur die allgemeine Begabtheit, ein Plus an Geist und Phantasie, an Fähigkeit zum Erleben, zum Einfühlen, zum Mitschwingen. Sie haben in früher Jugend ebenso wie jene andern unter ihrer Vereinzelung, ihrem Anderssein gelitten, haben es vielleicht auch mit den geistigen oder künstlerischen Berufen versucht, ohne Besonderes zu leisten, brennen aber noch immer von einer Liebe, von einer Sehnsucht nach Teilhabe am Ganzen, nach Durchbrechung ihrer Einsamkeit, nach wirklicher Sinngebung für ihr schwieriges und gefährdetes Dasein. Sie wollen das Große, sie dürsten nach Hingabe, aber sie sind keine Redner, keine Dichter, keine Verkünder, keine Denker. Und gerade an ihnen wird offenbar, was eigentlich Bejahung, was eigentlich Genie sei, und daß auch die besten Künstler und tiefsten Denker noch Sklaven ihres Talentes, noch Könner und Spezialisten sind. Denn diese für keine Kunst oder Wissenschaft besonders begabten Genies sind es, in denen das Höchste an Menschentum erreicht und durch die alles Leiden und alle Eitelkeit und Verirrung der Überbegabten und Genialen gerechtfertigt wird. Ihnen widerfährt es eines Tages, daß sie der nackten Wirklichkeit begegnen, sie werden durch irgend einen Anblick, irgend einen Anruf aus dem Traume aufgeweckt, der Ich heißt, sie erblicken das Antlitz des Lebens, seine schreckliche und schöne Größe, sein bis zum Bersten Gefülltsein mit Leid, mit Not, mit unerlöster Liebe, mit irrgegangener Sehnsucht. Und sie antworten dem Anblick des Abgrunds mit dem einzigen Opfer, das vollwertig und endgültig ist, mit dem Opfer der eigenen Person. Sie opfern sich den Hungernden, den Kranken, den Lasterhaften, einerlei wem, sie lassen sich anziehen, einsaugen und verzehren von jedem Mangel, jeder Blöße, jedem Leid. Das sind die wahrhaft Liebenden, die Heiligen. Zu ihnen hin strebt alles Menschentum, das mehr will als die Norm und den Alltag, von ihrem Opfer her gewinnt jedes andre, kleinere Opfer Wert und Sinn, in ihnen erfüllt und rechtfertigt sich das ganze Problem der Einzelgänger, der Überbegabten, der Schwierigen und oft Verzweifelten. Denn Genie ist Liebeskraft, ist Sehnsucht nach Hingabe, und ganz erfüllt sie sich nur in dieser vollen und letzten Opferung.

Jetzt habe ich ungefähr das gesagt, was ich Ihnen sagen wollte. Es ist meine Antwort auf den Brief, in dem Sie aus der Fülle und der Not Ihrer jugendlichen Problematik sich an einen Alten gewandt haben. So wie Ihr Anruf an mich keine Bitten und Fragen enthielt, so enthält meine Antwort keine Ratschläge oder Tröstungen. Sie haben mich in die Unruhe, Schönheit und Fragwürdigkeit Ihres jungen Daseins blicken lassen, und ich, der ich einmal diese Unruhe, Schönheit und Fragwürdigkeit selbst durchlebt habe, versuchte Ihnen ein Bild davon zu geben, wie diese Phänomene und Probleme sich einem Altgewordenen darstellen. Wäre ich ein Heiliger, so hätte es der vielen Worte nicht bedurft. Wäre ich einer der großen Künstler, so hätte Ihr Brief mit dem Andrängen seiner Enthüllungen mir lediglich eine Störung in meiner Arbeit bedeutet. Ich hätte, wäre ich etwa ein großer Maler, Ihre Blätter nicht zu Ende gelesen, sondern wäre bei meiner Arbeit geblieben und hätte, wie der greise Renoir, mir den Pinsel an die gichtische Hand festgebunden.

Wahrscheinlich ist es auch kein Zufall, daß Sie sich an mich gewendet haben und nicht an einen Heiligen oder einen Renoir. Wahrscheinlich ist Ihr Brief geschrieben und gerade an mich adressiert worden, weil Sie in mir einen Ihnen selbst ähnlichen Menschen vermuten, der nicht in der Kunst und nicht im Leben das Große und Absolute erreicht hat, der nicht in einem Ihnen unzugänglichen Jenseits zu Hause ist, sondern in der selben Welt und Problematik, wenn auch mit andern Gewohnheiten, Vorstellungsweisen und Ausdrücken, mit anderem Temperament und anderen Formen der Anpassung wie der Abwehr, nämlich mit denen des Alters. Der alte Mann, den Sie über die vielen Unterschiede hinweg als eine

Art von Kameraden angesprochen haben, hat Ihre Geständnisse mit den seinen erwidert und Ihnen zu zeigen versucht, wie unsre gemeinsame Problematik sich auf seiner Lebensstufe darstellt.

Es grüßt Sie Ihr *H. H.*

(1950)

Lieblingsgedichte

Als ich ein Kind war, wußte ich von Liedern nur in ihrer
ursprünglichen, ihrer kompletten Form: Text und Musik,
Vers und Melodie waren mir eins. Und es gab da so wunderbare, beglückende Lieder. Schon »Kuckuck, Kuckuck, ruft's
aus dem Wald« war jedesmal entzückend, oder »Im schönsten Wiesengrunde«. Das schönste und absolut vollkommene Lied aber, in dem Wort und Ton restlos eins wurden, so
oft man es sang, war das vom Waldhorn. Es fing an:

> Wie lieblich schallt
> Durch Busch und Wald
> Des Waldhorns süßer Klang ...

und diese Zeile war tatsächlich so ganz Klang und Süßigkeit,
daß sie mit Recht bei jedem Singen wiederholt werden
mußte. War ich allein und wußte mich unbelauscht, so wiederholte ich den süßen Klang viele Male.

Etwas später entdeckte ich beim Blättern im Kirchenge-
sangbuch zuweilen ein paar Worte oder Verszeilen, bei
denen mir das Dichterische, unabhängig von der Melodie,
zum geheimnisvollen Erlebnis wurde. »Der weiße Nebel
wunderbar« im Abendlied von Matthias Claudius weckte
magische Schauer, und im gleichen Liede strömten die Verse

> Wie ist die Welt so stille
> Und in der Dämmrung Hülle
> So traulich und so hold

eine das Herz erwärmende Friedlichkeit und Güte aus.
Sprach man solche Dichterworte vor sich hin, dann tat es
einem leid, sie so kurz und vergänglich zu finden, und man
war wieder der Melodie dankbar, die sie dehnte und ein
etwas längeres Verweilen auf den schönsten Worten erlaubte.

Der Anfang eines andern Kirchenliedes aber, der ganz
unabhängig vom Musikalischen mir aus seinen feierlichen
Worten etwas von Geist und Weihe entgegenstrahlte, hieß

Morgenglanz der Ewigkeit
Licht vom unerschöpften Lichte . . .

Der erste große und für immer wirksame Anruf der Dichtung aber kam von Hölderlin. Von ihm hatte sich ein Gedicht
in unser Schullesebuch verirrt, dort stand es einsam und ohne
seinesgleichen und war beinah unerträglich schön, weil es
auch mit aller rätselhaften Schwermut des Schönen gefüllt
war:

Glänzt die Erstaunende dort, die Fremdlingin unter den
   Menschen
Über Gebirgshöhn traurig und prächtig herauf.

In der »Nürnberger Reise« habe ich von diesem Erlebnis
erzählt.
  Damals, ich war im elften Lebensjahr, begann ich gelesene
und gesprochene Verse mehr zu lieben als gesungene. Aber
musikalisch war der Zauber dennoch jedesmal bedingt, wenn
später irgendein Gedicht oder Vers mir teuer wurde. Besonders war ich für schöne, reiche und überraschende Reime
immer anfällig, zwei Beispiele mögen dies kleine Bekenntnis
beschließen:

> *Brentano:*
> Seit die Liebe weggegangen
> Bin ich nun ein Mohrenkind,
> Und die roten, frohen Wangen
> Dunkel und verloren sind

> *Lenau:*
> Und der dritte behaglich schlief
> Und sein Cimbal am Baum hing.
> Über die Saiten der Windhauch lief,
> Über sein Herz ein Traum ging.

(1952)

Über das Wort »Brot«

Wir Dichter sind von der Sprache abhängig, sie ist unser Werkzeug, dessen Beherrschung keinem einzelnen je gelingt; wenigstens kann ich von mir sagen, daß ich seit meinem Eintritt in die Schule vor mehr als siebzig Jahren nichts anderes so zäh und fortdauernd getrieben habe wie die Bemühung um die Kenntnis und Beherrschung der deutschen Sprache und, daß ich mir darin immer noch wie ein staunender Anfänger vorkomme, der sich bezaubert und halb ängstlich, halb beglückt in die Irrgärten des Alphabets einführen läßt, wo man aus einem kleinen Häufchen von Buchstaben Wörter, Sätze, Bücher und graphische Abbilder des ganzen Weltalls zusammensetzen kann.

Grundstock und erste Elemente der Sprache sind nun die Wörter. Im Umgang mit ihnen entdecken wir bald, daß ein Wort, je älter es ist, desto mehr Lebensstärke und Beschwörungskraft enthält. Die Namen, mit denen Adam im Paradies die Bäume und Blumen anrief, hatten andere und tiefere Kräfte als die, mit denen der verdienstvolle Linné sie später bedachte.

Unsere Sprachen sind alle von ziemlich hohem Alter, aber ihr Wortschatz ist in immerwährendem Wechsel begriffen. Wörter können erkranken, sie können sterben und für immer verschwinden, und neue Wörter können jeden Tag in jeder Sprache zum alten Bestand hinzukommen. Doch ist es mit diesem Wachstum so beschaffen wie mit jedem Fortschritt: wir können bewundernd über die Fähigkeit der Sprache staunen, für neue Dinge, neue Lebensverhältnisse, neue Funktionen und Bedürfnisse des Menschenlebens Bezeichnungen zu erfinden, aber wir merken bei näherem Zusehen doch bald, daß von hundert scheinbar neuen Wörtern neunundneunzig nur mechanische Kombinationen aus dem alten Bestande sind, ja überhaupt gar keine wirklichen und echten Wörter, sondern eben nur Bezeichnungen, Notbehelfe. Was unseren Sprachen in den letzten zwei Jahrhunderten an neuen Vokabeln zugewachsen ist, ist an Zahl ganz ungeheuer und staunenswert, aber an Gewicht und Ausdruckskraft, an sprachlicher Substanz, an Schönheit und echtem Goldgehalt ist es jämmerlich arm, es ist dieser scheinbare Reichtum eine Art von Inflationszauber.

Nehmen wir eine beliebige Seite einer beliebigen Zeitung in die Hand, so stoßen wir auf Dutzende solcher Vokabeln, die es vor kurzem noch nicht gab und von denen wir nicht wissen, ob es sie übermorgen noch geben werde. Solche Wörter, ganz ohne Tendenz einem Zeitungsblatt entnommen, lauten etwa so: Tochtergesellschaft – Dividendenausschüttung – Rentabilitätsschwankung – Atombombe – Existenzialismus. Es sind komplizierte, lange und anspruchsvolle Vokabeln, aber sie haben alle denselben Fehler, es mangelt ihnen eine Dimension, sie bezeichnen zwar, aber sie beschwören nicht, sie kommen nicht von unten, aus der Erde und dem Volk, sondern von oben, aus den Redaktionsstuben und Kontoren der Industrie, den Amtsstuben der Behörden.

Alte, echte, gewachsene, goldene, gediegene, vollwertige Wörter aber sind: Vater, Mutter, Ahnen, Erde, Baum, Berg, Tal. Jedes von ihnen wird vom Hirtenbub ebenso verstanden wie vom Professor oder Bundesrat, jedes von ihnen spricht nicht nur zu unserem Verstand, sondern auch zu unseren Sinnen, jedes ruft eine Wolke von Erinnerungen, Vorstellungen und Anklängen, jedes meint etwas Ewiges, Unentbehrliches, nicht Wegzudenkendes.

Zu diesen guten, bedeutungsschweren Wörtern gehört auch das Wort Brot. Man braucht es nur auszusprechen und das in sich einzulassen, was es enthält, so sind schon alle unsere Lebenskräfte, die des Leibes wie die der Seele, angerufen und in Tätigkeit versetzt. Magen, Gaumen, Nase, Zunge, Zähne, Hände sprechen mit, und in der Seele erwachen hundert Erinnerungen, es fällt uns der Eßtisch im Vaterhaus ein, rundum sitzen die lieben vertrauten Gestalten der Kindheit, Vater oder Mutter schneidet vom ganzen Laib die Stücke und bemißt ihre Größe und Dicke je nach Alter oder Hunger des Empfängers, in den Tassen duftet die warme Morgenmilch. Oder es überfällt uns mit heftigem Reiz die Erinnerung, wie es ganz früh am Morgen, noch bei halber Nacht, vom Haus des Bäckers her gerochen hat, warm und nahrhaft, anregend und begütigend, Hunger weckend und ihn auch halb schon stillend. Wir sehen die alte Magd wieder, wie sie den Tisch deckt, den dicken runden Holzteller auf das

Tuch stellt und das Brot darauf legt, den schweren Laib mit dem leisen Glanz auf der Höhe seiner dunkelbraunen Wölbung und dem matten Mehlpuder auf der Flachseite, und daneben legt sie das große Messer mit seinem stämmigen Hartholzgriff und der breiten Klinge.

Und weiter erinnern wir uns, durch die ganze Weltgeschichte hindurch, der tausend Szenen und Bilder, in denen das Brot eine Rolle spielt, die Worte von Dichtern melden sich und viele Worte der Bibel, und überall hat das Brot neben der derben nahrhaften Bedeutung des Alltags auch noch eine höhere, bis hinauf zu jenem Gleichnis des Heilands bei der Stiftung des Abendmahls, wir werden der Anklänge und Erinnerungen gar nicht mehr Herr, sie fluten uns aus hundert Bildern großer Maler zu und aus allen Bezirken menschlicher Dankbarkeit und Frömmigkeit bis zu dem mystischen Klang in Sebastian Bachs Passion: »Nehmet, esset, das ist mein Leib.«

Statt einer so kleinen Betrachtung könnte man über das Wort Brot auch ein ganzes Buch schreiben.

Das Volk, der Schöpfer und Bewahrer der Sprache, hat für das Brot Ausdrücke der Zärtlichkeit und der Dankbarkeit gefunden, von denen ich nur zwei zu nennen brauche, um wieder eine Reihe von Anklängen wachzurufen. Das Volk spricht gern vom »lieben Brot«, und die Italiener und Tessiner, wenn sie einen Menschen als wahrhaft gut bezeichnen und rühmen wollen, nennen ihn »buono come il pane«.

(1954)

346

Dankadresse anläßlich der Verleihung
des Friedenspreises des Deutschen Buchhandels

Inwieweit ich des mir zugesprochenen Preises würdig, mögen andre beurteilen. Es gibt Erfolgreiche, denen weit über Verdienst die Ehrungen zufallen und denen gelegentlich angesichts solcher Verwöhnung recht wohl bange werden kann, im Gedanken an jenen Polykrates und seinen Ring – und es gibt umgekehrt Hochverdiente, Männer edelster Art und Schöpfer unvergänglicher Werke, denen ihre Zeit und Mitwelt nicht gerecht zu werden vermag und bei deren Namen die Nachwelt mit einem Schaudern sich erinnert, daß sie unerkannt und ungeehrt gelebt haben und gestorben sind. Wieweit also die Erfolgreichen ihrer Erfolge würdig seien, möge die Nachwelt entscheiden. Wenn ich den Mut aufbrachte, den mir heute zuteil gewordenen Preis anzunehmen, so geschah es vor allem seines Namens wegen.

»Friedenspreis des Deutschen Buchhandels« – das ist ein Name, zu dem ich nahe und lebhafte Beziehungen habe und der mir innigste Erinnerungen erweckt.

Da ist, um mit dem Spender des Preises zu beginnen, der deutsche Buchhandel! Ein Autor, der mehr als ein halbes Jahrhundert deutsche Verleger gehabt und vom deutschen Buchhandel getragen und gefördert wurde, der überdies dem Buche und dem Buchwesen manche literarische Arbeit gewidmet hat, für den ist der deutsche Buchhandel ein ehrwürdiges und unentbehrliches Institut, ein bewährtes Werkzeug des deutschen Geistes, ein Kulturträger von beinahe gleicher Wichtigkeit wie Schule und Hochschule. Und wer sein Leben lang mit Büchern zu tun gehabt hat, der hat oft genug dankbar feststellen können, daß die Organisation des deutschen Buchhandels in der Welt unübertroffen, ja unerreicht dasteht.

Aber meine Beziehungen zu dieser edlen Zunft sind noch viel persönlichere und intimere als die des Autors und des Bücherliebhabers. Mein Vater und vor ihm mein Großvater waren literarische Leiter eines Verlages, der hundert Jahre lang erbauliche, theologische und populärwissenschaftliche Bücher erzeugt und vertrieben hat, und schon in den Knabenjahren war mir der Geruch von frischer Fahnenkorrektur, von Leinwand, Karton und Kleister, waren mir die Namen vieler Verlage vertraut. Und als ich nach stürmischen Entwicklungsjahren mich zu einem Beruf entschließen mußte, war es der Buchhandel, den ich wählte, vermutlich schon in der Hoffnung, er werde mir als Sprungbrett zum Beruf des Schriftstellers dienen. Ich habe den Sortiments- und Antiquariatshandel in Tübingen und in Basel gründlich gelernt und einige Jahre lang ausgeübt, ich habe Bücher verkauft, Zeitschriften ausgeliefert, Leipziger Ballen geöffnet, Ostermeß-Abrechnungen mitgemacht, das Börsenblatt gelesen und die schweren Bände des Hinrichsschen Fünfjahrskatalog befragt und als Gehilfe im Antiquariat viele Katalogzettel verfaßt und zahllose Suchzettel ausgefüllt.

So alt also und so intim sind meine Beziehungen zum Buchhandel, sie reichen bis in die Kindheit zurück.

Nicht ganz so alt, doch immerhin auch schon über vier Jahrzehnte sich erstreckend, ist mein Verhältnis zum Frieden und mein Versuch, mich in seinen Dienst zu stellen. Der Krieg von 1914 war noch keine zwei Monate alt, als ich im Hause meines Freundes Conrad Haußmann in Stuttgart das Gedicht vom Frieden schrieb:

> Jeder hat's gehabt,
> Keiner hat's geschätzt,
> Jeden hat der süße Quell gelabt –
> O wie klingt der Name Friede jetzt!
>
> Klingt so fern und zag,
> Klingt so tränenschwer,
> Keiner weiß und kennt den Tag,
> Jeder sehnt ihn voll Verlangen her.
>
> Sei willkommen einst,
> Erste Friedensnacht,
> Milder Stern, wenn endlich du erscheinst
> Überm Feuerdampf der letzten Schlacht.
>
> Dir entgegen blickt
> Jede Nacht mein Traum,

Ungeduldig rege Hoffnung pflückt
Ahnend schon die goldne Frucht vom Baum.

Sei willkommen einst,
Wenn aus Blut und Not
Du am Erdenhimmel uns erscheinst,
Einer andern Zukunft Morgenrot!

Und um dieselbe Zeit – es war die Zeit der deutschen
Anfangssiege von 1914 – standen in einem meiner Zürcher
Aufsätze* die Worte: »Krieg war immer, seit wir von Menschengeschicken wissen, und es waren keine Gründe für den
Glauben da, er sei nun abgeschafft. Es war lediglich die
Gewohnheit langen Friedens, die uns das vortäuschte. Krieg
wird so lange sein, als die Mehrzahl der Menschen noch nicht
in jenem Goetheschen Reich des Geistes mitleben kann.
Krieg wird noch lange sein, er wird vielleicht immer sein.
Dennoch ist die Überwindung des Krieges nach wie vor
unser edelstes Ziel und die letzte Konsequenz abendländisch-christlicher Gesittung. Der Forscher, der das Mittel
gegen eine Seuche sucht, wird seine Arbeit nicht wegwerfen,
wenn eine neue Epidemie ihn überrascht. Noch viel weniger
wird ›Friede auf Erden‹ und Freundschaft unter den Menschen jemals aufhören unser höchstes Ideal zu sein. Menschliche Kultur entsteht durch Veredlung tierischer Triebe in
geistigere, durch Scham, durch Phantasie, durch Erkenntnis.
Daß das Leben wert sei, gelebt zu werden, ist der letzte
Inhalt und Trost jeder Kunst, obgleich alle Lobpreiser des
Lebens noch haben sterben müssen. Daß Liebe höher sei als
Haß, Verständnis höher als Zorn, Friede edler als Krieg, das
muß ja eben dieser unselige Weltkrieg uns tiefer einbrennen,
als wir es je gefühlt haben.«
   Dieser Klang geht durch meine späteren Schriften weiter
bis ins »Glasperlenspiel« und darüber hinaus. Und es ist
nicht nur der Völkerkrieg mit den Waffen, dessen Grauen
und dessen Unsinn mir klargeworden waren. Es ist jeglicher
Krieg, es ist jegliche Art von Gewalt und streitbarem Eigen-

* In den Jahren 1914-1918 publizierte Hesse in der Neuen Zürcher Zeitung
eine Reihe von Aufsätzen, die sich gegen Krieg und Chauvinismus wandten.

nutz, es ist jede Art von Geringschätzung des Lebens und von Mißbrauch des Mitmenschen, was mir Sorge macht. Ich verstehe unter Friede nicht nur das Militärische und Politische, sondern ich meine den Frieden jedes Menschen mit sich selbst und mit dem Nachbarn, die Harmonie eines sinnvollen und liebevollen Lebens. Es bleibt mir zwar nicht verborgen, daß im rücksichtslos harten Arbeits- und Erwerbsleben des heutigen Alltags dies Ideal eines edleren und würdigeren Lebens den meisten verstiegen und wirklichkeitsfern erscheinen muß. Aber Sache des Dichters ist es ja nicht, sich irgendeiner aktuellen Wirklichkeit anzupassen und sie zu verherrlichen, sondern über sie hinweg die Möglichkeit des Schönen, der Liebe und des Friedens zu zeigen. Sie können niemals voll verwirklicht werden, diese Ideale, so wie ein Schiff auf stürmischer See nie den idealen Kurs einhalten kann. Es muß aber dennoch seinen Kurs nach den Sternen richten. Und wir müssen dennoch und trotz allem den Frieden wünschen und dem Frieden dienen, jeder auf seinem Wege und in seiner Umwelt. Ich darf mich nicht fromm nennen im Sinne meiner Vorfahren, aber unter den Bibelworten, die ich gläubig verehre, steht obenan jenes Wort vom Frieden Gottes, der höher ist denn alle Vernunft.

(1955)

Das Wort

Eine gute, erfreuliche Nachricht ist es, daß eine Zeitschrift für Dichtung künftig die Bilderzeitschrift begleiten soll. Wir heißen sie willkommen und wünschen ihr ein langes Leben.

Die deutsche Sprache und Sprachkunst hat eine merkwürdige Art von Existenz. An Reichtum des Wortschatzes, der grammatischen Formen und der künstlerischen Ausdrucksmöglichkeiten steht sie vollberechtigt neben den paar edelsten Sprachen der Welt, hat an deren Stolz und deren Demut, deren Brauchbarkeit und deren Eigensinn ihren vollen Anteil, ist durch Dichter und Denker höchsten Ranges erprobt, entwickelt, bereichert, verfeinert worden. Aber sie hat nicht wie die russische, die englische, die Mehrzahl der romanischen Sprachen hinter sich ein Volk von Liebhabern, Kritikern, Kennern und Genießern, ihr Volk und Wirkungsraum meint es mit ihr nicht gut, ihre Pflege, ihr Kult, ihre differenzierteren und zarteren Wirkungsmöglichkeiten sind auf eine dünne Bildungsschicht beschränkt, die übrigens durchaus nicht immer der wertvollste Volksteil zu sein braucht. In den deutschsprachigen Ländern kann man nicht nur Bürgermeister und Minister, sondern man kann auch Lehrer, Professor und Schriftsteller werden, ohne deutsch zu können, das heißt ohne ein echtes, natürliches, frohes und seiner selbst sicheres Verhältnis zur eigenen Sprache zu haben. Desto nötiger also, desto erwünschter ist uns, die wir jener dünnen Schicht angehören, jede uns gegönnte Zuflucht, jede uns gewährte Stütze.

Über die vom »du« protegierte Zeitschrift wird ein Urteil erst später möglich sein, wenn sie eine gewisse Probezeit wird bestanden haben. Was mir schon heute, ehe ich sie zu Gesicht bekommen habe, an ihr gefällt, das ist vor allem ihr Name. Sie heißt »Das Wort«. Damit schreibt sie eines der ältesten und ehrwürdigsten, echtesten, bedeutungsschwersten Wörter der deutschen Sprache auf ihr Titelblatt. Denn die Wörter sind ja an Wert, an Gehalt und Gewicht, an Alter, an Sinn und Kraft nicht eines wie das andere, sondern es gibt gute, starke, tief wurzelnde, gesunde Wörter, und es gibt junge, unerprobte, zweifelhafte, flaue, mit der Mode entstehende und vergehende Wörter. Dem Wort, das den Titel des neuen Blattes bildet, widmet Grimms Wörterbuch mehr als fünfundsiebenzig Spalten, es gehört seit Urzeiten allen germanischen, skandinavischen und angelsächsischen Sprachen an und hat mehr Bedeutungen als die meisten anderen Wörter unserer Sprache. Es hat sogar, ein seltener und aparter Reichtum, zwei Plurale. Und seine Bedeutungen reichen von der sakralen Sphäre (»im Anfang war das Wort« oder »das Wort sie sollen lassen stahn«) bis ans andre Ende, wo die Sprache auf später Stufe sich selbst bespiegelt, kritisiert, ironisiert und bemängelt (»bloße Worte« – »Wortchrist« – »Wortgeklingel« – »Wortklauber« usw.).

Wir wollen diesen schönen Titel so auffassen wie in den Wendungen »sein Wort geben«, »sein Wort halten«, »im Wort bleiben«, als verpflichtendes Versprechen also, und damit wird uns viel versprochen, vor allem ein Ernstnehmen des Wortes und der Sprache vom Heiligen und Ernsten bis ins Spiel und den Spaß hinein.

(1960)

Schreiben und Schriften

Mir träumte: ich saß auf einer stark tätowierten Schulbank, und ein mir unbekannter Lehrer diktierte mir das Thema zu einem Aufsatz, den ich schreiben sollte. Es lautete:

Schreiben und Schriften

Ich saß und dachte nach, ich besann mich auf einige der Regeln, nach denen ein Schüler sich beim Abfassen solcher Kunstwerkchen zu richten angewiesen war: Exposition, Aufbau, Gliederung, und habe dann, glaube ich, recht lange Zeit mit einem hölzernen Federhalter in ein Schulheft geschrieben, doch war mir beim Erwachen die Erinnerung an das Geschriebene unfaßbar gewesen und ließ sich auch seither nicht wieder erwecken. Übrig geblieben war von meinem Traume nur die Schulbank mit ihren Runen und ihrem splittrigen Rand, das linierte Heft und der Befehl des Lehrers, und ihm zu gehorchen spürte ich auch jetzt im Wachsein noch Lust. Ich schrieb also:

Schreiben und Schriften

Da der Traumlehrer nicht mehr da und seine Kritik nicht mehr zu fürchten ist, lege ich meiner Fleißarbeit keinen Plan zu Grunde, teile sie nicht in gleichmäßige Abschnitte und überlasse es dem Zufall, welche Form sie annehmen wird. Ich warte einfach auf die Bilder, Gedanken und Vorstellungen, lasse sie kommen wie sie mögen, und unterhalte damit, Homo Ludens, mich und ein paar Freunde, so gut es gehen will.

  Bei dem Wort »schreiben« denke ich zunächst nur an eine menschliche und mehr oder weniger geistige Tätigkeit, an das Malen oder Zeichnen oder Kritzeln von Buchstaben oder Hieroglyphen, an Literatur, an Briefe, Tagebücher, Rechnungen, an indogermanisch rationale oder ostasiatisch bildhafte Sprachen; der junge Josef Knecht hat einst ein Gedicht darüber gemacht.

Anders ist es bei dem Wort »Schriften«. Das erinnert mich nicht nur an Feder, Stift, Tinte, Papier, Pergament, an Briefe oder Bücher, sondern ebensosehr an Spuren und Zeichen anderer Art, an »Schriften« der Natur vor allem, an Bilder und Formen also, die fern vom Menschlichen, ohne Geist, ohne Willen entstehen, die aber unsrem Geist Kunde geben vom Dasein großer und kleiner Mächte, die wir »lesen« können und die immer neu zum Gegenstand sowohl der Wissenschaft wie der Künste werden.

Wenn ein kleiner Knabe in der Schule Buchstaben und Wörter schreibt, tut er es nicht freiwillig, will auch mit seinem Schreiben niemandem etwas sagen, und ist überdies bestrebt, seine Gebilde einem unerreichbaren aber mächtigen Ideal anzunähern: den schönen, makellosen, korrekten, vorbildlichen Buchstaben, die der Lehrer mit unbegreiflicher, schrecklicher und doch tief bewunderter Vollkommenheit an die Wandtafel gezaubert hat. »Vorschrift« nennt sich das, und gehört zu den vielen anderen Vorschriften moralischer, ästhetischer, denkerischer, politischer Art, zwischen deren Befolgung und Mißachtung unser Leben und Gewissen spielt und kämpft, deren Mißachtung uns oft sehr froh machen und Erfolg bedeuten kann, deren Befolgung aber, man plage sich wie man wolle, immer nur eine mühsame und schüchterne Annäherung an das ideale Vorbild auf der Wandtafel sein kann. Die Schrift des Knaben wird ihn selbst enttäuschen und den Lehrer auch im besten Fall nie ganz befriedigen.

Wenn derselbe Schüler, solang er sich nicht beobachtet weiß, mit seinem kleinen, schlecht geschliffenen Taschenmesser seinen Namen in das alte spröde Holz der Schulbank zu schnitzen oder kratzen sucht – eine langwierige aber schöne Arbeit, mit der er schon seit Wochen in günstigen Augenblicken beschäftigt ist –, dann ist das ein ganz anderes Tun. Es ist freiwillig, es ist lustvoll, ist heimlich und verboten, hat keine Regeln einzuhalten und keine Kritik von oben zu befürchten, hat auch etwas zu sagen, etwas Wahres und Wichtiges zu sagen, nämlich die Existenz und den Willen des Knaben kundzugeben und für immer festzuhalten. Überdies ist es ein Kampf und, wenn es gelingt, ein Sieg und Triumph, das Holz ist hart und hat noch härtere Fasern, es setzt dem

Messer lauter Widerstände und Schwierigkeiten entgegen, und das Messer ist kein ideales Werkzeug, die Klinge schon etwas wacklig, die Spitze splittrig, die Schneide nicht mehr scharf. Eine große Erschwerung liegt auch darin, daß dies so geduldige wie kühne Arbeiten nicht nur vor den Augen des Lehrers verborgen, daß die Geräusche des Schneidens, Stechens und Kratzens auch seinen Ohren verheimlicht werden müssen. Das schließliche Ergebnis dieses zähen Kampfes wird etwas völlig anderes sein als die mit unlustigen Buchstaben bedeckten Zeilen im papiernen Heft. Es wird hundertmal wieder betrachtet, wird Quelle der Freude, der Genugtuung, des Stolzes sein. Es wird dauern und kommenden Geschlechtern von Friedrich und Emil künden, ihnen Anlaß zum Raten und Nachdenken geben und ihnen Lust machen, Ähnliches zu unternehmen.

Viele Handschriften habe ich mit den Jahren kennengelernt. Ich bin kein Schriftkundiger, doch hat mir das graphische Bild von Briefen und Manuskripten meistens etwas gesagt und bedeutet. Es gibt da Typen und Kategorien, die man nach einiger Erfahrung sofort erkennt, oft sogar schon an der Adresse auf dem Briefumschlag. Ähnlich wie die Handschriften von Schulkindern haben zum Beispiel die von Bettelbriefen eine unverkennbare Verwandtschaft und Gleichförmigkeit. Die Leute, die nur einmal und in dringender Not etwas erbitten, schreiben ganz anders als jene, denen das Schreiben von Bettelbriefen eine ständige Gewohnheit, ja ein Beruf geworden ist. Nur selten habe ich mich da getäuscht. Ach, und die wackligen Zeilen der schwer Behinderten, der Halbblinden, der Gelähmten, der im Spitalbett Liegenden mit bedenklicher Fieberkurve überm Kopfkissen! In ihren Briefen spricht das Zittern oder Schaukeln oder Hintaumeln der Wörter und Zeilen manchmal stärker, deutlicher und herzbeklemmender als der berichtende Inhalt. Und umgekehrt: wie beruhigend und freundlich sprechen Briefe mich an, in denen ganz alte Menschen noch einer heilen, festen, kräftigen und frohen Handschrift fähig sind! Sie kommen sehr selten, die Briefe dieser Art, aber es gibt sie, auch noch von Neunzigjährigen.

Von den vielen Schriften, die mir wichtig oder lieb wurden, war die merkwürdigste, keiner andern auf Erden ähnliche die von Alfred Kubin. Sie war ebenso unleserlich wie schön. Solch ein Briefblatt war bedeckt mit einem dichten, anregenden, graphisch höchst interessanten Netz von Strichen, dem vielversprechenden Gekritzel eines genialen Zeichners. Ich glaube nicht, daß ich jemals in einem Kubin-Brief jede Zeile habe entziffern können, auch meiner Frau ist das nie gelungen. Wir waren zufrieden, wenn uns zwei Drittel oder gar drei Viertel des Inhalts lesbar wurden. Und jedesmal mußte ich beim Anblick solcher Blätter an Stellen in Streichquartetten denken, wo durch manche Takte alle Viere kräftig und wie berauscht drauflos und durcheinander kratzen, bis wieder die Linie, der rote Faden deutlich wird.

Viele schöne und wohltuende Handschriften sind mir vertraut und teuer geworden, ich notiere nur die goethisch-klassische von Carossa, die kleine, flüssige und kluge von Thomas Mann, die schöne, sorgfältige, schlanke von Freund Suhrkamp, die nicht ganz leicht lesbare, aber charaktervolle von Richard Benz. Wichtiger freilich und teurer wurden mir die Schriften meiner Eltern. So vogelfluggleich, so mühelos, so völlig gelöst und flüssig dahineilend und dabei so gleichmäßig und deutlich habe ich niemanden schreiben sehen wie meine Mutter, es fiel ihr leicht, die Feder lief von selber, es machte ihr und machte jedem Leser Vergnügen. Der Vater bediente sich nicht der deutschen Schrift wie die Mutter, er schrieb römisch, war auch ein Latein-Liebhaber, seine Schrift war ernst, sie flog und hüpfte nicht, floß nicht wie ein Bach oder Brunnen, die Worte waren genau von einander getrennt, man spürte die Pausen des Nachdenkens und der Wortwahl. Die Art, wie er seinen Namen schrieb, nahm ich mir schon in früher Jugend zum Vorbild.

Die Graphologen haben eine wunderbare Technik der Schriftdeutung erfunden und beinah bis zur Exaktheit vervollkommnet. Ich habe diese Technik nicht studiert oder gar erlernt, sah sie aber in vielen, oft schwierigen Fällen sich bewähren, und entdeckte nebenbei, daß zuweilen die Charaktere von Graphologen nicht auf der Höhe ihrer Verdienste um die Einsicht in menschliche Seelen standen. Es gibt übrigens auch gedruckte, auf Holz, Pappe oder Metall schablonierte oder in Emailschildern zur Dauer verurteilte Buchstaben und Zahlzeichen, die zu deuten wenig Mühe macht.

Auf amtlichen Kundgebungen, auf Verbottafeln, auf Email-Nummernschildern in Eisenbahnwagen habe ich zuweilen Buchstaben und Zahlen bestaunt so blutlos, so schlecht, so ohne Liebe, ohne Leben, ohne Spiel, ohne Phantasie und Verantwortung erfunden und erquält, daß sie noch in der Vervielfältigung, im Blech oder Porzellan schamlos die Psychologie ihrer Erfinder verrieten.

Ich nannte sie blutlos, denn beim Anblick solcher Miß-Schriften fiel mir immer der Spruch aus einem berühmten Buche ein, den ich in meiner Jugend gelesen und der mich damals sehr gepackt und bezaubert hatte. Des Wortlauts bin ich nicht mehr ganz sicher, meine aber es sei dieser gewesen: »Von allem Geschriebenen liebe ich am meisten, was einer mit seinem Blute schreibt.« Jenen amtlichen Buchstabengespenstern gegenüber war ich dann immer ein wenig geneigt, dem schönen Spruch eines Einsamen und Leidenden wieder zuzustimmen. Doch tat ich das nur für Augenblicke. Der Spruch, und ebenso meine jugendliche Bewunderung für ihn, stammte aus einer unblutigen und unheroischen Zeit, über deren Schönheit und Adel die in ihr Lebenden weit weniger im klaren waren als einige Jahrzehnte später. Wir haben dann lernen müssen, daß die Preisung des Blutes auch eine Schmähung des Geistes sein kann und daß die Leute mit der rhetorischen Begeisterung für das Blut meistens nicht ihr eigenes, sondern das Blut anderer Leute meinen.

Es schreibt aber nicht nur der Mensch. Es kann auch ohne Hände, ohne Feder, Pinsel, Papier und Pergament geschrieben werden. Es schreibt der Wind, das Meer, der Fluß und Bach, es schreiben die Tiere, es schreibt die Erde, wenn sie irgendwo die Stirn runzelt und damit einem Strom den Weg sperrt, ein Stück Gebirge oder eine Stadt wegfegt. Doch ist es freilich nur der Menschengeist, der alles von scheinbar blinden Kräften Gewirkte als Schrift, als objektivierten Geist also, anzusehen geneigt und fähig ist. Vom zierlichen Vogeltritt Mörikes bis zum Lauf des Nils oder Amazonas und des starren, unendlich langsam seine Formen verändernden Gletschers mag jeder Vorgang in der Natur von uns als Geschriebenes, als Ausdruck, als Gedicht, Epos, Drama empfunden werden. Es ist dies die Art der Frommen, der

Kinder und Dichter, auch der echten Gelehrten, aller Diener des »sanften Gesetzes«, wie Stifter es genannt hat. Sie suchen nicht wie die Gewalt- und Herrenmenschen die Natur auszubeuten und zu vergewaltigen, sie beten auch nicht angstvoll deren Riesenkräfte an, sie möchten schauen, erkennen, staunen, verstehen, lieben. Ob ein Dichter dem Ozean oder den Alpen in Hymnen huldigt, ob ein Insektenforscher im Mikroskop das Netz kristallener Linien auf dem Flügel des winzigsten Glasflüglers beobachtet, es ist stets der gleiche Trieb und der gleiche Versuch, Natur und Geist als Brüder zusammenzubringen. Dahinter steht immer, ob bewußt oder nicht, etwas wie ein Glaube, etwas wie eine Gottesvorstellung, nämlich die Annahme, es werde das Ganze der Welt von einem Geist, einem Gott, einem Gehirn, dem unsern ähnlich, getragen und gesteuert. Die Diener des sanften Gesetzes machen sich die Erscheinungswelt dadurch verwandt und lieb, daß sie sie als Schrift, als Kundgebung des Geistes betrachten, einerlei, ob sie sich diesen Weltgeist als nach ihrem Bilde geschaffen denken oder umgekehrt.

Seid gepriesen, wunderbare Schriften der Natur, unbeschreiblich schön in der Unschuld eurer Kinderspiele, unbeschreiblich und unbegreiflich schön und groß auch in der Unschuld des Vernichtens und Tötens! Kein Pinsel keines Malers hat je so spielerisch, so liebevoll, so gefühlig und zärtlich die Leinwand gestreichelt wie der Sommerwind, wenn er das hohe wallende Gras oder das Haberfeld zu liebkosen, zu kämmen und zu zausen gelaunt ist oder mit taubenfederfarbenen Wölkchen spielt, daß sie wie in Reigen schweben und das Licht ihre zu Hauch verdünnten Ränder in winzigen Regenbögen von Sekundendauer entzündet. Wie spricht Vergänglichkeit und Flüchtigkeit allen Glückes, aller Schönheit in diesen Zeichen uns mit ihrem Zauber, ihrer sanften Trauer an, Schleier der Maya, wesenlos und zugleich Bestätigung allen Wesens!

Und wie der Graphologe die Schrift eines Humanisten, eines Geizkragens, eines Verschwenders, eines Draufgängers, eines Behinderten liest und deutet, so liest und versteht der Hirt und Jäger die Spuren des Fuchses, des Marders, des Hasen, erkennt seine Art und Familie, stellt fest, ob er sich wohl befinde und alle vier Pfoten unbehindert spielen, ob

Wunden oder Alter ihm den Lauf erschweren, ob er müßig schlendert oder es eilig hatte.

Auf Grabsteinen, Denkmälern und Ehrentafeln schrieb Menschenhand mit sorgfältigem Meißel Namen, Preisungen und Zahlen der Jahrhunderte und Jahre. Ihre Botschaft reicht zu Kindern, Enkeln und Urenkeln, zuweilen noch viel weiter. Langsam wäscht am harten Stein der Regen, langsam ziehen die Spuren und Hinterlassenschaften von Vögeln, von Schnecken, von weither gewehtem Staub ihre Schicht als stumpfe Trübung über die Flächen, haften in den vertieften Runen, mildern ihre glatten klaren Formen und rüsten den Übergang des Menschenwerks in Werke der Natur, bis Algen und Moose sie überziehen und der schönen Unsterblichkeit den sanften langsamen Tod bereiten. In Japan, das einst ein vorbildlich frommes Land war, modern in tausend Wäldern und Schluchten unzählige Bildwerke, von Künstlern geschaffen, schöne heiterstille Buddhas, schöne gütige Kwannons, schöne ehrfürchtige Zen-Mönche in allen Zuständen des Verwitterns, des Hinüberschlummerns ins Gestaltlose, tausendjährige Steingesichter mit hundertjährigen Bärten und Locken aus Moos, aus Gras, aus Blumen und struppigem Gesträuch. Ein fromm gesinnter Nachkomme derer, die hier einst gebetet und Blumenopfer dargebracht haben, hat in unsern Tagen viele von ihnen in einem wunderbaren Bilderbuch gesammelt; nie habe ich aus seinem Lande, mit dem ich vielen Austausch pflege, ein schöneres Geschenk bekommen.

Alles Geschriebene erlischt in kurzer oder langer Zeit, in Jahrtausenden oder Minuten. Alle Schriften und aller Schriften Erlöschen liest der Weltgeist und lacht. Für uns ist es gut, einige von ihnen gelesen zu haben und ihren Sinn zu ahnen. Der Sinn, der sich aller Schrift entzieht und ihr dennoch innewohnt, ist immer einer und derselbe. Ich habe in meiner Aufzeichnung mit ihm gespielt, ich habe ihn um ein weniges verdeutlicht oder auch verschleiert, ich habe nichts Neues gesagt, wollte auch nichts Neues sagen. Viele Ahnende und Dichter haben es schon viele Male gesagt, jedesmal ein wenig anders, jedesmal ein wenig heiterer oder klagender, ein wenig bitterer oder süßer. Man kann die Vokabeln anders wählen und die Satzgefüge anders anlegen und verschränken, die Farben auf der Palette anders ordnen und verwenden, den harten Stift nehmen oder den weichen – zu sagen, gibt es immer nur eines, das Alte, das Oftgesagte, Oftversuchte, das Ewige. Interessant ist jede Neuerung, spannend jede Revolution in Sprachen und Künsten, entzückend alle die Spiele der Artisten. Was sie damit sagen wollen, was sagenswert doch nie ganz sagbar ist, bleibt ewig eins.

(1961)

Äschylus 224
Aldus Manutius (»Aldinen«) 18
Andersen, Hans Christian 230
Angelus Silesius 231
Apulejus 224
Ariost 97, 225, 294
Aristophanes 224
Arnim, Achim von 49, 114, 157, 158, 205, 233, 267 f.
Arnim, Bettina von (geb. Brentano) 233
Artus 226
Augustinus 225

Bach, Joh. Seb. 113, 302, 346
Balzac, Honoré de 84, 158, 195, 227, 238, 240 f.
Bandello, Matteo 244
Bang, Hermann 126, 138, 158
Barretts, Elizabeth 41
Basile, Giambattista 244
Baudelaire, Charles 53, 78, 227, 276
Bayreuth, Markgräfin von 84
Beaumarchais, Caron de 227
Becher, Johannes R. 135
Beethoven, Ludwig van 147, 249
Behrens, Peter 20
Benz, Richard 106, 226, 356
Bergson, Henri 193
Bertram, Ernst 165 f.
Beyerlein, Franz Adam 27
Bismarck, Otto v. 41
Björnson, Björn 158
Blei, Franz 92
Boccaccio 158, 225, 226, 228
Bodmer, Johann Jakob 241
Bodoni, Giambattista 201 f.
Böcklin, Arnold 18, 138, 159

Bölsche, Wilhelm 20
Boldt 95
Bonus, Artur 230
Brahe, Tycho 129 f.
Brandes, Georg 41
Brentano, Clemens 15, 114, 120, 205, 221, 233, 236, 249, 343
Brod, Max 95, 129 f.
Browning, Robert 41, 53
Buber, Martin 126, 222, 230, 244
Buddha 138, 223, 305, (359)
Büchner, Georg 236
Bürger, Gottfried August 111 f., (231)
Burckhardt, Jacob 41
Byron, Lord 228

Cäsarius v. Heisterbach 287
Calderon de la Barca, Pedro 229
Carducci, Giosuè 53, 226
Carlyle, Thomas 41, 104, 229
Carossa, Hans 356
Cellini, Benvenuto 226
Cervantes 39, (51), 195, 229, (230)
Cézanne, Paul 339
Chamisso, Adelbert von 114 f., 234
Chaucer, Geoffrey 228
Chesterfield, Ph. D. Stanhope 228
Chodowiecki, Daniel 240
Chopin, Fréderic 100, 147, 149, 245
Cissarz, J. V. 20
Claudius, Matthias 108, 232, 241, 286, 342
Collins, Mabel 75
Corneille, Pierre 227
Corot, Camille 250

Coster, Charles de 230
Cotta (Verlag) 124

Dante 36, 39, 40, 170, 205, 218, 222, 225, 286, 288, 300, 302
Defoe, Daniel (51), 228, 240
Dehmel, Richard 92, 93, 95, 131, 135, 138
De Quincey, Thomas 229
Deussen, Paul 242, 243
Dickens, Charles 158, 195, 229, 238
Diderot, Denis 36, 107
Diederichs, Eugen (Verlag) 19 f., 127, 243
Dostojewski, F. M. 16, 56, 92, 97, 133, 136, 144, 158, 170, 175, 192, 195, 230, 284
Droste-Hülshoff, Annette von 121, 221, 234, 303
Dschuang Dse (Dsi) 223, 243, 293, 304
Dürer, Albrecht 42, 97, 121

Eckartshausen, Hofrat von 241
Eckener, Hugo 261
Eckermann, Joh. Peter 232
Eckhart (Meister E.) 246
Edschmid, Kasimir 131 f., 133, 134 ff.
Eggert-Windegg, W. 165
Ehrenstein, Albert 131, 133
Eichendorff, Joseph von 11, 35, 43, 49, 89, 115, 121, 170, 196, 234, 249
Einstein, Albert 287
Elzevier (d. Familie) 18
Emerson, Ralph Waldo 157
Engels, R. 20
Ernst, Paul 34, 40, 225
Eulenberg, Herbert 92
Euripides 224

Fechheimer 237
Fechner, Gustav Theodor 157

Fenelon, François de 227
Fichte, Joh. Gottl. 12
Fidus (Pseud. für Hugo Höppener) 20
Fielding, Henry 158, 228
Fischer, Samuel (Verlag) 203
Flaubert, Gustave 53, 92, 134, 228
Fontane, Theodor 139
Forster, Georg 241
Fouqué, Friedrich de la Motte 11, 13, 72, 234
France, Anatol 158
Frank, Leonhard 140
Franz v. Assisi 41
Frenssen, Gustav 27, (32 »Jörn Uhl«)
Freud, Sigmund 140 ff., 173 f., 175, 272, 274 f.
Frey, A. M. 164 f.
Freytag, Gustav 34
Friedrich der Große 107

Gautier, Théophile 227
Geibel, Emanuel 40, 177, 182, 284
Geijerstam, Gustaf 158
Gellert, Christian Fürchtegott 79, 107, 240, 277
George, Stefan 25, 134, 135, 136, 302
Geßner, Salomon 103, 241
Giorgione (Giorgio Barbarelli) 245
Gluck, Christoph Willibald 302
Goebbels, Paul Josef 317
Görres, Josef von 212, 233
Goethe, Joh. Wolfg. v. 10, (12), 32, 36, 40, 42, (47), (51), 58, 78 f., 82, 84, (87), 88, 89, 97, (101), 103, 104, 105, 108 ff., 112, (113), (115), 120, 124 f., 127, 133, 135 f., 138, (149), 157, 158, 175, 191, 192, 193, 199, 204, 205, 211, 218, 228,

362

231, 232, 236, 241 f., 245, 262, (267), 268, 271, 273, 277, 279, 287, 288, 302, 303, (317), 318, (334)
Gogol, Nikolai 53, 230
Goldoni, Carlo 226
Gontscharow, Iwan A. 230
Gorki, Maxim 158
Gottfried v. Straßburg 40, 226
Gotthelf, Jeremias 50, 120 f., 234
Gozzi, Graf Carlo 226
Grandville 240
Greco 160
Greiner, Leo 126, 244
Grill, Julius 243
Grillparzer, Franz 121, 157
Grimm (Brüder) 49, 114, 122, 223, 230
Grimm, Jacob 314
Grimm, Wilhelm 267 f., 352
Grimmelshausen, H. J. Chr. 105, 107, 108, 121, 231
Grisebach, Eduard 45
Groß, Felix 108
Grube, Wilhelm 126
Guérin, Maurice de 245
Gundert (Großeltern von H. H.) 303
Gundert, Hermann (Großvater) 347
Gutenberg, Johannes 284

Haeckel, Ernst 24
Händel, Georg Friedrich 202, 302
Hafis 223
Halevy, Jehuda 230
Hamann, Joh. Georg 240, 241
Hamsun, Knut 134, 158
Harich, Walter 203
Hartmann, Eduard von 157
Hauff, Wilhelm 119, 234, 286
Hauptmann, Gerhart 59, 92, 93, 138
Haußmann, Conrad 348

Haydn, Franz Joseph 147
Haym, Rudolf 207
Hearn, Lafcadio 158
Hebbel, Friedrich 101, 120, 170, 234, 302
Hebel, Joh. Peter 52, 117 f., 120, 233, 286, 303
Hehn, Victor 42
Heine, Heinrich 12, 13, 115, 121, 213, 220, 234
Heinse, Wilhelm 203, 221
Herder, Johann Gottfried von 158, 231 f.
Heredia, José Maria 53
Hermes, Johann Timotheus 111
Herodot 237, 302
Herzfeld 41
Hesse, Johannes (347)
Hesse, Marie und Johannes (Eltern) 303, 356
Hesse, Ninon (H. H.'s Frau) 309, 322, 324, 356
Hettner, Hermann 42
Hiller, Kurt 95
Hinrichs, Johann Conrad 348
Hippel, Theodor Gottlieb 111, 232, 241
Hitler, Adolf 312, 318
Hölderlin, Friedrich 49, 89, 92, (100), (102), (103), 112, 137, 157, 158, 166, 191, 197, 203, 205, 206, 211, 221, 233, 247, 249, 273, 275, 285, 343
Hoffmann, E. T. A. 11, 15, 43, 45, 49, 72, 104, 116 f., 203, 234
Hofmannsthal, Hugo von 78, 93
Holzhausen, Paul 111
Homer 40, 56, 97, 193, 201, 203, 204, 217, 223, 254, 288, 302
Horaz 40, 204, 224
Huch, Ricarda 42
Hughes, Richard 293
Hugo, Victor 232
Humboldt, Wilhelm von 262

Ibsen, Henrik 138, 139, 170, 230
Immermann, Karl Leberecht 119, 303
Isenberg, Carl(o) (Ferromonte) 306

Jacobsen, Jens Peter 13 f., 15, 38, 230
Jammes, Francis 158
Jean Paul 37, 44, 49, 103, (104), 108, 112 f., 114, 117, 119, 126, 144, 149, (150), 203, 204, 205, 221, 233, 236, 240, 246, 288
Jesus Christus 250, 323, 325, 346
Jung, Carl Gustav 140, 141
Jung, Heinrich (Jung-Stilling) 108, 232, 240, 303
Justi, Carl 41

Kafka, Franz 293
Kant, Immanuel 157
Keats, John 228
Keller, A. v. 40
Keller, Gottfried 14, (23), 27, 32, 33, 34, 35, 38, 41, (47), 50, (51), 54, (103), (104), 117, 120, 121, 133, 137, 138, 139, 195, 234, 235, 262, 293
Kepler, Johannes 129 f., 286
Kerner, Justinus 35, 116
Kerr, Alfred 92
Keyserling, Eduard, Graf von 161
Kierkegaard, Sören 157
Klabund 165
Kleist, Heinrich v. 99, 100, 118 f., 234
Klingemann, Ernst Aug. Friedr. (287)
Klinger, Max 18
Klopstock, Friedrich Gottlieb 231, 241
Körner, Theodor 144, 236
Kokoschka, Oskar 160
Kolb, Annette 159

Konfuzius 126, 223, 243, 287, 293, 304
Kornfeld, Paul 136, 138
Kubin, Alfred 356
Kühnel, Paul 127, 244
Kurz, Hermann 121

Lafontaine 227
Lagerlöf, Selma 321
Landauer, Gustav 292
Lao Tse 138, 160, 223, 236, 243, 285, 304, 305
Lechter, Melchior 20
Leibl, Wilhelm 138
Lenau, Nikolaus 49, 84, 88, 166, 191, 234, 272, 343
Lenz, Jak. Michael Reinhold 79
Leonardo da Vinci 41, 245
Leopardi, Giacomo 226
Lesage, Alain René 227
Lessing, Gotth. Ephraim 40, 107, 231, 240, 262
Liä Dsi 304
Lichtenberg, Georg Christoph 111, (231)
Lienhard, Fritz 42
Liliencron, Detlev von 78
Liszt, Franz 147
Lohenstein, Daniel Casper 107
Lü Bu We 243, 293
Ludwig, Otto 121
Lukian 224
Luther, Martin 108, 118, 203, 222, 231, 284
Lynkeus 34

Macaulay, Thomas Babington 229
Macchiavelli 203
Madelung, Aage 160
Maeterlinck, Maurice 14 f., 20, 25, 113, 158
Mann, Heinrich 165, 193, 293
Mann, Thomas 115, 165, 293, 356
Marlitt, E. 284

Masuccio 244
Mathias 95
Maupassant, Guy de 228
Mauthner, Fritz 157
May, Karl 161, 163 f., 189
Meredith, George 229
Mérimee, Prosper 227
Mayer, Conrad Ferdinand 37, 234, 277
Meyrink, Gustav 76 f., 129, 160, 164
Michelangelo 199, 200, 225
Milton, John 228
Mörike, Eduard 27, 32, 35, 38, 89, 99, (103), (104), 121, 136, 158, 165 f., 234, (235), 249, 262, 303, 357
Molière 227
Mombert, Alfred 135
Mong Dsi 243
Mong Ko 304
Montaigne 158, 203, 226
Moritz, Karl Philipp 111, 232
Morris, William 18
Moscherosch 106
Mozart, W. A. 97, 121, 147, (234), 245
Mühlbrecht, Otto 44
Müller, Georg (Verlag) 127, 131, 203
Münchhausen, Karl Fr. Hieronymus 111, 231, 235
Multatuli (Dekker, E. D.) 42, 230
Murger, Henri 227
Musäus 111, 232
Musset, Alfred de 227, 232

Nero, Kaiser von Rom 224
Nerval, Gerard de 104
Neumann, Karl Eugen 243
Nietzsche, Friedrich 24, 41, 78, (103), 141, 157, 165, 175, 197, 212, 249, 275, 276, 284, 285
Nobel, Alfred 320, (334)

Novalis 9 f., 11 f., (13), 15, 49, (102), (103), 104, 113, 120, 135, 203 f., 220 f., 233, 247, 249, 268, (273)

Oldenberg, Hermann 242
Omar-Chajjam 223
Ossendowski, Ferdynand Antoni 204
Ossian 228
Ovid 224

Pankok, Bernhard 20
Paquet, Alphons 95
Pascal, Blaise 227
Pater, Walter 41
Petersen, Julius 232
Petrarca 225
Petronius 224
Picasso, Pablo 138
Pinthus, Kurt 161
Plato 217, 224
Plutarch 224
Poe, Edgar Allen 72, 77, 116, 229
Poggio di Guccio Bracciolini 244
Poliziano, Angelo 199
Polykrates 347
Prévost, Abbé 227
Preyer, Wilhelm Thierry 26
Puschkin, Alexander 230

Raabe, Wilhelm 24, 32, 42, 50, 235
Rabelais, François 226
Rabener, Gottlieb Wilhelm 240
Racine, Jean Baptiste 227, 246
Ramler, Karl Wilhelm 240
Rank, Otto 144
Redwitz, Oskar Freiherr von 236
Reiß, Erich (Verlag) 165
Renoir, Pierre Aug. 150, 160, 165, 340
Reuter, Christian 107, (111), 231
Rohde, Erwin 41

Rolland (Schwester von Romain) 290

Rolland, Romain 162, 290

Rosegger, Peter 42

Rosenberg, Alfred 317

Rousseau, Jean Jacques 107, 227

Rubens, Peter Paul 339

Rudelsberger, H. 126, 127, 244

Rückert, Friedrich 303

Ruskin, John 18, 41

Sabatier, Auguste 42

Sacchetti, Franco 35

Sachs, Hans 231

Sallet, Friedrich von 121

Schäfer, Wilhelm 167 ff.

Schäffer, Albrecht 224

Scheerbart, Paul 76

Scheffel, Jos. Viktor von 235, (236), (284)

Scheler, Max 123 f.

Schickele, René 95, 96, 132, 133, 137, 159

Schiller, Friedrich 9, (12), 40, 79, 110, 138, 144 f., 177, 190, 232, 277, 302

Schlegel, August Wilhelm 9 f., 11, 222

Schlegel, Friedrich 9 f., 11, 203, 211, 212, 221, 234, 249

Schleiermacher, Friedrich 11

Schnabel, Franz 107

Schneider, Lambert (Verlag) 225

Schopenhauer, Arthur 150, 157, 188, 242, 249

Schröder, Leopold 242

Schubert, Franz 249, 250, 301, 302

Schumann, Robert 249

Schwab, Gustav 116, 224

Scott, Walter 228 f.

Seidel, Ina 293

Seume, Joh. Gottfried 232

Shakespeare 39, 40, (47), 97, 138, 170, 191, 192, 218, 222, 228, 286

Shaw, George Bernard 158

Shelley, Percy Bysshe 199, 228

Simrock, Karl 121

Sinclair, Emil (Pseud. von H. H.) 160, 293

Smollett, Tobias George 228

Sokrates 224

Solger, Karl Wilhelm Ferdinand 267 f.

Sophie Dorothea, Prinzessin 240

Sophokles 40, 224

Spengler, Oswald 290 f., 292, (294)

Speyer, Wilhelm 322

Spielhagen, Friedrich 284

Stadler, Ernst 95, 96

Stein, Charlotte von 232

Steindorff, Georg 237

Stekel 141

Stendhal (Henry Beyle) 118, 158, 191, 227

Sterne, Laurence 158, 195, 228, 246

Sternheim, Carl 95, 131, 133, 172, 174

Stifter, Adalbert 99, 108, 121, 170, 206, 234, 249, 303, 358

Storm, Theodor 34, 38, 138, 139, 293

Strauß, Emil 33 f., 110, 161, 293

Strawinsky, Igor 302

Strecker & Schröder (Verlag) 165

Strich, Fritz 207

Strindberg, August 158, 230

Sueton 224

Suhrkamp, Peter 356

Sully Prudhomme 26

Suso (Seuse), Heinrich 246

Swift, Jonathan (51), 72, 97, 195, 228

Swinburne, Algernon Charles 229

Tacitus 224
Taine, Hippolyte 41
Tauler, Joh. 246
Thackeray, William Makepeace 158, 229
Theophrast 188
Thomas v. Aquin 287
Thümmel, Moritz August 111, 232
Thukydides 235, 302
Tieck, Ludwig 9 f., 72, 113 f., 158, 222, 233
Tiedge, Christoph August 236
Tizian 339
Tolstoi, Leo 158, 192, 230
Trakl, Georg 131, 133
Turgenjew, Iwan 53, 158, 195, 230

Uhland, Ludwig 32, 33, 234

Velasquez 41
Vergil 224, 294
Verhaeren, Emile 38, 53
Verlaine, Paul 53, 228
Verne, Jules 72, 73
Villegas, Quevedo y 229
Villon, François 226
Vischer, Fr. Th. 42
Vogeler, Heinrich 20
Voltaire 107, 227

Wackernagel, Jacob 211

Wackernagel, Wilhelm 211
Wagner, Richard 147
Waiblinger, Friedrich Wilhelm 49
Walser, Robert 95
Walter v. d. Vogelweide 40, 226
Weber, Carl Maria von 249
Wedekind, Frank 92, 95, 135
Weiße, Christian Felix 240
Wells, H. G. 73
Werfel, Franz 94, 95, 96, 130 f., 133, 137, 138, 161
Whitman, Walt 38, 92, 229
Wieland, Christoph Martin 110 f., 158, 225, 232, 241
Wilde, Oscar 229
Wilhelm, Richard 127, 243, 244, 304
Winterfeld, Paul von 225
Wölfflin, Heinrich 42
Wolf, Hugo 249
Wolff, Kurt (Verlag; »Die weißen Blätter) 91 ff., 95, 96, 128, 129, 160
Wolfram v. Eschenbach 40, 226
Worringer, Wilhelm 160

Xenophon 224

Zech, Paul 94, 96
Zeppelin, Ferd. Graf von 59
Zola, Emile 16, 228

Romantik und Neuromantik. Erste Fassung geschrieben um 1900. Erstdruck in »Allgemeine Schweizer Zeitung«, Basel v. 17. 6. 1900. u. d. T. »Romantisch«. Aufgenommen in »Schriften zur Literatur«, Bd. 1, Frankfurt a. M., 1970.

Zu einer Ausstellung moderner Drucke. Auszug aus einer Besprechung u. d. T. »Eine Ausstellung moderner Drucke« (Wanderausstellung des Leipziger Buchgewerbehauses), geschrieben 1901. Erstdruck in »Basler Nachrichten« v. 6. 12. 1901. Aufgenommen in »Kleine Freuden«, Frankfurt a. M., 1977.

Eine Rarität. Geschrieben 1902. Erstdruck in »Österreichische Rundschau«, Wien 1905, u. d. T. »Das Büchlein«. Aufgenommen in »Die Kunst des Müßiggangs«, Frankfurt a. M., 1973.

Über neuere Erzählungsliteratur. Geschrieben 1903/04. Erstdruck in »Die Propyläen«, München 1903/04, S. 771 f. Aufgenommen in »Schriften zur Literatur«, Bd. 1, Frankfurt a. M., 1970.

Der Umgang mit Büchern. Geschrieben März-April 1903. Erstdruck in »Neue Zürcher Zeitung« v. 30. 12. 1907. Aufgenommen in »Schriften zur Literatur«, Bd. 1, Frankfurt a. M., 1970.

Unbekannte Schätze. Geschrieben 1907. Erstdruck im »März«, München Februar 1907. Aufgenommen in »Schriften zur Literatur«, Bd. 1, Frankfurt a. M., 1970.

Billige Bücher. Geschrieben 1908. Erstdruck im »März«, München v. 21. 11. 1908. Aufgenommen in »Schriften zur Literatur«, Bd. 1, Frankfurt a. M., 1970.

Übersetzungen. Geschrieben 1908. Erstdruck im »März«, München August 1908. Aufgenommen in »Schriften zur Literatur«, Bd. 1, Frankfurt a. M., 1970.

Bücherlesen und Bücherbesitzen. Geschrieben 1908. Gekürzte Fassung eines Aufsatzes anläßlich des 5000. Bändchens von Reclams Universalbibliothek. Erstdruck in »Reclams Universum«, Leipzig 1908. Aufgenommen in »Schriften zur Literatur«, Bd. 1, Frankfurt a. M., 1970.

Vom Schriftsteller. Geschrieben 1909. Erstdruck in »Wissen und Leben«, Zürich 1909/10, Bd. VI u. d. T. »Der Beruf des Schriftstellers«. Aufgenommen in »Schriften zur Literatur«, Bd. 1, Frankfurt a. M., 1970.

Aus dem Briefwechsel eines Dichters. Erstdruck in »Die Gegenwart«, Leipzig 1909, Bd. 76. Aufgenommen in »Schriften zur Literatur«, Bd. 1, Frankfurt a. M., 1970.

Exzentrische Erzählungen. Geschrieben 1909. Erstdruck im »März«, München April 1909. Aufgenommen in »Schriften zur Literatur«, Bd. 1, Frankfurt a. M., 1970.

Der junge Dichter. Geschrieben 1910. Erstdruck im »März«, München v. 15. 3. 1910. Aufgenommen in »Schriften zur Literatur«, Bd. 1, Frankfurt a. M., 1970.

Ferienlektüre. Geschrieben im Sommer 1910. Erstdruck im »März«, München v. 15. 7. 1910. Aufgenommen in »Schriften zur Literatur«, Bd. 1, Frankfurt a. M., 1970.

Über das Lesen. Geschrieben 1911. Erstdruck u. d. T. »Bücherlesen« in »Neues Wiener Tagblatt« v. 16. 7. 1911. Aufgenommen in »Schriften zur Literatur«, Bd. 1, Frankfurt a. M., 1970.

[Aus der Vorrede zu einer lyrischen Anthologie.] Geschrieben 1914. Erstdruck in »Wissen und Leben«, Zürich v. 15. 7. 1914. Aufgenommen in »Lieder deutscher Dichter«, München, 1914.

Die Lyrik der Jüngsten. Erstdruck im Sonntagsblatt des »Bund«, Bern v. 1. 11. 1914. Aufgenommen in »Schriften zur Literatur«, Bd. 1, Frankfurt a. M., 1970.

Deutsche Erzähler. Geschrieben Ende 1914. Erstdruck in »Die Neue Rundschau«, Berlin, Februar 1915. Aufgenommen in »Schriften zur Literatur«, Bd. 1, Frankfurt a. M., 1970.

Ein Bibliotheksjahr. Erstdruck in »Neue Zürcher Zeitung« v. 27. 6. 1915. Hier erstmals in Buchform.

Jüngste deutsche Dichtung. Geschrieben 1916. Erstdruck in »Schweizerland«, Chur v. Juni 1916. Hier erstmals in Buchform.

Zu »Expressionismus in der Dichtung«. Geschrieben 1918. Erstdruck in »Die Neue Rundschau«, Berlin vom Juni 1918. Aufgenommen in »Schriften zur Literatur«, Bd. 1, Frankfurt a. M., 1970.

Künstler und Psychoanalyse. Geschrieben 1918. Erstdruck in »Frankfurter Zeitung« v. 16. 7. 1918. Aufgenommen in »Betrachtungen«, Frankfurt a. M., 1957.

Sprache. Geschrieben 1918. Erstdruck in »Frankfurter Zeitung« v. 11. 8. 1918. Aufgenommen in »Betrachtungen«, Berlin, 1928.

Über Gedichte. Geschrieben 1918. Erstdruck in »Vossische Zeitung« v. 27. 10. 1918. Aufgenommen in »Betrachtungen«, Berlin, 1928. Hier die überarbeitete Fassung von 1954 aus »Schriften zur Literatur«, Bd. 1, Frankfurt a. M., 1970.

Eine Bücherprobe. Erstdruck in »Der Bücherwurm«, 1916/20. Aufgenommen in »Betrachtungen«, Berlin, 1928.

Über einige Bücher. Geschrieben im Juni 1919. Erstdruck in »Neue Zürcher Zeitung« v. 13. 7. 1919. Aufgenommen in »Kleine Freuden«, Frankfurt a. M., 1977.

Phantastische Bücher. Geschrieben im August 1919. Erstdruck in »Vossische Zeitung« v. 9. 9. 1919. Hier erstmals in Buchform.

Variationen über ein Thema von Wilhelm Schäfer. Geschrieben im Dezember 1919. Erstdruck in »Das Tagebuch«, Berlin vom Juli 1920. Aufgenommen in »Betrachtungen«, Berlin, 1928.

Die jüngste deutsche Dichtung. Geschrieben 1920. Erstdruck in »Wissen und Leben«, Zürich v. 1. 2. 1920. Aufgenommen in »Schriften zur Literatur«, Bd. 1, Frankfurt a. M., 1970.

Gespräch über die Neutöner. Geschrieben 1920. Erstdruck in »Neue Zürcher Zeitung« v. 11.-13. 1. 1920. Aufgenommen in »Schriften zur Literatur«, Bd. 1, Frankfurt a. M., 1970.

Vom Bücherlesen. Geschrieben im Februar 1920. Erstdruck in »Neue Zürcher Zeitung« v. 28. 3. 1920. Aufgenommen in »Betrachtungen«, Berlin, 1928.

Vorrede eines Dichters zu seinen ausgewählten Werken. Geschrieben 1921. Erstdruck in »Neue Zürcher Zeitung« v. 20. 11. 1921. Aufgenommen in »Betrachtungen«, Berlin, 1928.

Die Offizina Bodoni in Montagnola. Geschrieben im Oktober 1923. Erstdruck in »Neue Zürcher Zeitung« v. 4. 11. 1923. Aufgenommen in »Kleine Freuden«, Frankfurt a. M., 1977.

Deutsches Volk und deutsche Dichtung. Erstdruck in »Stuttgarter Neues Tageblatt« v. 28. 11. 1925. Hier erstmals in Buchform.

Verkannte Dichter. Antwort auf eine Rundfrage in »Neue Zürcher Zeitung« v. 4. 4. 1926 u. d. T. »Verkannte Dichter unter uns«. Aufgenommen in »Schriften zur Literatur«, Bd. 1, Frankfurt a. M., 1970.

Geist der Romantik. Geschrieben 1926 als Vorwort zu einer gleichnamigen Anthologie, die nicht erschienen ist. Aufgenommen in »Kleine Freuden«, Frankfurt a. M., 1977.

Bekenntnis des Dichters. Geschrieben im April 1927, Erstdruck u. d. T., »Der Dichter« in »Literarische Welt«, Berlin v. 21. 8. 1927. Hier überarbeitete Fassung aus »Dresdner Neue Nachrichten« Nr. 301, 1929.

Eine Bibliothek der Weltliteratur. Geschrieben im Sommer 1927. Erstfassung »Reclams Universum«, Leipzig 1929. Aufgenommen in »Schriften zur Literatur«, Bd. 1, Frankfurt a. M., 1970.

Eine Arbeitsnacht. Geschrieben Anfang Dezember 1928. Erstdruck in »Berliner Tageblatt« v. 25. 12. 1928. Aufgenommen in »Schriften zur Literatur«, Bd. 1, Brankfurt a. M., 1970.

Abstecher in den Schwimmsport. Geschrieben im Jan. 1929. Erstdruck im »Berliner Tageblatt« v. 25. 1. 1929 u. d. T. »Post am Morgen«. Aufgenommen in »Die Kunst des Müßiggangs«, Frankfurt a. M., 1973.

Lektüre im Bett. Geschrieben 1929. Erstdruck im »Berliner Tageblatt« v. 2. 4. 1929 u. d. T. »Ungewohnte Lektüre«. Aufgenommen in »Die Kunst des Müßiggangs«, Frankfurt a. M., 1973.

Notizen zum Thema Dichtung und Kritik. Geschrieben 1930. Erstdruck in »Die Neue Rundschau«, Berlin vom Dezember 1930. Aufgenommen in »Betrachtungen«, Frankfurt a. M., 1957.

Brief an einen jungen Dichter. Stark überarbeitete Neufassung in »Der junge Dichter« ein Brief an Viele (1910) Erstdruck in »Berliner Tageblatt« v. 26. 6. 1930. Hier erstmals in Buchform.

Magie des Buches. Geschrieben im Herbst 1930. Erstdruck in »Das Buch des Jahres«, Leipzig, 1930. Aufgenommen in »Schriften zur Literatur«, Bd. 1, Frankfurt a. M., 1970.

Bücher-Ausklopfen. Geschrieben im Sommer 1931. Erstdruck in »Die Neue Rundschau«, Berlin vom Dezember 1931. Aufgenommen in »Die Kunst des Müßiggangs«, Frankfurt a. M., 1973.

Beim Lesen eines Romans. Geschrieben im Okt. 1932. Erstdruck in »Die Neue Rundschau«, Berlin vom Mai 1933. Aufgenommen in »Schriften zur Literatur«, Bd. 1, Frankfurt a. M., 1970.

Weltkrise und Bücher. Geschrieben im Februar 1937 als Antwort auf eine Rundfrage im »Prager Tagblatt« v. 28. 3. 1937. Aufgenommen in »Schriften zur Literatur«, Bd. 1, Frankfurt a. M., 1970.

[Widerstand gegen Duden] An die Redaktion der Zeitschrift »Corona« ca. August 1938. Hier erstmals gedruckt.

Lieblingslektüre. Geschrieben 1945. Erstdruck in »Neue Zürcher Zeitung« v. 7. 4. 1945. Aufgenommen in »Kleine Freunden«, Frankfurt a. M., 1977.

Literarischer Alltag. Geschrieben im Juni 1945. Erstdruck in »Neue Zürcher Zeitung« v. 16. 6. 1945. Aufgenommen in »Kleine Freuden«, Frankfurt a. M., 1977.

Der Autor an einen Korrektor. Geschrieben im Oktober 1946. Aufgenommen in »Ausgewählte Briefe«, Frankfurt a. M. 1964 u. 1974. Erstdruck in »Neue Zürcher Zeitung« v. 5. 10. 1946.

Danksagung und moralisierende Betrachtung. Geschrieben im Herbst 1946. Erstdruck in »National-Zeitung«, Basel v. 6. 10. 1946. Aufgenommen in »Krieg und Frieden«, Berlin, 1949.

Worte zum Bankett anläßlich der Nobel-Feier. Geschrieben im Dez. 1946. Erstdruck in »Neue Zürcher Zeitung« v. 10. 12. 1946. Aufgenommen in »Krieg und Frieden«, Berlin, 1949.

Das gestrichene Wort. Geschrieben 1947. Erstdruck in »Neue Zürcher Zeitung« v. 17. 4. 1947. Aufgenommen in »Die Kunst des Müßiggangs«, Frankfurt, 1973.

An einen jungen Kollegen in Japan. Erstdruck in »Neue Zürcher Zeitung« v. 2. 6. 1947. Aufgenommen in »Krieg und Frieden«, Berlin, 1949.

Stunden am Schreibtisch. Geschrieben im Juni 1949. Erstdruck in »National-Zeitung«, Basel v. 12. 6. 1949. Aufgenommen in »Ausgewählte Briefe«, Berlin und Frankfurt a. M. 1951, 1964, 1974.

Das junge Genie. Geschrieben am 28. 2. 1950. Erstdruck in »Neue Zürcher Zeitung« v. 9. 4. 1950. Auszugsweise aufgenommen in »Ausgewählte Briefe«, Berlin und Frankfurt a. M. 1951, 1964, 1974.

Lieblingsgedichte. Geschrieben im November 1952. Erstdruck in »Die Weltwoche« Zürich v. 20. 2. 1953. Aufgenommen in »Kleine Freuden«, Frankfurt a. M., 1977.

Über das Wort Brot. Geschrieben im September 1954. Erstdruck in »Schweizer Monatshefte«, Zürich vom Juli 1959. Aufgenommen in »Schriften zur Literatur«, Bd. 1, Frankfurt a. M., 1970.

Dankadresse zur Friedenspreisverleihung. Geschrieben im Herbst 1955. Erstdruck in »Neue Zürcher Zeitung« v. 10. 10. 1955. Aufgenommen in »Kleine Freuden«, Frankfurt a. M., 1977.

Das Wort. Geschrieben im September 1959. Erstdruck im »Du«, Zürich Jan. 1960. Aufgenommen in »Schriften zur Literatur«, Bd. 1, Frankfurt a. M., 1970.

Schreiben und Schriften. Geschrieben im Sommer 1960. Erstdruck in »Neue Zürcher Zeitung« v. 15. 8. 1960. Aufgenommen in Hesse – Werkausgabe, Bd. 10, Frankfurt a. M., 1970.

1877   geboren am 2. Juli in Calw/Württemberg als Sohn des baltischen Missionars und späteren Leiters des »Calwer Verlagsvereins« Johannes Hesse (1847–1916) und dessen Frau Marie verw. Isenberg, geb. Gundert (1842–1902), der ältesten Tochter des namhaften Indologen und Missionars Hermann Gundert.

1881–1886   wohnt Hesse mit seinen Eltern in Basel, wo der Vater bei der »Basler Mission« unterrichtet und 1883 die Schweizer Staatsangehörigkeit erwirbt (zuvor: russische Staatsangehörigkeit).

1886–1889   Rückkehr der Familie nach Calw (Juli), wo Hesse das Reallyzeum besucht.

1890–1891   Lateinschule in Göppingen zur Vorbereitung auf das Württembergische Landesexamen (Juli 1891), der Voraussetzung für eine kostenlose Ausbildung zum ev. Theologen im »Tübinger Stift«. Als staatlicher Schüler muß Hesse auf sein Schweizer Bürgerrecht verzichten. Deshalb erwirbt ihm der Vater im November 1890 die württembergische Staatsangehörigkeit (als einzigem Mitglied der Familie).

1891–1892   Seminarist im ev. Klosterseminar Maulbronn (ab Sept. 1891), aus dem er nach 7 Monaten flieht, weil er »entweder Dichter oder gar nichts werden wollte«.

1892   bei Christoph Blumhardt in Bad Boll (April bis Mai); Selbstmordversuch (Juni), Aufenthalt in der Nervenheilanstalt Stetten (Juni–August). Aufnahme in das Gymnasium von Cannstatt (Nov. 1892), wo er

1893   im Juli das Einjährig-Freiwilligen-Examen (Obersekundareife) absolviert. »Werde Sozialdemokrat und laufe ins Wirtshaus. Lese fast nur Heine, den ich sehr nachahmte.« Im Oktober Beginn einer Buchhändlerlehre in Esslingen, die er aber schon nach drei Tagen aufgibt.

1894–1895   15 Monate als Praktikant in der Calwer Turmuhrenfabrik Perrot. Plan, nach Brasilien auszuwandern.

1895–1898	Buchhändlerlehre in Tübingen (Buchhandlung Heckenhauer). 1896 erste Gedichtpublikation in »Das deutsche Dichterheim«, Wien. Die erste Buchpublikation *Romantische Lieder* erscheint im Oktober 1898.
1899	Beginn der Niederschrift eines Romans *Schweinigel* (Manuskript noch nicht aufgefunden). Der Prosaband *Eine Stunde hinter Mitternacht* erscheint im Juni bei Diederichs, Jena.
	Im September Übersiedlung nach Basel, wo Hesse bis Januar 1901 als Sortimentsgehilfe in der Reich'schen Buchhandlung beschäftigt ist.
1900	beginnt er für die »Allgemeine Schweizer Zeitung« Artikel und Rezensionen zu schreiben, die ihm mehr noch als seine Bücher »einen gewissen lokalen Ruf machten, der mich im gesellschaftlichen Leben sehr unterstützte«.
1901	Von März bis Mai erste Italienreise.
	Ab August 1901 (bis Frühjahr 1903) Buchhändler im Basler Antiquariat Wattenwyl.
	Die *Hinterlassenen Schriften und Gedichte von Hermann Lauscher* erscheinen im Herbst bei R. Reich.
1902	*Gedichte* erscheinen bei Grote, Berlin, seiner Mutter gewidmet, die kurz vor Erscheinen des Bändchens stirbt.
1903	Nach Aufgabe der Buchhändler- und Antiquariatsstellung zweite Italienreise, gemeinsam mit Maria Bernoulli, mit der er sich im Mai verlobt. Kurz davor Abschluß der Niederschrift des *Camenzind*-Manuskripts, das Hesse auf Einladung des S. Fischer Verlags nach Berlin sendet. Ab Oktober (bis Juni 1904) u. a. Niederschrift von *Unterm Rad* in Calw.
1904	*Peter Camenzind* erscheint bei S. Fischer, Berlin. Eheschließung mit Maria Bernoulli und Umzug nach Gaienhofen am Bodensee (Juli) in ein leerstehendes Bauernhaus. Freier Schriftsteller und Mitarbeiter an zahlreichen Zeitungen und Zeitschriften (u. a. »Die Propyläen«, d. i. »Münchner Zeitung«; »Die Rheinlande«; »Simplicissimus«; »Der Schwabenspiegel«, d. i. »Württemberger Zeitung«). Die biographischen Studien *Boccaccio* und *Franz von Assisi* er-

	scheinen bei Schuster & Loeffler, Berlin und Leipzig.
1905	im Dezember Geburt des Sohnes Bruno.
1906	*Unterm Rad* (1903–1904 entstanden) erscheint bei S. Fischer, Berlin. Gründung der liberalen, gegen das persönliche Regiment Wilhelms II. gerichteten Zeitschrift »März« (Verlag Albert Langen, München), als deren Mitherausgeber Hesse bis 1912 zeichnet.
1907	*Diesseits* (Erzählungen) erscheint bei S. Fischer, Berlin. In Gaienhofen baut und bezieht Hesse ein eigenes Haus »Am Erlenloh«.
1908	*Nachbarn* (Erzählungen) erscheint bei S. Fischer, Berlin.
1909	im März Geburt des zweiten Sohnes Heiner.
1910	*Gertrud* (Roman) erscheint bei Albert Langen, München.
1911	im Juli Geburt des dritten Sohnes Martin. *Unterwegs* (Gedichte) erscheint bei Georg Müller, München; Sept. bis Dez. Indienreise mit dem befreundeten Maler Hans Sturzenegger.
1912	*Umwege* (Erzählungen) erscheint bei S. Fischer, Berlin. Hesse verläßt Deutschland für immer und übersiedelt mit seiner Familie nach Bern in das Haus des verstorbenen befreundeten Malers Albert Welti.
1913	*Aus Indien.* Aufzeichnungen einer indischen Reise, erscheint bei S. Fischer, Berlin.
1914	*Roßhalde* (Roman), erscheint im März bei S. Fischer, Berlin. Bei Kriegsbeginn meldet sich Hesse freiwillig, wird aber als dienstuntauglich zurückgestellt und 1915 der Deutschen Gesandtschaft in Bern zugeteilt, wo er von nun an im Dienst der »Deutschen Gefangenenfürsorge« bis 1919 Hunderttausende von Kriegsgefangenen und Internierten in Frankreich, England, Rußland und Italien mit Lektüre versorgt, Gefangenenzeitschriften (z. B. die »Deutsche Interniertenzeitung«) herausgibt, redigiert und 1917 einen eigenen Verlag für Kriegsgefangene (»Verlag der Bücherzentrale für deutsche Kriegsgefangene«) aufbaut, in welchem bis 1919 22 von H. H. edierte Bände erscheinen

Zahlreiche politische Aufsätze, Mahnrufe, offene Briefe etc. in deutschen, schweizerischen und österreichischen Zeitungen und Zeitschriften.

1915   *Knulp*. Drei Geschichten aus dem Leben Knulps (Teilvorabdruck bereits 1908), erscheint bei S. Fischer, Berlin.
Am Weg (Erzählungen) erscheint bei Reuß & Itta, Konstanz.
Musik des Einsamen. Neue Gedichte, erscheint bei Eugen Salzer, Heilbronn.
Schön ist die Jugend (Erzählungen) erscheint bei S. Fischer, Berlin.

1916   Tod des Vaters, beginnende Schizophrenie seiner Frau und Erkrankung des jüngsten Sohnes führen zu einem Nervenzusammenbruch Hesses. Erste psychotherapeutische Behandlung durch den C. G. Jung-Schüler J. B. Lang bei einer Kur in Sonnmatt bei Luzern. Gründung der »Deutschen Interniertenzeitung« und des »Sonntagsboten für die deutschen Kriegsgefangenen«.

1917   wird Hesse nahegelegt, seine zeitkritische Publizistik zu unterlassen. Erste pseudonyme Zeitungs- und Zeitschriftenpublikationen unter dem Decknamen Emil Sinclair. Niederschrift des *Demian* (Sept. bis Okt.).

1919   Die politische Flugschrift *Zarathustras Wiederkehr*. Ein Wort an die deutsche Jugend von einem Deutschen, erscheint anonym im Verlag Stämpfli, Bern.
Auflösung des Berner Haushalts (April). Trennung von seiner in einer Heilanstalt internierten Frau. Unterbringung der Kinder bei Freunden. Im Mai Übersiedlung nach Montagnola/ Tessin in die Casa Camuzzi, die er bis 1931 bewohnt.
Kleiner Garten. Erlebnisse und Dichtungen, erscheint bei E. P. Tal & Co., Wien und Leipzig.
Demian. Die Geschichte einer Jugend, erscheint bei S. Fischer, Berlin, unter dem Pseudonym Emil Sinclair. Die Sammlung *Märchen* erscheint bei S. Fischer, Berlin. Grün-

dung und Herausgabe der Zeitschrift »Vivos voco«, Für neues Deutschtum (Leipzig und Bern).

1920   *Gedichte des Malers,* Zehn Gedichte mit farbigen Zeichnungen, und die Dostojewski-Essays u. d. T. *Blick ins Chaos* erscheinen im Verlag Seldwyla, Bern.
Klingsors letzter Sommer (Erzählungen) erscheint bei S. Fischer, Berlin; danach, ebenfalls bei S. Fischer, *Wanderung.* Aufzeichnungen mit farbigen Bildern vom Verfasser.
Zarathustras Wiederkehr, Neuauflage bei S. Fischer, diesmal unter Angabe des Autors.

1921   *Ausgewählte Gedichte* erscheinen bei S. Fischer, Berlin. Krise mit fast anderthalbjähriger Unproduktivität zwischen der Niederschrift des ersten und des zweiten Teils von *Siddhartha.* Psychoanalyse bei C. G. Jung in Küsnacht bei Zürich.
Elf Aquarelle aus dem Tessin erscheint bei O. C. Recht, München.

1922   *Siddhartha.* Eine indische Dichtung, erscheint bei S. Fischer, Berlin.

1923   *Sinclairs Notizbuch* erscheint bei Rascher, Zürich. Erster Kuraufenthalt in Baden bei Zürich, das er fortan (bis 1952) alljährlich im Spätherbst aufsucht. Die Ehe mit Maria Bernoulli wird geschieden (Juni).

1924   Hesse wird wieder Schweizer Staatsbürger.
Bibliotheks- und Vorbereitungsarbeiten an seinen Herausgeberprojekten in Basel. Heirat mit Ruth Wenger, Tochter der Schriftstellerin Lisa Wenger.
Ende März Rückkehr nach Montagnola.
Psychologia Balnearia oder Glossen eines Badener Kurgastes, erscheint als Privatdruck; ein Jahr später als erster Band in der Ausstattung der »Gesammelten Werke in Einzelausgaben« u. d. T.:

1925   *Kurgast* bei S. Fischer, Berlin. Lesereise u. a. nach Ulm, München, Augsburg, Nürnberg (im November).

1926   *Bilderbuch* (Schilderungen) erscheint bei S. Fischer, Berlin. Hesse wird als auswärtiges Mitglied in die Sektion für Dichtkunst der Preußischen Akademie der Künste gewählt, aus der er 1931 austritt: »Ich habe das Gefühl, beim nächsten Krieg wird diese Akademie viel zur Schar jener 90 oder 100 Prominenten beitragen, welche das Volk wieder wie 1914 im Staatsauftrag über alle lebenswichtigen Fragen belügen werden.«

1927   *Die Nürnberger Reise* und *Der Steppenwolf* erscheinen bei S. Fischer, Berlin, gleichzeitig – zum 50. Geburtstag Hesses – die erste Hesse-Biographie (von Hugo Ball). Auf Wunsch seiner zweiten Frau, Ruth, Scheidung der 1924 geschlossenen Ehe.

1928   *Betrachtungen* und *Krisis. Ein Stück Tagebuch,* erscheinen bei S. Fischer, Berlin, letzteres in einmaliger, limitierter Auflage.

1929   *Trost der Nacht.* Neue Gedichte, erscheint bei S. Fischer, Berlin; *Eine Bibliothek der Weltliteratur* als Nr. 7003 in Reclams Universalbibliothek bei Reclam, Leipzig.

1930   *Narziß und Goldmund* (Erzählung) erscheint bei S. Fischer, Berlin.

1931   Umzug innerhalb Montagnolas in ein neues, ihm auf Lebzeiten zur Verfügung gestelltes Haus, das H. C. Bodmer für ihn gebaut hat. Eheschließung mit der Kunsthistorikerin Ninon Dolbin, geb. Ausländer, aus Czernowitz.
Weg nach innen. Vier Erzählungen (»Siddhartha«, »Kinderseele«, »Klein und Wagner«, »Klingsors letzter Sommer«), erscheint als preiswerte und auflagenstarke Sonderausgabe bei S. Fischer, Berlin.

1932   *Die Morgenlandfahrt* erscheint bei S. Fischer, Berlin.

1932–1943 Entstehung des *Glasperlenspiels.*

1933   *Kleine Welt* (Erzählungen aus »Nachbarn«, »Umwege« und »Aus Indien«, leicht bearbeitet) erscheint bei S. Fischer, Berlin.

1934   Hesse wird Mitglied des Schweizerischen Schriftstellervereins (zwecks besserer Abschirmung von der NS-Kulturpolitik und effektiverer Interventionsmöglichkeiten für die emigrierten Kollegen).

Vom Baum des Lebens (Ausgewählte Gedichte) erscheint im Insel Verlag, Leipzig.

1935 *Fabulierbuch* (Erzählungen) erscheint bei S.
Fischer, Berlin.
Politisch erzwungene Teilung des S. Fischer
Verlags in einen reichsdeutschen (von Peter
Suhrkamp geleiteten) Teil und den Emigra-
tionsverlag von Gottfried Bermann Fischer,
dem die NS-Behörden nicht erlauben, die Ver-
lagsrechte am Werk Hermann Hesses mit ins
Ausland zu nehmen.

1936 läßt Hesse dennoch seine Hexameterdichtung
Stunden im Garten in Bermann Fischers Exil-
Verlag in Wien erscheinen.
Im September erste persönliche Begegnung mit
Peter Suhrkamp.

1937 *Gedenkblätter* und *Neue Gedichte* erscheinen
bei S. Fischer, Berlin.
Der lahme Knabe, ausgestattet von Alfred
Kubin, erscheint als Privatdruck in Zürich.

1939–1945 gelten Hesses Werke in Deutschland für uner-
wünscht. »Unterm Rad«, »Der Steppenwolf«,
»Betrachtungen«, »Narziß und Goldmund«
und »Eine Bibliothek der Weltliteratur« dürfen nicht mehr nachgedruckt werden.
Die von S. Fischer begonnenen »Gesammelten
Werke in Einzelausgaben« müssen deshalb in
der Schweiz, im Verlag Fretz & Wasmuth,
fortgesetzt werden.

1942 Dem S. Fischer Verlag, Berlin, wird die Druck-
erlaubnis für *Das Glasperlenspiel* verweigert.
Die Gedichte, erste Gesamtausgabe von Hesses
Lyrik, erscheinen bei Fretz & Wasmuth, Zürich.

1943 *Das Glasperlenspiel.* Versuch einer Lebensbe-
schreibung des Magister Ludi Josef Knecht
samt Knechts hinterlassenen Schriften. Herausgegeben von Hermann Hesse, erscheint bei
Fretz & Wasmuth, Zürich.

1944 Die Gestapo verhaftet Peter Suhrkamp, Hesses
Verleger.

1945 *Berthold,* ein Romanfragment, und *Traumfährte* (Neue Erzählungen und Märchen) erscheinen bei Fretz & Wasmuth, Zürich.

1946 *Krieg und Frieden* (Betrachtungen zu Krieg

und Politik seit dem Jahr 1914) erscheint bei Fretz & Wasmuth, Zürich. Danach können Hesses Werke auch in Deutschland wieder gedruckt werden, zunächst im »Suhrkamp Verlag vorm. S. Fischer« (ab 1951 dann im Suhrkamp Verlag, Frankfurt am Main). Goethe-Preis der Stadt Frankfurt am Main. Nobel-Preis.

1950   Hesse ermutigt und ermöglicht Peter Suhrkamp, einen eigenen Verlag zu gründen, der im Juli eröffnet wird.

1951   *Späte Prosa* und *Briefe* erscheinen bei Suhrkamp, Frankfurt am Main.

1952   *Gesammelte Dichtungen* in sechs Bänden als Festgabe zu Hesses 75. Geburtstag erscheinen bei Suhrkamp, Frankfurt am Main.

1954   *Piktors Verwandlungen.* Ein Märchen, faksimiliert, erscheint bei Suhrkamp, Frankfurt am Main.
Der *Briefwechsel: Hermann Hesse – Romain Rolland* erscheint bei Fretz & Wasmuth, Zürich.

1955   *Beschwörungen,* Späte Prosa/Neue Folge, erscheint bei Suhrkamp, Frankfurt am Main. Friedenspreis des Deutschen Buchhandels.

1956   Stiftung eines Hermann-Hesse-Preises durch die Förderungsgemeinschaft der deutschen Kunst Baden-Württemberg e. V.

1957   *Gesammelte Schriften* in sieben Bänden, erscheinen bei Suhrkamp.

1961   *Stufen,* alte und neue Gedichte in Auswahl, erscheint bei Suhrkamp.

1962   *Gedenkblätter* (um fünfzehn Texte erweitert gegenüber der 1937 erschienenen Ausgabe) erscheint bei Suhrkamp.
9. August: Tod Hermann Hesses in Montagnola.

1962   »Hermann Hesse. Eine Bibliographie« von Helmut Waibler, erscheint im Francke Verlag, Bern und München.

1963   *Die späten Gedichte* erscheinen als Band 803 der Insel-Bücherei im Insel Verlag, Wiesbaden.

1964   Das Hermann-Hesse-Archiv in Marbach wird gegründet.

1965   *Prosa aus dem Nachlaß* (herausgegeben von

Ninon Hesse) erscheint bei Suhrkamp.
Neue Deutsche Bücher, Literaturberichte für
»Bonniers Litterära Magasin« 1935 bis 1936
(herausgegeben von Berhard Zeller), in der
Turmhahn-Bücherei des Schiller-Nationalmu-
seums, Marbach.

1966   *Kindheit und Jugend vor Neuzehnhundert,*
Hermann Hesse in Briefen und Lebenszeug-
nissen 1877 bis 1895 (herausgegeben von Ninon
Hesse), erscheint im Suhrkamp Verlag.
Tod von Ninon Hesse.

1968   *Hermann Hesse – Thomas Mann,* Briefwechsel (herausgegeben von Anni Carlsson), erscheint bei Suhrkamp und S. Fischer.

1969   *Hermann Hesse – Peter Suhrkamp,* Briefwechsel (herausgegeben von Siegfried Unseld), erscheint bei Suhrkamp.

1970   *Hermann Hesse Werkausgabe* in zwölf Bänden, mit einer Auswahl von Hesses Bücher-
berichten u. d. T. *Eine Literaturgeschichte in
Rezensionen und Aufsätzen* (herausgegeben
von Volker Michels), erscheint bei Suhrkamp.

1971   *Hermann Hesse – Helene Voigt-Diederichs.*
Zwei Autorenportraits in Briefen (herausgegeben von Berhard Zeller), erscheint bei Diederichs, Köln.

1972   Materialien zu Hermann Hesses *Der Steppenwolf* bei Suhrkamp.

1973   *Gesammelte Briefe,* Band 1, 1895–1921 (herausgegeben von Volker/Ursula Michels und
Heiner Hesse), bei Suhrkamp.
Die Kunst des Müßiggangs, kurze Prosa aus
dem Nachlaß und Materialien zu Hermann
Hesses *Das Glasperlenspiel* (beide herausgegeben von Volker Michels) bei Suhrkamp.
Hermann Hesse. Eine Werkgeschichte. (Herausgegeben von Siegfried Unseld) bei Suhrkamp.

1974   Materialien zu Hermann Hesses *Siddhartha*
(herausgegeben von Volker Michels) bei Suhrkamp.

1977   *Kleine Freuden.* Kurze Prosa aus dem Nachlaß. (Herausgegeben von Volker Michels),
Politik des Gewissens. Die Politischen Schrif-

ten 1914–1962, 2 Bände (herausgegeben von Volker Michels), *Hermann Hesse – R. J. Humm,* Briefwechsel (herausgegeben von Volker und Ursula Michels), erscheinen bei Suhrkamp, ebenso *Die Welt der Bücher.* Betrachtungen und Aufsätze zur Literatur.

Hermann Hesse. Bodensee. Betrachtungen, Erzählungen, Gedichte (herausgegeben von Volker Michels), bei Thorbecke, Sigmaringen.

Hermann Hesse als Maler, ausgewählt von Bruno Hesse und Sandor Kuthy, bei Suhrkamp.

1978   *Kindheit und Jugend vor Neunzehnhundert,* Band 2 (herausgegeben von Gerhard Kirchhoff), bei Suhrkamp.

Hermann Hesse – Heinrich Wiegand, Briefwechsel (herausgegeben von Klaus Pezold), erscheint im Aufbau Verlag, Berlin, DDR.

1979   *Gesammelte Briefe,* Band 2, 1922–1935, erscheint bei Suhrkamp.

Hermann Hesse. Sein Leben in Bildern und Texten. Von Volker Michels, erscheint bei Suhrkamp.

Theodore Ziolkowski, *Der Schriftsteller Hermann Hesse.*

1982   *Gesammelte Briefe,* Band 3, 1936–1949.

Hermann Hesse
in den suhrkamp taschenbüchern

Lektüre für Minuten. Gedanken aus seinen Büchern und Briefen. Ausgewählt von Volker Michels. Band 7, 226 S.

Unterm Rad. Erzählung. Band 52, 166 S.

Materialien zu Hermann Hesse, »Der Steppenwolf«. Herausgegeben von Volker Michels. Band 53, 418 S.

Das Glasperlenspiel. Band 79, 614 S.

Materialien zu Hermann Hesse, »Das Glasperlenspiel«, Teil I: Texte von Hermann Hesse. Herausgegeben von Volker Michels. Band 80, 386 S.

Die Kunst des Müßiggangs. Kurzprosa aus dem Nachlaß. Herausgegeben von Volker Michels. Band 100, 374 S.

Materialien zu Hermann Hesse, »Das Glasperlenspiel«. Teil II: Texte über das Glasperlenspiel. Herausgegeben von Volker Michels. Band 108, 376 S.

Klein und Wagner. Erzählung. Band 116, 96 S.

Materialien zu Hermann Hesses »Siddhartha«. Erster Band. Herausgegeben von Volker Michels. Band 129, 350 S.

Peter Camenzind. Erzählung. Band 161, 150 S.

Der Steppenwolf. Band 175, 238 S.

Siddhartha. Eine indische Dichtung. Band 182, 122 S.

Demian. Die Geschichte von Emil Sinclairs Jugend. Band 206, 164 S.

Ausgewählte Briefe. Band 211, 580 S.

Die Nürnberger Reise. Band 227, 82 S.

Lektüre für Minuten. Gedanken aus seinen Büchern und Briefen. Neue Folge. Ausgewählt von Volker Michels. Band 240, 208 S.

Eine Literaturgeschichte in Rezensionen und Aufsätzen. Herausgegeben von Volker Michels. Band 252, 586 S.

Narziß und Goldmund. Erzählung. Band 274, 320 S.

Materialien zu Hermann Hesses »Siddhartha«. Zweiter Band. Herausgegeben von Volker Michels. Band 282, 388 S.

Die Märchen. Band 291, 272 S.

Roßhalde. Roman. Band 312, 180 S.

Über Hermann Hesse. Erster Band 1904–1962. Herausgegeben von Volker Michels. Band 331, 474 S.

Über Hermann Hesse. Zweiter Band 1963–1977. Herausgegeben von Volker Michels. Band 332, 524 S.

Aus Kinderzeiten. Gesammelte Erzählungen Band 1. 1900 bis 1905. Band 347, 398 S.

Kleine Freuden. Verstreute und kurze Prosa aus dem Nachlaß. Herausgegeben und mit einem Nachwort von Volker Michels. Band 360, 392 S.

Die Verlobung. Gesammelte Erzählungen Band 2. 1906 bis 1908. Band 368, 382 S.

Briefe an Freunde. Rundbriefe 1946–1962. Zusammengestellt von Volker Michels. Band 380, 262 S.

Die Gedichte. Neu eingerichtet und um Gedichte aus dem Nachlaß erweitert von Volker Michels. 2 Bde. Band 381, insges. 832 S.

Vom Wesen und Herkunft des Glasperlenspiels. Die vier Fassungen der Einleitung zum Glasperlenspiel. Herausgegeben und mit einem Essay versehen von Volker Michels. Band 382, 134 S.

Kurgast. Aufzeichnungen von einer Badener Kur. Band 383, 110 S.

Der Europäer. Gesammelte Erzählungen Band 3. 1909 bis 1918. Band 384, 370 S.

Innen und Außen. Gesammelte Erzählungen Band 4. 1919 bis 1955. Band 413, 424 S.

Die Welt der Bücher. Betrachtungen und Aufsätze zur Literatur. Band 415, 384 S.

Hermann Hesses weltweite Wirkung. Herausgegeben von Martin Pfeifer. 2 Bde. Bd. 386 u. 506, 355 S., 285 S.

Aus Indien. Band 562, 364 S.

Politik des Gewissens. Vorwort von Robert Jungk. Herausgegeben von Volker Michels. 2 Bde. Band 656, insges. 986 S.

Die Morgenlandfahrt. Eine Erzählung. Band 750, 104 S.

Hermann Hesse
in der Bibliothek Suhrkamp

Die Morgenlandfahrt. Erzählung. Band 1, 124 S.

Narziß und Goldmund. Erzählung. Band 65, 320 S.

Knulp. Drei Geschichten aus dem Leben Knulps. Band 75, 128 S.

Demian. Die Geschichte von Emil Sinclairs Jugend. Band 95, 214 S.

Der vierte Lebenslauf Josef Knechts. Zwei Fassungen. Band 181, 164 S.

Der Steppenwolf. Roman. Band 226, 240 S.

Siddhartha. Eine indische Dichtung. Band 227, 136 S.

Politische Betrachtungen. Band 244, 168 S.

Mein Glaube. Betrachtungen. Band 300, 152 S.

Kurgast. Mit den ›Aufzeichnungen von einer Badener Kur‹. Band 329, 136 S.

Stufen. Ausgewählte Gedichte. Band 342, 248 S.

Eigensinn. Autobiographische Schriften. Band 353, 256 S.

Glück. Späte Prosa: Betrachtungen. Band 344, 143 S.

Iris. Ausgewählte Märchen. Band 369, 170 S.

Hermann Hesse – Thomas Mann. Briefwechsel; herausgegeben von Anni Carlsson, erweitert von Volker Michels. Mit einem Vorwort von Theodore Ziolkowski. Band 441, 338 S.

Wanderung. Aufzeichnungen mit 14 farbigen Bildern des Verfassers. Band 444, 144 S.

Legenden. Zusammengestellt von Volker Michels. Band 472, 184 S.

Musik. Betrachtungen, Gedichte, Rezensionen, Briefe. Mit einem Essay von Hermann Kasack. Herausgegeben von Volker Michels. Band 483, 280 S.

Josef Knechts Lebensläufe. Band 541, 272 S.

Magie des Buches. Betrachtungen. Band 542, 132 S.

Klingsors letzter Sommer. Erzählung mit farbigen Bildern vom Verfasser. Band 608, 142 S.

Krisis. Ein Stück Tagebuch. Band 747, 80 S.

Hermann Hesse
Gesammelte Schriften in Einzelausgaben

Beschwörungen; Bilderbuch; Briefe; Das Glasperlenspiel; Der Steppenwolf; Diesseits; Erzählungen; Kleine Welt; Fabulierbuch; Frühe Prosa; Gedenkblätter; Gertrud; Knulp; Krieg und Frieden; Kurgast; Die Nürnberger Reise; Märchen; Narziß und Goldmund; Peter Camenzind; Prosa aus dem Nachlaß; Roßhalde; Schriften zur Literatur; Siddhartha; Traumfährte; Unterm Rad.

Briefe
Kindheit und Jugend vor Neunzehnhundert. Hermann Hesse in Briefen und Lebenszeugnissen 1877–1894
Kindheit und Jugend vor Neunzehnhundert. Hermann Hesse in Briefen und Lebenszeugnissen 1895–1900
Hermann Hesse, Gesammelte Briefe, 1895–1921. Unter Mitwirkung von Heiner Hesse
Briefe. 2., erweiterte Ausgabe
Hermann Hesse – Peter Suhrkamp. Briefwechsel 1945 bis 1959
Hermann Hesse – R. J. Humm. Briefwechsel

Über Hermann Hesse
Dank an Hermann Hesse. Reden und Aufsätze
Hermann Hesse – Eine Chronik in Bildern; herausgegeben von Bernhard Zeller
Hugo Ball: Hermann Hesse. Sein Leben und sein Werk
Emmy Ball-Hennings: Briefe an Hermann Hesse
Adrian Hsia: Hermann Hesse in China
Siegfried Unseld: Hermann Hesse, eine Werkgeschichte
Siegfried Unseld: Begegnungen mit Hermann Hesse
Martin Pfeifer (Hrsg.): Hermann Hesses weltweite Wirkung. Internationale Rezeptionsgeschichte. 2 Bde.
Ursula Chi: Die Weisheit Chinas und ›Das Glasperlenspiel‹
Theodore Ziolkowski: Der Schriftsteller Hermann Hesse
Ralph Freedman: Hermann Hesse. Autor der Krisis

Sonderausgaben
Hermann Hesse, Die Erzählungen
Hermann Hesse, Weg nach Innen
Hermann Hesse, Schriften zur Literatur. 2 Bde.
Politik des Gewissens. Die politischen Schriften 1914–1962
Hermann Hesse als Maler
Hermann Hesse. Sein Leben in Bildern und Texten

Hermann Hesse, Leben und Werk im Bild. Von Volker Michels

Hermann Hesse, Kindheit des Zauberers. Ein autobiographisches Märchen. Illustriert und mit einer Nachbemerkung von Peter Weiss

Piktors Verwandlungen. Mit einem Nachwort von Volker Michels

Dank an Goethe. Betrachtungen, Rezensionen, Briefe. Mit einem Essay von Reso Karalaschwili

Hermann Lauscher. Illustriert von Gunter Böhmer

Der verbannte Ehemann oder Anton Schievelbeyn's ohnfreywillige Reise. Handgeschrieben und illustriert von Peter Weiss

Die Stadt. Ein Märchen, ins Bild gebracht von Walter Schmögner

Schmetterlinge. Mit einem Nachwort von Volker Michels

Knulp. Illustriert von Karl Walser

Magie der Farben. Herausgegeben und mit einem Nachwort von Volker Michels

Der Zwerg. Ein Märchen. Mit Illustrationen von Rolf Köhler

Hermann Hesse
Gesammelte Erzählungen
4 Bände in Kassette, DM 32,–

Hermann Hesses sämtliche Erzählungen sind in vier Taschenbuchbänden erschienen:

Band 1 Aus Kinderzeiten, 1900–1905 (st 347)
Band 2 Die Verlobung, 1906–1908 (st 368)
Band 3 Der Europäer, 1909–1918 (st 384)
Band 4 Innen und Außen, 1919–1955 (st 413)

Alle vier Bände zusammen werden in einer Schmuckkassette vorgelegt.

Nicht unerhörte Begebenheiten, sondern das Unerhörte der alltäglichen Begebenheiten kommt hier zu Wort. Denn so vertraut die Schauplätze anmuten, die Konflikte, die dort ausgetragen und festgehalten werden, wachsen weit über das Lokale hinaus. Der Mikrokosmos des scheinbar Provinziellen und Individuellen verweist vom Detail auf das Ganze. Dabei bedeutet die Lektüre dieser Erzählungen nicht Arbeit, sondern Regeneration.

Hermann Hesse auf Schallplatten

Hermann Hesse-Sprechplatte
»Über das Glück« und Gedichte
Gert Westphal liest:
Aus einem Brief des 15jährigen an seine Eltern
Prosa aus »Klingsors letzter Sommer« und Gedichte
Best.-Nr. 9508, DM 22,–

Hermann Hesse liest:
»Über das Alter«, »Zwischen Sommer und Herbst«,
»Über das Wort ›Brot‹«
Gert Westphal liest Hermann Hesse,
»Autorenabend«, »Die Fremdenstadt im Süden«.
Best.-Nr. 9110, DM 24,–
Suhrkamp Verlag

Sprechplatten der Deutschen Grammophon Gesellschaft

Aus dem »Tractat vom Steppenwolf«,
gesprochen von Helmut Griem
Die Stadt und satirische Gedichte aus dem Nachlaß,
gesprochen von Gert Westphal
Heliodor Bibliothek Nr. 2571009

Aus dem »Kurzgefaßten Lebenslauf«,
gesprochen von Gert Westphal
Haßbriefe und »Brief an einen Kommunisten«,
gesprochen von Peter Lühr
Heliodor Bibliothek Nr. 2571031

Musikplatten nach Texten von Hermann Hesse

Lieder nach Gedichten von Hermann Hesse,
vertont von Othmar Schoeck und Gottfried von Einem,
gesungen von Dietrich Fischer-Dieskau
Deutsche Grammophon Gesellschaft LP 25308777

Hesse Between Music
Ein aktuelles Mosaik von Hesse-Texten mit moderner
Musik von Peter Hamel u. a.
Rezitation von Gert Westphal,
vorgestellt von Joachim Ernst Berendt
dergo-spectrum SM 1015

»Und alle Zeit ward Gegenwart«
Arthur Rubinstein spielt Lieblingskompositionen
von Hermann Hesse (Beethoven, Schumann, Chopin)
RCA-Langspielplatte RL-42352

st 769 Erica Pedretti
Heiliger Sebastian
Roman
192 Seiten
Do you remember? heißt die Frage, die Anne nicht·mag.
Die Frage, die alles ins Rutschen bringt, die eine ganze
Biographie, Orte und Zeiten, Menschen und Geschichten
durcheinanderwirbelt. Nichts bleibt ganz in dieser Lawine,
die mit zunehmender Geschwindigkeit über alle Stationen
– Mähren, Engadin, New York, London, Paris, Norman-
die, Griechenland – hinwegrast und immer wieder das
Grundmuster eines buchstäblich bewegten Lebens nach
oben kehrt: Krieg, Aufbruch, Flucht.

st 770 Fritz J. Raddatz
ZEIT-Gespräche 2
192 Seiten
Es handelt sich bei diesen Dialogen weniger um »Werk-
stattgespräche« – also Einblick von außen – als um die
Erörterung des stets neu zu definierenden Wirkungs-
begriffs der Literatur.
Dialoge mit Wolf Biermann, Efim Etkind, Max Frisch,
Roger Garaudy, Günter Grass, Ephraim Kishon, Bruno
Kreisky, Günter Kunert, Siegfried Lenz, Mihajlo Mihaj-
lov, Czesław Miłosz, Helmut Schmidt, Karl August Witt-
fogel.

st 774 Jurek Becker
Jakob der Lügner
Roman
304 Seiten
»Jurek Becker erzählt ohne Pathos und ohne Sentimen-
talität. Er zeigt nicht etwa den Widerstand, den heroischen

Kampf, sondern den Alltag in einer Welt, in der sich beide Seiten – die Verfolger und die Verfolgten – an das Entsetzlichste gewöhnt haben. ...Dieser Jakob, ein eher simpler Mensch, doch nicht ohne Phantasie und Humor, gibt den Bewohnern des Ghettos, was sie am meisten brauchen – etwas Hoffnung.«   *Marcel Reich-Ranicki*

st 775 Horst Bienek
Bakunin, eine Invention
120 Seiten
Bakunin, eine Invention ist keine Biographie im üblichen Sinne; ein Student, ein Protestler von 1968, will genauer wissen, was es mit dem Anarchismus auf sich hat, er geht auf der Suche nach Bakunin in die Schweiz, forscht seinen Spuren nach, seiner Wirkung, seiner Philosophie der Revolte.
»Das ist nicht allein Dokumentation, nicht Erkundung, auch nicht Roman; die Fakten drängen bei Bienek der Erfindung entgegen – da erst erschließen sie sich ganz, das Konkrete wird Poesie.«   *Günter Blöcker*

st 776 Dorothea Zeemann
Jungfrau und Reptil
Leben zwischen 1945 und 1972
ca. 150 Seiten
Jungfrau und Reptil wird dominiert von der Herausforderung durch die berühmt anachronistische Gestalt des Dichters Heimito von Doderer. Auf diese Herausforderung antwortet Dorothea Zeemann mit einer bis zur Schärfe deutlichen, alles andere als lieblosen Beschreibung Doderers und ihrer gemeinsamen Jahre. – Als erster Band der Erinnerungen erschien *Einübung in Katastrophen, Leben zwischen 1913 und 1945* (suhrkamp taschenbuch 565).

st 777 Ignácio de Loyola Brandão
Null
Prähistorischer Roman
Übersetzung aus dem Brasilianischen
mit einem Nachwort von Curt Meyer-Clason
400 Seiten
»Dieses bitterböse Buch...ist trotz seines blutig ernsten Themas von einem irrwitzigen Humor erfüllt, sein Autor

krümmt sich vor Lachen inmitten einer grausigen Realität, und in dieser tragischen Ironie liegt zugleich seine befreiende Wirkung.«   *Hans Christoph Buch*

st 778 Max Schur
Sigmund Freud
Leben und Sterben
Deutsch von Gert Müller
720 Seiten
»Bis in Einzelheiten ist es Schur gelungen, die Wechselbeziehungen zwischen Freuds Krankengeschichte, seinem Herzleiden, seiner Nikotinsucht, seiner Reisephobie und seinem Denken aufzuzeigen. Immer ist die Auseinandersetzung mit den Krankheiten anderer auch ein Versuch, der eigenen Schwächen und Leiden, der selbsterlebten Ängste und Zwänge Herr zu werden.«
                    Gert Ueding, Hess. Rundfunk

st 782 Die besten Bücher
der »Bestenliste« des SWF-Literaturmagazins
empfohlen von Mitgliedern der Jury
Herausgegeben von Jürgen Lodemann
176 Seiten
Die besten Bücher: erstmalig ernstzunehmender Wegweiser durch den Herbstbücherwald des Jahres 1981. Siebenundzwanzig Literaturkritiker stellen die besten Bücher dieses Herbstes vor, und sie begründen ihre Wahl. Im Anhang: Sämtliche Listen seit 1975, die bisherigen Jury-Mitglieder, eine Dokumentation zur Entstehung und Methode der Bestenliste sowie der ›Preis des SWF-Literaturmagazins‹.

st 783 Werner Koch
See-Leben
Drei Romane in einer Kassette: See-Leben I, Wechseljahre oder See-Leben II, Jenseits des Sees
128/204/222 Seiten
»Im Gegensatz zu vielen vergleichbaren Zeitgenossen hat Koch etwas Wesentliches entdeckt: daß es nicht das Leben gibt, das einzige, wahre Leben, und es folglich müßig ist, danach zu suchen. Es gibt nur eine ureigenste, individuelle Lebenspraxis.«   *Frankfurter Allgemeine Zeitung*

Abe, Die vierte Zwischeneinzeit 756
Achternbusch, Alexanderschlacht 61
– Das letzte Loch 803
– Der Neger Erwin 682
– Die Stunde des Todes 449
– Happy oder Der Tag wird kommen 262
Adorno, Erziehung zur Mündigkeit 11
– Studien zum autoritären Charakter 107
– Versuch, das ›Endspiel‹ zu verstehen 72
– Versuch über Wagner 177
– Zur Dialektik des Engagements 134
Aitmatow, Der weiße Dampfer 51
Aldis, Der unmögliche Stern 834
Alegría, Die hungrigen Hunde 447
Alewyn, Probleme und Gestalten 845
Alfvén, Atome, Mensch und Universum 139
– M 70 – Die Menschheit der siebziger Jahre 34
Allerleirauh 19
Alsheimer, Eine Reise nach Vietnam 628
– Vietnamesische Lehrjahre 73
Alter als Stigma 468
Anders, Kosmologische Humoreske 432
v. Ardenne, Ein glückliches Leben für Technik und Forschung 310
Arendt, Die verborgene Tradition 303
Arlt, Die sieben Irren 399
Arguedas, Die tiefen Flüsse 588
Artmann, Grünverschlossene Botschaft 82
– How much, schatzi? 136
– Lilienweißer Brief 498
– The Best of H. C. Artmann 275
– Unter der Bedeckung eines Hutes 337
Augustin, Raumlicht 660
Bachmann, Malina 641
v. Baeyer, Angst 118
Bahlow, Deutsches Namenlexikon 65
Balint, Fünf Minuten pro Patient 446
Ball, Hermann Hesse 385
Ballard, Der ewige Tag 727
– Die Tausend Träume 833
– Kristallwelt 818
Barnet (Hg.), Der Cimarrón 346
Basis 5, Jahrbuch für deutsche Gegenwartsliteratur 276
Basis 6, Jahrbuch für deutsche Gegenwartsliteratur 340
Basis 7, Jahrbuch für deutsche Gegenwartsliteratur 420
Basis 8, Jahrbuch für deutsche Gegenwartsliteratur 457
Basis 9, Jahrbuch für deutsche Gegenwartsliteratur 553
Basis 10, Jahrbuch für deutsche Gegenwartsliteratur 589
Sylvia Beach, Shakespeare and Company 823
Beaucamp, Das Dilemma der Avantgarde 329
Becker, Jürgen, Eine Zeit ohne Wörter 20
– Gedichte 690
Becker, Jurek, Irreführung der Behörden 271
– Der Boxer 526
– Jakob der Lügner 774
– Schlaflose Tage 626
Beckett, Das letzte Band (dreisprachig) 200
– Der Namenlose 536
– Endspiel (dreisprachig) 171
– Glückliche Tage (dreisprachig) 248
– Malone stirbt 407

– Molloy 229
– Warten auf Godot (dreisprachig) 1
– Watt 46
Das Werk von Beckett. Berliner Colloquium 225
Materialien zu Beckett »Der Verwaiser« 605
Materialien zu Becketts »Godot‹ 104
Materialien zu Becketts ›Godot‹ 2 475
Materialien zu Becketts Romanen 315
Behrens, Die weiße Frau 655
Bell, Virginia Woolf 753
Benjamin, Der Stratege im Literaturkampf 176
– Illuminationen 345
– Über Haschisch 21
– Ursprung des deutschen Trauerspiels 69
Zur Aktualität Walter Benjamins 150
Beradt, Das dritte Reich des Traums 697
Bernhard, Das Kalkwerk 128
– Der Kulterer 306
– Frost 47
– Gehen 5
– Salzburger Stücke 257
Bertaux, Hölderlin 686
– Mutation der Menschheit 555
Beti, Perpétue und die Gewöhnung ans Unglück 677
Bienek, Bakunin, eine Invention 775
Bierce, Das Spukhaus 365
Bingel, Lied für Zement 287
Bioy Casares, Fluchtplan 378
– Tagebuch des Schweinekriegs 469
Blackwood, Besuch von Drüben 411
– Das leere Haus 30
– Der Griff aus dem Dunkel 518
Blatter, Zunehmendes Heimweh 649
– Schaltfehler 743
Bloch, Atheismus im Christentum 144
Böni, Ein Wanderer im Alpenregen 671
Börne, Spiegelbild des Lebens 408
Bohrer, Ein bißchen Lust am Untergang 745
Bonaparte, Edgar Poe, 3 Bde. 592
Bond, Bingo 283
– Die See 160
Brandão, Null 777
Brasch, Kargo 541
Braun, J. u. G., Conviva Ludibundus 748
– Der Fehlfaktor 687
– Der Irrtum des Großen Zauberers 807
– Unheimliche Erscheinungsformen auf Omega XI 646
Braun, Das ungezwungne Leben Kasts 546
– Gedichte 499
– Stücke 1 198
– Stücke 2 680
Brecht, Frühe Stücke 201
– Gedichte 251
– Gedichte für Städtebewohner 640
– Geschichten vom Herrn Keuner 16
– Schriften zur Gesellschaft 199
Brecht in Augsburg 297
Bertolt Brechts Dreigroschenbuch 87
Brentano, Berliner Novellen 568
– Prozeß ohne Richter 427
Broch, Hermann, Barbara 151
– Briefe I 710
– Briefe II 711
– Briefe III 712
– Dramen 538
– Gedichte 572

- Massenwahntheorie 502
- Novellen 621
- Philosophische Schriften 1 u. 2
  2 Bde. 375
- Politische Schriften 445
- Schlafwandler 472
- Schriften zur Literatur 1 246
- Schriften zur Literatur 2 247
- Schuldlosen 209
- Der Tod des Vergil 296
- Die Unbekannte Größe 393
- Die Verzauberung 350
Materialien zu »Der Tod des Vergil« 317
Brod, Der Prager Kreis 547
- Tycho Brahes Weg zu Gott 490
Broszat, 200 Jahre deutsche Polenpolitik 74
Brude-Firnau (Hg.), Aus den Tagebüchern
  Th. Herzls 374
Buch, Jammerschoner 815
Budgen, James Joyce 752
Büßerinnen aus dem Gnadenkloster, Die 632
Bulwer-Lytton, Das kommende Geschlecht 609
Buono, Zur Prosa Brechts. Aufsätze 88
Butor, Paris-Rom oder Die Modifikation 89
Campbell, Der Heros in tausend Gestalten 424
Casares, Schlaf in der Sonne 691
Carossa, Ungleiche Welten 521
- Der Arzt Gion 821
Über Hans Carossa 497
Carpentier, Die verlorénen Spuren 808
- Explosion in der Kathedrale 370
- Krieg der Zeit 552
Celan, Mohn und Gedächtnis 231
- Von Schwelle zu Schwelle 301
Chomsky, Indochina und die amerikanische
  Krise 32
- Kambodscha Laos Nordvietnam 103
- Über Erkenntnis und Freiheit 91
Cioran, Die verfehlte Schöpfung 550
- Vom Nachteil geboren zu sein 549
- Syllogismen der Bitterkeit 607
Cisek, Der Strom ohne Ende 724
Claes, Flachskopf 524
Condrau, Angst und Schuld als Grundprobleme in
  der Psychotherapie 305
Conrady, Literatur und Germanistik als Herausfor-
  derung 214
Cortázar, Bestiarium 543
- Das Feuer aller Feuer 298
- Die geheimen Waffen 672
- Ende des Spiels 373
Dahrendorf, Die neue Freiheit 623
- Lebenschancen 559
Dedecius, Überall ist Polen 195
Degner, Graugrün und Kastanienbraun 529
Der andere Hölderlin. Materialien zum »Hölderlin«-
  Stück von Peter Weiss 42
Der Ernst des Lebens 771
Dick, LSD-Astronauten 732
- Mozart für Marsianer 773
- UBIK 440
Die Serapionsbrüder von Petrograd 844
Doctorow, Das Buch Daniel 366
Döblin, Materialien zu »Alexanderplatz« 268
Dolto, Der Fall Dominique 140
Döring, Perspektiven einer Architektur 109
Donoso, Ort ohne Grenzen 515
Dorst, Dorothea Merz 511
- Stücke 1 437
- Stücke 2 438

Duddington, Baupläne der Pflanzen 45
Duke, Akupunktur 180
Duras, Hiroshima mon amour 112
Durzak, Gespräche über den Roman 318
Edschmid, Georg Büchner 610
Ehrenberg/Fuchs, Sozialstaat und Freiheit 733
Ehrenburg, Das bewegte Leben des Lasik
  Roitschwantz 307
- 13 Pfeifen 405
Eich, Ein Lesebuch 696
- Fünfzehn Hörspiele 120
Eliade, Bei den Zigeunerinnen 615
Eliot, Die Dramen 191
Zur Aktualität T. S. Eliots 222
Ellmann, James Joyce 2 Bde. 473
Enzensberger, Gedichte 1955-1970 4
- Der kurze Sommer der Anarchie 395
- Der Untergang der Titanic 681
- Museum der modernen Poesie, 2 Bde. 476
- Politik und Verbrechen 442
Enzensberger (Hg.), Freisprüche. Revolutionäre
  vor Gericht 111
Eppendorfer, Der Ledermann spricht mit Hubert
  Fichte 580
Erbes, Die blauen Hunde 825
Erikson, Lebensgeschichte und hist. Augenblick 824
Eschenburg, Über Autorität 178
Ewald, Innere Medizin in Stichworten I 97
- Innere Medizin in Stichworten II 98
Ewen, Bertolt Brecht 141
Fallada/Dorst, Kleiner Mann - was nun? 127
Fanon, Die Verdammten dieser Erde 668
Federspiel, Paratuga kehrt zurück 843
Feldenkrais, Abenteuer im Dschungel des Gehirns
  663
- Bewußtheit durch Bewegung 429
Feuchtwanger (Hg.), Deutschland - Wandel und
  Bestand 335
Fischer, Von Grillparzer zu Kafka 284
Fleißer, Der Tiefseefisch 683
- Eine Zierde für den Verein 294
- Ingolstädter Stücke 403
Fletcher, Die Kunst des Samuel Beckett 272
Frame, Wenn Eulen schreien 692
Franke, Einsteins Erben 603
- Keine Spur von Leben 741
- Paradies 3000 664
- Schule für Übermenschen 730
- Sirius Transit 535
- Tod eines Unsterblichen 772
- Transpluto 841
- Ypsilon minus 358
- Zarathustra kehrt zurück 410
- Zone Null 585
v. Franz, Zahl und Zeit 602
Friede und die Unruhestifter, Der 145
Fries, Das nackte Mädchen auf der Straße 577
- Der Weg nach Oobliadooh 265
- Schumann, China und der Zwickauer See 768
Frijling-Schreuder, Was sind das - Kinder? 119
Frisch, Andorra 277
- Der Mensch erscheint im Holozän 734
- Dienstbüchlein 205
- Herr Biedermann / Rip van Winkle 599
- Homo faber 354
- Mein Name sei Gantenbein 286
- Montauk 700
- Stiller 105
- Stücke 1 70
- Stücke 2 81

- Tagebuch 1966–1971 256
- Wilhelm Tell für die Schule 2
Materialien zu Frischs »Biedermann und die Brandstifter« 503
- »Stiller« 2 Bde. 419
Frischmuth, Amoralische Kinderklapper 224
Froese, Zehn Gebote für Erwachsene 593
Fromm/Suzuki/de Martino, Zen-Buddhismus und Psychoanalyse 37
Fuchs, Todesbilder in der modernen Gesellschaft 102
Fuentes, Nichts als das Leben 343
Fühmann, Bagatelle, rundum positiv 426
- Erfahrungen und Widersprüche 338
- 22 Tage oder Die Hälfte des Lebens 463
Gabeira, Die Guerilleros sind müde 737
Gadamer/Habermas, Das Erbe Hegels 596
Gall, Deleatur 639
García Lorca, Über Dichtung und Theater 196
Gauch, Vaterspuren 767
Gespräche mit Marx und Engels 716
Gibson, Lorcas Tod 197
Gilbert, Das Rätsel Ulysses 367
Ginzburg, Ein Mann und eine Frau 816
Glozer, Kunstkritiken 193
Goldstein, A. Freud, Solnit, Jenseits des Kindeswohls 212
Goma, Ostinato 138
Gorkij, Unzeitgemäße Gedanken über Kultur und Revolution 210
Grabiński, Abstellgleis 478
Griaule, Schwarze Genesis 624
Grimm/Hinck, Zwischen Satire und Utopie 839
Grossmann, Ossietzky. Ein deutscher Patriot 83
Gulian, Mythos und Kultur 666
Gustav Gründgens Faust 838
Habermas, Theorie und Praxis 9
- Kultur und Kritik 125
Habermas/Henrich, Zwei Reden 202
Hammel, Unsere Zukunft – die Stadt 59
Han Suyin, Die Morgenflut 234
Handke, Als das Wünschen noch geholfen hat 208
- Begrüßung des Aufsichtsrats 654
- Chronik der laufenden Ereignisse 3
- Das Ende des Flanierens 679
- Das Gewicht der Welt 500
- Die Angst des Tormanns beim Elfmeter 27
- Die linkshändige Frau 560
- Die Stunde der wahren Empfindung 452
- Die Unvernünftigen sterben aus 168
- Der kurze Brief 172
- Falsche Bewegung 258
- Die Hornissen 416
- Ich bin ein Bewohner des Elfenbeinturms 56
- Stücke 1 43
- Stücke 2 101
- Wunschloses Unglück 146
Hart Nibbrig, Ästhetik 491
- Rhetorik des Schweigens 693
Heiderich, Mit geschlossenen Augen 638
Heilbroner, Die Zukunft der Menschheit 280
Heller, Die Wiederkehr der Unschuld 396
- Enterbter Geist 537
- Nirgends wird Welt sein als innen 288
- Thomas Mann 243
Hellman, Eine unfertige Frau 292
Henle, Der neue Nahe Osten 24
v. Hentig, Die Sache und die Demokratie 245
- Magier oder Magister? 207
Herding (Hg.), Realismus als Widerspruch 493

Hermlin, Lektüre 1960–1971 215
Herzl, Aus den Tagebüchern 374
Hesse, Aus Indien 562
- Aus Kinderzeiten. Erzählungen Bd. 1 347
- Ausgewählte Briefe 211
- Briefe an Freunde 380
- Demian 206
- Der Europäer. Erzählungen Bd. 3 384
- Der Steppenwolf 175
- Die Gedichte. 2 Bde. 381
- Die Kunst des Müßiggangs 100
- Die Märchen 291
- Die Nürnberger Reise 227
- Die Verlobung. Erzählungen Bd. 2 368
- Die Welt der Bücher 415
- Eine Literaturgeschichte in Rezensionen 252
- Das Glasperlenspiel 79
- Innen und Außen. Erzählungen Bd. 4 413
- Italien 689
- Klein und Wagner 116
- Kleine Freuden 360
- Kurgast 383
- Lektüre für Minuten 7
- Lektüre für Minuten. Neue Folge 240
- Morgenlandfahrt 750
- Narziß und Goldmund 274
- Peter Camenzind 161
- Politik des Gewissens, 2 Bde. 656
- Roßhalde 312
- Siddhartha 182
- Unterm Rad 52
- Von Wesen und Herkunft des Glasperlenspiels 382
Materialien zu Hesses »Demian« 1 166
Materialien zu Hesses »Demian« 2 316
Materialien zu Hesses »Glasperlenspiel« 1 80
Materialien zu Hesses »Glasperlenspiel« 2 108
Materialien zu Hesses »Siddhartha« 1 129
Materialien zu Hesses »Siddhartha« 2 282
Materialien zu Hesses »Steppenwolf« 53
Über Hermann Hesse 1 331
Über Hermann Hesse 2 332
Hermann Hesse – Eine Werkgeschichte von Siegfried Unseld 143
Hermann Hesses weltweite Wirkung 386
Hildesheimer, Hörspiele 363
- Mozart 598
- Paradies der falschen Vögel 295
- Stücke 362
Hinck, Von Heine zu Brecht 481
Hinojosa, Klail City und Umgebung 709
Hobsbawm, Die Banditen 66
Hodgson, Stimme in der Nacht 749
Hofmann (Hg.), Schwangerschaftsunterbrechung 238
Hofmann, Werner, Gegenstimmen 554
Höllerer, Die Elephantenuhr 266
Holmqvist (Hg.), Das Buch der Nelly Sachs 398
Hortleder, Fußball 170
Horváth, Der ewige Spießer 131
- Der jüngste Tag 715
- Die stille Revolution 254
- Ein Kind unserer Zeit 99
- Ein Lesebuch 742
- Geschichten aus dem Wiener Wald 835
- Jugend ohne Gott 17
- Leben und Werk in Dokumenten und Bildern 67
- Sladek 163
Horváth/Schell, Geschichten aus dem Wienerwald 595

Hrabal, Erzählungen 805
Hsia, Hesse und China 673
Hudelot, Der Lange Marsch 54
Hughes, Hurrikan im Karibischen Meer 394
Huizinga, Holländische Kultur im siebzehnten
Jahrhundert 401
Ibragimbekow, Es gab keinen besseren Bruder 479
Ingold, Literatur und Aviatik 576
Innerhofer, Die großen Wörter 563
– Schattseite 542
– Schöne Tage 349
Inoue, Die Eiswand 551
Jakir, Kindheit in Gefangenschaft 152
James, Der Schatz des Abtes Thomas 540
Jens, Republikanische Reden 512
Johnson, Berliner Sachen 249
– Das dritte Buch über Achim 169
– Eine Reise nach Klagenfurt 235
– Mutmassungen über Jakob 147
– Zwei Ansichten 326
Jonke, Im Inland und im Ausland auch 156
Joyce, Anna Livia Plurabelle 751
– Ausgewählte Briefe 253
Joyce, Meines Bruders Hüter 273
Junker/Link, Ein Mann ohne Klasse 528
Kappacher, Morgen 339
Kästner, Der Hund in der Sonne 270
– Offener Brief an die Königin von Griechenland.
Beschreibungen, Bewunderungen 106
Kardiner/Preble, Wegbereiter der modernen
Anthropologie 165
Kasack, Fälschungen 264
Kaschnitz, Der alte Garten 387
– Ein Lesebuch 647
– Steht noch dahin 57
– Zwischen Immer und Nie 425
Katharina II. in ihren Memoiren 25
Kawerin, Das doppelte Porträt 725
Keen, Stimmen und Visionen 545
Kerr (Hg.), Über Robert Walser 1 483
– Über Robert Walser 2 484
– Über Robert Walser 3 556
Kessel, Herrn Brechers Fiasko 453
Kirde (Hg.), Das unsichtbare Auge 477
Kleinhardt, Jedem das Seine 747
Kluge, Lebensläufe. Anwesenheitsliste für eine
Beerdigung 186
Koch, Anton, Symbiose – Partnerschaft fürs Leben
304
Koch Werner, Jenseits des Sees 718
– Pilatus 650
– See-Leben I 132
– Wechseljahre oder See-Leben II 412
Koehler, Hinter den Bergen 456
Koeppen, Amerikafahrt 802
– Das Treibhaus 78
– Der Tod in Rom 241
– Eine unglückliche Liebe 392
– Nach Rußland und anderswohin 115
– Reisen nach Frankreich 530
– Romanisches Café 71
– Tauben im Gras 601
Koestler, Der Yogi und der Kommissar 158
– Die Nachtwandler 579
– Die Wurzeln des Zufalls 181
Kolleritsch, Die grüne Seite 323
Komm schwarzer Panther, lach noch mal 714
Komm, Der Idiot des Hauses 728
Konrád, Der Stadtgründer 633
– Der Besucher 492

Konrád/ Szelényi, Die Intelligenz auf dem Weg zur
Klassenmacht 726
Korff, Kernenergie und Moraltheologie 597
Kracauer, Das Ornament der Masse 371
– Die Angestellten 13
– Kino 126
Kraus, Magie der Sprache 204
Kroetz, Stücke 259
Krolow, Ein Gedicht entsteht 95
Kücker, Architektur zwischen Kunst und Konsum
309
Kühn, Josephine 587
– Ludwigslust 421
– N 93
– Siam-Siam 187
– Stanislaw der Schweiger 496
– Und der Sultan von Oman 758
Kundera, Abschiedswalzer 591
– Das Leben ist anderswo 377
– Der Scherz 514
Laederach, Nach Einfall der Dämmerung 814
Lagercrantz, China-Report 8
Lander, Ein Sommer in der Woche der Itke K. 155
Laqueur, Terrorismus 723
Laxness, Islandglocke 228
le Fanu, Der besessene Baronet 731
le Fort, Die Tochter Jephthas und andere Erzählun-
gen 351
Lem, Astronauten 441
– Das Hospital der Verklärung 761
– Der futurologische Kongreß 534
– Der Schnupfen 570
– Die Jagd 302
– Die Ratte im Labyrinth 806
– Die Untersuchung 435
– Die vollkommene Leere 707
– Imaginäre Größe 658
– Memoiren, gefunden in der Badewanne 508
– Mondnacht 729
– Nacht und Schimmel 356
– Solaris 226
– Sterntagebücher 459
– Summa technologiae 678
– Terminus 740
– Transfer 324
– Über Stanisław Lem 586
Lenz, Hermann, Andere Tage 461
– Der russische Regenbogen 531
– Der Tintenfisch in der Garage 620
– Die Augen eines Dieners 348
– Die Begegnung 828
– Neue Zeit 505
– Tagebuch vom Überleben 659
– Verlassene Zimmer 436
Lepenies, Melancholie und Gesellschaft 63
Lese-Erlebnisse 2 458
Leutenegger, Ninive 685
– Vorabend 642
Lévi-Strauss, Rasse und Geschichte 62
– Strukturale Anthropologie 15
Lidz, Das menschliche Leben 162
Liebesgeschichten 847
Link, Das goldene Zeitalter 704
– Die Reise an den Anfang der Scham 840
– Tage des schönen Schreckens 763
Literatur aus der Schweiz 450
Lovecraft, Cthulhu 29
– Berge des Wahnsinns 220
– Das Ding auf der Schwelle 357
– Die Katzen von Ulthar 625

– Die Stadt ohne Namen 694
– Der Fall Charles Dexter Ward 391
– In der Gruft 779
MacLeish, Spiel um Job 422
Mächler, Das Leben Robert Walsers 321
Mädchen am Abhang, Das 630
Machado de Assis, Posthume Erinnerungen 494
Machen, Die leuchtende Pyramide 720
Majakowski, Her mit dem schönen Leben 766
Malson, Die wilden Kinder 55
Martinson, Die Nesseln blühen 279
– Der Weg hinaus 281
Mautner, Nestroy 465
Mayer, Außenseiter 736
– Georg Büchner und seine Zeit 58
– Richard Wagner in Bayreuth 480
Materialien zu Hans Mayer, »Außenseiter«
448
Mayröcker. Ein Lesebuch 548
Maximovič, Die Erforschung des Omega Planeten
509
McCall, Jack der Bär 699
McHale, Der ökologische Kontext 90
Meier, Der schnurgerade Kanal 760
Mein Goethe 781
Melchinger, Geschichte des politischen Theaters
153, 154
Mercier, Das Jahr 2440 676
Meyer, Die Rückfahrt 578
– Eine entfernte Ähnlichkeit 242
– In Trubschachen 501
Miłosz, Verführtes Denken 278
Minder, Dichter in der Gesellschaft 33
– Kultur und Literatur in Deutschland und Frank-
reich 397
Mitscherlich, Massenpsychologie ohne Ressentiment
76
– Thesen zur Stadt der Zukunft 10
– Toleranz – Überprüfung eines Begriffs 213
Mitscherlich (Hg.), Bis hierher und nicht weiter
239
Molière, Drei Stücke 486
Mommsen, Goethe und 1001 Nacht 674
– Kleists Kampf mit Goethe 513
Morante, Lüge und Zauberei 701
Morselli, Licht am Ende des Tunnels 627
Moser, Gottesvergiftung 533
– Lehrjahre auf der Couch 352
Muschg, Albissers Grund 334
– Entfernte Bekannte 510
– Gegenzauber 665
– Gottfried Keller 617
– Im Sommer des Hasen 263
– Liebesgeschichten 164
– Noch ein Wunsch 735
Myrdal, Asiatisches Drama 634
– Politisches Manifest 40
Nachtigall, Völkerkunde 184
Neruda, Liebesbriefe an Albertina Rosa 829
Nizon, Canto 319
– Im Hause enden die Geschichten. Untertauchen
431
Norén, Die Bienenväter 117
Nossack, Das kennt man 336
– Der jüngere Bruder 133
– Die gestohlene Melodie 219
– Nach dem letzten Aufstand 653
– Spirale 50
– Um es kurz zu machen 255
Nossal, Antikörper und Immunität 44

Örkény, Interview mit einem Toten 837
Offenbach, Sonja 688
Olvedi, LSD-Report 38
Onetti, Das kurze Leben 661
Oviedo (Hg.), Lateinamerika 810
Painter, Marcel Proust, 2 Bde. 561
Paus (Hrsg.), Grenzerfahrung Tod 430
Payne, Der große Charlie 569
Pedretti, Harmloses, bitte 558
– Heiliger Sebastian 769
Penzoldts schönste Erzählungen 216
– Der arme Chatterton 462
– Die Kunst das Leben zu lieben 267
– Die Powenzbande 372
Pfeifer, Hesses weltweite Wirkung 506
Phaïcon 3 443
Phaïcon 4 636
Phantasma 826
Plenzdorf, Die Legende vom Glück ohne Ende 722
– Die Legende von Paul & Paula 173
– Die neuen Leiden des jungen W. 300
Pleticha (Hg.), Lese-Erlebnisse 2 458
Plessner, Diesseits der Utopie 148
– Die Frage nach der Conditio humana 361
– Zwischen Philosophie und Gesellschaft 544
Poe, Der Fall des Hauses Ascher 517
Politzer, Franz Kafka. Der Künstler 433
Portmann, Biologie und Geist 124
– Das Tier als soziales Wesen 444
Prangel (Hg.), Materialien zu Döblins »Alexander-
platz« 268
Prinzhorn, Gespräch über Psychoanalyse zwischen
Frau, Dichter, Arzt 669
Proust, Briefe zum Leben, 2 Bde. 464
– Briefe zum Werk 404
– Die Welt der Guermantes 2 Bde. 754
– Im Schatten junger Mädchenblüte, 2 Bde. 702
– In Swanns Welt 644
– Sodom und Gomorra 2 Bde. 822
Psycho-Pathographien des Alltags 762
Psychoanalyse und Justiz 167
Puig, Der schönste Tango 474
– Verraten von Rita Hayworth 344
Raddatz, Traditionen und Tendenzen 269
– ZEIT-Bibliothek der 100 Bücher 645
– ZEIT-Gespräche 520
– ZEIT-Gespräche 2 770
Rama (Hg.), Der lange Kampf Lateinamerikas 812
Ramos, Karges Leben 667
Rathscheck, Konfliktstoff Arzneimittel 189
Recht, Verbrecher zahlen sich aus 706
Regler, Das große Beispiel 439
– Das Ohr des Malchus 291
Reik (Hg.), Der eigene und der fremde Gott 221
Reinisch (Hg.), Jenseits der Erkenntnis 418
Reinshagen, Das Frühlingsfest 637
Reiwald, Die Gesellschaft und ihre Verbrecher
130
Ribeiro, Maíra 809
Riedel, Die Kontrolle des Luftverkehrs 203
Riesman, Wohlstand wofür? 113
– Wohlstand für wen? 114
Rilke, Materialien zu »Cornet« 190
– Materialien zu »Duineser Elegien« 574
– Materialien zu »Malte« 174
– Rilke heute 1 290
– Rilke heute 2 355
Rochefort, Eine Rose für Morrison 575
– Frühling für Anfänger 532
– Kinder unserer Zeit 487

– Mein Mann hat immer recht 428
– Das Ruhekissen 379
– Zum Glück gehts dem Sommer entgegen 523
Rodriguez, Monegal (Hg.), Die Neue Welt 811
Rosei, Landstriche 232
– Wege 311
Roth, Der große Horizont 327
– die autobiographie des albert einstein. Künstel.
Der Wille zur Krankheit 230
Rottensteiner (Hg.), Blick vom anderen Ufer 359
– Die andere Zukunft 757
– Polaris 4 460
– Polaris 5 713
– Polaris 6 842
– Quarber Merkur 571
Roumain, Herr über den Tau 675
Rüegg, Antike Geisteswelt 619
Rühle, Theater in unserer Zeit 325
Russell, Autobiographie I 22
– Autobiographie II 84
– Autobiographie III 192
– Eroberung des Glücks 389
Russische Liebesgeschichten 738
v. Salis, Rilkes Schweizer Jahre 289
Sames, Die Zukunft der Metalle 157
Sarraute, Zeitalter des Mißtrauens 223
Schäfer, Erziehung im Ernstfall 557
Schattschneider, Zeitstopp 819
Scheel/Apel, Die Bundeswehr und wir. Zwei Reden 522
Schickel, Große Mauer, Große Methode 314
Schimmang, Das Ende der Berührbarkeit 739
– Der schöne Vogel Phönix 527
Schneider, Der Balkon 455
– Die Hohenzollern 590
– Macht und Gnade 423
Über Reinhold Schneider 504
Schulte (Hg.), Spiele und Vorspiele 485
Schultz (Hg.), Der Friede und die Unruhestifter 145
– Politik ohne Gewalt? 330
– Wer ist das eigentlich – Gott? 135
Schur, Sigmund Freud 778
Scorza, Trommelwirbel für Rancas 584
Semprun, Der zweite Tod 564
– Die große Reise 744
Shaw, Der Aufstand gegen die Ehe 328
– Der Sozialismus und die Natur des Menschen 121
– Die Aussichten des Christentums 18
– Politik für jedermann 643
– Wegweiser für die intelligente Frau . . . 470
Simpson, Biologie und Mensch 36
Smith, Saat aus dem Grabe 765
Sperr, Bayrische Trilogie 28
Spiele und Vorspiele 485
Spuk, Mein Flirt . . . 805
Steiner, George, In Blaubarts Burg 77
– Der Tod der Tragödie 662
– Sprache und Schweigen 123
Steiner, Jörg, Ein Messer für den ehrlichen Finder 583
– Strafarbeit 471
Sternberger, Panorama oder Ansichten vom 19. Jahrhundert 179
– Gerechtigkeit für das 19. Jahrhundert 244
– Heinrich Heine und die Abschaffung der Sünde 308
– Über den Tod 719
Stierlin, Adolf Hitler 236
– Das Tun des Einen ist das Tun des Anderen 313

– Delegation und Familie 831
– Eltern und Kinder 618
Stolze, Innenansicht 721
Strausfeld (Hg.), Materialien zur lateinamerikanischen Literatur 341
– Aspekte zu Lezama Lima »Paradiso« 482
Strawinsky 817
Strehler, Für ein menschlicheres Theater 417
Strindberg, Ein Lesebuch für die niederen Stände 402
Struck, Die Mutter 489
– Lieben 567
– Trennung 613
Strugatzki, Die Schnecke am Hang 434
– Montag beginnt am Samstag 780
– Picknick am Wegesrand 670
Stuckenschmidt, Schöpfer der neuen Musik 183
– Maurice Ravel 353
– Neue Musik 657
Suvin, Poetik der Science Fiction 539
Swoboda, Die Qualität des Lebens 188
Szabó, I. Moses 22 142
Szczepański, Vor dem unbekannten Tribunal 594
Tendrjakow, Mondfinsternis 717
Terkel, Der Große Krach 23
Timmermans, Pallieter 400
Trocchi, Die Kinder Kains 581
Ueding (Hg.), Materialien zu Hans Mayer, »Außenseiter« 448
Ulbrich, Der unsichtbare Kreis 652
Unseld, Hermann Hesse – Eine Werkgeschichte 143
– Begegnungen mit Hermann Hesse 218
– Peter Suhrkamp 260
Unseld (Hg.), Wie, warum und zu welchem Ende wurde ich Literaturhistoriker? 60
– Bertolt Brechts Dreigroschenbuch 87
– Zur Aktualität Walter Benjamins 150
– Mein erstes Lese-Erlebnis 250
Unterbrochene Schulstunde. Schriftsteller und Schule 48
Utschick, Die Veränderung der Sehnsucht 566
Vargas Llosa, Das grüne Haus 342
– Die Stadt und die Hunde 622
Vidal, Messias 800
Waggerl, Brot 299
– Das Jahr des Herrn 836
Waley, Lebensweisheit im Alten China 217
Walser, Martin, Das Einhorn 159
– Das Schwanenhaus 800
– Der Sturz 322
– Die Anselm Kristlein Trilogie, 3 Bde. 684
– Ein fliehendes Pferd 600
– Ein Flugzeug über dem Haus 612
– Gesammelte Stücke 6
– Halbzeit 94
– Jenseits der Liebe 525
Walser, Robert, Briefe 488
– Der Gehülfe 813
– Der »Räuber« – Roman 320
– Poetenleben 388
Über Robert Walser 1 483
Über Robert Walser 2 484
Über Robert Walser 3 556
Weber-Kellermann, Die deutsche Familie 185
Weg der großen Yogis, Der 409
Weill, Ausgewählte Schriften 285
Über Kurt Weill 237
Weischedel, Skeptische Ethik 635

Weiss, Peter, Das Duell 41
Materialien zu Weiss' »Hölderlin« 42
Weiß, Ernst, Der Aristokrat 792
– Der arme Verschwender 795
– Der Fall Vukobrankovics 790
– Der Gefängnisarzt 794
– Der Verführer 796
– Die Erzählungen 798
– Die Feuerprobe 789
– Die Galeere 784
– Die Kunst des Erzählens 799
– Franziska 785
– Georg Letham 793
– Ich – der Augenzeuge 797
– Männer in der Nacht 791
– Mensch gegen Mensch 786
– Nahar 788
– Tiere in Ketten 787
Weissberg-Cybulski, Hexensabbat 369
Weisser, SYN-CODE-7 764

Weltraumfriseur, Der 631
Wendt, Moderne Dramaturgie 149
Wer ist das eigentlich – Gott? 135
Werner, Fritz, Wortelemente lat.-griech. Fachausdrücke in den biolog. Wissenschaften 64
Wie der Teufel den Professor holte 629
v. Wiese, Das Gedicht 376
Wilson, Auf dem Weg zum Finnischen Bahnhof 194
Winkler, Menschenkind 705
Wittgenstein, Philosophische Untersuchungen 14
Wolf, Die heiße Luft der Spiele 606
– Pilzer und Pelzer 466
– Punkt ist Punkt 122
Wollseiffen, König Laurin 695
Zeemann, Einübung in Katastrophen 565
– Jungfrau und Reptil 776
Zimmer, Spiel um den Elefanten 519
Zivilmacht Europa – Supermacht oder Partner? 137